JN163104

Premiere Collection

金工品から読む古代朝鮮と倭

新しい地域関係史へ

金 宇大
Woodae Kim

京都大学学術出版会

5〜6世紀頃の東北アジア

古代朝鮮と倭をつなぐ金工品の煌めき

◉古墳・三国時代は，歴史上，日本列島と朝鮮半島の間の交流が最も盛んになった時代の一つである。しかし一口に朝鮮半島といっても，当時の朝鮮半島には，高句麗，新羅，百済の三国に加え，大加耶や小加耶，阿羅伽耶といった加耶諸国など，多くの勢力が割拠していた。古代の日朝交流は，中国王朝の存在を背景に諸勢力が分立する緊張関係の中，展開されてきたのである。

新羅

新羅は、朝鮮半島南東部に所在した辰韓を構成する小国の一つ、斯盧国を基盤に発展し、４世紀以降、洛東江以東地域を中心にその領域を拡大した。その勢力伸長の過程で数多くの金工装飾品がつくられ、圏域内の地方勢力へと下賜された。

【口絵1】慶州邑南古墳群

遺跡

【口絵2】慶山林堂古墳群

●5世紀代になると，新羅全域に大きなマウンドをもった「高塚」と呼ばれる古墳がつくられるようになる。中でも慶州市内に所在する邑南古墳群は，積石木槨墓という新羅中心部に特有の墓制で築かれた王陵古墳群で，豪華絢爛な副葬品が数多く発掘された。

【口絵3】慶州皇吾里14号墳2槨出土，垂飾付耳飾〈全長54mm〉

【口絵4】星州星山洞58号墳出土，垂飾付耳飾〈全長55mm〉

【口絵5】慶州味鄒王陵2地区2号墳出土，垂飾付耳飾〈全長64mm〉

【口絵6】大邱花園城山古墳出土，垂飾付耳飾〈全長62mm〉

【口絵8】慶州味鄒王陵第7地区5号墳出土，垂飾付耳飾〈全長54mm〉

【口絵7】慶州皇吾洞34号墳3槨出土，垂飾付耳飾〈全長48mm〉

耳飾

◉垂飾付耳飾は，最もポピュラーな金工品の一つである。新羅では，中心飾の意匠的バリエーションに大きな特徴をもった耳飾が大量に生産され，広く流通した。精緻で立体的な細工の数々は，それを生み出した新羅中枢が擁する権勢の強大さを象徴する。

【口絵9】梁山金鳥塚出土，垂飾付耳飾〈全長94mm〉

【口絵10】慶州皇南洞106-3番地古墳出土，垂飾付耳飾の中間飾

【口絵11】慶州皇吾洞34号墳1槨出土，垂飾付耳飾の中間飾

【口絵12】慶州柏栗寺付近古墳出土，垂飾付耳飾〈全長79mm〉

新羅

大刀

◉新羅の代表的な大刀が，上円下方形の把頭環内に三葉文を配した三葉環頭大刀と，C字を三つ連ねた三累環頭大刀である。鞘には子刀が付され，その周囲に笄状金具をともなうなど細部の装飾は非常に特徴的で，独特のデザインが新羅的なシンボルとして確立されている。

【口絵13】大邱飛山洞37号墳第2石槨出土，三累環頭大刀〈環頭部幅53mm〉

【口絵14】大邱汶山里M1号墳出土，三累環頭大刀〈環頭部幅45mm〉

【口絵15】慶州皇南大塚南墳出土，三累環頭大刀〈環頭部幅46mm〉

【口絵16】慶州校洞64番地古墳出土，素環頭大刀〈環頭部幅66mm〉

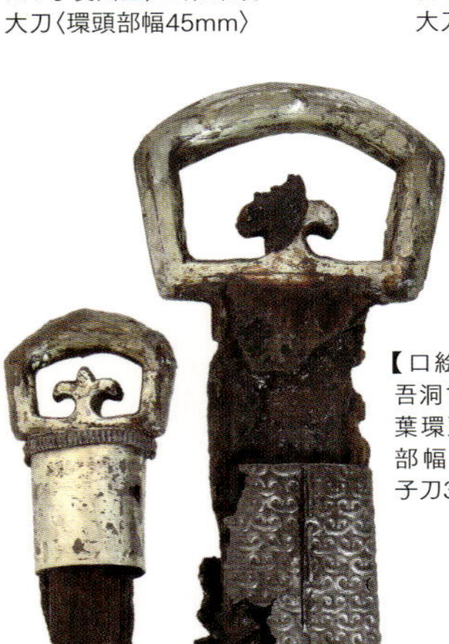

【口絵17】慶州皇吾洞1号墳出土，三葉環頭大刀〈環頭部幅　母刀55mm　子刀30mm〉

【口絵18】義城鶴尾里古墳出土，三葉環頭大刀〈環頭部幅母刀60mm 子刀38mm〉

【口絵19】慶山造永洞EⅡ-1号墳出土，三葉環頭大刀〈環頭部幅53mm〉

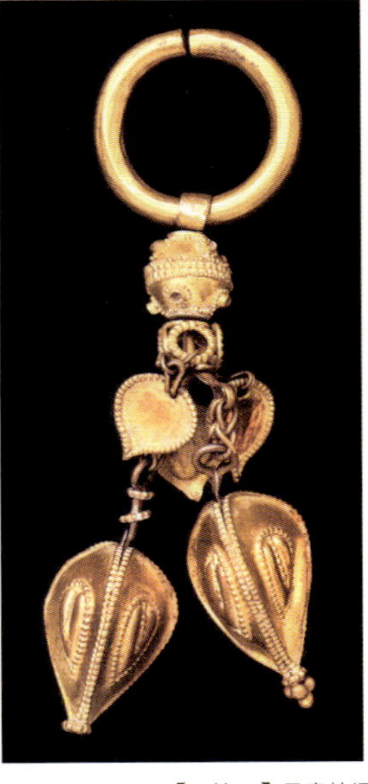

【口絵21】昌寧校洞31号墳出土，
垂飾付耳飾〈全長89mm〉

【口絵20】昌寧松峴洞古墳群

昌寧地方の耳飾

◉現在の慶尚南道昌寧郡は，当時，新羅と大加耶との境界地域であった。昌寧勢力は，新羅の影響下にありながら一方で大加耶とも独自に通交を続けていたため，この地域では新羅と大加耶両方の金工品が出土する。近年，新羅系金工品の中にやや異質な特徴をもつものが含まれることが指摘されており，在地製作の可能性が議論されている。

【口絵22】昌寧桂城A地区1号墳出土，垂飾付耳飾〈全長84mm〉

【口絵23】（下2点も）校洞12号墳出土，垂飾付耳飾〈全長83mm〉

百済

朝鮮半島中西部を中心に領域を有した百済は、高句麗の侵攻などを契機に二度の遷都を繰り返した。大きな国難に見舞われた百済であったが、卓出した金工技術が衰えることはなく、極めて水準の高い金工装飾品の品々が今に伝わっている。

【口絵24】公州宋山里古墳群

耳飾

◉漢城期における百済の垂飾付耳飾は，他地域に比べ比較的小型でシンプルである。しかし熊津期を迎えると様相は激変し，武寧王陵出土耳飾のような複雑な装飾意匠をもつ中間飾や垂下飾が採用されるようになる。こうした耳飾には，漢城期以来の伝統的な製作技法が看取される一方，各部の意匠表現に新羅の耳飾にみられる意匠との共通性が認められ，注目される。

【口絵29】公州水村里Ⅱ-8号墓出土，垂飾付耳飾〈全長45mm〉

【口絵27】瑞山富長里4-5号土壙墓出土，垂飾付耳飾〈全長39mm〉

【口絵28】天安龍院里129号土壙墓出土，垂飾付耳飾〈全長45mm〉

【口絵30】公州武寧王陵出土，垂飾付耳飾（王妃）〈全長88mm〉

【口絵25】
扶餘陵山里古墳群

【口絵26】
益山笠店里古墳群

◉百済の首都は漢城（ソウル特別市）から熊津（忠清南道公州市），泗沘（忠清南道扶餘市）へと変遷する。熊津期の王陵群，宋山里古墳群では，1971年に第25代百済王，武寧王の墓が未盗掘の状態で発見され，王族が所有した壮麗な金工装飾品の数々が発掘された。

遺跡

【口絵31】公州武寧王陵出土，垂飾付耳飾（王）〈全長83mm・83mm〉

【口絵32】公州武寧王陵出土，垂飾付耳飾（王妃）〈全長88mm・118mm〉

【口絵33】公州武寧王陵出土，垂飾付耳飾（王）の中間飾

【口絵34】烏山水清洞14号墓出土，
象嵌素環頭大刀〈環頭部幅53mm〉

大刀

◉地金に銀線や金線を埋め込んで文様を表す「象嵌技術」を始め，様々な金工装飾技術を百済は古くから有していた。そうした高い技術力でつくられる百済の大刀には，龍や鳳凰をモチーフにしたものが多い。この種の「龍鳳文環頭大刀」は大加耶や倭でも出土しており，各地域の関係を考える上で重要である。

【口絵35】天安龍院里12号
石槨墓出土，龍鳳文環頭大
刀〈環頭部幅55mm〉

【口絵37】

【口絵38】

百済

【口絵36】天安龍院里1号
石槨墓出土，龍鳳文環頭大刀
〈環頭部幅51mm〉

【口絵39】

【口絵37～39】公州武寧王陵出土，単龍環頭大刀〈環頭部幅73mm〉

【口絵40】李養璿コレクション，圭頭大刀〈全長43mm〉

円頭・圭頭刀

◉百済では，環頭大刀以外にも，キャップ状の把頭装飾をもつ円頭大刀・刀子が製作され，一定数流通していた。新羅でも，主に銀製のキャップ状装飾を付した圭頭刀が製作されたが，これらには，細部の意匠に百済の円頭大刀との関連が認められ，興味深い。

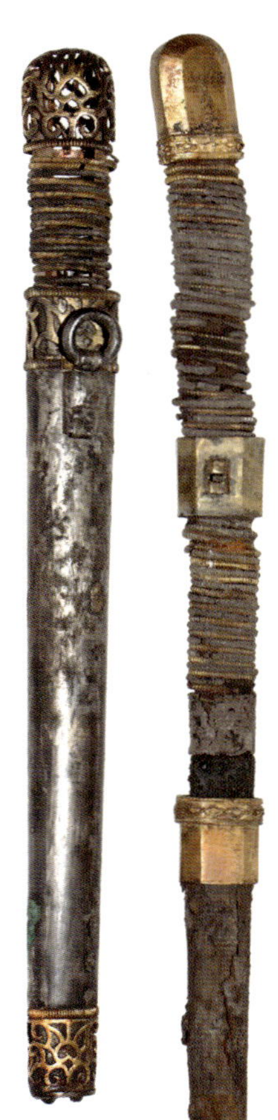

【口絵41】公州武寧王陵出土，装飾刀子　（右から）王〈全長264mm〉，王妃A〈全長259mm〉，王妃B〈全長249mm〉，王妃C〈全長221mm〉

【口絵42】公州武寧王陵出土，装飾刀子（王妃C）

【口絵43】公州宋山里4号墳出土，円頭大刀〈全長43mm〉

朝鮮半島南部に分布した加耶諸国の一つである大加耶は、5世紀後半に勢力を急速に拡大し、新羅や百済に迫る力を有するようになる。大加耶勢力は独自の金工品生産技術を保有し、領域内や周辺諸国へと製品を流通させた。

【口絵44】陝川玉田M2号墳出土，垂飾付耳飾（右）〈全長65mm〉

【口絵45】南原月山里M5号墳出土，垂飾付耳飾〈全長49mm〉

【口絵46】陝川玉田古墳群

遺跡

◉大加耶の中心であった高霊の池山洞古墳群には，44号墳や45号墳など王陵が並び，多くの副葬品が出土した。1980年代後半には陝川玉田古墳群の発掘が始まり，未盗掘の古墳から膨大な大加耶文物が発見され，大加耶研究は一気に進展した。

【口絵47】高霊池山洞古墳

◉大加耶では，新羅とも百済とも異なる，独自の垂飾付耳飾が製作された。その特徴は，垂下飾の多様さにある。とりわけ，山梔子形垂下飾をもつ耳飾には，一際緻密で複雑な装飾が施されており，大加耶が有した金工技術力の高さが窺われる。

【口絵48】咸陽白川里I-3号墳出土，垂飾付耳飾〈全長80mm〉

【口絵49】陜川玉田28号墳出土，垂飾付耳飾〈全長80mm・100mm・76mm〉

【口絵50】陜川玉田M4号墳出土，垂飾付耳飾〈全長117mm〉

【口絵51】高霊池山洞45号墳2号石室出土，垂飾付耳飾〈全長65mm〉

【口絵52】陜川玉田M6号墳出土，垂飾付耳飾〈全長80mm〉

【口絵53】陜川玉田M6号墳出土，垂飾付耳飾の垂下飾

【口絵54】高霊池山洞73号墳出土，龍鳳文環頭大刀〈環頭部幅51mm〉

【口絵55】陜川玉田70号墳出土，象嵌素環頭大刀〈環頭部幅54mm〉

【口絵56】陜川玉田M4号墳出土，龍鳳文環頭大刀〈環頭部幅54mm〉

【口絵57】陜川玉田M3号墳出土，龍鳳文環頭大刀〈環頭部幅50mm〉

◉大加耶の領域内では，百済のものとは趣を異にする龍鳳文環頭大刀が多数発見されている。これらはかつて，百済から下賜されたものと考えられてきた。しかし，近年の資料増加によって，大加耶での大刀製作の実態が明らかになってきつつある。

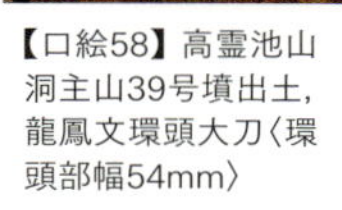

【口絵58】高霊池山洞主山39号墳出土，龍鳳文環頭大刀〈環頭部幅54mm〉

【口絵59】陜川玉田M3号墳出土，龍鳳文環頭大刀〈環頭部幅52mm〉

倭

緊迫した朝鮮半島情勢において、海を隔てた日本列島の一大勢力、「倭」の存在は、半島内の勢力均衡を左右する大きなファクターであった。倭はそうした各国の利害関係を背景に、半島諸勢力との関係を結び、大陸の先進文物や鉄素材、技術を導入しながら成長していく。

【口絵60】奈良県新沢千塚古墳群

【口絵61】福井県向山1号墳

遺跡

◉朝鮮半島の各勢力と倭の関係を示す遺跡は，日本全国で発見されている。特に古墳では，埋葬施設や副葬品など様々な側面から交流の痕跡を窺うことができる。古墳時代社会の発展プロセスを考える上でも，倭と半島諸勢力との間でいかなる交渉がなされてきたのかは極めて重要な問題である。

【口絵62】兵庫県宮山古墳

耳飾

◉日本列島では実に様々な形態の垂飾付耳飾が出土している。その多様性は，日本列島出土の垂飾付耳飾が朝鮮半島の各地，すなわち新羅，百済，大加耶のそれぞれの地域からもち込まれた耳飾で構成されることに起因する。雑多な垂飾付耳飾は，倭における半島交渉の複雑さを示している。

【口絵63】香川県女木丸山古墳出土，垂飾付耳飾〈全長37mm〉

【口絵64】滋賀県鴨稲荷山古墳出土，垂飾付耳飾〈全長81mm〉

【口絵65】福岡県長畑1号墳出土，垂飾付耳飾〈全長60mm〉

【口絵66】奈良県新沢千塚126号墳出土，垂飾付耳飾〈全長213mm・215mm・178mm、176mm・209mm・118mm〉

大加耶の系譜

【口絵67】奈良県割塚古墳出土，垂飾付耳飾〈全長84mm〉

【口絵68】福岡県立山山8号墳出土，垂飾付耳飾〈全長98mm〉

【口絵69】福井県西塚古墳出土，垂飾付耳飾〈全長39mm〉

長い兵庫鎖をもつ耳飾

◉日本列島では，長い兵庫鎖で垂下飾をつないだ耳飾が一定数出土している。これまで，これらは大加耶の耳飾と深い関係をもつものと理解されてきた。しかし，実際に大加耶の圏域で出土している垂飾付耳飾と比較すると細かな相違点も多く，系譜についてはより踏み込んだ検討が必要である。

【口絵70】兵庫県宮山古墳第3主体出土，垂飾付耳飾〈全長74mm〉

【口絵71】兵庫県宮山古墳第2主体出土，垂飾付耳飾〈全長131mm〉

【口絵72】兵庫県宮山古墳第2主体出土，垂飾付耳飾の兵庫鎖

【口絵73】福井県向山1号墳出土，垂飾付耳飾〈全長109mm〉

【口絵74】福井県丸山塚古墳出土，三葉環頭大刀〈環頭部幅68mm〉

【口絵75】香川県原間6号墳出土，三累環頭大刀〈環頭部幅46mm〉

【口絵76】兵庫県宮山古墳第2主体出土，銀錯貼金環頭大刀〈環頭部幅56mm〉

大刀

◉古墳時代の中期になると，朝鮮半島からもたらされた装飾付大刀が日本列島でも出土するようになり，後期の後半には列島内で本格的な装飾付大刀生産が始まる。環の内部に龍や鳳凰を配した単龍・単鳳環頭大刀は，百済の武寧王陵刀と龍の表現が酷似しているため，百済から伝わったとされてきたが，製作技法面では大加耶との関連も認められる。

【口絵77】山形県大之越古墳出土，龍鳳文環頭大刀〈環頭部幅69mm〉

【口絵78】岡山県岩田14号墳出土，単龍環頭大刀〈環頭部幅73mm〉

【口絵79】群馬県安坪3号墳出土，単鳳環頭大刀〈環頭部幅75mm〉

【口絵80】福島愛宕山古墳出土単龍環頭大刀〈頭部幅75mm〉

若い知性が拓く未来

今西錦司が『生物の世界』を著して，すべての生物に社会があると宣言したのは，39 歳のことでした。以来，ヒト以外の生物に社会などあるはずがないという欧米の古い世界観に見られた批判を乗り越えて，今西の生物観は，動物の行動や生態，特に霊長類の研究において，日本が世界をリードする礎になりました。

若手研究者のポスト問題等，様々な課題を抱えつつも，大学院重点化によって多くの優秀な人材を学界に迎えたことで，学術研究は新しい活況を呈しています。これまで資料として注目されなかった非言語の事柄を扱うことで斬新な歴史的視点を拓く研究，あるいは語学的才能を駆使し多言語の資料を比較することで既存の社会観を覆そうとするものなど，これまでの研究には見られなかった溌剌とした視点や方法が，若い人々によってもたらされています。

京都大学では，常にフロンティアに挑戦してきた百有余年の歴史の上に立ち，こうした若手研究者の優れた業績を世に出すための支援制度を設けています。プリミエ・コレクションの各巻は，いずれもこの制度のもとに刊行されるモノグラフです。「プリミエ」とは，初演を意味するフランス語「première」に由来した「初めて主役を演じる」を意味する英語ですが，本コレクションのタイトルには，初々しい若い知性のデビュー作という意味が込められています。

地球規模の大きさ，あるいは生命史・人類史の長さを考慮して解決すべき問題に私たちが直面する今日，若き日の今西錦司が，それまでの自然科学と人文科学の強固な垣根を越えたように，本コレクションでデビューした研究が，我が国のみならず，国際的な学界において新しい学問の形を拓くことを願ってやみません。

第 26 代　京都大学総長　山極壽一

目　次

序　章　古代日朝関係史の課題と金工品研究の可能性 …… 3

第1節　金工品研究の目的──美しき最先端技術の結晶　3
第2節　半島文化流入の要因をめぐる認識
──「任那日本府」と倭の軍事的活動　5
第3節　「日朝関係史」という二元的認識の問題点　6
第4節　研究の方法と分析対象としての金工品　7
第5節　具体的な検討対象　8
第6節　本書の構成　10

第Ⅰ部　垂飾付耳飾の型式学的検討 …… 13

第1章　新羅における垂飾付耳飾の系統と変遷 …… 15

第1節　新羅の垂飾付耳飾をめぐる研究　16
第2節　耳飾各部の分析　19
第3節　系統の設定と編年　28
第4節　新羅における垂飾付耳飾の変遷と製作体制　53
小　結　64

第2章　昌寧地域出土金工品にみられる特異性の評価 …… 67

第1節　金工品の製作地に関する議論　68
第2節　昌寧地域出土金工品の検討　71
第3節　昌寧における金工品製作の可能性　80
小　結　88

第3章　大加耶における垂飾付耳飾製作 …… 91

第1節　大加耶の垂飾付耳飾をめぐる研究　92
第2節　耳飾各部の分析　94
第3節　系統の設定と編年　99
第4節　大加耶における垂飾付耳飾の変遷と技術系譜　111
小　結　121

第4章　日本列島出土垂飾付耳飾の製作主体 …… 123

第1節　日本列島出土垂飾付耳飾をめぐる研究　124
第2節　個別資料の系譜的検討　126
第3節　長鎖式耳飾の製作主体　136
第4節　垂飾付耳飾の時期別様相　148
小　結　153
Column 1　考古学にやさしい国　155

第Ⅱ部　装飾付大刀の流通と製作技術伝播 …… 157

第5章　洛東江以東地域における装飾付環頭大刀の変遷 …… 159

第1節　「新羅」大刀をめぐる研究　160
第2節　大刀各部の分析　163
第3節　大刀群の設定　168
第4節　新羅における装飾付大刀の変遷　184
第5節　大刀製作体制の変化とその意義　188
小　結　193

第6章 百済・加耶における装飾付環頭大刀の製作技法と系譜 … 195

第1節 百済・加耶の装飾付大刀をめぐる研究 196
第2節 装飾付環頭大刀の基礎的検討 201
第3節 百済・大加耶の大刀製作技術 220
第4節 大加耶圏出土装飾付環頭大刀の系譜 223
小 結 229

第7章 朝鮮半島出土円頭・圭頭刀の系譜 …… 231

第1節 円頭・圭頭刀をめぐる研究現況と課題 232
第2節 円頭・圭頭の定義と用語の設定 235
第3節 朝鮮半島出土円頭・圭頭刀の基礎的検討 238
第4節 円頭・圭頭刀の技術系譜とその意義 252
小 結 256

第8章 日本列島出土初期装飾付環頭大刀の系譜 …… 257

第1節 既往の研究における初期装飾付環頭大刀の評価 258
第2節 個別資料の系譜的検討 260
第3節 初期装飾付環頭大刀の時期別様相 283
小 結 287

第9章 単龍・単鳳環頭大刀製作の展開 …… 289

第1節 単龍・単鳳環頭大刀をめぐる研究 290
第2節 環頭部製作技法と外装の相関性 293
第3節 半島製品の抽出と列島内製作の開始時期 307
第4節 単龍・単鳳環頭大刀製作の展開 320
小 結 324

Column 2 製作方法を推定する 327

終 章 金工品からみた地域関係史 …… 331

第1節 統合編年区分の設定 331

第2節 古代朝鮮諸国と倭の相互交渉 333

第3節 今後の論点──次なる課題へ向けて 345

おわりに 348

参考文献 351

図版出典 375

表の出典 384

あとがき 393

索 引 397

金工品から読む古代朝鮮と倭
——新しい地域関係史へ

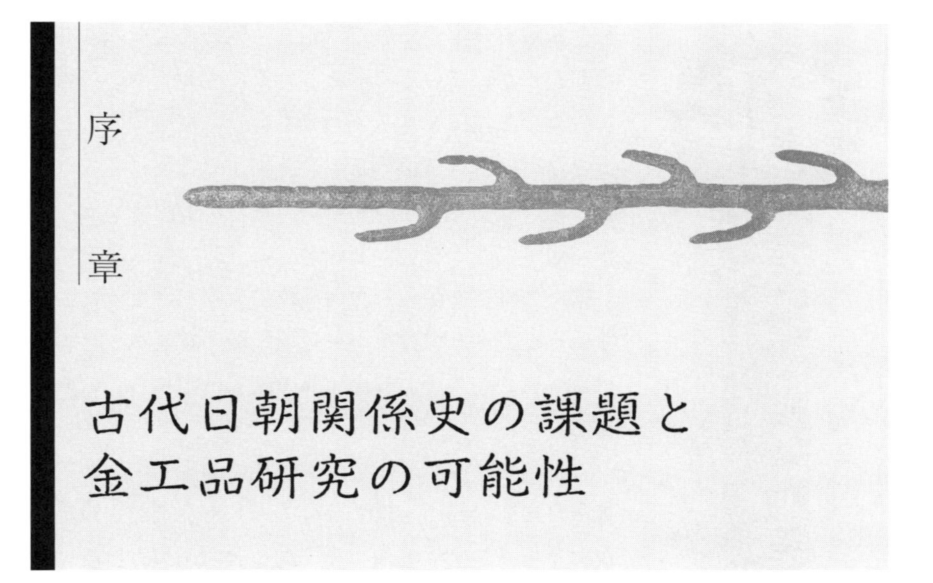

序章 古代日朝関係史の課題と金工品研究の可能性

第1節　金工品研究の目的――美しき最先端技術の結晶

突然だが，次頁の図0-1をご覧いただきたい。韓国の国立公州博物館に展示されている公州武寧王陵出土の「単龍環頭大刀」である。その細部には，豪奢な装飾の数々が驚くべき緻密さで施されている。内部に龍首を配置した環状の把頭装飾には，立体的で複雑な文様が精巧に表現され，把間には，細かな刻みを施した金線と銀線を交互に葛巻きにする。把の上下に装着された筒状装具には，亀甲繋文の内部に鳳凰を配した精緻な透かし文様をあしらう。一目で時の最高権力者の有した刀であることを窺わせるこの絢爛な大刀は，523年に没した第25代百済王，武寧王が所有した数多くの装飾品の一つである。

1500年近い昔につくられたこの大刀は，当時の百済における「美」の体現であると同時に，最先端技術の結晶でもある。例えば，上述した鳳凰文の筒状装具は，単に銀板に透かし彫りを施したものではなく，ロウ型を用いた精密鋳造法という高度な技術でつくられたことが指摘されている（鈴木 2014）。もちろん当時は金属を加工するための機械など存在しない。つまり，把に巻かれた金

図 0-1　武寧王陵出土
単龍環頭大刀把部

線や銀線を一本つくるだけでも，気の遠くなるような手間がかかっているのである。その一つ一つの技術は，現代の金工技術をもってしても容易に復原することはできない。材料確保の必要性，加工の難度に鑑みれば，このような金工品[1]の製作が当時いかに困難であったかは想像に難くない。しかし，こうした金工品を所有し得たのはごく限られた最高位の人物だけだったのかというと，そうではない。辺境地域の首長クラスの墓にも，質の差こそあれ金工品の副葬は認められるのである。

5 世紀代を中心とする三国時代の朝鮮諸国，新羅や百済，加耶諸国の一部では，こうした金工品を政治的なアイテムとして製作し，支配地域内の地方首長に従属関係の見返りとして下賜した。こうした性格の器物は「威信財（prestige goods）」[2]と呼ばれる。三国時代社会では，冠や耳飾，帯金具，装飾大刀などの金工服飾品が，特定個人に威信を認定・付与する「威信財」として流通した。金工品は，各地の政治集団によって盛んに製作され，地方首長との関係構築の媒介品として配布された。時には隣国との外交交渉のための贈答品として授受され，倭国すなわち日本列島にももたらされた。金工品の流通拡大は，「金工品価値体系」とも呼ぶべき意識の拡散・共有へとつながっているのである。

上述のような性格をもつ金工品は，地域間の政治的関係を探る上で極めて有効な手がかりとなる。本書で試みるのは，こうした出土金工品を考古学的に分析することで，古墳・三国時代における倭と朝鮮諸国との間でなされた交流実態の新たな側面を明らかにすることである。

1）「金工品」は，広義には鉄を含む金属製の素材を加工してつくった製品を指すが，ここでは金や銀といった貴金属を素材に用いて細工を施した装飾品を指す用語として用いる。

2）韓国語では「威勢品」と訳される。

第2節　半島文化流入の要因をめぐる認識――「任那日本府」と倭の軍事的活動

古墳時代中期以降，先述の金工品をはじめとする，いわゆる「渡来系文物」が活発に日本列島へと流入するようになる。こうした状況がもたらされた契機について，日本列島の中枢勢力である倭王権が，朝鮮半島で軍事的活動を展開した結果とみなす見解が通説とされていた時期があった。このことは，1970年代以前の古代史研究において一般的であった「倭王権が朝鮮半島南部に直轄領土を有し，任那日本府を置いて統括していた」とする見解が，かつての考古学研究においても援用されたためである。

ところが，1980年代以降の古代史研究では，広開土王碑や『日本書紀』神功紀49年條の再検討が進められ，倭王権の直轄領土が半島南部に存在したとする見解は徐々に見直されていった。現在では，4世紀中葉から朝鮮半島南部に常駐して同地域の支配・経営を担った「任那日本府」は実在しないとする見方が一般的である。文献に登場する「任那日本府」の実態は，6世紀半ばに倭から一時的に朝鮮半島の安羅へと派遣された使臣団であったとされる（田中 1992）。

考古学的な側面からも，倭の軍事的活動を直接的に示す資料はみつかっていない。1990年代以降，大韓民国で地方の開発が進んだことにより発掘件数が急増し，考古資料の蓄積が飛躍的に進んだ。慶尚南道金海市に所在したとされる金官加耶国は，広開土王碑にみられる「任那加羅」の有力候補地とされるが，その王陵群である金海大成洞古墳群でも，1990年代以降継続的に発掘調査がおこなわれている。調査では，巴形銅器や銅鏃といった，倭からの搬入品，いわゆる「倭系遺物」が多量に出土した（慶星大学校博物館 2001ほか）が，これらを副葬した墳墓の埋葬主体には，いずれも金海地域の在地墓制である木槨墓が採用されており，日本列島で一般的な埋葬形態を採用した墳墓は認められない。また大成洞古墳群では，日本列島の古墳では確認されていない「殉葬」が普遍的におこなわれている。これらの点から，大成洞古墳群の被葬者集団は，明らかに日本列島の古墳被葬者とは習俗を異にする集団といえる。最近の発掘では，これらの墳墓から中国東北部の三燕地域などで流通する金工品類が出土し，この地域に存在した集団が，日本列島のみならず三燕地域とも関係を有した強大な勢力であったことが確認された（宋源永ほか 2015）。こうした発掘調査成果が示すのは，この地域に倭王権の勢力が駐留していたという事実ではなく，ここに存在していた集団（おそらく金官加耶）と倭とがなんらかの利害関係のもと交流をおこなっていたという痕跡である。金海以外の地域における倭系遺物の出土様相をみても，倭が軍事的活動をおこなっていたと積極的に評価できる事例は看取できない。確実なのは，倭が半島の様々な地域と多角的に交流をおこなっていたという事実のみである。

こうした状況にかかわらず，日本の考古学界では依然として，倭王権が対朝鮮半島交渉を一元的に掌握しており，朝鮮半島南部で主体的に軍事的活動を展開したことが先進的な技術や文化の獲得につながったとする解釈が通奏低音として存在する（寺沢 2000・松木 2007・都出 2011など）。こうした認識を，朴天秀や高田貫太は，70年代以前の古代史観に囚われた論説として批判し，両地域の新たな関係史像構築の必要性を強く説いている（朴天秀 2007，高田 2014）。

古墳時代の日本列島はいわゆる「初期国家形成期」，すなわち首長制社会から「国家」としての社会へと成熟していく段階に位置付けられている（都出 2005ほか）。特に，古墳時代中期における手工業生産の革新（菱田 2013）以来，社会の構造的発展は加速度的に進展していく。そうした国家体制成熟のプロセスを考えるにあたり，朝鮮半島各地との対外的な関係の在り方は極めて重大なファクターの一つであり，議論の上で避けて通れない問題である。しかし逆にみれば，半島諸勢力との交流実態の見直しは，古墳時代社会の内的発展過程に関する認識に大きな変化をもたらし得る重要な手がかりともいえる。

第３節　「日朝関係史」という二元的認識の問題点

一方で，当時の朝鮮半島は，高句麗・百済・新羅の三国と加耶諸国が分立する「三国時代」にあたり，地域間でしばしば激しい争いが勃発する緊張状態が続いていた。このような緊迫した情勢において，海を隔てた「倭」との関係は，隣国との交渉を有利に進めるための切り札，一種の抑止力として機能した。つまり，倭との関係維持が，半島の諸勢力にとっても自国の利益につながる重要な事業だったのである。日本列島で出土した「渡来系」とされる各種遺物の様相をみると，いずれも多様な系統の資料が混在する状況を示すが，このことは朝鮮半島各地の集団がそれぞれ独自に倭との関係を結ぼうとしたことに起因すると考えられる。また，高田貫太が指摘するように，中央勢力を介さず地方の有力者が独自に半島勢力との直接交渉をおこなったことも関係している（高田2014）。「朝鮮半島勢力」という一集団があったわけではないことはいうまでもないが，一方の「倭」と呼ばれる地域も決して一枚岩ではなかったはずである。日本列島と朝鮮半島をめぐる交渉の実態は，極めて複雑多様であったとみるべきであろう。

そのように考えると，従来の古墳時代研究において検討課題とされてきた「倭と朝鮮半島の関係」という二元的な見方は，却って交流様相の全体像解明を目指す上で障害となる懼れがある。文献史料の乏しい日本列島の地方勢力をどのような単位で分割するかはそれ自体非常に難しい問題であるが，少なくとも，日本列島の「倭国」を，高句麗や新羅，百済といった朝鮮半島諸地域の政治的集団一つ一つと並列的な関係で捉え，各地域同士の関係網の中に位置付けてやる必要がある。

第４節　研究の方法と分析対象としての金工品

本書では，あらゆる先入観やナショナリズムから脱却し，純粋に考古資料から読み取れる情報を客観的に総合することで，日本列島と朝鮮半島という一領域内における地域間交渉の全体像を再構築することを目標としている[3)]。ここで，改めて「金工品」を分析対象とする理由について述べておきたい。

先述した様々な解釈の枠組みを一度取り払い，新たな地域関係史を組み立て直すためには，近年の発掘調査により発見された資料はもちろん，これまで先学らが繰り返し検討してきた既存の資料についても，改めて分析・評価を試み

3)　とはいえ，文献史学の成果を一切参照しないというわけではない。とりわけ韓国における三国時代研究は，文献史学による研究成果の蓄積なくしては成立し得ず，その枠組みを完全に無視してしまうわけにはいかない。例えば，朝鮮半島各地における「新羅」や「百済」，「高句麗」といった政治的集団の存在は，考古資料の出土様相とも符合し，その実在性は疑う余地がない。したがって，文献史学の研究成果も場合に応じて援用するが，あくまでも考古資料の分析を第一義的な方法とし，文献の記述を先行させて演繹的に資料を解釈しないよう，慎重に検討を進める。

る必要がある。本書では，既知の資料を再検討するための施策として，出土遺物の徹底した実見観察調査を実施している。こうした調査は，個々の遺物が有するあらゆる情報を遺漏なく引き出すための作業であるが，とりわけ，ある器物を製作する過程で生じた微細な痕跡を情報化できるという点で極めて重要である。遺物の詳細観察を土台に製作技術を復原・類型化することで，単なる外見上の類似から一歩踏み込んだ比較が可能となる。

このような分析に適した考古資料が，まさに「金工品」である。金工品は考古学的な観察調査に実に都合の良い資料である。通常の鉄製品の場合，多くは分厚い銹に覆われており，例えば表面に施された彫金文様など，細かな製作痕跡を肉眼観察のみで視認することは難しい。それに対し金製品は，長年土中に埋没していても劣化することがなく，銀や金銅も銹化の影響を比較的受けにくい。そのため，肉眼観察のみによってもかなりの精度で製作痕跡を認識することが可能であり，製作技術面での検討に必要な情報を十分に引き出すことができる。

冒頭で述べたように，金工品は極めて政治的なアイテムとして活用された。そうした金工品の価値は，元来その稀少性に由来するものであるため，製作技術を周辺に拡散させることは製品の配布主体である中枢勢力にとってあまりメリットのあることではない。したがって，金工品の製作技術がある地域からある地域へと伝播・拡散する状況が確認された場合，それは製品そのものの流通とはまた異なる次元で捉えるべき現象として注目すべきである。なぜなら，技術の伝播・拡散には，両地域間の関係深化だけでなく，勢力衰退にともなう技術の流出など，さまざまな契機が想定されるためである。金工品の製作技術の検討は，器物の流通様相の分析と合わせることで，地域間の関係を重層的に解明するアプローチを可能とするのである。

第５節　具体的な検討対象

先に掲げた課題の解決を試みるのであれば，本来は日本列島と朝鮮半島で出土する各種金工品のすべてを網羅的に観察調査し，それらの流通の在り方と技術伝播の様相を総合的に検討すべきである。しかし，全種類の金工品に詳細な分析を加えるという作業の膨大さは，本書の中だけで解決できる範疇を超えており，無理に検討対象を拡げてしまうと，個々の分析を十分に深化できなくなる懼れがある。金工品全体の総合的検討はより長期的な課題とし，本書では次の２種を主な分析対象に定めたい。対象とするのは「垂飾付耳飾」と「装飾付大刀」である。

垂飾付耳飾は，朝鮮半島において最も汎地域的に普及した金工服飾品であり，数ある金工品の中で最も資料の絶対数が多い。５世紀代を中心に，新羅，百済，大加耶の各地域がそれぞれ独自の意匠を発展させ，主に勢力圏内における地方統治の媒介品として，時に勢力圏外への贈答品として，耳飾を流通させた。それらは日本列島にも搬入されており，対外的な関係を論じるにあたりしばしば言及されてきた。

垂飾付耳飾の検討によって期待される成果の一つとして，朝鮮半島各地に広く流通する耳飾を通じた広域編年の樹立が挙げられる。半島各地に分布する古墳の年代研究は主に地域ごとの土器編年によって進められており，それぞれの地域内での古墳の相対編年はほぼ確立されている。しかし，複数地域を包括した検討を試みる際，地域ごとに設定された土器編年の並行関係を決める作業は容易でなく，これが研究者ごとの年代観の齟齬を生む大きな原因となっている。垂飾付耳飾の編年が確立できれば，同一基準による地域をまたいだ検討が可能となり，土器編年の並行関係をめぐって生じる認識齟齬の問題をパスすることができる。

装飾付大刀は，古墳時代後期の日本列島で大流行し，様々な装飾を施した大刀が全国各地で発見されている。とりわけ環頭大刀系の装飾付大刀は，その技術的源流が百済を中心とする朝鮮半島にあることが指摘されてきた。1990年代に入るまでは，韓国側に十分な出土資料がなかったが，近年の発掘調査で装飾付大刀の資料数は急速に充実してきている。

古墳時代後期後半以降，日本列島で各種金工品の副葬が低調となっていくのに対し，装飾付大刀の製作は大きく拡大され，付与された意味，象徴性といった点からも，他の金工品とは一線を画した性格をもつ器物として注目される。こうした装飾付大刀の技術系譜について朝鮮半島全体を視野に明確化しておくことは，列島社会がいかなる対外交流の中でどのように影響を受け，発展したのかを，より直接的に究明し得るアプローチとなると期待される。

これら2種を検討対象に選択したのは，上記の理由のほかに，金工品のバリエーションが相対的に稀薄な「大加耶」を含め，日本列島と朝鮮半島諸地域との交流様相を検討する上での資料的な偏重を可能な限り抑えるためでもある。また，これらが各種金工品の中でも，その製作に比較的高度な技術を要するという点も重要である。垂飾付耳飾に認められる熱処理技術を駆使した立体的な造形や鏤金細工，装飾付大刀における鋳造，鍛造，彫金など各種技術を総合する製作工程は，数ある金工品の中でも特に高水準の技術に属する。そのため，技術伝播についての検討を進める過程において，「模倣による技術再現の可能性」というノイズの影響を比較的受けずに済むことが予想される。

第6節　本書の構成

以上のような方針に基づき，本書の内容を次のように構成する。

第1部では，垂飾付耳飾を主な対象とする。

まず第1章では，主に新羅の圏域であった朝鮮半島洛東江以東地域で出土する耳飾を検討する。当該地域は，古代東アジアの各地域の中で最も垂飾付耳飾が普及・流通した地域であり，多種多様な耳飾が大量に製作された。本章では，型式学的方法に基づいた詳細な属性分析によって，新羅圏域内における広域耳飾編年を確立させ，他地域における編年的検討においても参照し得る年代の基準軸を確保する。これは，本書全体での年代定点となる重要な編年軸となる。同時に，新羅における耳飾変遷に画期について，対外的な視点から評価を試みる。

次の第2章では，他地域の垂飾付耳飾の分析へと入る前に，金工品製作体制の在り方についての認識を明確にする。すなわち，各地で発見される金工品が，限定的な工房で一元的に製作・配布されたものであるのか，地方においても同水準の製品を自家生産し得たのか，それが可能であったとするとどういった製作活動がなされていたのか，という点について，先に検討しておく。ここでは，新羅と大加耶との境界地域にあたり，出土金工品の在地生産が指摘される昌寧地域を対象に，実際の各種金工品の出土事例を通覧しつつ，地方での金工品製作の実態について探る。

第３章では，大加耶出土の耳飾を対象に検討する。新羅や百済に比べ，大加耶での金工品製作はやや遅れて開始されるが，その技術水準は次第に高まり，５世紀末頃には周辺と新羅や百済と比較しても遜色のない程度となる。本章では，大加耶における耳飾製作の開始と，その発展のプロセスを通観し，編年と系統的整理をおこなう。さらに，百済の耳飾についても整理し，両地域間における共通点と相違点を検討しつつ技術的・意匠的な関係について論及する。

第４章では，前章までの朝鮮半島出土耳飾の検討成果を土台に，日本列島出土耳飾の系譜について改めて考察する。日本列島出土の垂飾付耳飾は，朝鮮半島の様々な地域から耳飾が搬入されたことで，その全体的様相が非常に複雑である。本章では，列島出土の全資料を対象とした具体的な系譜検討に加え，空球形中間飾と長い兵庫鎖の垂下を特徴とする「長鎖式」耳飾の製作地について詳しく分析する。「長鎖式」耳飾は，大加耶系耳飾との共通性が看取される一方，細部の特徴に様々な差異が認められ，その製作地をめぐって議論が続いている。本章では，朝鮮半島出土資料との比較をよりミクロな視点から徹底して実施し，製作地に関する新たな見解を提示したい。

第２部からは，分析対象を装飾付大刀に移行する。

第５章では，洛東江以東地域，主に新羅圏域から出土する装飾付環頭大刀を対象に，編年を中心とした検討を試みる。当該地域では，三葉環頭大刀と三累環頭大刀という特徴的なシンボルを採用した大刀が多く製作されるが，新羅の社会的発展にともない金工威信財の一部へと昇華される中で明確な規格性が生じ，技術の厳格な管理が進む。本章では，そうした大刀変遷のプロセスと，規格化された製作の中に認められる周辺地域からの影響について明らかにする。

第６章では，百済と加耶，特に大加耶の圏域で出土する装飾付環頭大刀の系譜について論じる。百済と大加耶の装飾付環頭大刀は垂飾付耳飾以上に意匠的な共通性が高く，大加耶の大刀製作技術の源流が百済に由来することがしばしば指摘されてきた（李漢祥 2006a ほか）。また，大加耶には百済製の大刀自体も一定数流入しているとみられ，従来，大加耶製大刀と百済製大刀の峻別は困難であった。本章では，それぞれの地域に特有の製作技術を抽出し，これらを弁別するいくつかの基準を提示する。その上で，百済から大刀製作技術が伝播し，大加耶で本格的な大刀製作が開始される過程を改めて描出する。

第7章では，朝鮮半島出土の円頭・圭頭刀に焦点を定める。環頭大刀に対して資料数の少ない円頭・圭頭刀は，韓国の学界でもこれまでほとんど言及されることがなかった。そこで本章では，半島出土資料の状況を考慮した用語・概念を再設定し，朝鮮半島全体で出土する資料の系譜関係を整理する。新羅の資料と，百済，加耶の資料の技術面における影響関係を明確にし，環頭大刀の様相と比較，対照するための基礎的な材料を整える。

第8章では，日本列島に視点を移し，比較的早い段階における日本列島での装飾付環頭大刀の様相を検討する。朝鮮半島で装飾付大刀が最も盛行した5世紀代は，日本列島では狭義の装飾付大刀[4]は製作されておらず，当該時期の日本列島出土装飾付大刀は専ら朝鮮半島各地からの搬入品であったと考えられる。前章までの検討により把握した半島南部各地の大刀製作技術の特徴から，日本列島における初期装飾付環頭大刀の系譜を明らかにする。

第9章では，古墳時代後期後半になって日本列島で流行する単龍・単鳳環頭大刀を対象に検討する。従来，日本出土の単龍・単鳳環頭大刀は，公州武寧王陵との図像的類似から，百済に系譜をもつものと認識されてきた（新納 1982ほか）。ところが，近年の研究で製作技術的には大加耶との関わりが強く認められることが指摘されている（持田 2006）。本章では，これまであまり言及されなかった環頭部の鋳造技法に注目し，舶載品と列島製品の峻別基準を提示，朝鮮半島からの工人移入にともなう列島での工房の変遷を追う。

終章で，これら9章にわたる検討で明らかになった内容を改めて整理し，垂飾付耳飾と装飾付大刀という2種の金工品の様相から読み解くことのできる古代朝鮮諸国と倭の交流史変遷を明示する。

4）鉄以外の貴金属を用いた装飾を施した大刀を装飾付大刀と定義したが，広義には貴金属以外の素材，例えば鹿角などを用いた装飾を付加した非金属装鉄刀についても，「装飾付大刀」に含めるべきであると考える。

第Ｉ部

垂飾付耳飾の型式学的検討

◉大半が金でつくられる垂飾付耳飾は，素材確保の難度や構造の複雑さからみて，種々の金工装飾品の中でも群を抜いて生産が困難である。にもかかわらず，垂飾付耳飾は金工品の中で最も盛んに製作され，流通していた。当時の朝鮮半島の人々が，いかに垂飾付耳飾に特別の価値を見出していたかを窺える。

◉第Ｉ部では，この金工装飾品の代表ともいえる垂飾付耳飾を主な対象に，型式学に基づいた基礎的検討を試みていく。耳飾を広域に適用し得る年代指標へと昇華させつつ，その製作体制の実態を探ってみたい。

第1章 新羅における垂飾付耳飾の系統と変遷

本章で検討対象とするのは，金工品の流通が最も顕著な「新羅」において，とりわけ盛んに製作された「垂飾付耳飾」である。新羅の垂飾付耳飾は，他地域の垂飾付耳飾に比べても資料の絶対数が多く，しかも通時的かつ汎地域的に出土するという特徴をもつため，広範囲において一律に適用できる編年指標として活用できる可能性が高い。それ故，他の金工品に比べても，早い段階から研究対象として注目を浴びてきた。しかし，その膨大な資料数と多様な形態的特徴のため，型式学的な整理は容易でなく，依然十分な検討がなされたとは言い難い状況にある。

そこで本章では，以下のような目標を定め，分析を試みる。第一の目標は，垂飾付耳飾自体の型式学的な属性分析によって，古墳編年や共伴遺物の編年に頼らない自律的な新羅耳飾編年を構築し，製作年代を基準とする年代観の軸を確立させることである。本章で明らかにする編年は，本書におけるあらゆる分析の基礎的認識となるものである。ここでは紙幅を惜しまず具体的な分析過程を提示し，編年の客観性を示していきたい。

第二の目標は，新羅圏域で出土する垂飾付耳飾の変遷プロセスを技術的側面から詳細に整理・把握し，その画期について新羅の対外関係という側面から考察することである。特に，他地域からの意匠や製作技術の影響・伝播を積極的に評価しつつ，政治的な側面からこれを読み解いてみたい。

第１節　新羅の垂飾付耳飾をめぐる研究

１．研究史の検討

これまでの垂飾付耳飾研究は，大きく二つの部類にわけることができる。一つは，耳飾自体の型式分類に基づく編年・系譜の研究であり，もう一つは金工技術面からの分析による製作技術の復原研究である。本章の目的は耳飾の系統把握を土台とした型式分類による編年の再構築であるため，ここでは前者の研究状況について整理・検討し，課題を明らかにしておこう。

新羅の垂飾付耳飾に対する本格的研究は，1970年代から80年代にかけて，慶州の新羅古墳の編年研究が盛んになったことを受けて，その相対編年確立のための検討材料として脚光を浴びたことに始まる。ただし，その分類の大枠は，戦前の藤田亮策による検討で既に示されていた。特に，藤田が示した主環の分類，「太環式」と「細環式」の大別は，70年代以降の研究でも全面的に継承される。主環の形状による大別基準に中間飾や垂下飾の形態差を加味して，細分型式を設定していくというのが，80年代以前の研究における主流であった（尹世英 1974・1984，李仁淑 1977，崔秉鉉 1981・1992）。中でも崔秉鉉は，耳飾の各構成部品に型式学的な検討を加え，積石木槨墳の編年と比較することで新羅古墳編年への積極的活用を図っている。このような耳飾を部品に分解してそれぞれに分類を試みるという手法は，90年代以降の耳飾研究に受け継がれることとなる。

こうした初期の研究の中で最も注目すべき研究として，伊藤秋男の編年研究に言及しておきたい。伊藤は，他の研究と異なり，太環・細環の区別に基づく分類から「編年基準を導き出すことはまず不可能」として，主環の形状を分類基準とはしなかった。そのかわりとして，耳飾を構成する各部分のうち，時代的特徴を最も明瞭に反映するのは連結金具の構造であると仮定し，連結金具の差異を柱とする分類を試みた（伊藤 1972）。初期の他の研究が，形態差に注目して可能な限り細分し，型式間の類似からその変遷を類推していく，という方法をとっているのに対し，伊藤の研究は，編年という明確な目的のもと，あらかじめ属性に優先順位を設け，不要な細分を避けた点において，他の研究とは一線を画する。とりわけ連結金具の変遷についての指摘は，今日の資料状況でもある程度の妥当性を維持するものであり，さほど資料が多くない中での先駆的な研究である点に鑑みると，より高い評価を受けるべき研究であろう。こうした視点は本章で試みる分類においても積極的に取り入れている。

90年代に入り，新羅古墳の相対編年がほぼ確立されると，垂飾付耳飾研究は新たな局面を迎える。すなわち，古墳の編年材料としてではなく，耳飾そのものの性格や意義へと目が向けられ，これまでとは逆に，古墳編年に基づく時間的な位置付けを前提として，耳飾の検討がなされるようになる。こうした新たな耳飾研究を牽引するのが李漢祥である。氏は，太環，細環の大別を前提として，それぞれを別個に変遷様相について論じた。特に太環耳飾の編年研究は詳細で，主環，中間飾，垂下飾，連結金具といった耳飾を構成する部品ごとに分類をおこなっており，特定の部品，すなわち小環連接球体中間飾，心葉形垂下飾，連結金具については，時期的な型式変化に言及している（李漢祥 1998, 2002, 2004a)。氏が示した分類は，一部資料の編年を考える上で非常に有効な観点である。

一方，日本の学界でも，90年代以降，朝鮮半島出土資料について言及した論考が発表されている。その大部分は，日本列島出土資料を評価することを目的としたものであるが（谷畑 1993，神賀 1997など)，中でも三木ますみの研究は，系譜の整理に力点を置き，朝鮮半島出土資料のみを扱ったもので注目される。三木の研究は，型式学的変遷を念頭に置いた分類と詳細な属性分析による型式設定に基づくもので，副飾をともなう心葉形垂下飾が小環連接球体中間飾とはまったく組み合わないことに言及するなど，重要な指摘が多い（三木 1996)。

2．研究の課題

以上，既往の研究史を簡単に整理した。これを踏まえて，本章で取り組むべき研究課題を明確化したい。

まず，編年と年代比定に関する問題である。研究の初期段階では，新羅古墳の編年を目的として耳飾の編年が試みられ，型式学的方法による編年序列が組まれたが，あくまで古墳の編年を目的としたものであり，耳飾そのものの製作年代にはあまり言及されることがなかった。その後の資料の増加を受け，耳飾自体に焦点を合わせた研究がなされるようになるが，この段階では古墳の編年研究が大きく進展しており，反対に古墳編年に依存して耳飾の年代が決められるようになった。しかし，耳飾の型式学的な変化は必ずしも常に古墳の年代と合致するものではないため，この乖離を解消させる必要がある。特に，耳飾の意匠や製作技術を基に新羅以外の他地域との影響関係を論じるためには，製作時の年代を基準とした議論が不可欠となる。そのためには，耳飾そのものの型式学的変化を根拠とした自律的な編年を構築する作業が必須である。

型式学的変化を前提とした分類研究は，初期の耳飾研究を担った先学ら，そして李漢祥を中心とする近年の研究者らによって，これまでに幾度も試みられており，ある程度の枠組みは提示されている。しかし，これまで部品ごとの型式学的な変化は比較的詳細に指摘されてきたものの，それら各属性の変化がそれぞれどのような並行関係にあるのかが明確に扱われたことはなく，また全体的な変遷の中でどのような画期を抽出できるのかについても不分明である。

次に，系統把握の問題である。冒頭でも触れたが，新羅の耳飾は非常に多様な意匠をもち，その系統も複数存在すると推定されるが，それら系統の整理・把握が依然不十分である。このことは，これまで太環耳飾と細環耳飾の差異が重視され過ぎてきた点に起因すると考えられる。従来の研究の多くは，太環耳飾と細環耳飾の差異をそのまま系統差とみなし，これらを別途に検討してきた。太環耳飾と細環耳飾が，意匠面においてある程度排他的な様相を呈するのは間違いないが，後節で検討するように，ある時期に至るまでは太環耳飾の典型的な意匠が細環耳飾で認められたり，細環耳飾にみられる各種意匠が初期の太環耳飾にともなったりする現象が確認される。すなわち，細環と太環の区別は，最初からあったものでなく，ある時期になってから成立したことが推測され，これが新羅の耳飾変遷における明確な画期となり得る可能性が高い。しかし，細環と太環をそもそも別途に検討してしまうと，細環と太環の分化のプロセスを把握できない。太環と細環という系統区別から脱し，耳飾の各属性を総合的に検討することによって，正確な系統把握を試みる必要がある。

第2節　耳飾各部の分析

以上のような問題意識を前提に，具体的な分析へと移ろう。

型式学的な変化を根拠とする編年は，数多くの出土地不明資料をある程度積極的に活用できるという方法論的な強みをもつ[1)]。本章では，報告書や図録で公表された図面や写真，あるいは実見調査で詳しい形態が確認できた資料を検討対象とする。

まずは耳飾各部（図1-1）の分析に入りたい。耳飾を構成する各部分を，主環，中間飾，垂下飾，連結金具にわけ，それぞれに類型を設定した後，類型間の差異が時間的な先後関係を表すとみられるものを抽出していく。

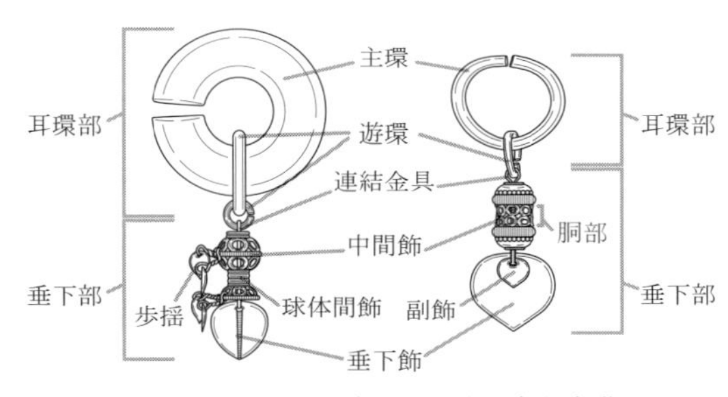

図1-1　新羅出土垂飾付耳飾の各部名称

1．各部の類型（図1-2）

(1) 主環

先行研究にしたがって，ここでも太環と細環とに分類する。定義は以下の通りである。

太環　複数の金板の部材を組み合わせてつくった，中空で断面蒲鉾形の環[2)]。

細環　金製や金銅製，銅地金張の棒材，あるいは筒状に巻いた金板を環状に曲げてつくった，断面円形の環[3)]。

1）ただし，出土地不明の資料には，贋作はもちろん，美術品として流通する過程で，商品的価値を高めるため本来失われているパーツを別個体と組み合わせることで完形品のように見せかけたものもあり，注意が必要である。

2）太環は，部材の組み合わせ方による細分の可能性が指摘されている（周炅美 1997，権香阿 2004b）が，その峻別には実物観察による確認作業が必須であり，これを悉皆的に実施することは実質上不可能であるため，ここでは細分を控える。

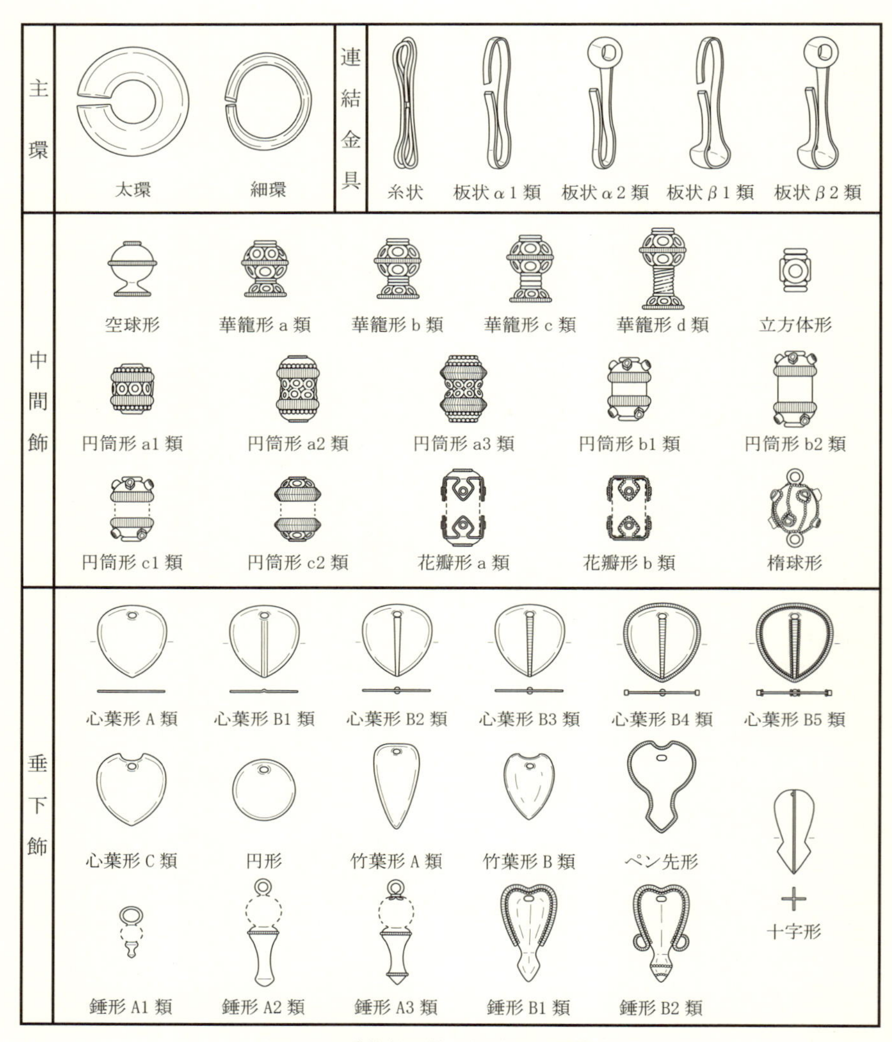

図 1-2　垂飾付耳飾の部分別分類模式図

(2) 中間飾

最も複雑な構造をもち，意匠的特徴の差異が明確に現れる。以下のように，7種に大別する。

3)　細環についても，材質による細分は可能であるが，やはり悉皆的な実物観察が困難であるため，細分はおこなわない。

空球形　半球状の金属板を組み合わせて球体をつくり，下部に半球体を接合したもの。

華籠形　小環を連接して球体と半球体をつくり，球体下部に半球体を接合したもの。小環連接球体とも呼ばれる。構造的特徴により次の4種に細分する。

a：球体部の小環が，上半球と下半球とで互い違いに接するもの。球体間飾を設けず，球体部の直下に半球部がつく。球体部の中心をめぐる刻目帯は，小環の連接により球体を完成させた後に上から巻き付ける。

b：球体部の小環が上半球と下半球とで対称に接し，球体間飾に小環を一つ挟んだもの。

c：b類の球体間飾の小環を2個ないし3個に増やしたり，短い円筒状の部材を挟んだりして長さを増したもの。

d：球体間飾の小環の数を四つ以上に増やしたり，金線をコイル状に巻いた部品を挟み込んだりすることで，球体間飾が筒状をなすように長くなったもの。球体間飾に斜格子状の刻みを施した筒状の部品を被せるものもd類に含める。

このほかに，下半球をともなわず球体部のみで構成されるものも存在する。しかし，新羅圏では出土例が非常に少なく[4]，むしろ高句麗圏に類例が多いため，こうした構造をもつ耳飾は一般的に「高句麗系」と認識されている（李漢祥 2004a）。したがってここでは類型としての設定を控えておく。

立方体形　小環を連接して立方体状につくったもの。立方体の上下に小環を重ねて，上下にやや長くしたものが多い[5]。

円筒形　円筒状を呈するもの。半球状の金板を主体とする上下の部品と，これに挟まれる胴部からなる。胴部の構造から，大きく以下の3種に細分する。

a：小環を円筒状に連接して胴部をつくり，刻目帯をめぐらせた半球状の部品で上下から挟み込んだもの。

b：金属板を筒状に曲げて胴部をつくり，刻目帯をめぐらせた半球状の部品

4）　新羅圏域では，慶州瑞鳳塚出土例（パクジニル・シムスヨン編 2014；図版 19-8）と江陵柄山洞29号墳出土例（国立慶州博物館 2001；p.240の305）の2例が知られている。

5）　時期が下ると立方体の上下の小環の数が，二つから三つへと増えるという指摘もある（李漢祥 2004a）が，これに当てはまらない資料も多く，小環の数を時期的指標とするのは難しい。

で上下から挟み込んだもの。

ｃ：琥珀玉や木などの非金属製部材で胴部をつくり，刻目帯をめぐらせた半球状の部品で上下から挟み込んだもの。

円筒形ａ類は，小環の段数や刻目帯の形状から，さらに３種に区分する。

ａ１：小環の段数が１段のもの。

ａ２：小環の段数が２段以上のもの[6)]。

ａ３：小環の段数が２段で，半球状部品にめぐらせた刻目帯の中間に明瞭な稜があり，算盤玉状のシルエットを呈するもの。

円筒形ａ類の上下の半球状部品には細粒装飾[7)]を施したものが多く，金粒を四方に四つだけ付けたものや，帯状に一周させるもの，帯状の金板を円形に曲げて溶着させたものなど，細部の装飾は多様である。円筒形ａ類では，これらの細かな意匠が資料ごとに異なるため，極めて複雑な様相を呈する。

円筒形ｂ類は，胴部の長短により２種に細分する。

ｂ１：胴部の長さが，上下の半球部を合わせた長さよりも明らかに短いもの。

ｂ２：胴部の長さが，上下の半球部を合わせた長さと同程度かそれよりも長いもの。

円筒形ｃ類は，胴部の部材が遺存する例がほとんどないため，胴部の形状や素材による細分は不可能であるが，半球状部品に付加する装飾に明瞭な傾向が認められる[8)]。そこで，半球状部品の形状を基に２種に区分する。

ｃ１：円形に加工した帯状の金板を三つ，あるいは四つ固着させた半球状部品に刻目帯を付し，胴部を上下から挟んだもの。

ｃ２：華籠形中間飾のような，小環を連接させてつくった半球体に刻目帯を付し，胴部を上下から挟んだもの。

花瓣形　琥珀玉や木などの有機物製装飾を４弁の花瓣状装飾をもつ部品で上

6）小環連接の段数が３段以上の資料は極めて稀である。大邱飛山洞34号墳第１墓槨出土例が３段，大邱飛山洞37号墳第２石槨出土例（図1-5-6）が４段で構成される。

7）細粒装飾とは，小さな粒状に加工した金ないし銀（＝細粒）を，平面ないし曲面に固着させる装飾のことである。多量の細粒を散りばめて文様などを表現する鏤金技法に加え，細粒を一つないし数個貼り付けた装飾も細粒装飾に含める。

8）細粒装飾はほぼ認められない。唯一，慶州路西里138号墳出土の円筒形ｃ１類中間飾にのみ，数個の金粒の溶着が認められる。

下から挟み込んだもの。構造により２種に細分する。

ａ：半球状部品の端部から花瓣が伸びたもの。側面形状が「Ｕ」字状を呈する。

ｂ：十字形に切り出した金板の足を上部に曲げて花瓣部をつくったもの。基部から直接花瓣が伸びるため，側面形状が「コ」字状を呈する。

楕球形　楕球形の空球に，帯状の金板を曲げてつくった断面菱形の棘状装飾を付したもの。大部分が中間飾の上下両端に連結部が付随し，中間飾自体が連結金具の役割を果たす点が大きな特徴である。

(3) 垂下飾

中間飾の下部に垂下される部品で，中間飾に比べ構造は単純であるが，様々な意匠が存在する。形状から６種に大別する。

心葉形　横方向に広がった水滴のような形状を呈するもの。縦横の幅の比率は，ほぼ同程度かやや横幅のほうが長いものが大半であるが，まれに横幅に対して縦幅が長いものもある。後述する竹葉形垂下飾と峻別するため，便宜的に縦幅が横幅の1.4倍未満という基準を設けておく。形態的特徴から３種に細分できる。

Ａ：通常の水滴状を呈するもので，垂下飾平面の中心軸上に装飾を施さないもの。

Ｂ：垂下飾平面の中心軸上に縦方向の装飾要素を付加したもの。

Ｃ：連結金具の通し孔の上部に抉りをもつもの。

心葉形Ｂ類は，装飾方法により５種に細分できる[9)]。

Ｂ１：裏側から打出加工を施して，中心軸上に縦線状の隆起部を設けたもの。

Ｂ２：両面の中心軸上に断面半円形の突帯を付したもの。

Ｂ３：両面の中心軸上に断面半円形で刻目を施した突帯を付したもの。

Ｂ４：両面の中心軸上に断面半円形で刻目を施した突帯を付し，周縁部に刻目帯をめぐらせたもの。

Ｂ５：Ｂ４類にさらに装飾を加え，周縁部の刻目帯を二重にしたり細粒装飾

---

9)　心葉形Ｂ類の細分については，李漢祥による分類基準（李漢祥 1998）をほぼ踏襲している。

を施したりして，より華美に仕上げたもの。

円形　平面形が円形を呈するもの。切り出した１枚の金板でつくられており，周縁部に刻目帯をめぐらせたものや，曲面加工を施したもの，連結部に抉りをもつものは確認できない。

竹葉形　心葉形を縦に引き伸ばしたような，細長い形状を呈するもの。前述した通り，心葉形との峻別基準は「縦幅が横幅の1.4倍を超えるもの」とする。形態上の特徴から，次の２種に細分できる。

Ａ：通常の心葉形の先端部を縦に伸ばしたもの。

Ｂ：連結金具の通し孔の上部に抉りをもつもの。

錘形　２枚の金板を合わせてつくった中空の錘状突起を垂下飾とするもの。錘状突起の先端は，一度窄んでからやや膨らんだ蕾状を呈する。中間飾との連結形態から，次の２種に区分できる。

Ａ：連結金具を用いず，錘状突起が中間飾と一体となったもの。

Ｂ：錘形垂下飾が中間飾と別づくりで，連結金具によって垂下されるもの。

錘形Ａ類は，連結金具を用いて垂下飾を連結しないという点[10]において，他の垂下飾と一線を画する。セットとなる中間飾も，構造上，特異な形状を呈する。錘状突起の形状により，以下のように細分する。

Ａ１：錘状突起が小型で，中間飾と同程度かそれ以下の大きさのもの。

Ａ２：中間飾より明確に長い錘状突起をもつもののうち，耳環部と中間飾を，中間飾と一体となったリングで連結したもの。

Ａ３：中間飾より明確に長い錘状突起をもつもののうち，耳環部と中間飾を「Ω」字状に曲げた金板で連結したもの。

錘形Ｂ類は，錘形Ａ類の錘状突起を独立した垂下飾としたものであるが，細部の装飾は錘形Ａ類との間に大きな差がある。側面には先端のくびれ部手前まで刻目帯がめぐり，連結金具の通し孔の上部には抉りが認められる。側面の刻目帯の端部の形状により次の２種に区分する。

Ｂ１：刻目帯の端部をそのまま終わらせたもの。

Ｂ２：刻目帯の端部が外側に巻き上がっているもの。

10）　中間飾から「垂下」されるものでないという点で，厳密には「垂下飾」とはいえないが，分類の便宜上，垂下飾の一種とした。

ペン先形　竹葉形の先端部手前にくびれを設け，先端がペン先のような形状になったもの。

十字形　ペン先形の金板２枚を縦方向に直交させた，断面十字形を呈するもの。

(4) 連結金具[11)]

主環と中間飾および垂下飾を連結する部品である。大部分は他の部位に隠れてみえないため，中間飾のような意匠上のバリエーションはほとんどなく，機能的性格が強い。形状から２種に大別する。

糸状　針金状の細い金糸を連結金具として用いたもの。

板状　幅のある細長い金板を連結金具に用いたもの。

板状金具は，金板の幅によって次のように細分する。

α：金板の幅が均一なもの。

β：金板の幅が不均一で，垂下飾との連結部がやや幅広になっているもの。

また，これらは耳環部との連結方式により区分できる。

α１：α類金具をそのまま使用して連結するもの。

α２：α類金具の端部に幅広の金板でつくったリングを鑞付けして耳環部との連結に用いたもの。

β１：β類金具をそのまま使用して連結するもの。

β２：β類金具の端部に幅広の金板でつくったリングを鑞付けして耳環部との連結に用いたもの。

２．時期差を示すとみられる類型間の差異

次に，部品ごとの類型間の差異のうち，型式学的観点から時間的先後関係を表すとみられるものをあらかじめ確認しておく。次節において，一つの垂飾付耳飾を構成する類型同士の共存関係を基に耳飾を古いものから新しいものへと配列していくが，本節での作業は，耳飾の時期的変化の方向性を予測し，実際に資料の配列を試みる上で優先的に手がかりとすべき属性が何かを探るためのものである。

---

11)　日本の学界では「連繫金具」の表現がより一般的であるが，韓国では主に「連結金具」が用いられる。本書では後者を採用する。

(1) 中間飾

華籠形中間飾は，球体間飾が次第に長くなるか，もしくは短くなる方向での変化が推測される。既往の研究においても，球体間飾が長くなる方向での変化が指摘されており（三木 1996，李漢祥 1998・2004），この想定が正しいとすれば，華籠形ａ→ｂ→ｃ→ｄの順番での変化が予想される。

空球形と華籠形は，球体部の下に半球体部を接合するという構成において共通性を認め得る。これらの製作にはそれぞれ異なる技術と工程を必要とするため，二種の中間飾は連続的変化の先後関係というわけではないと考えられるが，意匠的な影響を認められることから，どちらかがもう一方より派生したものである可能性が高い。

円筒形中間飾は，円筒形ａ類とｂ類，ｃ類のいずれも，半球状部品で胴部を上下から挟み込むという構造において共通するが，胴部の製作工程はそれぞれ異なると推定されるため，一系的な先後関係をなすものとは考え難い。一方で，円筒形ａ類とｂ類には，設定した細別類型間に胴部の長短という差異があり，華籠形中間飾で想定した変化の性質から考えると，時期的な様相を反映していることが推察される。すなわち，ａ１→ａ２，ｂ１→ｂ２ないしその逆の変化が予測される。円筒形ｃ１類とｃ２類については，胴部の材質において共通するものの，部品の製作方法が異なるため，連続的な変化とみなすのは不可能である。いずれか一方が他方より派生したと捉えるべきであろう。上下の半球状部品の形状は，ｃ１類がａ１やｂ１と共通することから，ｃ２類がｃ１類から派生したものとみなしておく。

花瓣形中間飾は，中間飾の胴部に有機物製の素材や玉を用い，それを上下から挟むという点で，円筒形ｃ類中間飾と共通する。ここで，円筒形ｃ類から花瓣形中間飾が派生したと仮定すると，型式学的には円筒形ｃ類→花瓣形ａ類→花瓣形ｂ類の順に変化したと推測される。すなわち，円筒形ｃ類において必要であった非金属製の胴部を固定するための半球状部品に，花瓣状の足がついたことで，上下の部品が半球状である必要性が構造上なくなったため，単純に金板を切り出してつくるという製作工程の省略がなされた，という解釈である。しかし，出土地が明らかな花瓣形ａ類中間飾をともなう資料は，まだ新羅圏では発見されていない。その系譜については，他地域との関係を検討する中で後述したい。

(2) 垂下飾

心葉形垂下飾については，李漢祥による変遷推定（李漢祥 1998・2004a）が参考となる。すなわち，中軸線上への装飾の付与から次第に加飾化が進むというもので，本書の分類ではＡ→Ｂ１→Ｂ２→Ｂ３→Ｂ４→Ｂ５となる[12)]。これは，打出技法による隆起線の表現から，突帯の付与，その突帯への刻目の付与，刻目帯の追加という一連の流れとして理解することができ，一系的に順次変化していく属性である可能性が高い。ただし，李漢祥による上の変化についての指摘は，太環耳飾の場合に限って言及されたものであるが，耳飾全体ではＡ類は消滅せず，細環耳飾で採用され続ける。つまり，Ａ類からＢ１類が派生し，Ｂ１類以降が連続的に変化していったものと考えられる。一方，連結金具の通し孔の上部に抉りをもつＣ類は，Ｂ１類派生後のＡ類が変化，あるいはＡ類から派生して生じたものと推測される。これは後述する連結金具の変化と連動しているとみられる。

同様に，竹葉形垂下飾のＡ類とＢ類も，心葉形Ａ類とＣ類に該当する形状の変化と捉えることができる。したがって，時間的にはＡ→Ｂの関係が想定される。ただし，竹葉形Ｂ類は，周縁部に刻目帯を付したり，曲面加工を施したりしたものが大半で，竹葉形Ａ類と意匠的差異が大きいため，必ずしも一系的な関係とは断定できない。

錘形垂下飾Ａ類については，一体となった中間飾部に対し，垂下飾が短いものから長いものへと変化することが指摘されている（三木 1996）。Ａ１類からＡ２類およびＡ３類への変化を推定できるが，Ａ１類がいずれも中間飾と一体をなすリングで耳環部と連結されていることを勘案すると，Ａ１→Ａ２→Ａ３の関係が予想される。鐘形垂下飾Ｂ類は，中間飾と垂下飾を別途につくって連結金具でつなぐという新羅の垂飾付耳飾の基本的構成に合わせ，Ａ類から派生

---

12)　李漢祥は周縁部に刻目帯をめぐらせたＢ４類の出現に，慶州皇吾洞14号墓第１槨で出土した，周縁部にのみ刻目帯を付した垂下飾（図1-3-3）からの影響があると指摘している（李漢祥 1998・2004a）。しかし，華籠形中間飾を採用した耳飾の中で，このような垂下飾をもつ資料は皇吾洞14号墓第１槨例が唯一であり，またこれら資料の間には大きな時期差があることから，積極的な影響関係を認めるのは困難である。

したものと考える。さらに，側面の刻目帯にさらなる装飾要素を付加するために端部を巻き上げたとするならば，Ｂ１→Ｂ２という関係となろう。なお，Ｂ類はいずれも連結金具の通し孔上部が抉りをもつ形状となっており，心葉形Ａ→Ｃと竹葉形Ａ→Ｂが耳飾の全体的な変化の画期に連動したものであるとすれば，錘形Ｂ類は比較的遅い時期に出現したと予測できる。

竹葉形やペン先形，十字形は細長い平面形状において類似性をもつが，これらは早い段階から冠飾で採用されてきた意匠であり，これが垂飾付耳飾に転用されたと考えられる。このうち竹葉形は，数量的にみて，耳飾の意匠としても定着したとみられる。

(3) 連結金具

これまで，先学らにより糸状→板状の変化が指摘されている（伊藤 1972など）。しかし，両者は構造的に大きく異なるため，型式学的な先後関係にあるものとはみなし難い。耐久性の向上という機能面の改善を目的に，新たに板状連結金具が創出されたと考える。したがって，糸状から板状への変遷は漸次的に移行していった可能性が高い。このような耐久性向上の流れを前提とするならば，板状α１→板状β１の変化が考えられる。ただし，別づくりのリングに鑞付けするタイプが板状αとβの両方に存在することから，板状α１類から板状β１類が派生した後も，α１類は残ったと考えられる。α１からα２が，β１からβ２が現れたと想定しておく。

第３節　系統の設定と編年

１．中間飾からみた耳飾の系統区分

ここまで，部品ごとに類型間の型式学的先後関係について推測した。しかし，先の想定はあくまで仮定に過ぎず，実際にそのような変化をたどったことが証明されたわけではない。そこで本節では，類型の集合体である垂飾付耳飾本体を古いものから新しいものへと配列した場合に，先に想定した各類型の新古関係に矛盾を生じることがないかを確認することで類型間の型式学的関係を検証しつつ，垂飾付耳飾の編年の確立を目指す。

以下の分析では，中間飾の大別分類を重視し，同じ類型の中間飾を共有する資料群を一つの「系統」として設定する。中間飾の意匠は，外見上の差異を最も顕著に表すだけでなく，製作工程や用いられる製作技法そのものの差異を反映している。設計の最も初期の段階で決定される部位であり，属性の集合体としての耳飾全体を決定する要素と考えられる。

新羅の垂飾付耳飾は，採用される中間飾の類型により，大きく六つの系統にわけられる。華籠形系統，円筒形系統，空球形系統，花瓣形系統，楕球形系統，立方体形系統である。耳飾の時間的配列は，これらの系統ごとに試行することとする。

耳飾の時間的配列を試みるに際し，最も優先的に参照すべき属性は，垂下飾である。垂下飾は，構造こそ比較的単純ではあるが，設定した細分類型間の型式学的な近似性が高く，より連続的で順次的な変化が期待される。連結金具は，機能的な性格を強くもち，類型差が時期差を反映する可能性は高いが，前節で言及したように順次的な変化ではないと考えられ，またさほど敏感に変化を繰り返しているわけではないため，優先順位は垂下飾の次とする。系統差の根拠とした中間飾は，細分類型内での形態的近似性こそ高いが，意匠上のバリエーションが豊富で，類型設定の際に捨象した装飾要素が多いため，例外的な資料が少なくない。また，大別類型内で細分できなかった中間飾もあるため，時間的配列における属性としては第３位とする。

以下，垂下飾→連結金具→中間飾の順で，配列を試みる。なお，系統差を明確にするため，細粒装飾や垂下飾の副飾の有無といったその他の要素も参照する。

２．各系統の配列

(1) 華籠形系統（表 1-1，図 1-3-3～10・1-4-1～5）

まずは，最も資料数が多く，かつ耳飾の出現から終焉まで通時的に存在する華籠形中間飾をもつ耳飾群から検討する。

華籠形系統の配列を示したのが表 1-1である。基本的に，心葉形垂下飾を採用したものを対象に配列し，それ以外の垂下飾をもつものを下に示した。

華籠形中間飾をもつ耳飾には，板状β類金具が用いられない。垂下飾の９割

表 1-1　華籠形

製作段階	出土地	垂下飾						連結金具			中間飾				主環	
		心葉A	心葉B1	心葉B2	心葉B3	心葉B4	心葉B5	糸状	板状α1	板状α2	華籠a	華籠b	華籠c	華籠d	細環	太環
1	慶州 皇吾洞14号 1 槨	○						○			○				○	
	慶州 皇吾洞14号 2 槨	○						○			○					○
	慶州 皇南大塚南墳 A	○						○				○			○	
	慶州 皇南大塚南墳 B	○						○				○			○	
	慶州 皇南大塚南墳 C	○						○				○				○
	慶州 仁旺洞19号 C 槨	○						○				○				○
	安東 太華洞 9 号	○						○				○				○
	慶州 皇南洞出土	○						○				○			○	
2	慶州 仁旺洞19号 F 槨	○							○		○					○
	蔚山 早日里42-2号石槨	○							○		○				○	
	慶州 皇南大塚南墳 D	○							○			○			○	
	慶州 皇南大塚北墳 A	○							○			○				○
	慶州 皇吾洞16号 6 槨 A	○							○			○				○
	金海 伽耶の森 1 号石槨	○							○				○		○	
	慶州 仁旺洞 A-2 号		○					○			○					○
	慶州 皇南大塚南墳 E		○					○				○				○
	慶州 皇南大塚南墳 F		○					○				○				○
	慶州 仁旺洞19号 E 槨		○						○			○				○
	慶州 皇南洞破壊古墳 2 槨		○						○			○			?	?
	大邱 内唐洞51号 2 槨		○						○			○			○	
	不明 出土地不明 A		○						○			○			?	?
3	慶州 瑞鳳塚 A			○				○				○				○
	慶州 皇南大塚北墳 B			○				○				○				○
	慶州 皇南大塚北墳 C			○				○				○				○
	不明 出土地不明 B			○				○				○				○
	不明 出土地不明 C			○					○		○					○
	慶州 皇南大塚北墳 D			○					○			○				○
	慶州 皇南大塚北墳 E			○					○			○				○
	慶州 皇南大塚北墳 F			○					○			○				○
	慶州 皇吾洞16号 6 槨 B			○					○			○				○
	慶州 金冠塚 A			○					○			○				○
	慶州 皇吾洞出土 A			○					○			○				○
	不明 出土地不明 D			○					○			○				○
	慶州 皇南大塚北墳 G			○					○				○			○
	慶州 皇南大塚北墳 H			○					○				○			○
	慶州 皇南大塚北墳 I			○					○				○			○
	慶州 皇南大塚北墳 J			○					○				○			○
	慶州 金冠塚 B			○					○				○		?	?
	慶州 月城路カ27号			○					○				○			○
	慶州 瑞鳳塚 B				○			○					○			○
	慶州 皇南大塚北墳 K				○				○			○				○
	慶州 皇南大塚北墳 L				○				○			○				○
	慶州 皇吾洞出土 B				○				○			○				○

系統の配列

垂下飾幅		歩揺	副飾	曲面加工	細粒装飾	共伴遺物		備考
横	縦					馬具	土器	
1.2	1.4					慶州Ⅲ前	新羅ⅡA古	
0.9	1.2					慶州Ⅲ後	新羅ⅡA中	
1.3	1.3					慶州Ⅲ後	新羅ⅡA中	
1.5	1.5					慶州Ⅲ後	新羅ⅡA中	
1.2	1.2					慶州Ⅲ後	新羅ⅡA中	
1.1	1.2	上						
1.3	1.1							
1.8	1.9					慶州Ⅳ		
2.1	1.7							
1.2	1.2					慶州Ⅲ後	新羅ⅡA中	
2.0	1.8	上				慶州Ⅲ後		
1.9	1.8							皇吾洞16号6槨Bと主環を共有。
1.9	2.3							
1.4	1.4	上下				慶州Ⅲ後	新羅ⅡA中	
1.5	1.6	上				慶州Ⅲ後	新羅ⅡA中	
2.2	2.1	上下						
1.9	1.8	上				慶州Ⅲ後		
1.7	1.5							
		上						
1.6	1.5							
2.0	1.8					慶州Ⅲ後		
2.0	1.9	上				慶州Ⅲ後		
		上						
		上						
1.9	1.8	上下				慶州Ⅲ後		
2.0	1.8	上下				慶州Ⅲ後		垂飾と主環を共有。
2.1	1.8	上下				慶州Ⅲ後		皇南大塚北墳Lと主環を共有。
		上下						皇吾洞16号6槨Aと主環を共有。
		上下				慶州Ⅳ	新羅ⅡB	金冠塚Cと主環を共有。
		上						
		上						
2.0	1.9	上				慶州Ⅲ後		
2.5	2.2	上下				慶州Ⅲ後		
2.5	2.3	上下				慶州Ⅲ後		一つの主環に二つの垂飾（本章での型式は同じ）。
2.1	2.0	上下				慶州Ⅲ後		
		上下				慶州Ⅳ	新羅ⅡB	
2.0	1.8	上						
2.2	1.9	上下						主環に格子状の透かし。
2.1	1.9	上下				慶州Ⅲ後		
2.1	1.8	上下				慶州Ⅲ後		皇南大塚北墳Fと主環を共有。
		上						慶州皇吾洞出土Cと主環を共有。

3	慶州 瑞鳳塚 C				○				○				○			○
	不明 出土地不明 E				○				○				○		?	?
	慶州 金鈴塚 A				○				○					○		○
	慶州 味鄒王陵地区 5－2 号				○				○					○		○
4	慶州 金冠塚 C					○			○				○			○
	慶州 金冠塚 D					○			○				○			○
	慶州 金鈴塚 B					○			○				○			○
	大邱 内唐洞55号					○			○				○			○
	慶州 皇吾洞出土 C					○			○				○			○
	慶州 慶州出土 A					○			○				○			○
	慶州 瑞鳳塚 D					○		○						○		○
	慶州 瑞鳳塚 E					○			○					○		
	慶州 皇吾洞33号西槨 - 主槨					○			○					○		○
	慶州 皇吾洞100番地 6 号					○			○					○		○
	慶州 天馬塚					○			○					○		○
	慶州 仁旺洞 A－1 号主槨					○			○					○		○
	慶州 皇南洞151号積石木槨					○			○					○		○
	慶州 味鄒王陵地区 9－A 号 1 槨					○			○					○		○
	慶州 慶州出土 B					○			○					○	?	?
	不明 出土地不明 F					○			○					○		○
	不明 出土地不明 G					○			?					○		○
	慶州 仁旺洞20号					○			○					☆		○
	昌寧 校洞12号					○			○					☆		○
	順興 邑内里 5 号					○			○					☆		○
	不明 出土地不明 H					○			○					☆		○
5	慶州 皇吾洞100番地 7 号						○		○					○		○
	慶州 皇南洞151号横穴式石室 A						○		○					○		○
	慶州 皇南洞151号横穴式石室 B						○		○					○		○
	梁山 金鳥塚 A						○		○					○		○
	梁山 夫婦塚						○		○					○		○
	不明 出土地不明 I						○		○					○		○
	慶州 普門洞合葬墳横穴式石室						○		☆					○		○
	不明 出土地不明 J						○		☆					○	?	?
	慶州 普門洞合葬墳積石木槨						○			○				○		○
	慶州 路西洞215番地古墳						○			○				○		○
	昌寧 桂城 A 地区 1 号						○			○				○		○
	不明 出土地不明 K						○			○				○		○
	不明 出土地不明 L						○			○				○		○
	不明 出土地不明 M						○			○				○		○
	梁山 金鳥塚 B	錘 B 2							○					○		○
	昌寧 桂城 II 地区 1 号	錘 B 2							○					○		○
	慶州 皇吾洞52号	錘 B 2								○				○		○
	不明 出土地不明 N	錘 B 2								○				○		○
	不明 出土地不明 O	円							○			○				○
	慶州 仁旺洞149号	円						?	?			○			○	
	慶州 味鄒王陵地区出土	十字							○					○		○
	慶州 金尺里古墳	十字							○					○	?	?
	慶州 金鈴塚 C	勾玉							○					○	?	?

2.1	1.9							
		上下						
1.8	1.8	上下				慶州Ｖ		
1.6	1.6	上下						
		上下				慶州Ⅳ	新羅ⅡＢ	金冠塚Ａと主環を共有。
		上下				慶州Ⅳ	新羅ⅡＢ	
1.9	1.8	上下				慶州Ｖ	新羅ⅡＣ古	
2.3	2.2	上下						
		上下						慶州皇吾洞出土Ｂと主環を共有。
		上下						
2.1	2.0	上下						中間飾小環にガラス玉象嵌。垂下飾中央に透かし。
2.2	2.0	上下						
		上下						
2.1	2.0	上下						
1.6	1.5	上下				慶州Ｖ	新羅ⅡＣ中	
		上下						
		上下				慶州Ⅵ		
2.0	1.9	上下				慶州Ⅵ		
		上下						
		上下						
		上下						
1.9	1.9	上下				慶州Ｖ		球体間飾に斜格子文を施した円筒を使用。
2.1	2.0	上下				昌寧Ⅳ		球体間飾に斜格子文を施した円筒を使用。
1.5	1.6	上下						片方のみ球体間飾に斜格子文を施した円筒を使用。
		上下						球体間飾に斜格子文を施した円筒を使用。
1.5	1.4	上下				慶州Ⅵ	新羅ⅢＡ	
1.8	1.8	上下				慶州Ⅵ	新羅ⅢＡ	
		上下					新羅ⅡＣ古	
1.5	1.5	上下					新羅ⅡＣ古	
1.9	1.8	上下			○			
		上下			○			
2.3	2.3	上下			○			耳環部側の連結金具幅が広い。
		上下						耳環部側の連結金具幅が広い。
2.0	1.9	上下						
2.4	2.2	上下						
1.8	1.9	上下						
		上下			○			
		上下			○			
		上下			○			
1.8	2.8	上下			○			
1.3	2.4	上下			○			
		上下			○			
		上下			○			
0.8	0.8						新羅ⅡＣ古	
0.8	0.6							
		上下						
		上下						
		上下				慶州Ｖ		金鈴塚出土円筒形ｃ類系統耳飾と主環を共有。

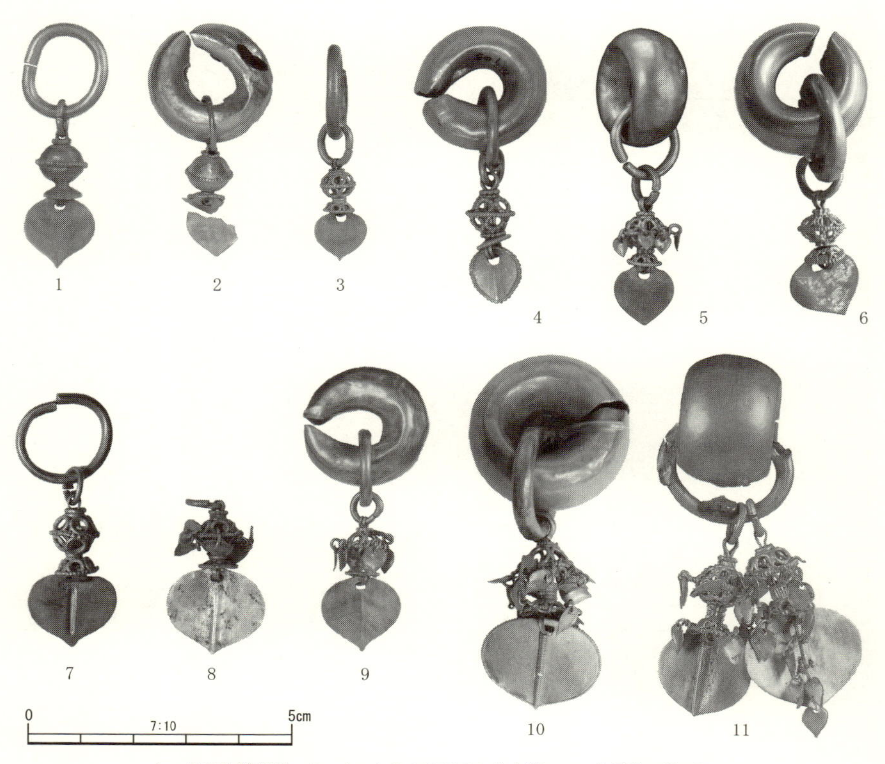

1．皇南大塚南墳，2．チョクセム地区Ｃ１号木槨，3．皇吾洞14号１槨，
4．皇吾洞14号２槨，5．仁旺洞19号Ｃ槨，6．太華洞９号，7．内唐洞51号Ⅱ槨，
8．皇南洞破壊古墳２槨，9．皇南大塚南墳，10．内唐洞55号，11．皇南大塚北墳

図 1-3　新羅の垂飾付耳飾の例（１）

が心葉形で，かつ心葉形Ｃ類は採用されない。また，副飾や曲面加工をともなう垂下飾は認められない。糸状金具は，慶州瑞鳳塚Ｄのように，出土地が明らかな資料においても新しい要素と組み合う例があり，板状金具への移行はやはり漸次的になされたようである。

表 1-1をみると，先に想定した垂下飾と連結金具の変遷の想定は，ひとまず互いに矛盾せず整合的である[13]。よって表 1-1に示した配列は耳飾の新古の順

13）国立慶州博物館所蔵の菊隠李養璿蒐集文化財に，心葉形Ｂ１類と糸状金具を有しつつ，華籠形ｄ類の中間飾が組み合う例が存在する（国立慶州博物館 1987：p.217図面65-④）。同例は出土地不明品であるが，本章で想定した型式学的な変遷の流れの中では明らかに例外的な組み合わせを示

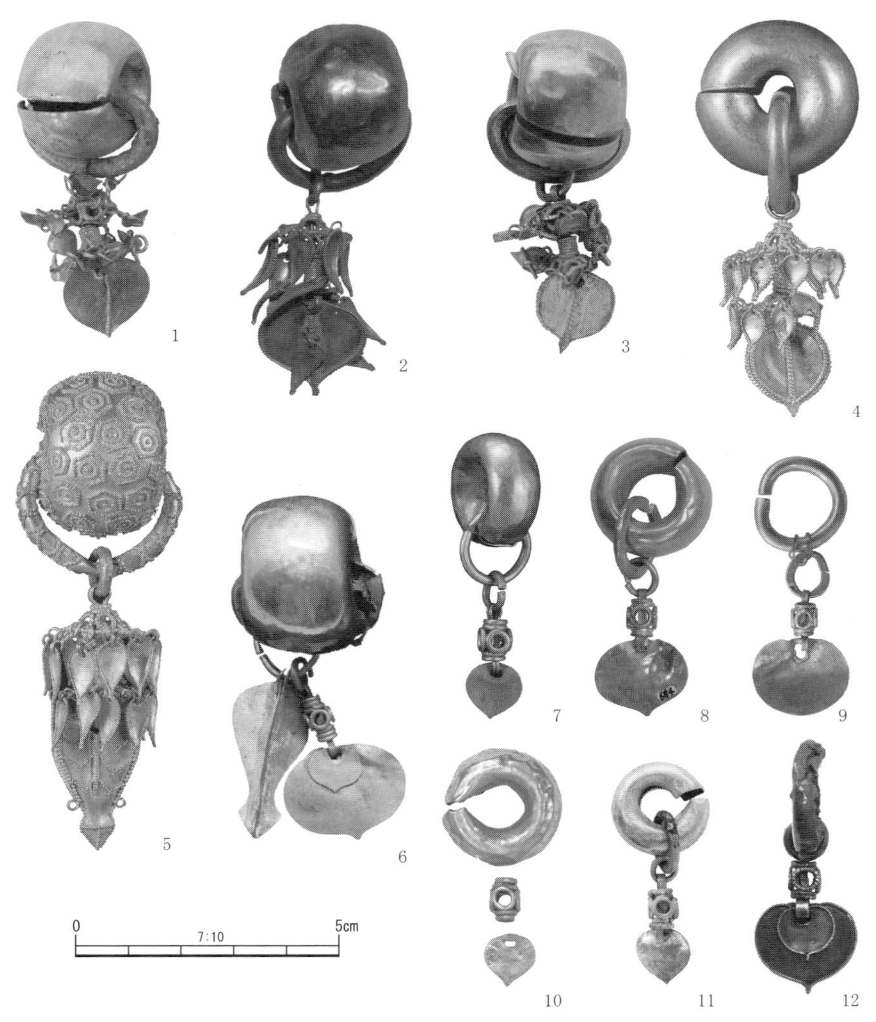

１．味鄒王陵５地区２号，２．皇吾洞100番地６号，３．邑内里５号，４．桂城Ａ地区１号，
５．金鳥塚，６．皇吾洞１号，７．仁旺洞19号Ｃ槨，８．星山洞58号，９．大里里３号，
10．チョクセム地区Ｃ１号木槨，11．林堂７Ｃ号，12．味鄒王陵７地区７号

図1-4　新羅の垂飾付耳飾の例（２）

す例であるため，完形品にするため部品で出土した別個体を組み合わせた「寄せ物」（山内 2000）である可能性が疑われたが，肉眼観察では明らかな捏造の痕跡は認められなかった。しかし，同コレクションに含まれる別資料の中には，耳環部と垂下部とを異常に細い遊環でつないだ太環耳飾や，打出部分が極めて弱く，光沢も不自然な心葉形Ｂ１類垂下飾をもつものなど，やや疑わしい資料が複数確認されたため，同コレクションの資料は今回の検討対象からは除外してある。

を示す。

表1-1の配列結果から，華籠形系統の製作段階を以下のように五つにわける。

第１段階は，板状連結金具が出現する以前の段階である。第３段階以降の指標がいずれも心葉形垂下飾の型式学的変遷に基づいているのに対し，第１段階と第２段階の指標が連結金具に依拠している理由は，上述したように，Ａ類とＢ１類の共存期間にある程度の幅が考慮されるからである。この段階の垂下飾はＡ類に限られる。主環には太環と細環が混在している。

第２段階は，板状α１類金具の導入を指標とする。垂下飾に心葉形Ｂ類が出現し，中間飾もｂ類が主流をなすようになる。例外的に，華籠形ｃ類中間飾をもつ金海伽耶の森造成敷地内遺跡１号石槨墓例は，球体間飾に縦方向の線を刻んだ一枚の金板でつくった円筒形部品を用いたもので，定義上はｃ類となるものの，皇南大塚北墳で確認される筒状の部品を用いたものとはやや様相を異にする。同例は第２段階に属すが，華籠形ｃ類中間飾の本格的な出現は第３段階からと考えられる。

第３段階になると，心葉形Ｂ１類が消滅し，心葉形Ｂ２類が出現する。この段階には糸状金具はほぼ用いられなくなり，中間飾もｂ類からｃ類へと変化する。後半には垂下飾は心葉形Ｂ２類からＢ３類へと変化し，中間飾にもｄ類が出現するなど，連続的な変化が進む。また，この段階以降，主環に細環を用いるものがみられなくなり，すべて太環耳飾となる。

第４段階は，心葉形Ｂ４類の出現を指標とする。連結金具は，例外は存在するものの，ほぼすべて板状α１類が採用される。華籠形中間飾は，ｃ類からｄ類への移行が進むが，この変化の過程で，球体間飾に斜格子状刻目文を施した筒状の金板を用いる例外的な資料が混ざる。この段階以降の資料には，例外なく中間飾の上方球体部と下方半球部の両方に歩揺が付されるようになる。

第５段階は，心葉形Ｂ５類の出現を指標とする。最も加飾化が進んだ段階といえる。連結金具には板状α２類が出現するが，資料数は少ないものの慶州普門洞合葬墳横穴式石室例のような耳環部との連結部が幅広になったものも認められ，過渡的な例として評価できる。中間飾はいずれもｄ類に変化している。この時期には，小さな金粒を付着させて装飾する細粒装飾技法を用いた意匠が認められるようになる。

以上の変遷を，共伴遺物の変遷観と対照させることで検証を試みたい。同一基準による広域編年が確立されている遺物は限られるが，ここでは，慶州のほか慶山，金海など広域の編年をおこなっている諫早直人による馬具研究（諫早 2012）と，これとの並行関係を視野に入れつつ昌寧・蔚山の馬具を編年した李炫娅の研究（李炫娅・柳眞娥 2011，李炫娅 2014）を参照する。合わせて，麻立干期以降の新羅土器の変遷について比較的詳細に扱い，また王陵級墳墓の評価を積極的におこなっている白井克也の新羅土器編年（白井 2003c）も参考にする。共伴遺物からの時期的な評価ができない例が多いため，十分な検証とはいえないものの，表1-1の配列は，馬具や土器の変化とも大きく齟齬をきたさない。ただ，梁山夫婦塚と金鳥塚の耳飾の評価が，土器による年代観よりかなり新しく位置付けられる結果となっている。しかし，同じ新羅ⅡC期古段階の土器を有する金鈴塚の資料などと比べると，垂下飾の類型や細粒装飾の有無など，夫婦塚・金鳥塚の資料は明確に新しい要素を含み，製作順序の配列を古く見直すことは難しい。

ここで，心葉形ではない垂下飾をもつ資料について触れておこう。華籠形中間飾と組み合う心葉形以外の垂下飾としては，円形，十字形，錘形Ｂ２類があり，例外的に金帽付勾玉をもつものがある。このうち，錘形Ｂ２類については，組み合う中間飾がいずれも華籠形ｄ類で，連結金具も半数以上が板状α２類，そのすべてが細粒装飾をもつなど，製作段階５段階でも，新しい方に属することがわかる。錘形Ｂ２類は各種垂下飾の中でも最新類型と位置付けられよう。十字形や勾玉を垂下飾にあしらった例は，中間飾がいずれもｄ類で，板状α１類金具をともなうことから，第３段階の後半は遡らないと考えられる。

円形垂下飾をもつ資料は，慶州仁旺洞149号墳例と八馬理寄贈出土地不明品の２例が確認されているが，これらはｂ類の中間飾と組み合わさり，細環を主環にもつなど時期が遡る可能性が高い。ここで垂下飾の法量に注目すると，いずれも縦横の幅が0.8mm 前後である。これは，後述する立方体形系統や円筒形ｂ類系統の資料と比べても，非常に小さい。表1-1をみると，古い段階の資料ほど垂下飾が小さく，新しい段階になるにつれて漸次的に大きさを増すという傾向が認められる。心葉形垂下飾における傾向をそのまま円形垂下飾に投射することはできないが，時期が下るにつれ垂下飾が大きくなる傾向を全体的な流れとしてある程度認めるのであれば，これらの資料は製作段階２段階以前に属する可能性が高いということになろう。

(2) 円筒形系統（表 1-2〜1-4，図 1-5・1-6）

次に，華籠形に次いで資料数が多い円筒形中間飾をもつ系統の配列を試みたい。前述したように，円筒形中間飾の細分類型は，それぞれ系統を異にするとみられるため，配列表は表 1-2〜1-4にわけて示した。円筒形系統は，華籠形系統とは組み合わさる属性が大きく異なり，心葉形Ｂ１類以降の，中軸線上に装飾を施した垂下飾はほぼ認められない。いずれもＡ類かＣ類が用いられ，副飾や曲面加工をともなうのが特徴である。連結金具では，華籠形系統で初期段階の時期的指標の一つとなった糸状金具がほぼ用いられない一方，華籠形系統ではまったく認められなかった板状β１類やβ２類が採用される。主環はほとんどすべて細環である。

まず，円筒形ａ類系統の配列を検討する。表 1-2の配列表をみると，垂下飾と連結金具を優先させた場合，第２位までの配列順序には矛盾が生じていないが，第３位の中間飾の変遷想定に矛盾が生じる。すなわち，唯一糸状金具を連結金具に採用した慶州味鄒王陵地区出土品（図 1-5-3）の中間飾がａ２類であるため，ａ１類→ａ２類という順序が逆転してしまっている。しかし，華籠形系統の変遷の検討で確認したように，糸状金具から板状金具α１への変遷は漸次的なもので，慶州瑞鳳塚Ｄなど，遅い段階にも単発的に糸状金具の採用が認められた。本書では，糸状金具をもった円筒形系統の資料が味鄒王陵地区出土例のみである点から，これをやや特殊な例と評価しつつ，また円筒形ａ１類と糸状金具が組み合う資料が存在する可能性についても考慮しておきたい。

円筒形ａ類系統とｂ類系統，ｃ類系統は，いずれも心葉形ａ類→ｃ類の変化と，連結金具α１類→β１類の変化を基に，三つの製作段階を設定することができる。系統を異にする場合，これらに同じ内容の属性変化が認められても，それらが同一の時期に起こったとは保証されないが，円筒形中間飾の各系統の特徴を比較すると，組み合わさる垂下飾や連結金具の類型は例外も含めてほぼ共通しており，中間飾の細部をみても，ａ類，ｂ類，ｃ類の間で共有される意匠が存在する。したがって本書では，これらの耳飾の製作が，同一ないし非常

表1-2　円筒形a類系統の配列

製作段階	出土地	垂下飾		連結金具				中間飾			主環		垂下飾幅		歩揺	副飾	曲面加工	細粒装飾	共伴遺物		備考
		心葉A	心葉C	糸状	板状α1	板状β1	板状β2	円筒a1	円筒a2	円筒a3	細環	太環	横	縦					馬具	土器	
1	慶州 味鄒王陵地区出土 A	○		○					○		○		1.8	1.5		○					
1	義城 塔里古墳Ⅱ槨	○			○			○			?	?				○					
1	慶州 仁旺洞19号K槨	○			○			○			○		2.2	2.0	○			○	慶州Ⅳ		
1	不明 出土地不明 A	○			○			○				○				○		○			
1	不明 出土地不明 B	○			○			○			○					○		○			
1	慶州 皇吾洞33号東槨-主槨	○			○				○		○					○		?	慶州Ⅳ		
1	慶州 皇吾洞34号1槨	○			○				○		○		2.4	1.8		○		○			
1	慶州 皇吾洞34号2槨	○			○				○		○		2.2	2.4		○		○			
1	大邱 飛山洞37号2槨	○			○				○		○		2.4	2.3		○	○	○			胴部の小環の段数が4段。
1	慶州 味鄒王陵地区出土 B	○			○				○		○					○	○	○			
1	不明 出土地不明 C	○			○				○		○					○		○			
1	慶州 金冠塚 A	○			○				○		○					○		○	慶州Ⅳ	新羅ⅡB	冠飾の一部。
1	慶州 金冠塚 B	○			○				○		○					○		○	慶州Ⅳ	新羅ⅡB	冠飾の一部。
1	慶州 金冠塚 C	○			○				○		○					○		○	慶州Ⅳ	新羅ⅡB	冠飾の一部。
1	慶州 金冠塚 D	○			○					○	○		2.2	1.8		○		○	慶州Ⅳ	新羅ⅡB	特異な垂飾と主環を共有。
2	慶州 飾履塚	○				○			○		○		1.9	2.1		○	○	○	慶州Ⅳ		
2	昌寧 桂城Ⅲ地区1号	○				○			○		○		2.5	2.4		○	○	○	慶州Ⅳ		
2	慶州 天馬塚	○				○				○	○		2.4	2.1		○	○	○	慶州Ⅳ	新羅ⅡC中	
2	慶州 皇吾洞16号4槨		○		○				○		○		2.6	1.7		○		○	慶州Ⅳ		
3	慶州 皇南洞D-1号		○			○			○		○					○					
3	慶山 北四里1号		○			○			○		○		2.2	1.8							
3	大邱 新池洞北丘陵7号		○			?			○		○					○	○	○			
3	昌寧 校洞6号		○			○			○		○		2.2	2.1		○	○	○			
3	大邱 飛山洞34号1槨		○			○			○		○					○	○	○			胴部の小環の段数が3段。
3	不明 出土地不明 D		○			○			○		○					○					
3	慶州 月城路カ5-1号		○			○				○	○		2.1	1.9		○		○	慶州Ⅵ		
3	不明 出土地不明 E		○			○				○	○					○	○	○			
3	慶州 慶州出土		○			○				○	○					○		○			
3	昌寧 校洞7号		○			○				○	○		2.4	2.1		○		○	昌寧Ⅳ		
3	慶州 味鄒王陵前地域A-3号1槨		○			○				○	○					○		○	慶州Ⅵ		
3	慶州 味鄒王陵前地域D-1号1槨		○			○				○	○		1.9	2.2		○		○			
3	昌寧 松峴洞7号		○			○				○	○		2.2	2.0		○	○		昌寧Ⅳ		
3	不明 出土地不明 F		○			○				○	○					○	○				
3	不明 出土地不明 G		○			○				○	○					○	○				
3	慶州 銀鈴塚		○				○			○	○					○	○	○	慶州Ⅵ	新羅ⅡC新	
3	慶州 普門洞古墳		○				○			○	○					○	○	○			
3	慶州 デービッド塚		○				○			○	○					○	○	○			
3	不明 出土地不明 H		○				○			○	○					○		○			
	不明 出土地不明 I	竹葉A			○			○			○					○		○			
	昌寧 松峴洞C号石槨	竹葉A			○				○		○		1.3	1.8							
	不明 出土地不明 J	竹葉A			○				○		○					○	○	○			
	慶州 味鄒王陵地区7-5号	ペン先?				○				○	○		2.4	1.9		○	○	○			

表 1-3　円筒形 b 類系統の配列

製作段階	出土地	垂下飾		連結金具		中間飾		主環		垂下飾幅		副飾	曲面加工	細粒装飾	共伴馬具	備考
		心葉A	心葉C	板状α1	板状β1	円筒b1	円筒b2	細環	太環	横	縦					
1	慶州 皇南大塚北墳	○		○		○		○		1.7	1.6			○	慶州Ⅲ後	
1	慶州 皇南洞82号東塚	○		○		○		○							慶州Ⅳ	
1	慶州 皇吾洞16号２槨	○		○		○		○		2.4	1.9	○			慶州Ⅴ	立方体形系統と主環を共有。
1	慶州 塔里出土	○		○		○		○								
1	蔚山 下三亭１号積石木槨	○		○			○	○		1.7	1.6		○			
1	大邱 飛山洞65号	○		○			○	○		2.3	2.3	○	○	○		
2	大邱 佳川洞出土	○			○	?		○					○	○		
2	不明 出土地不明 A	○			○		○	○				○				
3	慶山 林堂６Ａ号		○		○		○	○		2.6	2.3	○			慶山Ⅴ	
3	不明 出土地不明 B		○		○		○	○				○				
1	慶州 皇南洞破壊古墳２槨	円		○		○		○		2.0	1.8	○				
1	不明 出土地不明 C	竹葉A		○		○		○				○		○		
1	慶州 慶州出土	竹葉A		?		○		○				○		○		

表 1-4　円筒形 c 類系統の配列

製作段階	出土地	垂下飾		連結金具			中間飾		主環		垂下飾幅		副飾	曲面加工	細粒装飾	共伴遺物		備考
		心葉A	心葉C	板状α1	板状β1	板状β2	円筒c1	円筒c2	細環	太環	横	縦				馬具	土器	
1	不明 出土地不明 A	○		○			○		○									
1	慶州 金鈴塚	○		○			○		?	?	1.7	1.6	○	○		慶州Ⅴ	新羅ⅡB	華籠形系統金鈴塚Ｃと主環共有。
2	慶州 味鄒王陵地区９-Ａ号３槨	○			○		○		○		1.8	1.7	○	○		慶州Ⅵ		
2	慶州 瑞鳳塚	○			○		○		?	?	2.2	2.0	○	○				
2	慶州 チョクセム地区Ｃ８号石槨		○	○			○		○		1.5	1.2	○					
2	慶山 林堂２号北副槨		○	○			○		○		1.7	1.4				慶山Ⅴ		
3	慶州 慶州出土		○		○		○		○				○					
3	大邱 達城郡玄風面出土		○		○		○		○				○					
3	不明 出土地不明 B		○		○		○		○				○					
3	尚州 新興里28号		○		○		○		?	?	2.1	1.9	○					
3	梁山 夫婦塚		○		○		○		○		2.0	1.8	○				新羅ⅡＣ古	
3	不明 出土地不明 C		○		○			○	○				○					
3	慶州 路西里138号		○			○		○	○				○		○	慶州Ⅴ		
1	慶州 皇南大塚北墳	竹葉A		○			○		○		1.4	3.6	○			慶州Ⅲ後		冠飾の一部。
3	慶州 皇吾洞４号	ペン先			○			○	○					○		慶州Ⅴ		
3	慶州 味鄒王陵前地域 C-11号	ペン先?				○		○	○		1.5	2.2	○					垂下飾の先端部が円錐形。

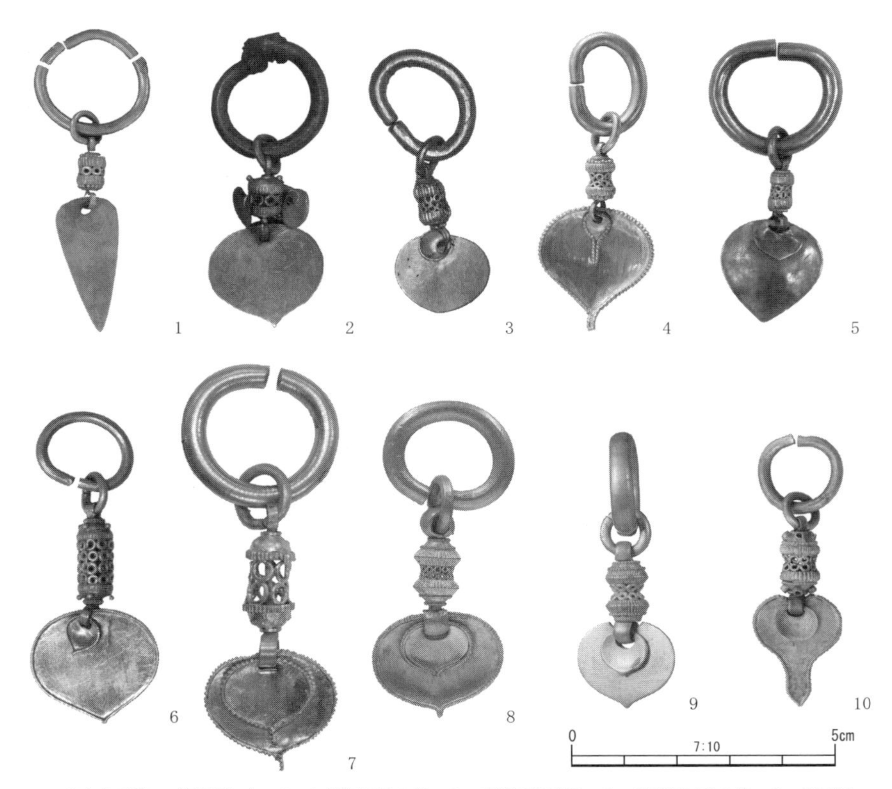

1．出土地不明Ⅰ（円筒形ａ），２．仁旺洞19号Ｋ槨，３．味鄒王陵地区，４．皇吾洞34号２槨，５．飾履塚，
６．飛山洞37号Ⅱ槨，７．桂城Ⅲ地区１号，８．天馬塚，９．デービッド塚，10．味鄒王陵７地区５号

図 1-5　新羅の垂飾付耳飾の例（３）

に近い集団においてなされ，同じタイミングで垂下飾と連結金具の変遷が生じたものと評価し，共通の製作段階をそれぞれに付与する。

第１段階は，心葉形Ａ類垂下飾と板状α１類金具を用いる段階である。円筒形ａ類系統では，前半のうちにａ１類からａ２類への移行が完了し，一部ａ３類をもつ資料も出現する。ｂ類系統もこの段階のうちにｂ１類からｂ２類への移行が完了するが，ｃ類はｃ１類に限られている。

第２段階は，板状β１類金具の出現を指標とする。この時期に垂下飾も心葉形Ａ類からＣ類へと変化するが，この変化と板状α１類からβ１類への変化は，ほぼ同じ時期に生じたとみられ，心葉形Ｃ類と板状α１類金具を採用したもの

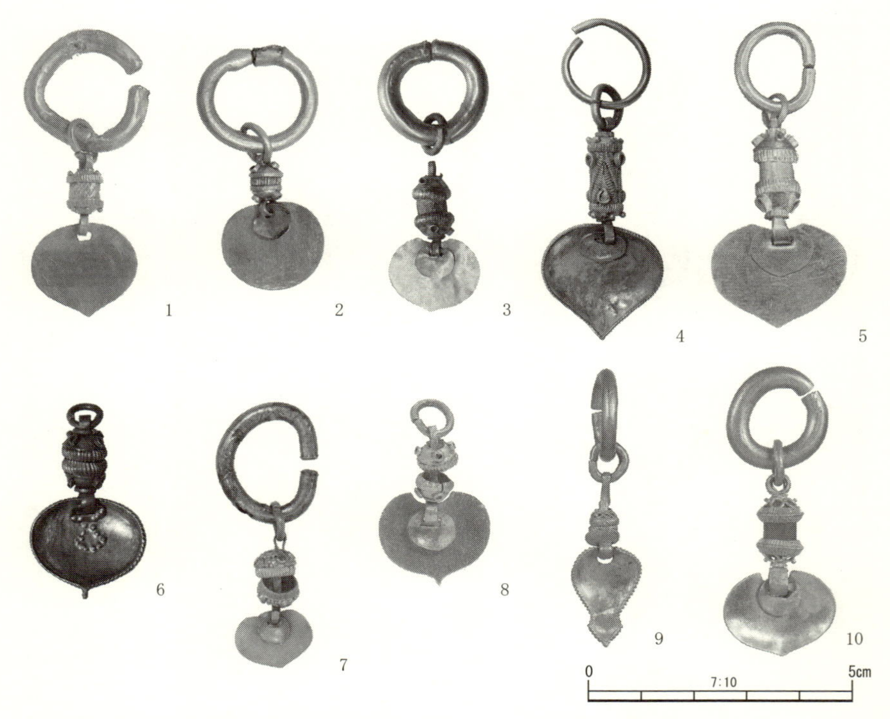

1．皇南大塚北墳，2．皇南洞破壊古墳２槨，3．出土地不明Ｂ（円筒形ｂ），4．飛山洞65号，5．林堂６Ａ号，6．瑞鳳塚，7．チョクセム地区Ｃ８号石槨，8．新興里28号，9．皇吾洞４号，10．路西里138号

図1-6　新羅の垂飾付耳飾の例（４）

も一定数認められる。心葉形Ｃ類と板状α１類金具をもつ資料もこの段階に含める。第２段階はこうした変化の過渡期として位置付けられる。円筒形ａ類系統では，依然ａ２類中間飾が主流である。円筒形ｃ類系統の中間飾はまだｃ１類に限られる。

第３段階は，心葉形Ｃ類垂下飾と板状β類金具を用いる段階である。円筒形ａ類系統では，中間飾はａ３類が主流となり，ｂ類系統でも，完全にｂ２類へと変化する。ｃ類系統ではｃ２類が出現する。後半には板状β２類金具が現れ，いずれも最新類型の中間飾とセットとなる。

円筒形系統にも，出土地不明の資料が多数含まれており，共伴遺物からの編年の検証が難しい。馬具や土器から年代的位置付けが可能な資料については，大きく齟齬をきたしてはいない。第２段階に属する昌寧桂城Ⅲ地区１号墳出土の円筒形ａ類系統耳飾のみ，馬具などの年代と比べて時期がやや遡るが，保有期間を長めに見積もれば一個人の活動時間幅を超える差ではない。

心葉形以外の垂下飾には，竹葉形Ａ類とペン先形がある。竹葉形Ａ類をもつ資料は６点あるが，これらにはすべて板状α１類金具が用いられており，中間飾も古相のものに限られる。円筒形系統では確認されていないが，竹葉形Ｂ類は，連結金具通し孔上部に抉り部をもち，心葉形Ｃ類と同様の性格をもつものとみなすことができる。竹葉形Ｂ類が心葉形Ｃ類と同じ製作背景で出現したのであれば，竹葉形Ｂ類は，心葉形Ｃ類の出現を前後する時期に現れた可能性が高く，翻って竹葉形Ａ類は，心葉形Ｃ類出現以前，すなわち第１段階に属するものである可能性が高いといえよう。円形垂下飾を採用した慶州皇南洞破壊古墳２槨出土例は，板状α１類・円筒形ｂ１類中間飾とセットとなっており，第１段階に属するとみていいだろう[14]。一方，ペン先形を採用した資料は，連結金具が板状β１類ないしβ２類，中間飾もすべて最新の類型が採用されており，第３段階のものと評価できる。

(3) 空球形系統（表1-5，図1-3-1～2）

以下，資料数の少ない系統について検討していく。その際，華籠形系統ないし円筒形系統で時期的な指標とした特徴を共有する場合，これを参考とする。

空球形系統の資料は，全部で６例が確認されており，うち１例は中間飾のみ

表1-5　空球形系統の配列

製作段階	出土地	垂下飾	連結金具		中間飾	主環		垂下飾幅		歩揺	副飾	曲面加工	細粒装飾	共伴遺物		備考
			糸状	板状α1		細環	太環	横	縦					馬具	土器	
1	慶州 皇南大塚南墳	心葉A	○		空球	○		1.5	1.5					慶州Ⅲ後	新羅ⅡA中	
1	不明 出土地不明	心葉A	○		空球		○									冠飾の一部。
1	慶州 皇南洞110号	円	○		空球	○		1.0	1.0					慶州Ⅲ前	新羅ⅡA古	
1	慶山 造永洞ＥⅡ-１号	円	○		空球	○										立方体形系統と主環を共有。
2	慶州 チョクセム地区Ｃ１号木槨	心葉A		○	空球		○		1.1							立方体形系統とセットをなす。
	大邱 不老洞91号３槨	不明	?	?	空球	?	?									中間飾のみ出土。

14)　ただし，垂下飾の法量は華籠形系統の円形垂下飾よりやや大きく，これらは同じ円形でも性格を異にするものと考えられる。

の出土である。資料数が少ないため，総合的な評価が難しい。主環の類型は，大部分が細環であるが，太環を採用したものもある。先に空球形中間飾と華籠形中間飾との形態的類似に触れたが，空球形系統で採用される連結金具や垂下飾は，いずれも華籠形系統の古相にみられる特徴を有している。また，慶州チョクセムＣ１号木槨墓例を除き，すべて糸状連結金具が用いられ，いずれも法量の比較的小さな心葉形Ａ類ないし円形垂下飾を採用している。華籠形系統の製作段階に照らすのであれば，これらはほぼ華籠形系統の第１段階におさまり，チョクセムＣ１号墓例のみ第２段階の早い段階に位置付けることができよう。

(4) 花瓣形系統（表1-6，図1-7-1～5）

これまでに11例を確認しているが，半数以上が出土地の不明確な資料であり，前述したように，花瓣形ａ類をもつ資料はすべて出土地不明である。報告書が刊行されている資料は２例に過ぎず，共伴遺物から時期的な位置付けを確認することは難しい。

主環の類型がわかるものは，すべて細環である。花瓣形ａ類，ｂ類含め，垂下飾は心葉形Ｃ類か竹葉形Ｂ類と組み合わさり，唯一ペン先形の垂下飾をもつ

表1-6　花瓣形系統の配列

製作段階	出土地	垂下飾	連結金具		中間飾		主環		垂下飾幅		副飾	曲面加工	細粒装飾	共伴馬具	備考
			板状α1	板状β1	花瓣a	花瓣b	細環	太環	横	縦					
1	不明 出土地不明 A	心葉C	○		○		○				○				胴部に玉を使用。
	不明 伝 南韓出土 A	竹葉B	?	?	○		○				○				
	大邱 城山古墳 主槨	竹葉B	○			○	○		1.8	2.9	○				
	不明 出土地不明 B	ペン先	○			○	○				○		○		
2	慶州 皇南洞106-3番地古墳	心葉C		○		○	○		2.1	1.8	○			慶州Ⅵ	胴部に玉を使用。
	慶州 皇吾洞34号 3槨	心葉C		○		○	○		1.9	1.8	○		○		
	不明 伝 南韓出土 B	心葉C		○		○	?	?			○				
	不明 伝 南韓出土 C	心葉C		○		○	?	?			○		○		
	不明 伝 南韓出土 D	心葉C		○		○	○				○				
	不明 出土地不明 C	心葉C		○		○	○				○		○		
	不明 出土地不明 D	心葉C		○		○	○				○	○	○		
	慶州 青令里山77番地出土	竹葉B		○		○	?	?			○	○	○		

1．出土地不明A（花瓣形），2．皇吾洞34号3槨，3．城山古墳，4．安康邑青令里山77番地，
5．皇南洞106-3番地，6．天馬塚，7．皇吾洞100番地2号，8．慶州柏栗寺付近，9．皇南洞151号石室，
10．出土地不明B（楕球形），11．皇南大塚北墳，12．塔里古墳2槨，13．内面里，14．出土地不明B（錘形），
15．桂南里1号

図1-7　新羅の垂飾付耳飾の例（5）

湖林美術館所蔵資料も，垂下飾の連結金具の通し孔上部には抉りが認められる。連結金具は板状α1類とβ1類をもつものにわかれる。

花瓣形系統の諸特徴は，竹葉形Ｂ類垂下飾を除き，円筒形系統に近い様相を示す。円筒形系統の変遷観を参考にすると，連結金具の形状から，製作段階をわけることができる。すなわち，板状α1類が用いられる段階と板状β1類が用いられる段階とに区分される。

(5) 楕球形系統（表1-7，図1-7-6〜10）

楕球形系統は，垂下飾と中間飾の連結を，通有の連結金具を用いず，中間飾と一体になったリングで上下を連結する点で，特殊な資料群といえる。主環は細環に限られる。セットとなる垂下飾には心葉形Ｃ類や竹葉形Ｂ類があり，円筒形や花瓣形に近い特徴がみられるが，一方で他の系統ではあまり認められない錘形Ｂ類を採用した例が一定数含まれる。副飾の形状など，細かい意匠が系統内で共通するものが多く[15]，製作体制が限定的であった可能性が示唆される。

表1-7　楕球形系統の配列

出土地	垂下飾			連結金具	中間飾	主環		垂下飾幅		副飾	曲面加工	細粒装飾	共伴遺物		備考
	錘A2	錘B1	錘B2			細環	太環	横	縦				馬具	土器	
慶州 天馬塚	○			なし	楕球	○		1.1	2.5			○	慶州Ⅴ	新羅ⅡＣ中	
慶州 鶏林路14号 A		○		なし	楕球	○		1.7	2.5	○		○	慶州Ⅵ		
慶州 皇吾洞100番地２号		○		なし	楕球	○		1.7	2.9	○		○			
不明 出土地不明 A		○		なし	楕球	○				○		○			
不明 出土地不明 B			○	なし	楕球	○				○		○			
慶州 壺杅塚	心葉Ｃ			なし	楕球	○				○		○	慶州Ⅵ		
不明 出土地不明 C	心葉Ｃ			なし	楕球	○				○		○			
不明 出土地不明 D	心葉Ｃ			板状β1	楕球	○				○		○			
慶州 皇南洞151号横穴式石室	心葉Ｃ			なし	楕球	○				○			慶州Ⅵ		
慶州 鶏林路14号 B	竹葉Ｂ			なし	楕球	○		1.4	2.2	○	○	○	慶州Ⅵ		
慶州 味鄒王陵前地域 A-３号２槨	竹葉Ｂ			なし	楕球	○		2.0	2.8	○	○	?	慶州Ⅵ		
慶州 味鄒王陵前地域 C-１号	竹葉Ｂ			なし	楕球	○		2.0	3.0	○	○	○			
慶州 柏栗寺付近所在古墳出土	竹葉Ｂ			なし	楕球	○				○	○				
不明 出土地不明 E	竹葉Ｂ			なし	楕球	○				○	○	○			唯一，副飾が竹葉形。
不明 出土地不明 F	竹葉Ｂ			なし	楕球	○				○	○				
不明 伝 南韓出土 A	竹葉Ｂ			なし	楕球	○				○	○	○			
不明 伝 南韓出土 B	竹葉Ｂ			なし	楕球	○				○	○	○			
慶州 皇吾洞16号１槨	ペン先			なし	楕球	○				○		○	慶州Ⅵ		

楕球形系統の配列は，連結金具が特殊で，楕球形中間飾の細分もしていないため困難である。錘形垂下飾を採用した資料については，錘形Ａ２類からのＢ１類への派生，Ｂ２類への変化，という流れで説明が可能であるが，心葉形Ｃ類や竹葉形Ｂ類垂下飾をもつ資料については，同一基準での配列が難しい。ただし，これらの垂下飾はいずれも，円筒形系統や花瓣形系統に照らすと時期的に新しいものとみなすことができ，楕球形系統全体が新しい時期の資料群であることが推測される。

楕球形系統の初現を考える上で重要な資料が，慶州天馬塚出土例（図1-7-6）である。この耳飾は，楕球形中間飾に錘形Ａ２類の垂下部が接合されている。楕球形系統に錘形Ｂ類垂下飾が多い点などを勘案すると，楕球形系統自体が慶州天馬塚出土耳飾を祖形として創出されたものだという仮説が成り立つ。出土地不明資料が多いため，やはり共伴遺物からの時期の推定が容易ではないが，馬具は天馬塚出土の資料が最も古く位置付けられており，その点では上の仮定と整合する。ひとまず，楕球形系統が天馬塚例から派生して出現したものと想定しておく。

(6) 立方体形系統群（表1-8，図1-4-6～12）

ここまでで検討した空球形，花瓣形，楕球形の三つの系統は，その諸特徴が華籠形系統か円筒形系統のいずれかのみと共通しており，互いに排他的な在り方を示していた。しかし，立方体形中間飾をもつ耳飾群には，華籠形系統と共通する諸特徴をもつものと，円筒形系統と共通する諸特徴をもつものとが混在している。このことは，同じ立方体形中間飾を採用する耳飾の中に二つの異なる系統が存在していることを意味する。そのため，立方体形中間飾をもつ耳飾を配列するためには，まずそれがいずれの系統に属するものかを峻別する必要がある。ここでは，心葉形Ｂ１類・Ｂ２類をもつものや，主環に太環を採用するもの[16]は華籠形系統群，心葉形Ｃ類をもつものや，垂下飾に副飾が付随するもの，垂下飾に曲面加工を施したものは円筒形系統群に属するとする基準を設ける。前者を立方体形①系統，後者を立方体形②系統とする。糸状連結金具

15）　副飾の形状が，一例を除いて，いずれも円形である点などが挙げられる。
16）　ただし，慶州皇吾洞１号墳例は冠飾にともなうものであるため，例外に該当する。

表1-8　立方体

系統	出土地	垂下飾			連結金具			中間飾の小環		主環		垂下
		心葉A	心葉B1	心葉C	糸状	板状α1	板状β1	上	下	細環	太環	横
立方体形①系統	慶州 仁旺洞668-2番地10号積石木槨	○			○			1	1	○		0.9
	慶州 皇南洞110号	○			○			1	1	○		1.0
	慶山 林堂7B号7号甕棺	○			○			2	2	○		0.8
	慶州 仁旺洞19号C槨	○			○			2	2		○	1.1
	慶州 皇南大塚南墳 A	○			○			2	2		○	1.2
	慶州 皇南大塚南墳 B	○			○			2	2		○	1.3
	不明 出土地不明 A	○			○			1	1		○	
	慶州 士方里10号	○			○	○		2	2	○		1.2
	慶州 皇南大塚南墳 C	○				○		1	1		○	0.8
	慶山 林堂7C号主槨	○				○		2	2		○	1.1
	昌寧 松峴洞3号 A	○				○		2	1		○	1.8
	蔚山 早日里3号	○				○		2	2		○	1.7
	星州 星山洞58号	○				○		2	2		○	1.8
	慶州 チョクセム地区C1号木槨	○				?		2	2		○	1.0
	慶州 皇南大塚南墳 D		円			○		2	2		○	1.3
	江陵 柄山洞40号		○			○		1	1	○		1.2
	江陵 草堂洞 A-2号		○			○		2	2	○		1.8
	江陵 草堂洞 B-16号		○			○		3	2		○	1.5
	慶州 瑞鳳塚 A		○			○		3	3	?	?	1.9
	慶州 瑞鳳塚 B		○			○		3	3	?	?	2.0
	慶山 林堂5B2号		○			○		1	?		○	
立方体形②系統	昌寧 校洞89号	○			○			2	1	○		2.6
	不明 出土地不明 B	○				○		2	1	○		
	慶州 皇吾洞1号	○				○		2	2		○	
	星州 星山洞1号	○				○		3	3	○		
	順天 雲坪里M2号	○				○		3	3	○		1.6
	慶州 金鈴塚 A	○				○		2	2	?	?	1.2
	慶州 金鈴塚 B	○				○		3	3	?	?	1.8
	不明 出土地不明 C	○				○		4	4	○		
	慶州 鶏林路47号		竹葉A			○		3	3	○		
	安東 明倫洞出土		竹葉?			○		2	2	○		
	江陵 草堂洞 A-8号			○		○		2	2	○		2.0
	昌寧 校洞7号			○		○		4	4	?	?	2.0
	慶州 味鄒王陵地区7-7号			○			○	2	2	○		2.1
系統不明	慶州 皇吾洞16号2槨	○				○		1	1	○		
	慶州 仁旺洞668-2番地1号甕棺	○				○		2	2	?	?	1.6
	順興 邑内里14号 A	○				○		3	3	?	?	1.5
	昌寧 校洞1号	○				○		2	2	○		
	昌寧 松峴洞3号 B	○				○		1	1	○		1.6
	慶山 造永洞CI-1号主槨	○				○		2	2	○		1.5
	慶州 皇南洞破壊古墳4槨	○				○		2	2	○		2.2
	金海 大成洞87号	○				○		2	2	○		2.8
	慶州 皇南大塚南墳 E	○				○		2	2	?	?	1.4
	順興 邑内里14号 B	○				○		2	2	?	?	1.0
	義城 大里里3号		円			○		2	2	○		1.8
	大邱 佳川洞39号石槨		円			○		2	2	○		1.8
	不明 出土地不明 D		円			○		2	2	○		

形系統の配列

飾幅	副飾	曲面加工	細粒装飾	共伴遺物		備考
縦				馬具	土器	
1.2						
1.0				慶州Ⅲ前	新羅ⅡA古	
0.7						
1.1						
1.3				慶州Ⅲ後	新羅ⅡA中	
1.4				慶州Ⅲ後	新羅ⅡA中	
1.2						左右で連結金具が異なる。
0.8				慶州Ⅲ前	新羅ⅡA中	
1.2				慶州Ⅲ後		
1.7						
1.6						
1.6						
1.1						空球形系統とセットをなす。
1.2				慶州Ⅲ後	新羅ⅡA中	
1.2						遊環を介さず連結金具で直接主環と連結。
1.8						
1.4						
1.8						
1.7						
						全体が金銅製。
2.6		○		昌寧Ⅲ		
		○				
	○			慶州Ⅳ	新羅ⅡＢ	十字形垂下飾と主環を共有。
	○					
1.6	○					
1.2	○	○		慶州Ⅴ	新羅ⅡＣ古	垂下飾が二つ。中間飾の小環にガラス玉を象嵌。
1.6	○	○		慶州Ⅴ	新羅ⅡＣ古	中間飾の小環にガラス玉を象嵌。
	○					
						心葉形Ｂ２類と同様の隆起部を有する垂下飾。
1.5						
1.7	○			昌寧Ⅲ		
1.9	○			慶州Ⅵ		
0.8				慶州Ⅴ		円筒形ｂ１類系統と主環を共有。
1.4						
1.6						
1.6						
1.6				慶州Ⅲ後		
1.9						
2.2						
1.4				慶州Ⅲ前	新羅ⅡA中	
1.0						
1.5						
1.6						

の使用も，①系統の峻別基準としてある程度有効であると考えるが，垂下飾に曲面加工が認められる昌寧校洞89号墳出土例や，円筒形Ａ類系統の慶州味鄒王陵地区出土例など，糸状連結金具は稀にではあるが②系統でも確認されることがあるので，注意が必要である。

心葉形Ａ類と糸状連結金具をセットでもつ資料は，華籠形系統第１段階に属し，板状α１類，心葉形Ｂ１類をもつ資料が第２段階に属すものと評価できる。心葉形Ｂ２類以降の垂下飾をもつ確実な例は今のところ確認されておらず[17)]，①系統は華籠形系統第３段階に至るまでに製作されなくなったと考えられる。

②系統のうち，副飾の付与や曲面加工が認められる心葉形Ａ類垂下飾をもつ資料は，円筒形系統第１段階に属する。心葉形Ｃ類は認められるものの，板状β１類金具が採用された例は慶州味鄒王陵第７地区７号墳例しか確認されておらず，②系統は円筒形系統第２段階まででほぼ姿を消すとみられる。

ここで問題となるのは，①系統か②系統かの判別ができない資料の存在である。華籠形系統では，心葉形Ｂ１類が派生した後，Ａ類の存続期間はさほど長くなかったものと考えられる。しかし，心葉形Ａ類自体は，Ｂ１類派生以後も円筒形系統において採用され続け，副飾を付加したり曲面加工を施したりしながら，のちに心葉形Ｃ類へと変化する。したがって，心葉形Ａ類にはある程度の存在時期幅が想定されるのであるが，円筒形系統などで用いられる心葉形Ａ類は，必ずしも副飾をともなったり曲面加工を施したりするわけではない。そのため，主環が細環で，心葉形Ａ類垂下飾と板状α１類連結金具をもち，副飾や曲面加工が認められない資料は，①系統と②系統のいずれに属するものかを区別できず，配列が不可能である。これらの資料の時期的な位置付けは，円筒形系統第１段階か，華籠形系統第２段階に属するということになる。

(7) 錘形Ａ類垂下飾をもつ耳飾群（表1-9，図1-7-11～15）

上述したように，錘形Ａ類は，垂下飾と中間飾が一体でつくられているとい

---

17) 慶山林堂５Ｂ２号墳出土例は，報告書の図面では心葉形Ｂ３類垂下飾をもつようであるが，実際には裏面に突帯が確認されず，銹化により状態が良くないためはっきりとはしないものの，表面も打出によって隆起させたものとみられた。したがって今回はＢ２類と判断したが，Ｂ３類である可能性はないと断言することはできず，また，素材が金銅と特殊であるため，そもそも例外的な形態を呈する資料であった可能性もある。

う点で，構造や製作工程が他の垂飾付耳飾と大きく異なる。そのため，錘形A類をもつ資料は，ここまでにみてきたどの系統にも分類できない。

錘形A1類をもつ耳飾は，集安麻線溝1号墓などで類例が確認されており，これまで先学らによって高句麗に系譜をもつ資料と指摘されてきた（東 1988，三木 1996，李漢祥 2004a など）。中間飾部には，空球形のものと華籠形のもの，立方体形のものがあるが，空球，華籠形は球体の下に接合される半球体をともなわないため，上で設定した中間飾とは形状が異なる。主環はほとんどが太環である。確実な新羅圏域での出土例は皇南大塚北墳例に限られること，麻線溝1号墓例と型式学的に連続するとみられる資料が高句麗地域において確認されることから，これらはやはり，いずれも高句麗から搬入されたものとみるべきであろう。

A2類は，先の想定ではA1類から変化ないし派生したものと推測したが，これと同一の例が高句麗地域で確認されていないため，A2類がどこで発生したのかは明確にしがたい。A2類は，義城塔里古墳第Ⅱ墓槨出土例と，楕球形中間飾をもつ慶州天馬塚出土例に限られ，この2例についても，装飾技法面などで差異が大きく，単純に比較することはできない。同様に，錘形A3類をもつ資料も，これまでに5例が確認されているが，昌寧桂南里1号墳例を除いて

表1-9　錘形A類垂下飾をもつ耳飾

出土地	垂下飾			中間飾	主環		細粒装飾	共伴遺物	
	錘A1	錘A2	錘A3		細環	太環		馬具	土器
慶州 皇南大塚北墳 A	○			球体	○			慶州Ⅲ後	
不明 出土地不明 A	○			球体	○				
慶州 皇南大塚北墳 B	○			華籠	○			慶州Ⅲ後	
慶州 皇南大塚北墳 C	○			華籠	○			慶州Ⅲ後	
慶州 伝 慶州出土	○			華籠	○				
義城 塔里古墳Ⅱ槨		○		円筒a1類		○			
昌寧 桂南里1号主槨			○	華籠		○		昌寧Ⅰ	
慶州 瞻城路1号			○	円筒a1類		○			
慶州 内面里出土			○	円筒a1類		○			
不明 出土地不明 B			○	円筒a1類		○			
大邱 新池洞北丘陵2号		?	?	円筒a1類		○			
慶州 天馬塚		○		楕球		○	○	慶州Ⅴ	新羅ⅡC中

出土時の情報が明らかな資料がない。錘形Ａ３類をもつ耳飾の大部分が円筒形ａ１類中間飾と組み合わさることから，これらが塔里古墳第Ⅱ墓槨例を祖形につくられた可能性がある。円筒形系統における円筒形ａ１類中間飾と比較するならば，錘形Ａ２類，Ａ３類をもつ資料は円筒形系統第１段階の早い段階，あるいはそれ以前の時期に製作されたと推測される。

３．系統間の並行関係

既に指摘したように，各種中間飾によって設定した系統は，特徴を共有する二つの系統群にわけることができる。すなわち，華籠形系統を代表とし，空球形系統，立方体形①系統を含む系統群と，円筒形系統を代表とし，花瓣形系統，楕球形系統，立方体形②系統を含む系統群である。これら二つの系統群は，それぞれの諸特徴が互いに非常に排他的で，共通する変遷の指標を見出すのが困難である。そこで，耳飾の共伴関係と共伴遺物の編年研究を参考にしつつ，これらの併行関係を探ってみたい。

まず，円筒形系統第１段階の資料のうち，皇南大塚北墳出土のｂ１類系統とｃ１類系統の耳飾に注目したい。皇南大塚北墳で出土した華籠形系統の耳飾は12対に上るが，華籠形系統第２段階に属する１点を除くと，残りはすべて第３段階に製作されたものである。第２段階に属する資料は，皇南大塚南墳で出土している資料と同様のもので，製作時期が早いものであろう。円筒形系統の耳飾は皇南大塚南墳からは出土しておらず，新出の型式であることから，円筒形系統第１段階の始まりは，華籠形系統第３段階の開始時期に近接することとなろう。ここで，蔚山常安洞Ⅱ区59号石槨墓で出土した，円筒形ａ１類中間飾と副飾を付した心葉形Ｂ１類垂下飾が組み合う資料（図1-8）に注目しておきたい。同例の存在は，円筒形ａ１類中間飾の初出が華籠形系統第２段階まで遡ることを示すと同時に，円筒形ａ類系統がｂ類系統およびｃ類系統よりもやや先行して出現していた可能性を示唆しており，重要である。しかし，同様の資料は現時点で常安洞Ⅱ区59号石槨墓例のみであり，大部分の資料は華籠形系統第３段階以降のもの

図1-8　蔚山常安洞Ⅱ区59号石槨墓出土垂飾付耳飾（Ｓ≒100％）

であることから，円筒形系統第１段階が華籠形系統第２段階にやや食い込む，という認識に留めておきたい。

円筒形系統第１段階の下限を考える上では，慶州金鈴塚出土資料を参考にしたい。金鈴塚で出土する円筒形系統群に属する資料は，立方体形②系統の資料も含め，いずれも板状α１類金具と心葉形Ａ類垂下飾の組み合わせに限られる。馬具や土器の研究において，金鈴塚とほぼ前後する時期と考えられる慶州飾履塚（諫早 2012，白井 2003c）で出土した耳飾が，板状β１類金具を有する第２段階の耳飾であることを考慮すると，金鈴塚出土の最新型式の耳飾が製作されてまもなく，円筒形系統の製作段階が第２段階へと移行したことが窺われる。一方，金鈴塚出土の華籠形系統耳飾には第３段階と第４段階のものが含まれ，過渡期に相当することがわかる。したがって，円筒形系統第２段階の開始は，華籠形系統４段階の初め頃と考えられ，これらの開始時期がほぼ並行するものとみても，年代の齟齬は誤差の範囲であろう。

円筒形系統第２段階の下限については，華籠形系統の耳飾と共伴する資料自体が少ないため，比較がやや困難である。慶州瑞鳳塚と天馬塚で円筒形系統第２段階と華籠形系統第４段階の資料が共伴した例があるが，華籠形系統第５段階の資料との共伴例はなく，下限を確定できるような共伴例がない。ここで，共伴する馬具をみると，華籠形系統第５段階の資料は，いずれも諫早編年慶州Ⅵ段階を遡らないのに対し，円筒形系統第３段階では，慶州Ⅴ段階の馬具が共伴する資料が散見される（諫早 2012）。先に述べたように，円筒形系統第２段階は，それ自体が過渡期に位置付けられるものであり，前後の段階に比べ短い時期幅が想定される。したがって，華籠形系統第４段階の後半には円筒形系統は第３段階へと移行していたと考えられる。

第４節　新羅における垂飾付耳飾の変遷と製作体制

１．変遷分期と実年代

前章で検討した併行関係を整理したのが図1-9である。また，個々の耳飾の年代的位置を把握するため，各属性の存在年代幅を図1-10にまとめた。以下，新羅の耳飾製作の変遷において系統を超えての属性変化が顕著な四つの画期を抽出し，1期から5期にわけて検討していく。

分期ごとの評価に入る前に，耳飾の製作実年代に言及しておく。年代を考えるにあたって参考となるのが皇南大塚南墳および北墳の耳飾群である。華籠形系統の配列をみると，皇南大塚南墳の出土資料は1期から2期に属する一方，南墳に後続する皇南大塚北墳の耳飾群は，2期に属する華籠形系統の1点を除くと，残りはすべて3期に該当する。皇南大塚北墳で出土する新しい型式の耳飾群は，皇南大塚南墳被葬者が耳飾を新たに入手しなくなった後に製作され，北墳被葬者に献上されたものと考えられる。南墳被葬者が死没の瞬間まで耳飾の入手活動を続けていたと仮定しても，南墳被葬者と北墳被葬者の生存期間に重複があるだろうことを考慮すると，2期の耳飾を北墳被葬者がほとんど所有していない点から，3期の製作開始が皇南大塚南墳被葬者の没年を大きくは下

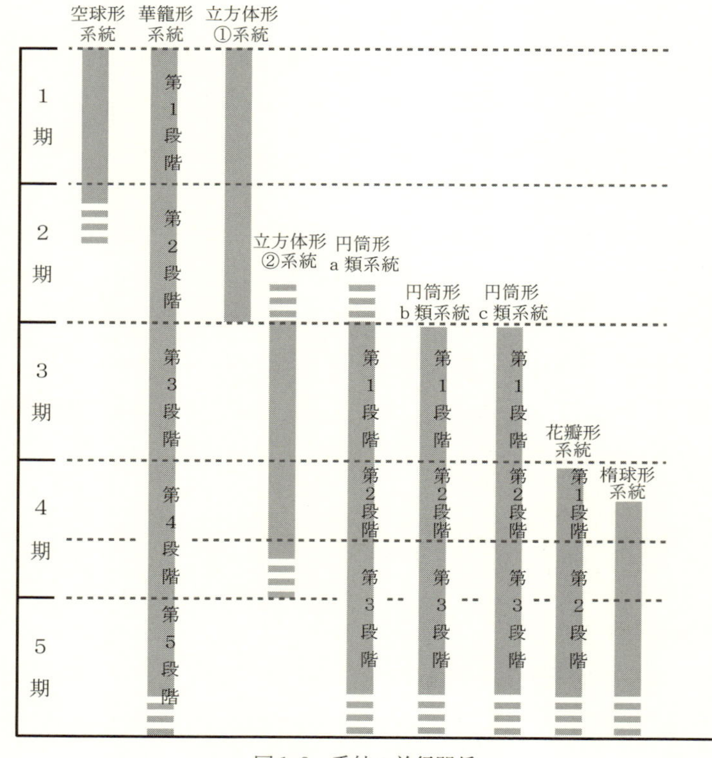

図1-9　系統の並行関係

るとは考えにくい。むしろやや遡る蓋然性が高いといえよう。

ここで重要となるのは，皇南大塚南墳の被葬者を誰に比定するかである。現在，学界では奈勿王（402年没）とする見解，実聖王（417年没）とする見解，訥祇王（458年没）とする見解とにわかれ，議論が続いている。ここではその詳細に深く立ち入ることはしないが，耳飾からみた場合，どのように考えるのが最も整合的かという視点から被葬者について考えてみたい。

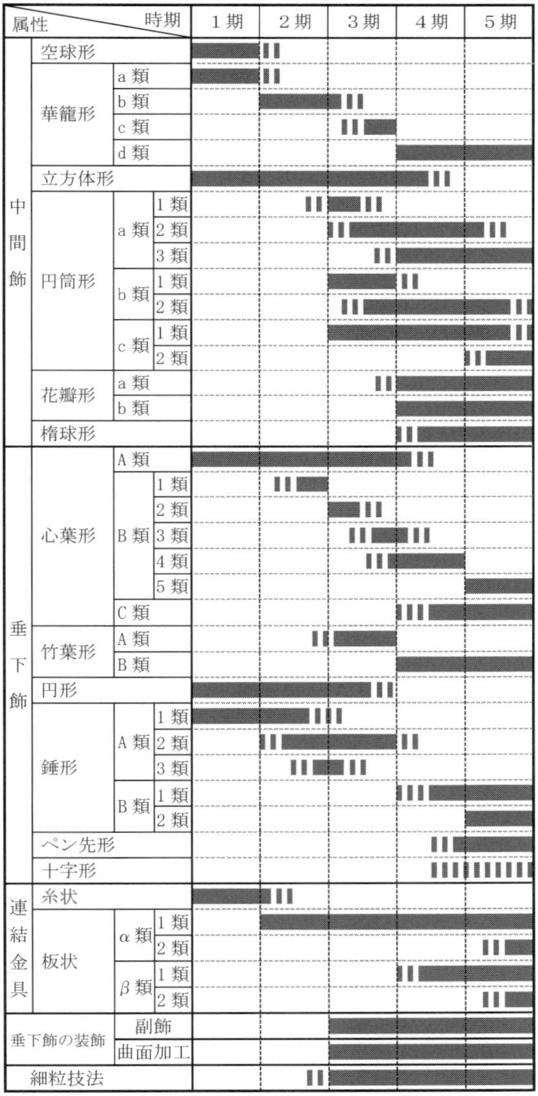

耳飾の年代を考える上で，もう一つの手がかりとなるのが金冠塚の資料である。金冠塚では，中間飾の形態から３期の後半に属する円筒形ａ類系統耳飾と，３期と４期に属する華籠形系統耳飾が共伴しており，ちょうど３期から４期への過渡期に入手された耳飾群が副葬されている。金冠塚の実年代について，穴沢咊光は，金冠塚出土帯金具が公州宋山里４号墳で出土した帯金具と同一型式であるとし，宋山里４号墳の年代を熊津遷都以後とした上で，

図 1-10　各属性の存在年代幅

金冠塚の上限年代を５世紀末としている（穴沢 1972)。宋山里４号墳は，吉井秀夫による横穴式石室編年の宋山里Ⅰ段階に該当する。吉井は，宋山里Ⅱ段階にあたる武寧王陵や宋山里６号墳の年代を６世紀前葉とした上で，Ⅰ段階に５世紀後葉の年代を与えている（吉井 1991)。この年代観を金冠塚の上限とするなら，４期の開始は早くても５世紀後葉を少し遡った頃となろう。

ここで，改めて皇南大塚南墳の被葬者について考えてみる。奈勿王や実聖王を南墳被葬者に比定する場合，３期の上限は４世紀末から５世紀初頭，あるいは５世紀の第一四半期前半以前ということになる。しかし，３期の下限が５世紀後葉前後ということになると，３期の存続期間は50年以上という計算になってしまう。ところが，３期に属する古墳を通観すると，共伴馬具はおおむね慶州Ⅲ段階から慶州Ⅳ段階にまとまっており稀に慶州Ⅴ段階が認められる程度，土器型式はいずれも新羅ⅡＢにおさまっている。こうした状況を勘案すると，南墳被葬者を訥祇王と考えて３期の開始を５世紀中葉頃とする方が整合的である。より総合的な検討が必要ではあるが，ここでは皇南大塚南墳の被葬者を訥祇王であるとする立場をとっておくこととする。３期の耳飾の製作年代を５世紀中葉から５世紀後葉頃までとし，続いて４期の耳飾製作が開始されると仮定しておきたい。

１期と２期の差異はさほど明確ではないものの，皇南大塚南墳から空球形系統第１段階の耳飾など，最古相の資料が出土していることから，１期を５世紀前葉以前，２期を５世紀前葉～中葉としておくとひとまず矛盾がない。同様に４期と５期の差についても，明確に年代的な差を窺い知れる資料に恵まれないが，５期には梁山夫婦塚や金鳥塚の資料が含まれる。これらの遺跡の土器は白井編年の新羅ⅡＣ古段階に属し，４期に含まれる天馬塚よりも古い段階のものとみなされている（白井 2003c)。こうした事実を勘案すれば，５期の開始年代はさほど下らず，６世紀初頭頃には華籠形系統５段階の資料の製作が始まっていたとみるべきであろう。

以上をまとめると，１期が５世紀前葉以前，２期が５世紀前葉から中葉，３期が５世紀中葉から後葉，４期が５世紀後葉から６世紀初頭，５期が６世紀初頭から前葉以降となる。

2．垂飾付耳飾の変遷とその背景

以下，ここまでで設定した編年と分期を基に変遷の画期を評価し，こうした耳飾製作における変化が他地域との関係の中でどのような意味をもつのかを考慮しつつ，その背景について考察する。

(1) 耳飾製作工房の成立と拡大

1期は，新羅における体系的な耳飾製作の開始期である。空球形系統と立方体形①系統，華籠形系統の資料が認められ，いずれも装飾性はさほど高くない。この段階の耳飾は，限定的な工房で，小規模に製作されていたと考えられる。

新羅での耳飾製作の開始には，これまでにも言及されているように，高句麗からの技術の伝播がその要因としてあったとみてよい。この段階に採用される華籠形a類中間飾は，球体部の小環が上半部と下半部で互い違いに接合されている。こうした特徴は，高句麗の耳飾において普遍的に確認される。これらは，上下対称に接合された大部分の華籠形中間飾とは異なり，小環同士の接合箇所が多く，製作工程においても華籠形2～4類中間飾とは差異をもつと想定される（図1-11）。

1．台城里，　2．出土地不明，　3．皇吾洞14洞2槨

図1-11　高句麗出土耳飾と華籠形a類中間飾（縮尺不同）

こうした点を勘案すると，新羅の垂飾付耳飾は，製作技術上，高句麗の耳飾の影響を受けて成立したと考えられ，新羅での耳飾製作に高句麗の工人が関わっている可能性が高い。ただし，華籠形中間飾や空球形中間飾のような球体と半球体を組み合わせた形状を呈する耳飾は，高句麗ではこれまでに確認されておらず，新羅で創出されたものとみるべきである。新羅では，慶州月城路カ13号墳例[18]のように，より早い段階から垂飾付耳飾が存在しており，新羅内

18)　新羅の垂飾付耳飾で，最も年代が遡る資料と考えられるのが，慶州月城路カ13号墳出土資料で

部での服飾品製作の需要が生じたことで，独自の金工装飾品を開発しようとしたのであろう。この時期が５世紀初頭頃にあたる。

中原高句麗碑には，５世紀前半に新羅が高句麗の従属下にあったことが記されており，この時期の両国の関係の深化が指摘されているが，耳飾から考えると，それよりやや早く，高句麗南征の頃には，新羅と高句麗の関係深化が進んでいたとみられる。この時期は，金銀装環頭大刀の出現（第５章）など，新羅での金工品そのものの出現時期に重なっている。高句麗の南下政策がすなわち新羅における金工品製作体制整備の契機であるとは断言できないにしても，歴史的状況を考慮すると，この時期既に新羅は高句麗の強い影響下にあったとみていいだろう（諫早 2012）。新羅内部での耳飾製作体制は，そうした高句麗との関係の中で整えられていったと考える。

２期になると，空球形系統が姿を消す一方，華籠形系統の資料が急速に増えることから，新羅の耳飾製作が軌道に乗ったことがわかる。他方で，錘形Ａ類垂下飾を採用した耳飾が認められる点に，１期に引き続く高句麗系技術工人の関与が看取される。とりわけ注目されるのが，義城塔里古墳第Ⅱ墓槨出土の錘形Ａ２類垂下飾をもつ資料（図 1-7-12）と，これから派生したと考えられる錘形Ａ３類の資料（図 1-7-13～15）である。

先に指摘した通り，錘形Ａ２類は，構造上，高句麗系とされる錘形Ａ１類に直結し，高句麗系工人による製作の可能性が高い。しかし，同様の資料は高句麗圏に類例がない。現在の資料状況に鑑みるならば，高句麗からの搬入品とするよりは，高句麗系の技術者が新羅において製作したと考えるべきであろう[19)]。さらに，Ａ３類垂下飾は，各部の連結に別途連結金具を用いる新羅耳飾の一般的な構造に近いことからも，高句麗系技術工人との関わりの中で新羅の工人が中心となってこれを製作したとみるのが妥当である。

高句麗系工人との関係を考えるにあたっては，慶州仁旺洞156-2号墳で出土

ある。この耳飾は，非常に特異な意匠を有し，他地域にも類例がみられない（三木 1996）ため，位置付けが難しい。しかし，この資料の装飾は，垂飾付耳飾でなく，冠に付随する垂飾に類品を見出すことができる。つまり，いわゆる垂飾を耳に垂下する装飾品へと転用したものと考えられ，垂飾付耳飾という装飾品が普遍的に存在していない段階のものであったとみられる。

19）　ただし，錘形Ａ２類垂下飾をともなう天馬塚出土耳飾（図 1-7-6）は，共伴する耳飾などから考えると時期がやや下り，単発的に外部からもち込まれた可能性は否定できない。

した華籠形中間飾をもつ太環耳飾（韓国美術史学会 1973）が参考となる。この耳飾の中間飾は，球体部と半球部を接合した新羅通有の形状でありながら，球体部の中央に上半下半を区画する刻目帯をもたず，図1-11-1・2に示した資料のように，互い違いに配した小環が直接連接されている（図1-12）。

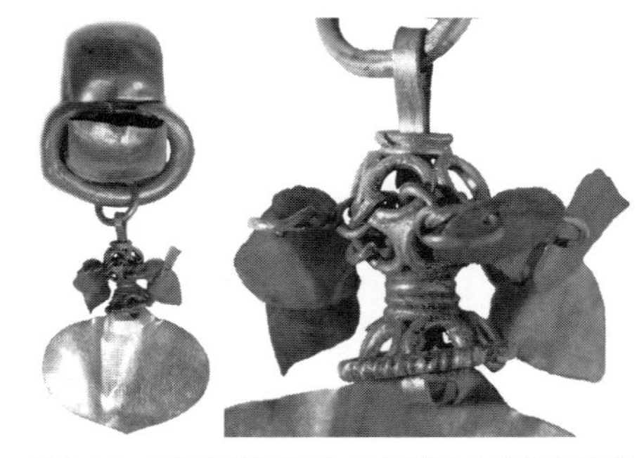

図1-12　慶州仁旺洞156-2号墳出土垂飾付耳飾
左：S≒70%，右：中間飾の細部

こうした折衷的な資料の存在は，新羅での耳飾製作に高句麗系の技術者が関与していることを示唆するものと解釈できる。

3期には，華籠形系統が太環を用いた耳飾の意匠として定着し，垂下飾の形状など一系的な変化を示し始める。一方で，新たな型式として円筒形系統が普及することが特筆される。円筒形系統初現期の資料と考えられる慶州仁旺洞19号墳K槨出土資料（図1-5-2）に，華籠形系統の特徴である歩揺が付されていることから，円筒形系統は基本的には新羅内部の工人らにより創出されたとみてよい。ここで注目すべきは，円筒形系統にみられる細粒装飾技法である。新羅の細粒装飾技法は，2期の耳飾が副葬された皇南大塚南墳で共伴する金製指輪と金製鈴で認められるが，これらは耳飾よりも早い時期に細粒装飾技法が用いられた資料であり，耳飾における細粒装飾技法の初現は，円筒形系統耳飾の中間飾装飾である。一方，この段階の華籠形系統の耳飾には細粒装飾技法がまったく認められない点は重要である。華籠形系統は，これ以後さらに加飾化が進み，歩揺に玉を象嵌したもの[20]など，加飾化のための試行錯誤が続けられるが，細粒装飾技法は導入されない。華籠形系統と円筒形系統では，垂下飾の副飾の有無や曲面加工など意匠面で互いに排他的な在り方を示すが，こうした差異は，製作工人集団の違いを反映しているものと評価したい。つまり，同一工人集団が華籠形系統とそれ以外で厳密なつくりわけをしていたとするよりは，この段階から工房内で，伝統的な太環耳飾としての華籠形系統耳飾を専門

20）慶州瑞鳳塚出土資料（パクジニル・シムスヨン編 2014；図版19-7）などがある。

的につくる工人集団と，円筒形系統をはじめとする細環耳飾をつくる工人集団とが分化し，それぞれが別々で製作活動をしていたとするほうが，より妥当ではないかと考える。細粒装飾技法は後者の集団が保有した技術であり，華籠形系統の製作工人集団はこの技術をもたなかったのである。円筒形系統の最初期段階の資料である蔚山常安洞Ⅱ区59号石槨墓例（図1-8）において，例外的に華籠形系統の特徴である心葉形Ｂ１類の採用が認められる点は，華籠形系統耳飾の製作工人集団から円筒形系統の製作工人集団が分化したことを示す一つの根拠として解釈できる。

(2) 花瓣形系統にみる百済との関係

４期に入ると，耳飾の装飾性がさらに高まり，それにともない機能面の改良がみられるようになる。こうした流れの中で，花瓣形系統と楕球形系統という新しい系統の耳飾が出現し，一方で立方体形中間飾がほぼ姿を消す。

楕球形系統については，上述した通り，天馬塚出土の錘形Ａ２類垂下飾をもつ耳飾からの派生系統とみられるため，楕球形系統の発生を高句麗との関係から解釈することも不可能ではないが，細部の意匠や製作技法をみると，それまで新羅に存在していた技術から外れる新しい要素はほぼ認められない[21)]。楕球形系統は，新羅の工房内部で創出されたものと評価したい。

一方，花瓣形系統については，周知のように公州武寧王陵において類例が確認されることから，その出現は百済との関係性を考える上で重要である。武寧王陵（王）耳飾（図1-13-1）は，花瓣形中間飾と心葉形Ｃ類の垂下飾を組み合わせた垂下部をもつが，同じ主環に一緒に垂下された金帽勾玉をともなう垂飾は百済的な特徴（李漢祥 2000b）を有するもので，百済で製作された製品とみなくてはならない。武寧王の埋葬年代は525年であり，新羅で出土する花瓣形系統の資料より遅い時期となるため，単純に考えれば新羅からの影響ということになる。しかし看過できないのは，武寧王陵（王）耳飾の中間飾が花瓣形ａ類

21） 楕球形中間飾の表面にみられる金板を菱形に曲げて溶着させた装飾は，円筒形系統の中間飾に認められる装飾意匠である。連結金具を用いない構造については他系統に類例がみられないが，中間飾と垂下飾を一体でつくる錘形Ａ類垂下飾の構造をとらない点を重視すると，新羅系の技術工人により意匠だけが再現されたものと解釈できる。これまでみられなかった錘形Ｂ類垂下飾の出現などもこのことを傍証する。

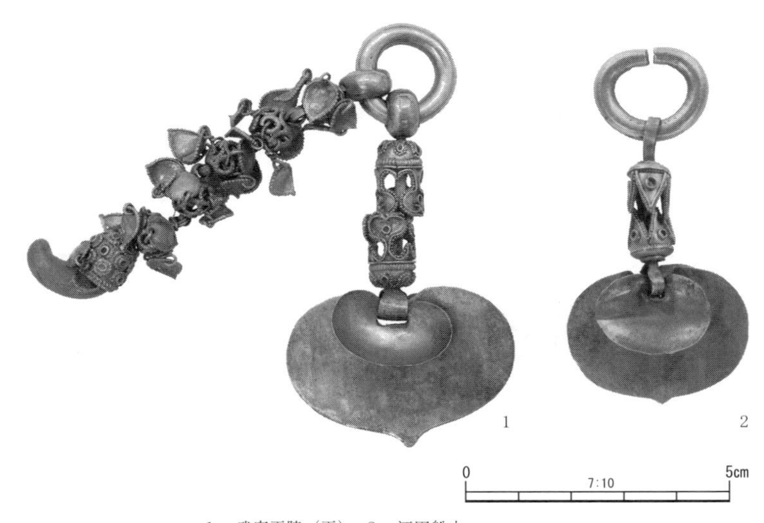

1．武寧王陵（王），2．江田船山

図 1-13　百済の花瓣形中間飾をもつ耳飾

であるのに対し，新羅圏域でこれまでに出土した資料はいずれも花瓣形ｂ類であるという事実である。ａ類とｂ類の差異は，成形方法の違いに直結するものであり，そもそも系譜を異にする可能性すらある。しかし，中央博物館所蔵耳飾（図 1-7-1）と皇吾洞34号墳３槨出土耳飾（図 1-7-2）の意匠の類似は，ａ類中間飾とｂ類中間飾に何らかの関係があることを示唆する。

百済圏で出土した花瓣形中間飾を有する耳飾は，武寧王陵（王）出土例しか知られていないが，熊本県江田船山古墳で，花瓣形中間飾をもつ耳飾（図 1-13-2）が確認されている。この耳飾は追葬時の副葬品とみられており（桃崎 2008），多くの百済系遺物と共伴している。江田船山古墳例の中間飾は花瓣形ａ類であり，このことからこうした耳飾が百済で一定数製作されていた可能性が高いといえる。重要なのは，百済の影響を受けて新羅で花瓣形系統がつくられるようになったのか，新羅の花瓣形系統が百済に影響を及ぼしたのかである。これを考える上で参考となるのが，３期以降に百済圏域で新羅系耳飾の出土例が散見されるという事実である。

公州舟尾里３号墳からは，円筒形系統の耳飾（図 1-14-1）が出土しているが，円筒形ｂ１類の中間飾や副飾をともなう心葉形Ａ類の垂下飾は，新羅の典型的

1．舟尾里３号，２．東南里

図 1-14　百済圏域出土の新羅系垂飾付耳飾

な耳飾と特徴を共有する[22)]。扶餘東南里で出土したとされる円筒形ａ３類中間飾をもつ耳飾（図 1-14-2）は，副飾の形状や曲面加工が施されない竹葉形Ｂ類垂下飾など，やや特異な点が認められるが，やはり新羅的な意匠を有する。こうした資料の存在から，３期以降，新羅の耳飾がある程度百済圏域で流通していたことが窺われる。このことを勘案すれば，新羅から百済へ，主に意匠面で影響が及び，その結果武寧王陵（王）耳飾や江田船山古墳の耳飾が製作されたと考えることができる。漢城期の耳飾ではみられなかった華籠形の意匠要素が熊津期以降の資料で確認されるようになる点[23)]も，新羅からの影響にともなう現象と捉えることができる。

先述したように，現時点までに新羅で花瓣形ａ類の資料は確認されていない。しかしここでは，円筒形ｃ類からの派生・変化の過程で新羅から百済へと渡った花瓣形ａ類中間飾をもつ耳飾が存在しており，これに影響を受けてつくられたのが武寧王陵（王）耳飾や江田船山古墳耳飾であったと推定しておく。

ところで，慶州金冠塚で出土した円筒形ａ３類中間飾をともなう３期の垂飾付耳飾は，特殊な意匠の垂飾と主環を共有している（図 1-15）。この垂飾は，ガラス玉を象嵌した華籠形の球体に，十字形垂下飾と丸みを帯びたM字形の垂下飾を兵庫鎖と金糸で連結したものである。この垂飾の意匠は，どの地域にも類例が知られない特異なものであるが，華籠形装飾を貫いて上下の兵庫鎖を連結する金糸および，一番下のM字形垂下飾を連結する金糸に注目したい。一条

22）舟尾里３号墳例は，胴部を上下から挟む部品が，通常の半球形でなく平らな金板になっており，やや差異が認められるため，必ずしも新羅で製作されたものが搬入されたとは断言できない。

23）梨華女子大学校所蔵の伝扶餘陵山里古墳出土耳飾（国立中央博物館 1999）などで，小環連接球体の上半部をガラス玉に被せる意匠が認められる。

の金糸を用いて垂下飾を連結し，輪をつくって折り返した金糸の上端を巻き付けて処理するという特徴は，漢城期から熊津期の百済の垂飾付耳飾でみられる連結金具と共通している（第3章）。金冠塚出土耳飾の製作に百済系工人が関与していた可能性を示唆する事実であり，興味深い。新羅的な要素が熊津期以降の百済の耳飾で認められるようになることを勘案すると，当該時期における新羅と百済では，単なる製品の流通を超えた技術的な交流がなされていた可能性がある。いずれにせよ，3期後半以降，新羅と百済の関係が深まったことは，資料状況から明らかである。

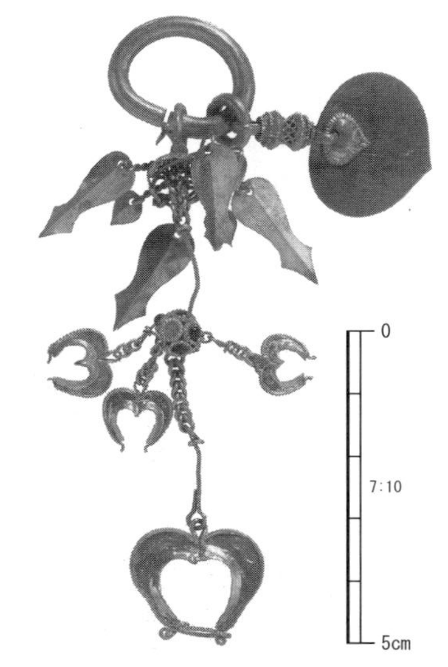

図1-15　慶州金冠塚出土垂飾付耳飾

(3) 耳飾製作の縮小

5期に至って，耳飾の装飾性は最高潮に達する。華籠形系統の太環耳飾には，大量の歩揺が付され，主環や垂下飾にまで細粒装飾技法により文様が表現される。この段階において特記すべきことは，その意匠や製作技法が他の系統と非常に排他的であった華籠形系統に，他系統の要素がみられるようになることである。具体的には，細粒装飾技法の導入と，錘形Ｂ２類垂下飾の採用である。上述したように，細粒装飾技法は，円筒形系統の製作工人集団が有していた技術である。また，一部の例外を除き，一貫して心葉形垂下飾が採用されてきた華籠形系統で，この段階に至って錘形Ｂ２類垂下飾が出現するのも大きな変化とみなし得る。楕球形系統の発生とともに新たに創出された錘形Ｂ類垂下飾は，円筒形系統の製作工人集団が保有する装飾要素であった。

このことは，より高い装飾性を追求する新羅内部でなされた技術交流の結果とも解釈できるが，4期までの華籠形系統における保守的な意匠の在り方を勘案するならば，華籠形系統と円筒形系統のそれぞれの製作工人集団が統合された可能性を考えたい。新羅では智證王6年（505年）に州郡制が実施され，それまでの間接統治体制から地方官を派遣する直接支配体制へと移行する。このことで，新羅中枢が地方間接統治のための政治的アイテムとして活用してきた着装型威信財は，以前ほどの必要性を失ったのであろう。結果，耳飾製作技術の高まりとは裏腹に金工品の製作工房は縮小され，耳飾製作工人集団は再び一つの工房へと統合されたのではないだろうか。円筒形ｃ２類の派生も，こうした脈絡から解釈することが可能かもしれない。

小　結

以上，新羅圏域で出土する垂飾付耳飾を網羅的に集成し，詳細な型式学的検討を経て耳飾自体の変化を基準とした自律的相対編年を確立，実年代を付与した。以後の議論は，本章の年代観を軸に展開していく。

最後に，本章で論じた新羅の耳飾変遷における画期の評価について，改めてまとめておこう。新羅の耳飾製作は，高句麗からの技術導入を基盤に５世紀初頭から前葉頃に開始された。新羅は，高句麗系技術を継続的に取り入れつつ，５世紀中葉頃までに耳飾製作を軌道に乗せ，独自の型式を創出して着装型威信財の主要な品目としての「新羅式垂飾付耳飾」を確立させる。こうして大量生産されるようになった新羅の耳飾は，５世紀後葉頃には一部が百済にももたらされ，特に意匠面で大きな影響を与える。新羅の耳飾はその後より一層加飾化され，６世紀前葉頃にその装飾性は頂点に達するが，一方で新羅の統治体制の変化にともない，耳飾生産は次第に縮小される。

こうした耳飾の様相から窺える対外的な交流様相は，文献史料や金石文の記述ともよく符合する。すなわち高句麗南征（400）を前後する時期から中原高句麗碑に記された５世紀前半にかけての高句麗・新羅関係が深化した時期に，高句麗的な技術を土台にして耳飾の製作体制が整えられていく過程，羅済同盟の締結（433）以降にみられる百済との技術交流といった動向である。新羅における垂飾付耳飾製作の発展過程が，他地域との対外的関係と非常に密接に関わっていることがわかる。特に高句麗との関係については，５世紀前半における新羅社会の成長を促進させた直接的要因として，より積極的に評価する必要がありそうである。５世紀中葉頃には新羅の高句麗勢力下からの脱却の動きが明確化するという指摘（井上 2000）があるが，この時期における太環耳飾としての華籠形系統の型式的確立や円筒形系統の成立にみられる多様化は，高句麗との従属的関係の中で，新羅が内的な統治体制を整え，脱高句麗を可能とするだけの力を蓄えたことを窺わせる。そしてその脱高句麗の動きが，5世紀後葉以降の百済との関係の親密化へと直結しているのである。

第2章 昌寧地域出土金工品にみられる特異性の評価

金工品が地方においても製作されていたのか，という問題は，極めて重要である。なぜなら，金工品の流通を手がかりに地域間交流の在り方を検討するにあたり，それを地方で独自に製作することが可能か否かによって，流通状況の解釈に大きな違いが生じるためである。

これまでも繰り返し述べたように，耳飾をはじめとする各種金工服飾品は，材料である貴金属の確保が困難で，かつその加工に高度な専門的技術を要する「威信財」的器物である。したがって，その製作工房は有力勢力の中枢集団によって独占的に管理されていたと考えられていた。しかし，近年の資料増加により，中央の工房で一元的に製作され配布されたとは考え難い，例外的な意匠をもつ資料が，地方において一定数出土することがわかってきた。こうした状況を受け，韓国の学界では，地方工房の有無をめぐる議論がにわかな活況を呈している。地方での金工品製作を積極的に認めるのであれば，第１章で言及したような，威信財配布を柱の一つとする新羅の地方統治モデルは根本的な見直しを迫られることとなる。地方にも金工品製作工房が存在したのか，もしあったのであれば，どの程度の技術水準を有するものであったのか，という問題は，金工品研究における立論の大前提となる部分であり，曖昧なまま避けて通るこ

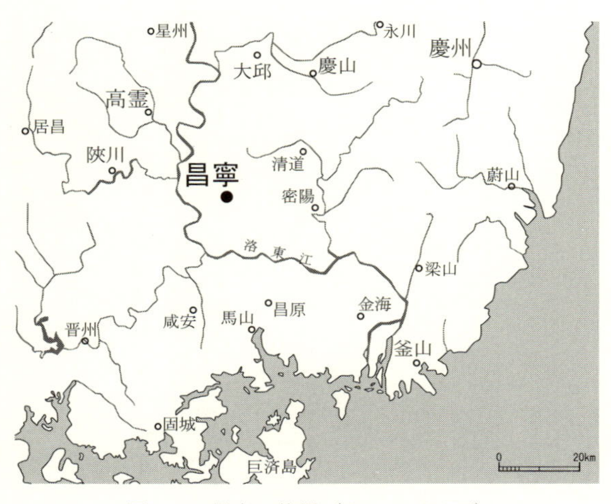

図 2-1　昌寧の位置（S ＝ 1 /200万）

とはできない。

本章では，朝鮮半島の中でも新羅圏域内の「地方」に着目し，在地工房の存在が特に盛んに論じられている昌寧地域（図 2-1）[1] の出土事例を主な分析対象として，金工品地方生産の可能性について探る。地域をまたいだ金工品比較へと議論を進める前に，金工品を介して地域間関係を考える上での前提部分を明確にしておくことが，本章の目的である。

第 1 節　金工品の製作地に関する議論

金工品地方製作の可否についての議論は，比較的早い段階からなされてきた。新羅圏域で出土する金工品の製作実態に関する研究は，大きく「中央製作説」と「地方製作説」とに整理されている（李炫姃・柳眞娥 2011）。

「中央製作説」とは，各地で出土する新羅式金工品が，いずれも新羅の中央である慶州で一元的に製作され，中央から地方の首長層へと賜与されたものとみなす見解である。中央製作説を積極的に主張する崔鐘圭は，複雑な工程をともなう金工品製作に従事する専門的工人集団の管理・維持，希少な貴金属原料の安定した確保に加え，実際の出土品の図案や規格が一致していることから，限定された工房での一括生産を指摘している（崔鐘圭 1983）。

1）　ここでの「昌寧地域」とは，校洞・松峴洞古墳群が分布する現在の昌寧郡昌寧邑を中心とし，桂南里古墳群などを有する南の霊山面一帯を含む，いわゆる昌寧様式土器が出土する範囲とする。この地域は，洛東江を挟んで高霊や陜川，宜寧，咸安という複数の加耶勢力と対面しており，新羅の国家戦略上極めて重要な地域に該当する（李熙濬 2007）。

これに対し，地方での金工品製作を認めるのが「地方製作説」である。主に，個別遺物の分析，特に新羅の出字形立飾冠の検討から，朴普鉉や全徳在によって主張されてきた。各地方で出土する「慶州型」の出字形立飾冠に着目した朴普鉉は，帯輪部の垂飾懸垂孔や冠頂部の装飾など細部の特徴がそれぞれ異なる点を指摘，慶州という一地域から洛東江東岸地方の各所へと分配されたと考えるのは困難だと主張した。その上で，こうした様相は，冠の製作技術が各地の工房へと伝播していく中で，各地域が新羅の象徴的な冠形状を模倣製作した結果であると論じた（朴普鉉 1987）。一方，全徳在は，新羅の定型化した出字形立飾冠が三つの出字形立飾と二つの鹿角形立飾を有する型式であるのに対し，釜山福泉洞1号墳で出土した出字形立飾冠が出字形立飾を五つ付した特異な型式である点，慶州以外の地域に出字形立飾冠に先行して分布する草花形立飾冠が型式学的に出字形立飾冠の祖型とみなし得る点から，各地で出土する金銅冠のすべてを新羅から配布したものと理解するのは困難であると指摘する。その前提に立つならば，各小国では，土器同様，鉄器や金工品を生産する組織体系が備えられており，こうした地方の工人集団を新羅勢力が統制・掌握した結果，金銅冠の型式上での画一化現象が生じたと解釈すべきとの見解を示した（全徳在 1990）これらはいずれも，慶州出土品とは異なる特徴をもった資料の出土を根拠に地方での工房の存在を認める見解であるが，前者は地方が主体となってその製作を推進したとする点，後者は新羅中央の勢力が主体となって地方工房に製作させたとする点において，解釈の差が認められる。

こうした金工品地方生産の是非についての議論は，2000年代以降，李漢祥の研究によって，新たな局面を迎える。李漢祥は，昌寧地域で出土する金工品，特に帯金具と耳飾に特異な様相が認められることを指摘し，これを慶州で製作されたものとは考え難いとした。その上で，その細部の特徴が，加耶諸国の一つ「大加耶」の圏域に含まれる陜川玉田古墳群の出土金工品と共通している点を挙げ，これを昌寧において金工品製作がなされた証左と捉えて「昌寧的な金工文化」の存在を論じた（李漢祥 2008・2009・2011）。その背景には，昌寧の集団が，新羅の「金工品威信財分配システム」による価値観の下，周辺地域の人が集まる儀礼の場や一連の葬礼において，模倣製作した新羅の服飾を着用することで威信を示す目的があったと指摘する。李漢祥の議論は，90年代以前の冠の議論とは異なる側面から地方製作の可能性に論及するもので，新たな地方製作説の出現と評価できる。

李漢祥の主張を受け，地方製作説の主張はより活発化する。昌寧出土資料の特異性について，さらに踏み込んだ議論を展開したのが李炫姃と柳眞娥である。両氏は，新羅的意匠の耳飾だけでなく大加耶系の山梔子形垂下飾付耳飾[2]においても昌寧・陜川にのみ認められる特徴があること，さらに装飾馬具についても特異な様相が認められることを指摘し，昌寧での金工品製作を支持した。その上で，こうした昌寧の金工品製作工房は，大加耶や倭との交渉において地政学的に窓口となる昌寧地域を新羅の中央が積極的に後援する過程で生じたとの見解を示した（李炫姃・柳眞娥 2011）。こうした近年の地方製作説は，地方の主体性を認める立場が多いことも特徴として挙げられる。

一方，昌寧以外の地域における金工品の分析から地方での在地生産に言及した研究もある。慶山地域出土の金工装身具を通時的に検討し，その変遷を７期に区分した金載烈は，慶山林堂６Ａ号墳と慶山北四里１号墳の帯金具の意匠的独自性，大邱佳川洞５号墳および同２地区９号墳，大邱時至洞 IC41号墳の金銅冠の形状的退化を根拠とし，慶山地域で金工品の流通が最も盛行する６期において，金工品の在地生産が盛んにおこなわれたと指摘する（金載烈 2007）。

最近では，個別器種の研究が進展するとともに，例外的資料の地方製作論がますます攻勢を強めている。新羅圏域で出土する冠を網羅的に扱い，その全体的な変遷過程を精緻な属性分析によって明らかにした咸舜燮は，各部の文様施文パターンと帯輪の結合方法などから技術類型を設定し，地方での模倣製作品である可能性が高い資料を抽出した（咸舜燮 2013）。咸舜燮の研究は，単に意匠上の特殊性ではなく，製作技術面での詳細な分析を基に言及している点で高い説得力を有する。

このように近年は，出土資料の増加によって，地方での金工品製作を積極的に認める見解が優勢となっている。資料に即した解釈を試みる地方製作説に対し，中央製作説はこれまで解釈論的な説明に終始しており，その点でやや説得力に欠く。実際に出土している「地方にのみ認められる特異な資料」の存在に

2）「大加耶系」の耳飾の詳細については，次章で検討する。

対し，整合的な説明を加える必要があろう。一方の地方製作説は，個々の資料に対する説明は明解であるが，中央製作説が提起する解釈上の問題に対する説明が依然不十分である。すなわち，従来のように金工装身具を間接統治の媒介品という政治的意味を有した威信財と理解するのであれば，中央と別途の地方工房に自由な威信財製作が容認されているという状況の不自然さに対し，何らかの解釈を与える必要がある。こと昌寧地域に関しては，新羅の中央工房とほぼ同一水準の金工品をつくる技術を有していながら，それが昌寧や一部の限られた地域だけで内的に消費されているという状況にも違和感が残る。金工品の性格に対する一歩踏み込んだ新しい理解を提示しなくてはならない。

第2節　昌寧地域出土金工品の検討

金工品地方製作の可否について再検討するにあたり，まずは前提としての「金工品」という概念そのものを見直してみたい。一言で「金工品」といっても，その製作工程，すなわち鋳造，鍛金，彫金などの加工方法は，技術としてはまったくの別物であり，すべてが一人の工人によって賄われるものではない。「帯金具」と「耳飾」と「大刀」とでは，製作に関与する工人はそれぞれ異なっていたと考えられ，その製作の難易度も品目ごとに差異がある。そこには，それぞれの技術に特化した専門工人の存在が想定されるのである。したがって，金工品の品目ごとに，その製作の可能性を別途検討しなくてはならないということになる。

昌寧地域で出土した金工品の一覧を表2-1に示した。以下，資料の様相を品目ごとに整理し，昌寧出土金工品がもつ特異性の具体的な把握を試みる。

1．帯金具

まず，新羅の帯金具の一般的な意匠について軽く説明しておこう。新羅の帯金具は，鉸具，銙板および銙板垂飾，蛇尾で構成され（町田 1970），いくつかの銙板垂飾に遊環を介して各種の腰佩金具を垂下する。腰佩金具は，兵庫鎖や複数の楕円形の板を連結させた垂飾の最下部に魚形装飾や勾玉形装飾など様々な意匠の装飾品を付したものが用いられる。これらの部品のうち最も意匠的特

表 2-1　昌寧出土金工装飾品一覧

遺跡名	冠	耳飾	頸飾	帯金具	釧	指輪	飾履	大刀	胡籙金具	馬具
校洞 1 号	銀製 冠帽装飾	細環式		銀製				鉄地銀張 笄状金具	鉄地銀張	鉄地金銅張雲珠・鉄地金銅張偏円魚尾形杏葉・三環鈴
校洞 3 号	冠帽			銀製						鉄地銀張雲珠・鉄地銀張偏円魚尾形杏葉・鉄地銀張心葉形杏葉
校洞 31 号		細環式								
校洞89号	銀製 冠帽装飾	細環式		銀製				銀装三葉 環頭大刀		鉄地金銅張心葉形鏡板付轡・金銅透彫鞍・金銅製鞍金具・鉄地金銅張心葉形杏葉・銅製馬鐸
校洞駐車場造成敷地内古墳				銀製				銀装三葉 環頭大刀	鉄地銀張	
校洞 5 号		太環式								
校洞 6 号		細環式								
校洞 7 号	金銅冠	細環式		銀製 ・ 金銅製	銀製 ・ 銅製	金製 ・ 銀製	金銅製	銀装三葉 環頭大刀 ・ 銀装 圭頭大刀		鉄地金銅張心葉形鏡板付轡・鉄地銀張心葉形鏡板付轡・木心金銅張輪鐙・金銅透彫鞍金具・金銅製歩揺付飾金具・鉄地金銅張偏円魚尾形杏葉
校洞10号								龍鳳文環 頭大刀		金銅製立飾付雲珠
校洞11号	銀製 冠帽装飾 ・ 金銅製 冠帽装飾			銀製	金製 ・ 銀製			銀装三葉 環頭大刀 ・ 銀装 円頭大刀		鉄地銀張異形鏡板付轡・鉄地金銅張偏円魚尾形杏葉・鉄地銀張異形杏葉・鉄地銀張心葉形杏葉・鉄地銀装貝製雲珠
校洞12号		太環式		銀製	銀製	銀製				鉄地銀装貝製雲珠
松峴洞 3 号		太環式 1 ・ 細環式 2		銀製						
松峴洞 6 号				銀製		銀製				鉄地銀張心葉形鏡板付轡・鉄地銀張り心葉形杏葉・鉄地金銅張心葉形杏葉・鉄地銀装貝製雲珠
松峴洞 7 号		細環式		銀製				銀装三葉 環頭大刀		金銅透彫心葉形杏葉・鉄地銀装貝製雲珠・金銅製立飾付雲珠・金銅透彫鞍金具・金銅製居木飾金具
松峴洞15号	金銅冠			銀製		金製				鉄地銀張楕円形鏡板付轡・鉄地銀張心葉形杏葉・鉄地金銅張偏円魚尾形杏葉・鉄地銀装貝製雲珠・金銅製立柱付雲珠
松峴洞C号石槨		細環式								
桂南里 1 号	金銅冠 ・ 金銅製 冠帽装飾	細環式		銀製					銀製	鉄地銀張偏円魚尾形杏葉・鉄地銀張雲珠・鉄地銀張鞍金具
桂南里 4 号										鉄地銀張偏円魚尾形杏葉・鉄地銀張雲珠
桂城A-1 号 1 棺	金銅冠	細環式 1 ・ 太環式 1	金製		金製					
桂城A-1 号 2 棺				銀製						鉄地銀張心葉形杏葉
桂城Ⅱ-1 号		太環式		銀製	銀製					
桂城Ⅲ-1 号		細環式			銀製			鉄製象嵌 圭頭大刀		鉄地金銅張楕円形鏡板付轡・鉄地金銅張棘葉形杏葉・銀装雲珠

徴が現れるのが銙板と垂飾で，５世紀代の新羅では，下半中央に三葉文を，上半に半裁した逆三葉文を二つ並べた文様を透彫にした四角形の銙板に，心葉形の垂飾を懸垂するものが一般的である3)。また，心葉形垂飾は，立聞の左右にそれぞれ角状の突起が付随し，心葉形内部に１対の突起が双葉状に伸びる意匠をもつものが多い。以上が，新羅における帯金具の基本的意匠である（図 2-2）。

昌寧地域出土の帯金具で，在地生産の可能性が言及されている資料は６例ある（図 2-3）。いずれも，銙板垂飾の図案の特異性が指摘されている（李漢祥 2008）。

桂南里１号墳（図 2-3-1）では，主・副槨式竪穴式石槨の主槨中央部から，銀製の帯金具一式が出土している。蛇尾と鉸具それぞれ１点と銙板20点分が整然と並んだ状態で確認されており，被葬者に装着させた状態で副葬したことが

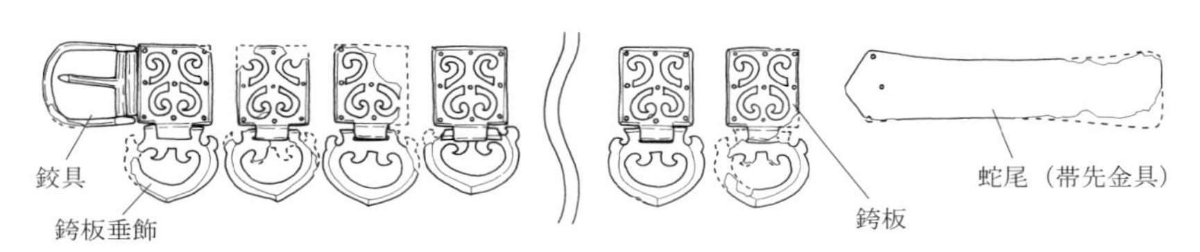

図 2-2　新羅の一般的な帯金具の意匠
（皇南大塚南墳出土　S＝1/8）

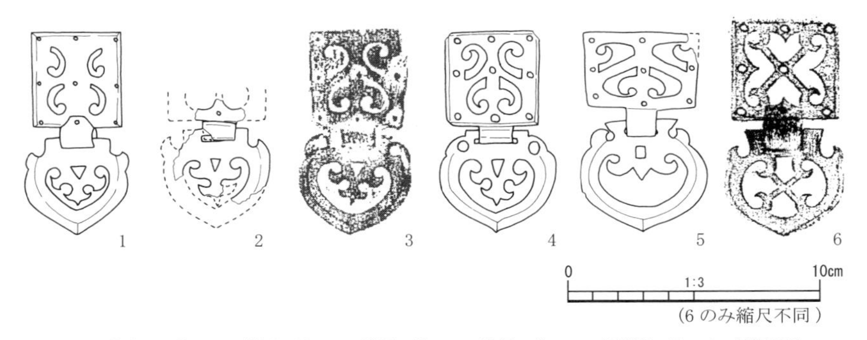

1．桂南里１号，２．校洞１号，３．校洞７号，４．校洞89号，５．松峴洞７号，６．校洞11号

図 2-3　昌寧地域出土の特異な帯金具

3)　６世紀代に入ると，三葉文を透彫する銙板は用いられなくなり，代わって鉸具に細長い帯先金具を連結させ，逆心葉形銙板を帯に留めるタイプのものが一般化する（李漢祥 1996）。

わかる。銙板は忍冬唐草文とみられる両葉文が透かし彫りされた方形板に心葉形の垂下飾を懸垂したもので，心葉形垂飾の内部には，三葉形の子葉二つの間から同じく三葉形の本葉が伸びる，九葉形とでも呼ぶべき特殊な形状をしている。

校洞1号墳の帯金具（図2-3-2）は，横口式石室の棺台中央付近で発見された。盗掘により撹乱を受けており，遺存していたのは銀製の銙板5点のみである。完形品はなく，銙板の透彫文様は不明であるが，心葉形垂飾は，左右に開いた子葉の中心から本葉が伸び，これがさらに三葉形に開く，五葉形の意匠が内部にあしらわれていたことがわかる。

校洞7号墳は，校洞古墳群の中でも最大級の規模をもつの古墳である。7号墳からは，金工装飾品を始め多量の副葬品が発見されており，帯金具は数セット分が出土したとされる（穴沢・馬目 1975）。このうちの1セット（図2-3-3）は，校洞1号墳例と同様，内部に五葉形の意匠を配した心葉形垂飾をもつ銀製銙板をともなう。

校洞89号墳は，7号墳と並ぶ大古墳の一つで，横穴式石室を主体部にもつ。89号墳出土の帯金具（図2-3-4）は，出土状態については記録が残っておらず不明であるが，銙板9点以上，鉸具，魚形や箱形などの腰佩金具が出土している。サイズ，意匠において校洞7号墳出土例と「全くの同型」とする指摘（穴沢・馬目 1975）がある通り，五葉形の内部意匠をもつ心葉形垂飾が確認される。

松峴洞7号墳は，6号墳を一部切って築造されたいわゆる瓢形墳で，内部主体の横穴式石室からは多数の副葬品が良好な状態で出土した。7号墳出土の帯金具（図2-3-5）は，石室内に堆積していた土の上部から発見された。銀製で，やや横方向に長い長方形銙板に，内部に三葉文を有した心葉形垂飾を垂下する。

このように，昌寧出土帯金具には，銙板の心葉形垂飾内部に三葉以上の葉文をあしらった独特の図案をもつものがまとまって認められる[4)]。こうした図案は，現在まで昌寧以外の地域で確認されていない。注目されるのは，同様の特

4）校洞11号墳からは，銙板と垂飾の両方に斜交するスパナ状モチーフの透彫文様を採用した，非常に特異な意匠の銀製帯金具（図2-3-6）が出土している。昌寧以外の地域では類例が認められない資料であるが，銙板や垂飾に例外的な透彫文様を施す資料は金冠塚や瑞鳳塚など慶州でも出土している。また，鉸具の形状は金冠塚や皇南洞155号墳に類例が指摘されている（穴沢・馬目 1975）点を考慮すると，昌寧の在地生産の根拠となる資料として積極的に評価できないと考える。

徴をもつ資料が複数出土しているという点と，これらの資料がある時期にのみ集中するのでなく，一定の時期幅[5)]をもって図案の採用が継続されている点である[6)]。

2．装飾馬具

新羅圏域の各地で出土する装飾馬具がどこで製作されたものであるのかについて，具体的に言及した研究は多くない。その中で李炫娗は，その在地生産の可能性について，主に校洞11号墳で出土した馬具の特異性に基づいて具体的に言及しており注目される（李炫娗・柳眞娥 2011）。

李炫娗によると，校洞11号墳から出土した馬具（図2-4）は，材質から金銅装と銀装の２群にわけることができる。金銅装の一群は，八脚半球形雲珠１点，半球形辻金具２点，偏円魚尾形杏葉で構成される。このうち八脚半球形雲珠（図2-4-4）は，大きさが20cmを超える大型品である。これほど大型のものは慶州地域出土の半球形雲珠には認められない。また，慶州では一般的に四葉文と宝珠形の装飾が鉢部に取り付けられるが，この半球形雲珠の鉢部中央には鉄地銀張の蓮華文装飾があしらわれている点も特殊である。さらに，この蓮華文装飾は，仏教文化を早くに取り入れた百済の影響を受けた文様と考えられるが，通常の蓮華文は８葉で表現されるのに対し，校洞11号墳出土半球形雲珠の鉢部装飾には７葉の蓮華が表わされている。８葉というのは，仏教信仰において象徴的な意味を有する数であることを勘案すると，校洞11号墳例はモチーフのみが模倣されたものである可能性があると指摘される（李炫娗・柳眞娥 2011）。

銀装の一群は，変形ｆ字形鏡板付轡，魚尾形杏葉，心葉形杏葉で構成される。このうち，変形ｆ字形の鏡板は，百済や加耶で一般的に認められるｆ字形鏡板を模したものと考えられ，新羅圏域には認められない図案である。また，これとセットになると考えられる魚尾形杏葉も，偏円魚尾形杏葉の偏円部を省略し

---

5)　最も時期が遡る桂南里１号墳は，土器や馬具の編年から，慶州皇南大塚南墳よりやや先行する時期に比定されており（河承哲 2009，李炫娗・柳眞娥 2011），本書の実年代観では，５世紀前葉から中葉頃に該当する。一方，時期が新しいとみられる松峴洞７号墳では，円筒形ａ類系統第３段階の耳飾が出土しており，６世紀代に下がる可能性が高い（第１章）。

6)　心葉形垂飾内部の葉文については，桂南里１号墳例→校洞１号墳・７号墳・89号墳例→松峴洞７号墳という文様退化のプロセスとして解釈することも可能である。

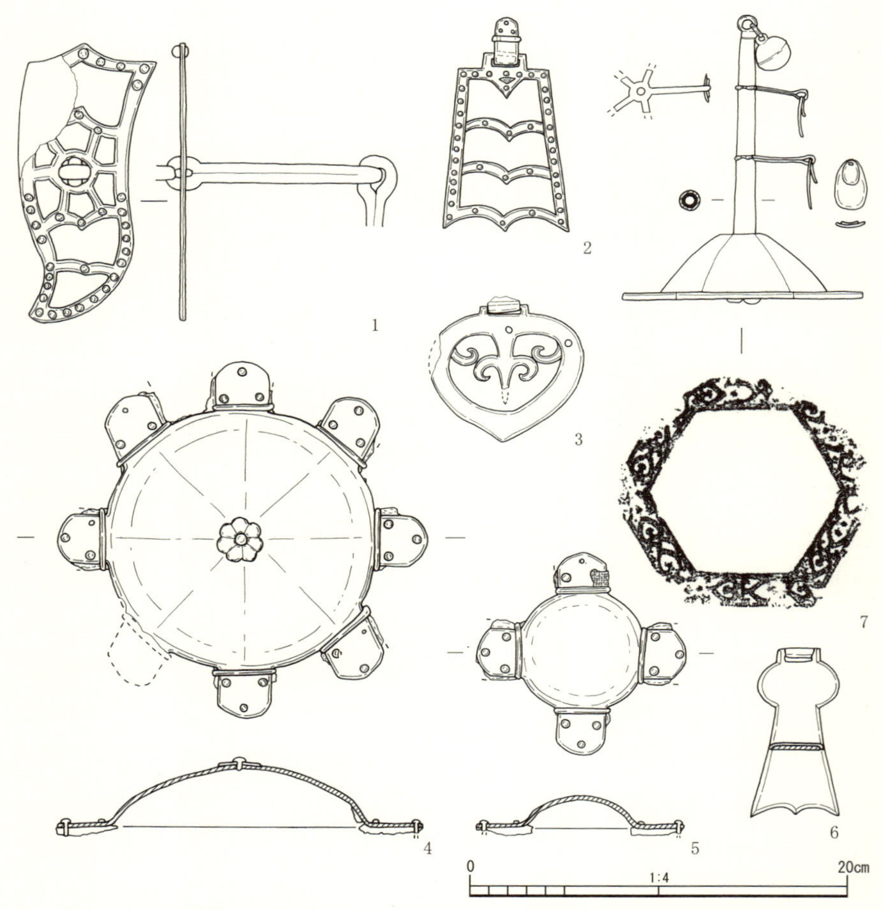

1・2・3．校洞11号（鉄地銀張），4・5・6．校洞11号（鉄地金銅張），7．校洞12号（金銅）

図 2-4　昌寧の特異な馬具

た特異な形状で，新羅で認められる棘葉形杏葉に近いが，やはり直接の類例は慶州では確認できない[7]。

7）他に，李炫娅は鉄地銀張の環状製品を11号墳出土の雲珠とみて，類例が陜川玉田Ｍ４号墳と慶州金冠塚から出土していることを指摘し，これらを昌寧地域で製作されて陜川および慶州にもたらされたものと推定した。しかし，写真を観察する限り金冠塚の資料は断面形状が異なり，玉田Ｍ４号墳の資料も環の内側の輪郭に抉りをもつ点が異なる。昌寧校洞出土の環状製品と直接的に比較できるかについては，検討が必要とみられ，本章ではその評価については保留する。なお，この環状製品は，最近国立金海博物館で開催された特別展図録では校洞12号墳の出土とされてお

校洞10号墳で出土[8]した金銅製立飾付雲珠は，六角形の雲珠座をもつ大型品である。雲珠座の周縁に，忍冬文をモチーフとした唐草文を透彫する（穴沢・馬目 1975）。注目すべきは，立柱部の構造である。慶州地域を含む洛東江以東地域で出土する立飾付雲珠の大部分は，歩揺の連結部と中心軸を一つの金属板でつくり出す（図2-5-左）のに対し，校洞10号墳例は，中心軸と歩揺連結部をそれぞれ別づくりにして，組み合わせることで完成させている（図2-5-右）。慶州地域の立飾付雲珠は出現から消滅まで一貫して前者の方法でつくられるのに対し，後者の方法は，漆谷永梧里1号墳例のほか，6世紀以降の日本列島出土品に認められる製作技法である。李炫姃は，上述の製作技法上の特徴について，慶州との関連性を看過することはできないとしつつも，その特異性を強調している（李炫姃・柳眞娥 2011）。

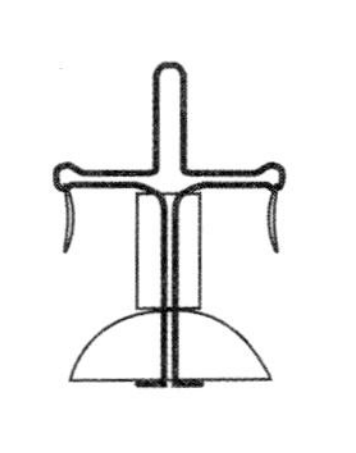
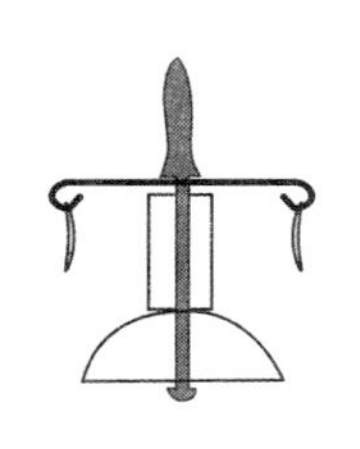

中心軸 ＝ 歩揺連結部　　中心軸 ≠ 歩揺連結部
左．洛東江以東地域の一般的構造，右．校洞10号
図2-5　立飾付雲珠の構造

このように，校洞古墳群には特異な意匠・構造をもつ馬具の存在することが指摘されている。ただし現状では，校洞11号墳出土のセットが突出して特異という状況である。将来的に資料が増える可能性はあるが，現時点では限定的な指摘に留まっている。

3．垂飾付耳飾

昌寧地域では，地方ではあまり認められない加飾化の進んだ華籠形系統の太環耳飾（第1章）を含む新羅系耳飾が多数出土する。またその一方で，大加耶系とされる山梔子形垂下飾をもつ垂飾付耳飾も出土している点が特筆される。昌寧での金工品在地生産については，前者の新羅系耳飾を根拠とする議論と，

り（国立金海博物館 2014），出土遺構についても現時点ではっきりしない。

8）同資料は，梅原考古資料によれば校洞10号墳からの出土とされるが，国立晋州博物館図録や国立清州博物館図録では，校洞11号墳出土品として紹介されている。李炫姃は，校洞11号墳出土八脚半球形雲珠の鉢部にみられる製作技法と同じ技法が用いられていることを重視して，11号墳出土資料と判断しているが，発掘調査の後，保管される中で出土地の混乱が生じた可能性が高いと判断し，本章では10号墳出土資料として議論を進める。

後者の大加耶系耳飾を根拠とする議論とに二分される。以下，両者について検討したい。

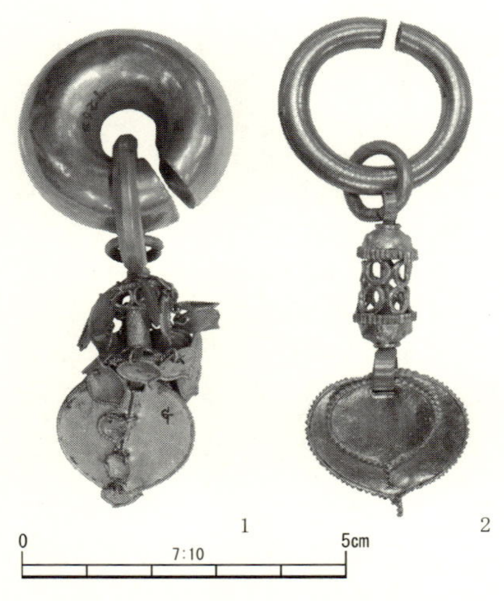

1．校洞12号，2．桂城Ⅲ地区1号

図2-6　昌寧の特異な新羅系耳飾

校洞12号墳出土の太環耳飾（図2-6-1）は，新羅の華籠形系統太環耳飾で，前章では4期の所産と評価した（第1章）。この耳飾の特異とされる点は，華籠形中間飾の構造にある。すなわち，上半の球体部が扁平なシルエットを呈する点，さらに，球体間飾が通有のコイル状でなく，斜格子文を刻んだ円筒形である点である。李漢祥は，こうした諸特徴が，陝川玉田M6号墳で出土した山梔子形垂下飾をもつ大加耶系耳飾に共通する特徴であること，格子状刻みをもつ円筒形球体間飾を用いた新羅系耳飾はほぼ類例がないことを指摘，校洞12号墳例が昌寧で製作されたものである可能性に論及している（李漢祥 2009ほか）。

現在までに昌寧での製作の可能性が言及されている新羅系耳飾は，校洞12号墳例のみであるが，この他に特殊性を指摘し得る資料として桂城Ⅲ地区1号墳出土の細環耳飾（図2-6-2）が挙げられる。これは，円筒形a類系統に該当する新羅系細環耳飾だが，全長が7.9cmと非常に大型で，中間飾の胴部を構成する小環も一つ一つが大きく接着も荒い。垂下飾の周縁にめぐらせた刻目帯も，心葉形の先端部での処理を，片方に巻き付けるという特異な処理をおこなっている。一般的な円筒形a類系統の耳飾とは法量や細部の特徴などに大きな違いを認められる[9]。

次に大加耶系垂飾付耳飾を検討する。昌寧出土の金工品全体の中では，山梔子形垂下飾付耳飾の総数はあまり多くなく，具体的には桂城A地区1号墳1槨

9)　第1章では，桂城Ⅲ地区1号墳出土耳飾を，連結金具に板状β1を用いる一方で心葉形垂下飾に連結部の抉りがない点から，4期前半（5世紀後葉）の製作年代を想定した。しかし，これが新羅の工房で製作されたものでないということになれば，その製作年代にも再考の余地が生じる。

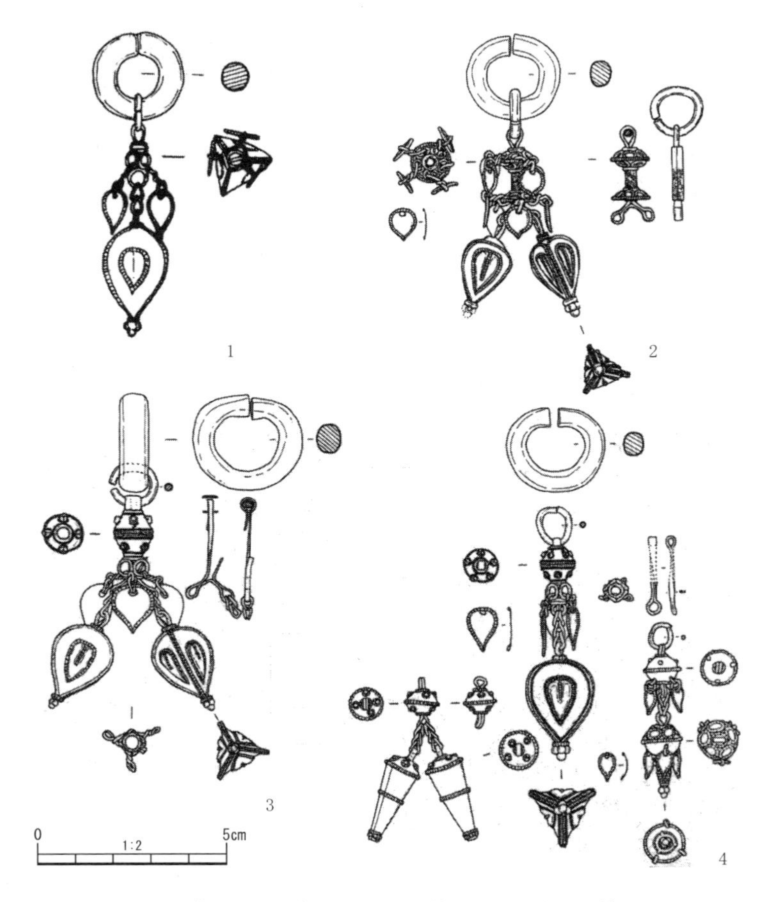

1．桂城A地区1号，2．玉田M6号，3，4．玉田M4号

図2-7　昌寧・陜川出土の山梔子形耳飾

例（図2-7-1），校洞31号墳例の2例に限られている。

柳眞娥はこれらの耳飾を，構成する部品ごとに検討し，昌寧出土例と陜川出土例にのみ共通する特徴があることを指摘している。その共通点を要約すると以下の通りである。①主環に中空で通常よりもやや太い細環[10]，いわゆる「太環系細環」（李熙濬 2005）が用いられている点，②幅の広い連結金具が用いられる点，③中間飾に空球体だけでなく小環連接立方体を加える点，④山梔子形

10)　太環と細環の基準として，外傾と内径の比が2：1となる中心線を基準にしたとき，内傾が1未満となるものを太環，1以上のものを細環としている（李炫娅・柳眞娥 2011）。

垂下飾に打ち出された水滴形文様の長さと幅の計測値が近似する点，⑤垂下飾先端部分に金粒装飾を取り付ける前に，環を用いて先端を固定してある点，である。これらの特徴に，新羅的要素が多く認められる点から，昌寧・陜川で出土する山梔子形垂下飾付耳飾が大加耶圏で出土する他の例とは区別されるとして，これを昌寧で製作されたものと推測した（李炫娅・柳眞娥 2011）。大加耶系の耳飾に認められる新羅的要素を積極的に評価し，大加耶圏で流通している金工品の一部に昌寧でつくられたものが含まれる可能性を論じた柳眞娥の議論は，従来の解釈からさらに切り込んだものといえる。その是非については，次節で検討しよう。

第３節　昌寧における金工品製作の可能性

以上，地方での在地生産の可能性が提起されている具体的な昌寧出土資料の様相を品目ごとに整理した。ここから改めて，在地での製作の可否について検討を進めていくが，その前に各器物を製作するにあたって実際に必要となる素材と工程について確認しておきたい。

まずは帯金具である。昌寧地方で出土している帯金具はほとんどが銀製である。製作に必要となる工程は，まず薄い板状の材へと加工するための「鍛金」と，透彫加工をともなう「切削」である。もちろん，銀の塊を板状に加工し，これを切削するという工程は，決して容易な作業ではないが，それでも帯金具は，比較的単純な作業により完成させることができるといえよう。次に，馬具である。馬具の素材には，銀に加え，鉄と金銅が加わる。金銅をつくる工程では，金アマルガム[11)]を用いた「鍍金」が必須となる。また，鍛金・切削加工に加え，立飾付雲珠などでは，「鋳造」による製作を想定できるものが含まれる。このように，その製作工程は帯金具に比べかなり複雑となる。垂飾付耳飾の製作は，さらに複雑である。垂飾付耳飾の形状は非常に立体的で，加熱によ

11）　アマルガム（amalgam）とは水銀と他の金属との合金の総称で，金アマルガムとは水銀に金を溶かしたものを指す。金アマルガムは常温で液体状態であり，これを金属（地金）の表面に塗布した後，加熱して水銀のみを蒸発させることで金を定着させる工程を「鍍金」と呼ぶ。銅に鍍金を施したものが「金銅」である。

る部品同士の接合，針金状部品の加工，鏤金細工における金粒の固着など，必要とされる技術が帯金具や馬具とは大きく異なる。また，昌寧地域で出土する耳飾は大部分が金製であるが，素材の入手自体も他の金工品に比べて困難であったとみられる。一口に金工品製作といっても，器物によって製作の難易度には大きな差があり，それぞれの分野に特化した専門工人による組織的な製作体制が敷かれていた可能性が考慮されなくてはならない。

このことを踏まえた上で，先に確認した昌寧の各種金工品の在地製作について，検討してみよう。

1．帯金具

帯金具において注目すべきは，慶州出土資料ではみられない図案をもつ資料が，昌寧地域において一定の「資料数」「年代的な幅」をもって存在している点である。こうした状況を整合的に解釈しようとすると，これらが昌寧地域で独自に製作された可能性はある程度認めざるを得ない。先に整理したように，帯金具の製作に必要な工程は，さほど複雑なものではなかった。ここでもう一つ問題となるのは，素材となる貴金属，具体的には銀を地方で入手し得たのかどうか，という点である。

このことを考える上で参考となるのが，校洞13号墳で出土した鉄製三累環頭大刀（図2-8）である。三累環頭大刀は，新羅の装飾大刀の中で最も上位の階層に属する大刀である[12)]。そのため，三累環頭大刀は，三葉環

図2-8　校洞13号墳出土三累環頭大刀

12)　穴沢咊光・馬目順一は，新羅における大刀意匠の階層序列を「龍鳳文環頭大刀→三累環頭大刀→三葉環頭大刀→素環頭大刀」とした（穴沢・馬目 1987)。しかし，新羅圏域でこれまでに確認されている龍鳳文環頭大刀3例のうち，2例は大加耶からの搬入品とみられ，これらを模倣したとみられる天馬塚出土龍鳳文環頭大刀も，単発的に製作されたもので類例がない。このことから，

図 2–9
校洞89号墳出土
帯金具腰佩

頭大刀よりも稀少な素材が用いられることが多く，銀以上の素材による装飾が施されることが一般的である。しかし校洞13号墳例は，把縁金具にシンプルな銀板を用いているのみで，最もシンボルとしての機能を有する三累の環頭部は単なる鉄製，把や鞘といった外装も基本的に簡素な木装で構成される。慶州ではこのような装飾性の乏しい三累環頭大刀は認められない。加えて，校洞13号墳は，墳丘規模や共伴した副葬品の内容などからも，さほど階層の高い人物の墓ではないとみられる。こうした事実に鑑みると，校洞13号墳出土の三累環頭大刀は，慶州でつくられたものでなく昌寧の在地勢力が三累形というシンボルを模倣してつくったものであるという推測が成り立つ。ここで注目されるのは，わずかながらもこの大刀に銀製装具が装着されている点である。このことは地方勢力が銀素材を独自に確保できた可能性を示唆する。

帯金具の製作には大量の銀が必要となるが，銀の入手がある程度可能だということになると，昌寧における帯金具の在地製作はかなり蓋然性が高いといえよう。ただし，校洞89号墳出土帯金具の腰佩（図 2–9）にはかなり複雑な立体的意匠をもつものも含まれており，完全に在地生産を認めてしまうのはやや躊躇される。しかしここでは，少なくとも一部の帯金具に在地生産されたものが存在しているであろうことを強調しておきたい。

2．装飾馬具

では，馬具の場合はどうだろうか。馬具が帯金具と異なるのは，在地生産の可能性を言及し得る特異な資料が非常に限定的で，校洞11号墳出土例にほぼ限られているという点である。こうした資料状況では，在地製作以外のいくつかの可能性，例えば新羅において単発的につくられた例外的資料がたまたまもち込まれただけであるといった可能性を排除しきれない。

やや詳しく資料を検討してみよう。校洞10号墳出土立飾付雲珠の立柱に付属

龍鳳文の大刀は元来新羅の服飾価値体系の中に位置付けられていた意匠ではなかったと考える（第 5 章）。

した空球は，大加耶系垂飾付耳飾の中間飾などにみられる空球と意匠が類似している（図2-10）。校洞11号墳出土の変形ｆ字形鏡板付轡は，百済や加耶で用いられるモチーフに影響を受けた特異な資料と評価されていたが，先の校洞10号墳出土雲珠の空球を勘案すると，むしろ大加耶の工人が新羅的意匠を取り入れてつくったものと理解する方が自然ではないだろうか。魚尾形杏葉についても，同様の脈絡から解釈することができる。

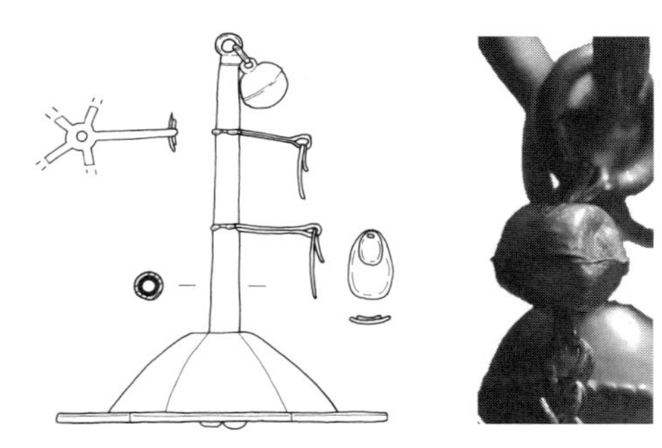

1．校洞12号 立柱付雲珠（Ｓ＝１／４），
2．玉田28号 垂飾付耳飾

図2-10　校洞12号墳出土雲珠の空球とその比較資料

３．垂飾付耳飾

校洞古墳群の特異な馬具の製作主体に関する問題は，山梔子形垂下飾付耳飾の解釈とも大きく関わっている。先に，昌寧・陜川の山梔子形垂下飾付耳飾の製作主体について考えてみよう。

そもそも，大加耶圏で発見された出土地のある程度明らかな山梔子形垂下飾付耳飾は，現時点で10点に過ぎない。このうち昌寧出土品が２点，陜川出土品が４点と，「特異」な山梔子形垂下飾付耳飾が過半数を超えてしまっている。そうなると，大加耶の山梔子形垂下飾付耳飾を製作する最大の工房は，大加耶でない昌寧にあったということになってしまい，歴史解釈上大きな問題が生じることになる。柳眞娥は，新羅的な要素の存在を考慮して，陜川でなく昌寧をその製作地に推定したが，こうした資料状況を考慮すれば，どちらかというと大加耶圏である陜川を製作地の候補と考える方が妥当であろう。

太環系細環の主環については，武寧王陵の王妃の耳飾にも類例を認めることができる（図2-11）。この耳飾は，糸状金具を用いた垂下飾の連結方法などから百済工人の作であると推定される。太環系細環が中空である点を新羅的と評価することもできなくはないが，先述の武寧王妃の耳飾の存在を考慮すると，必ずしも技術の出自を新羅と断定することはできない。積極的に新羅的技術の

図 2-11　武寧王妃の耳飾主環細部（左は S≒1/2）

関与を認めなくても，大加耶系工人が有した技術があれば製作は可能であろう。

つまり，「昌寧で出土する新羅的な意匠を折衷的に有する特異な金工品」には，大加耶の工人がつくって流通させたものが含まれている可能性がある点に留意しなくてはならない。校洞11号墳の馬具セット（図 2-4）や，山梔子形垂下飾付耳飾（図 2-7）などは，大加耶の中心工房で新羅的な意匠を取り入れてつくったものを昌寧の集団が入手したと理解するのが自然であり，無理に昌寧の集団がつくったものと解釈する必要はないと考える。

ところで，山梔子形垂下飾付耳飾を製作した工房は陜川にあったのであろうか。大加耶の金工品製作工房については，現状で金工品の出土事例が陜川玉田古墳群に集中していることから，陜川にあったとみる見解もあるが，現時点の分布状況のみから判断してしまうのは尚早であろう。現在の資料状況では，大加耶の中央とされる高霊に工房があった可能性を捨象すべきではない[13)]。むしろ大加耶でも，中心である高霊で製作・配布していたものと推定しておきたい。このことは，大加耶での金工品の生産規模が新羅に比べかなり小さいにもかかわらず，技術的には新羅の金工品と比べても遜色のない水準に達していること

13)　大加耶の王陵が含まれるとされる高霊池山洞古墳群は，全体的に盗掘の被害が大きく，発掘によって見つかっていないだけの可能性もある。美術品として流通している大量の大加耶系垂飾付耳飾はそうした状況を示唆しているのかもしれない。

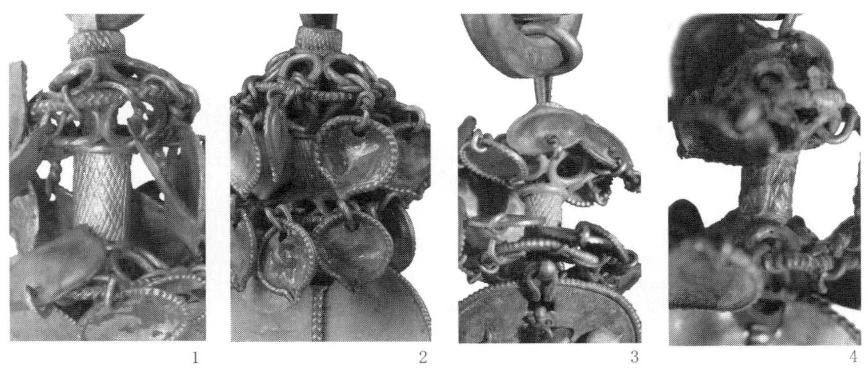

1．校洞12号，2．仁旺洞20号，3．白鶴美術館所蔵，4．邑内里5号

図2-12　斜格子文円筒形球体間飾をもつ資料

から，新羅よりも限定的な工房での製作が推定されることを根拠としている。

次に，昌寧で製作された可能性が提起されている校洞12号墳出土の新羅系太環耳飾（図2-12-1）について検討しよう。この耳飾の各特徴のうち，扁平な形状の華籠形中間飾は，慶州で出土する新羅の太環耳飾の中でも散見される。問題となるのは，斜格子文をもつ円筒形球体間飾であろう。斜格子文円筒形球体間飾を用いる耳飾としては，本例のほかに，東京国立博物館所蔵小倉コレクションの伝昌寧出土例，白鶴美術館所蔵の出土地不明耳飾（図2-12-3），慶州仁旺洞20号墳例（図2-12-2）の4例が知られている。伝昌寧出土例の出土地情報を積極的に評価するならば，昌寧での出土例が多いということになるが，4例のうちに慶州出土例が1例含まれている点は，やはり慶州で製作・配布されたものとの解釈に十分な根拠を与えるものではないかと考える[14]。ただし，慶州仁旺洞20号墳で共伴している馬具は，通常の慶州出土馬具とやや特徴が異なり，昌寧的な特徴を有しているという指摘もあり[15]，慎重を要する。

少し趣が異なるが，斜格子文を施した円筒形球体間飾をもつ資料に，順興邑内里5号墳出土太環耳飾（図2-12-4）がある。この耳飾は，1対のうち片方は

14）慶熙大学校中央博物館では，伝昌寧の一括出土品とされる遺物が所蔵されているが，保管の過程で本来伝昌寧の遺物であった斜格子文円筒形球体間飾をもつ耳飾が仁旺洞20号墳出土品に混入したものではないかとする指摘がある（李漢祥 2008）。しかし，仁旺洞19号墳・20号墳の出土遺物整理をおこなった李賢泰氏によれば，この耳飾は20号墳出土品として間違いないとのことである。

15）李賢泰氏のご教示による。

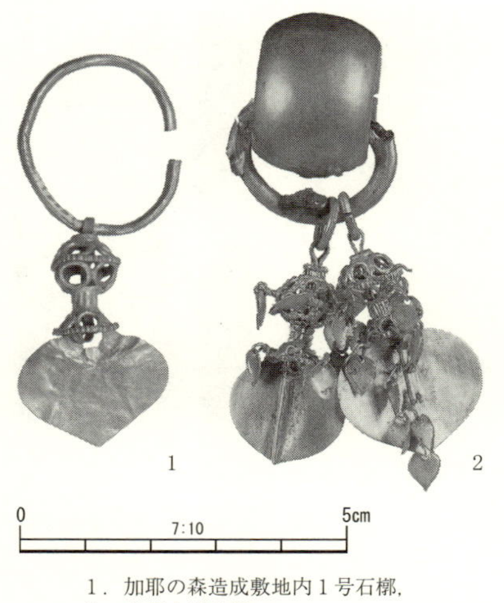

1．加耶の森造成敷地内1号石槨，
2．皇南大塚北墳

図2-13　球体間飾に円筒を用いた耳飾

通有のコイル状球体間飾であるが，片方だけ円筒形の球体間飾を採用しており，やや特殊な資料である。この耳飾が順興で在地製作されたものと考えるのはさすがに無理があろう。かといって，これを昌寧で製作されて順興にもたらされたものとみなすのも困難である。とすれば，製作地の候補は慶州ということになる。そもそも慶州にも，球体間飾に円筒状の意匠を採用した例は存在しており（図2-13），校洞12号墳のような耳飾の特徴が必ずしも新羅の中央工房に存在しない特徴とは断言できない。

また，校洞12号墳については，墳丘の構造や埋葬施設に関して，近年発掘調査を実施した沈炫瞮による以下のような興味深い指摘がある。校洞12号墳は，まず地面を掘り下げてから一次盛土を施して半地下式の墓壙を構築し，墓壙内に木槨を設置して四方に積石を充填した後，木槨上部に積石を配し，二次盛土を施して墳丘を完成させるという工程で築造されている。こうした築造過程は，慶州地域における中・小型古墳の積石木槨墓と共通している。また12号墳の木槨は，大きさと縦横の比率において規格化された慶州の長方形木槨と一致し，昌寧地域で一般的な細長方形のものとは明らかに区別される。こうした点から，沈炫瞮は校洞12号墳の設計および葬送儀礼を主導した人物は，慶州出身の工人であろうと推測している（沈炫瞮 2013）。こうした指摘は，ただちに被葬者が慶州の人間であったと断定する根拠とはならないが，少なくとも慶州との直接的なつながりを有した人物であったということは示唆されよう。だとすると，副葬されていた耳飾についても慶州との関わりの中で入手したものである可能性は考慮されるべきであろう。副葬されている銀製帯金具も，銙板の心葉形垂下飾は，内部の意匠が1対の双葉状突起をもつ通常の型式である点も示唆的である。

このように，現時点では斜格子文刻みの円筒形球体間飾をもった太環耳飾を積極的に昌寧産であると評価する根拠は十分でない[16)]。しかし，先に言及した桂城Ⅲ地区1号墳出土細環耳飾については，慶州からもたらされたにしてはかなり異質である（図2-14）。とはいえ，ここまでの検討により昌寧で耳飾の製作がおこなわれていたとは想定し難く，一つの可能性として大加耶の工人が模倣製作したものであるという場合を指摘しておきたい。その背景には，新羅的な金工品価値体系を古くから受容してきた昌寧地域から，大加耶の製作側へ意匠に関する何らかの要請があったのかもしれない。

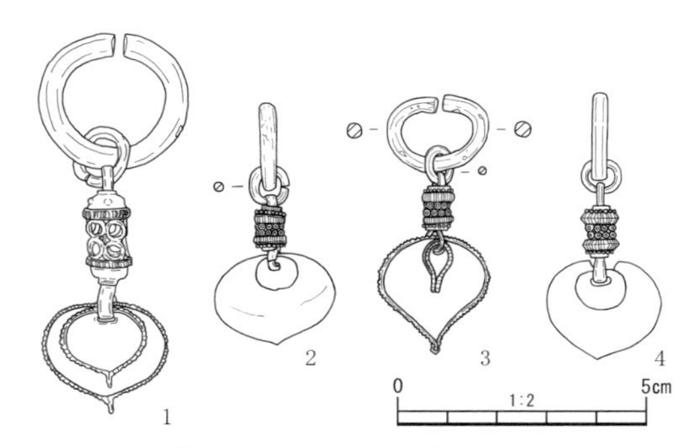

1．桂城Ⅲ地区1号，2．皇吾洞34号1槨，
3．皇吾洞34号2槨，4．松峴洞7号

図2-14　桂城Ⅲ地区1号墳出土耳飾の法量比較

4．昌寧地域における金工品生産

ここまでの検討結果をまとめてみたい。昌寧地域では，帯金具の部分的な在地製作を実施していたと考えられる。板状素材への加工，切削，彫金といった平面的な装飾品は，地方でもある程度製作されていた可能性があるということになろう。江陵草堂洞Ｂ16号墳の鋸歯状に加工された帯輪をもつ出字形冠（図2-15-1）や，慶山北四里1号墳の帯金具（図2-15-2）などが，在地製作品の候補となる（金載烈・朴世殷 2010）。一方で，素材が金製であり，加熱をともなう緻密な製作工程を要する耳飾については，現時点で在地製作を積極的に認めるだけの根拠は不十分とせざるを得ない。大加耶系の山梔子形垂下飾付耳飾は，そもそも昌寧出土の事例が少なく，新羅的な意匠の影響をもって昌寧での製作

16）　ただ，円筒形球体間飾を採用する白鶴美術館所蔵太環耳飾は，垂下飾と板状β1類連結金具との連結部分に兵庫鎖を一つ噛ませてあり，新羅の一般的な耳飾にはみられない特徴を示す（図2-12-3）。この耳飾は出土地が明らかでないため，あくまでも参考資料ではあるが，こうした資料の中にも，大加耶工人による模倣製作品が存在している可能性というのはある程度考慮しておく必要がある。

を想定するのは無理がある。馬具についても，例外的な資料がほぼ校洞11号墳出土例に限られるという点から，昌寧での在地製作品として評価するのは難しい。これらの資料については，大加耶中央の工房が新羅からの技術的あるいは意匠的な影響を受け，そこで製作されたものが昌寧にもたらされたと考えられる。

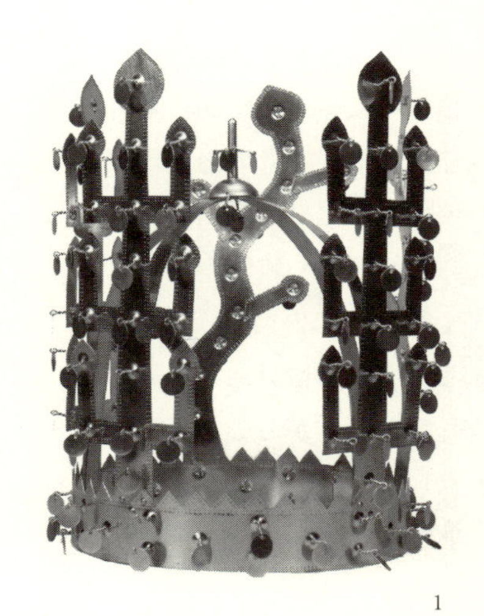

1

2

1．草堂洞Ｂ-16号（復原品），2．北四里１号
図2-15　地方製作の可能性が考えられる金工品

小　結

本章では，朝鮮半島各地で出土する金工品の製作が，権力集団の中枢地域以外の地方でもおこなわれていたのかを探るため，金工品の流通が最も盛んな新羅の圏域の中でも，金工品の在地生産の議論が活発な昌寧地域を対象にケーススタディを試み，その可能性を探った。結果，昌寧地域においては，馬具や耳飾といった比較的複雑な工程をともなう器物の在地生産は現時点で積極的に認められないが，帯金具のような一部の平面的な製作品については，在地での製作をある程度考慮すべきとの結論を導出した。今回の検討では，これまで「金工品」という括りで十把一絡げにされていた各種金工品を，品目ごとに検討・評価した点で従来とは異なる視点を提示できたと考える。ここでは特に，製作工程の複雑な耳飾や大刀といった器物が，基本的に政治集団の中枢が直接管理する工房において限定的に製作・配布されたものであるという解釈の前提を確認しておきたい。

最後に，昌寧地域出土金工品の様相からみえた，新羅における金工品配布の一側面について言及しておきたい。昌寧の集団は，新羅の服飾威信財システムの価値体系を受容しつつ，一方で大加耶との関係を維持して，新羅と大加耶の両方から金工装飾品を入手していた。昌寧地域が，新羅による間接統治政策の影響を受けながらも，一定の独立性を保っていたことは，日本列島で出土する昌寧土器の存在からも窺える。洛東江を介して加耶の諸地域や倭との関係を維持してきた同地域を新羅がいかに重視したかは想像に難くない。同地域で出土する多量の金工品は，そうした新羅による昌寧への政治的干渉の顕現であるとともに，昌寧地域が新羅的な服飾威信財の価値体系を深く受容していたことを物語るものである。

新羅の金工服飾品が，極めて重要な間接統治の媒介物であったことは，朝鮮半島の他の政治集団と比べても圏域内の各地方で出土する金工品の量が圧倒的であることからも明らかである。とすれば，やはり金工品に「威信財」としての効力を維持するためにも，地方での模倣製作が容易であってはならなかったはずである。それでも地方勢力は，新羅的な価値を象徴する金工品の在地製作を試みた。結果，冠や帯金具といった一部の金工品については，ある程度の水準のコピーに成功してしまっている。しかし，それはあくまで内的な消費に留まり，周辺地域への配布という行為にまでは及ばなかった。このことは，地方での模倣製作という行為が，結局は新羅の威信財価値体系の枠の内側における一現象に過ぎないことを意味している。つまり，模倣製作という動きそのものが新羅の威信財配布システムが成功裏に機能していたことを示唆するものと解釈できるのである。

第3章

大加耶における垂飾付耳飾製作

高句麗，百済，新羅と並んで朝鮮半島に存在した勢力として，「加耶」を挙げることができる。ただしここでいう「加耶」とは，朝鮮半島南部に分布した小国群の通称であり，他の朝鮮三国のように一つにまとまった権力集団というわけではなかった。「加耶諸国」を構成する国々は，政治的発展段階が相対的に未成熟な小国群とされるが，このうち慶尚北道の高霊郡を中心とする領域を形成した「大加耶」は，とりわけ大きな勢力を有した集団として注目される。大加耶は，新羅の王族と婚姻関係を結び，中国大陸の南斉とも通交しており，5世紀以後，加耶諸国の盟主的立場として周辺諸国にも大きな影響を及ぼした。

ただし先述したように，大加耶はあくまで加耶の小国群における中心的一勢力という存在であり，その勢力範囲は新羅や百済に比べて時期的な流動性が大きく，その領域を明瞭に線引きするのは困難である。このことは，高霊様式土器の分布範囲が時期によって大きく変動することから窺える（李熙濬 1995）。しかし一方で，大加耶の王陵群と目される高霊池山洞古墳群で出土する金工品群と共通した意匠を有する装飾品が，高霊を中心とする周辺地域に広く分布している。これらの金工品は，新羅や百済で出土する金工装飾品とは異なる独自の意匠的まとまりを示し，製作技術的にもかなりの水準に達している。前章での検討に照らせば，これら金工品の一群も限定的な工房で製作・配布されたものとみるべきであろう。その製作主体は，大加耶の中心勢力であったと考えられる。本書では，高霊出土品と意匠的共通性をもつ金工品の一群を「大加耶系」金工品と定義する。大加耶系金工品の拡がりは，大加耶勢力の影響範囲を考える上で非常に有効な手がかりとなる[1)]。

本章で検討対象とする大加耶系垂飾付耳飾は，大加耶系の各種金工品の中でも，特に盛んに製作された器種である。大加耶における垂飾付耳飾の製作・配布は，大加耶勢力圏内の各地方との関係構築や周辺諸国との対外交渉において，重要な位置を占めたことは間違いない。そこで本章では，第1章で新羅の垂飾付耳飾に対して試みたような系統的編年を，大加耶系垂飾付耳飾に対しても実施し，その具体的な変遷過程を明確に把握する。さらに，第1章で明らかにした新羅の垂飾付耳飾編年を参照しつつ大加耶系耳飾の編年に実年代を付与し，製作工房の時期別の在り方を探ることで周辺地域との技術交流の一様相を明らかにしたい。

第1節　大加耶の垂飾付耳飾をめぐる研究

1．研究史の検討

分析を始める前に，大加耶系垂飾付耳飾をめぐる研究史を簡単に整理し，本章での問題意識を明確にしておこう。

出土古墳そのものを編年するための手がかりとして積極的に検討対象とされた新羅の耳飾とは異なり，学術的な発掘調査による出土資料の蓄積が遅れた加耶の垂飾付耳飾は，なかなか本格的な検討が着手されなかった。80年代後半に始まった陜川玉田古墳群の発掘調査などで加耶の出土資料が急増したことにより，90年代以降，ようやく加耶の耳飾を扱った研究がみられるようになる。

大加耶系耳飾に関する初めての本格的検討は，李仁淑による研究である。氏は，「新羅式」の耳飾に対する「加耶式」の概念を用いて，加耶式耳飾という資料的一群の存在にスポットを当て，分類検討を通じてその概要を明らかにし

1）　ただし，「大加耶系」金工品の分布範囲が必ずしも大加耶の直接的な支配領域を表すわけではない点には注意しておきたい。

た（李仁淑 1988・1992）。ここで示された「加耶式」の耳飾群が，本章で定義するところの「大加耶系耳飾」に該当する。

大加耶系耳飾の分類・編年は，新羅の耳飾同様，李漢祥による一連の研究によって大枠が確立された。李漢祥は「大伽耶系」の耳飾の特徴を「中間飾の空球体と垂下飾の連結金具である兵庫鎖の組み合わせ」であると指摘した上で，これらの構成を軸とした詳細な分類を試みた（李漢祥 1995b，2000a）。その中で，大加耶系の耳飾が，技術面において百済との関係を有していることに言及している点は注目される（李漢祥 1995b）。大加耶系耳飾にみられる百済との密接な関係については三木ますみも論及しており（三木 1996），百済との関わりの中で大加耶系耳飾が出現するという認識はこの時点で通説となる。加えて三木は，大加耶系耳飾に新羅的な影響が認められることにも言及しており，その発展プロセスの複雑さが浮き彫りになっている。

他にも，出土耳飾の型式や共伴遺物などから階層的な分析を加え，耳飾副葬の社会的背景や意味を論じた李瓊子の検討（李瓊子 1999）など，大加耶系耳飾を分析材料とした研究は多方面に展開されつつある。

2．研究の課題

これまでの大加耶系垂飾付耳飾をめぐる研究の画期は，陜川玉田古墳群の一連の発掘であったといえる。出土地が明らかな資料がまとまって確保されたことに加え，玉田古墳群における各古墳の編年研究が先に進展したことで，出土した耳飾に大まかな年代的位置があらかじめ与えられていたことも大きい[2)]。玉田古墳群の発掘以後，大加耶系耳飾の分類研究は盛んに取り組まれてきたが，しかし依然として，その分類・編年研究には再検討の余地が残されていると考える。

大加耶の垂飾付耳飾は，新羅の耳飾に比べて個々の資料の意匠的差異が大きい。各部品そのものの意匠的多様性に加え，耳飾の部品構成パターン自体に顕著な個体差が認められる。そのため，既往の研究における大加耶系耳飾の分類は，耳飾を構成する部品の取捨選択，つまり「どういった部品の組み合わせで

2）　陜川玉田古墳群の古墳編年の妥当性を最初から議論の前提に据え，垂飾付耳飾の形態や製作技法の変遷を追った李恩英の検討もある（李恩英 2008）。

耳飾全体が構成されているか」を大別基準とし，さらにそれぞれの大別型式に，中間飾や垂下飾の組み合わせの違いから細分型式を次々と与えていく手法が主流であった。その結果，分類が非常に細分化され，ほとんど個体レベルで型式が設定されてしまっており，型式分類自体があまり意味をなしていないものが多い。分類の形骸化を避けるためには，各部品の違いがどういった性質の差を反映しているのかを吟味し，製作年代や技術系統の把握に有意な差異を見極めなくてはならない。

そこで本章では，大加耶系耳飾を改めて分類・編年し，個々の耳飾の系統的位置付けと全体の時期的変遷を整理する。その上で，大加耶における耳飾の成立・発展のプロセスを，他地域との交流関係の脈絡の中で評価してみたい。

第2節　耳飾各部の分析

大加耶の垂飾付耳飾を検討するにあたり，まずは耳飾を構成する部品ごとに分類を試みる。第1章同様，主環，中間飾，垂下飾，連結金具のそれぞれ（図3-1）において類型を設定，これらを「属性」として捉えて時期的な変化要素を探り，その集合体である耳飾の編年を試みる。

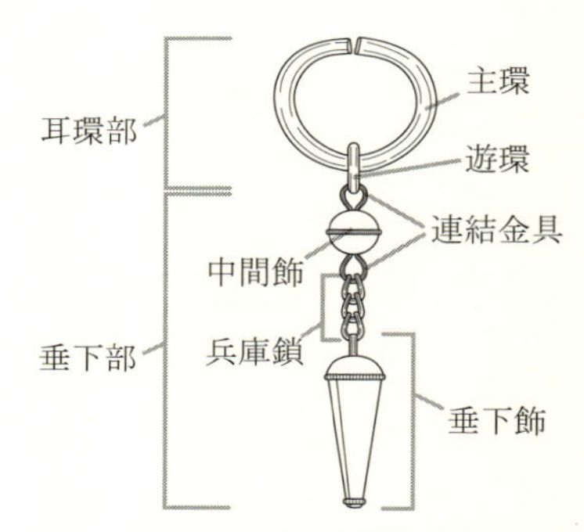

図3-1　大加耶出土垂飾付耳飾の各部名称

1．各部の類型（図3-2）

(1) 主環

構造および法量の上で，第1章における「太環」に含まれるものは確認されず，いずれも「細環」の範疇に入る主環を採用する。本章では，構造から以下のように大別する。

中実　一本の金棒を曲げてつくった中実の環。通有の断面円形の棒を環状に曲げた中実Aと，断面四角形の棒を捩じってつくった中実Bがある。大加耶の耳飾のほとんどすべてが中実Aである。

中空　複数の金板の部材を組み合わせてつくった中空の環。通常断面半円形の部材を２枚接合して成形し，小口面は蓋状の部材で塞ぐ。断面円形を呈する。

(2) 中間飾

空球形　大加耶の耳飾は，中間飾をもたないものも多いが，中間飾を備えるものは基本的にいずれも球体形の装飾を採用する。この球体形中間飾は，半球状に加工した金板２枚を上下に合わせてつくられ，内部に空隙を有するいわゆる「空玉」である。ここでは，これらを総称して空球形中間飾と呼び，装飾の有無によって次のように細分する。

１類：通常の空球で，特に装飾を付加しないもの。

２類：球体の中央，上下の部材の合わせ目に刻目を施した帯状の部材（刻目帯）をめぐらせるもの。

３類：刻目帯を球体中央と連結金具を通す球体上下端の孔周囲に付したもの。

４類：空球に金粒を固着させて（鏤金装飾）文様を表現したもの。

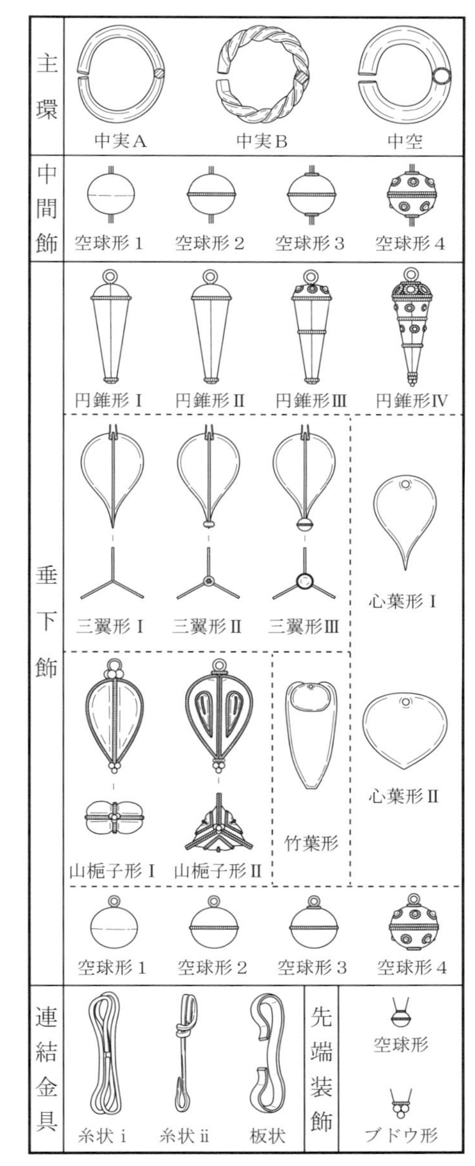

図 3-2　垂飾付耳飾の部分別分類模式図（大加耶）

(3) 垂下飾

大加耶系耳飾において，各部材の中で最もバリエーションが豊富なのが垂下飾である。

円錐形　丸底の逆円錐形を呈する垂下飾。複数の金板部材を接合してつくられ，先端や底部際などに刻目帯をめぐらす。構造および意匠により細分する。

Ⅰ類：円錐面と底面が一連になった，全体を半裁したような部材2枚を接合して円錐体をつくるもの。刻目帯は上下二つのみめぐらす。

Ⅱ類：2枚の部材を合わせて円錐面をつくった後，別途に設けた半球状の蓋材（円錐の底面）を被せたもの。上下と真ん中の3カ所に刻目帯をめぐらすものが多い。

Ⅲ類：Ⅱ類のように三つの部材でつくったもののうち，蓋材に鏤金装飾による文様表現が加えられたもの。

Ⅳ類：鏤金装飾による文様表現が，蓋材だけでなく円錐面にも加えられたもの。

山梔子形　複数枚の金板を袋状に接合し，クチナシの実のような風船状の形態に成形したもの。金板の接合部には刻目帯を貼り付け，先端部には空球形ないし金粒をブドウ状に接合した装飾を取り付ける。金板の各曲面には，打出技法や金粒などで文様を表現するものが多い。部材構成から次のように細分する。

Ⅰ類：球面をなす金板を2枚合わせてつくったもの。曲面部に文様を表現しない「Ⅰ類（無文）」と，文様を表現した「Ⅰ類（有文）」とにわけられる。

Ⅱ類：球面をなす金板を3枚合わせてつくったもの。曲面部に文様を表現しない「Ⅱ類（無文）」と，文様を表現した「Ⅱ類（有文）」とにわけられる。後者の文様は，主に水滴形の意匠が表現される。

三翼形　金板を接合して，横断面がY字状になるよう配したもの。先端にリング状の部品や空球が取り付けられることが多い。立体的な意匠であるが，平面的にみると後述する心葉形Ⅰ類と同様のシルエットを呈する。先端部の装飾に着目して，次のように細分する。

Ⅰ類：先端部に装飾を施さないもの。

Ⅱ類：先端部にリング状の装飾を取り付けたもの。

Ⅲ類：先端に空球や金粒をブドウ状に接合した装飾を付加するもの。

心葉形　水滴を上下逆にした形状のもの。形態的特徴から次の2種に細分する。

Ⅰ類：先端部が引き延ばされ先細りになっているもの。「宝珠形」とも呼ばれる（野上 1983ほか）。

Ⅱ類：先端部が伸びず，新羅の耳飾でみられたような通常の心葉形（第1章）を呈するもの。第1章では，連結金具の通し孔上部に刳り込みをもつものを区別したが，本章ではこれらをいずれも心葉形Ⅱ類に括る。しばしば副飾をともなう。

竹葉形　心葉形の全体を縦に引き伸ばした，細長い形状のもの。先端部は明瞭に尖らない。連結金具の通し孔上部に緩やかな刳り込みをもち，副飾をともなう。銀製や金銅製に限られ，金製のものは現時点で確認されていない。

空球形　通常中間飾に用いられる空球を垂下飾として採用したもの。中間飾と同様，以下のように類型を設定する。

Ⅰ類：特に装飾を付加しないもの。

Ⅱ類：球体中央に刻目帯をめぐらせたもの。

Ⅲ類：球体中央および上下の両端ないしいずれか片方に刻目帯をめぐらせたもの。

Ⅳ類：球体部分に金板や金粒でさらに装飾を付加したもの。

(4) 連結金具

大加耶の耳飾の大きな特徴として挙げられるのが，兵庫鎖の多用である。先に述べたように，大加耶の耳飾は原則として空球形の中間飾を用いるが，中間飾と垂下飾を直接連結させる場合と，兵庫鎖を介在させて垂下飾へと連結させる場合があり，後者の構造をとるものが半数を超える。こうした構造をもつ耳飾は，朝鮮半島における他の地域ではあまりみられず，兵庫鎖と空球形中間飾との組み合わせが大加耶の耳飾の特徴と指摘されている（李漢祥 1995b）。ここでは，中間飾を有する場合に，中間飾を貫いて耳環部と垂下飾ないし兵庫鎖とをつなぐ部品を「連結金具」と定義し，以下のように分類する。

糸状　針金状の金線を用いたもの。兵庫鎖をつくる金線と基本的に同一素材と考えられる。

ⅰ：輪をつくってから一度捩じって8の字にし，これを半分に折って二重の輪にしたものを用いたもの[3)]。

ⅱ：金線の一端を垂下飾に通して釣り針状に端部を処理し，もう一端で一重ないし二重の輪をつくって主環または遊環に通した後，余った端部を輪の付け根部分に2，3回巻き付けて処理したもの。

板状　断面長方形の細長い金板を用いたもの。

(5) 先端装飾

一部の垂下飾には，先端部に別途装飾を加えるものがあり，これを先端装飾と呼ぶこととする。先端装飾は大きく，空球を取り付けるものと金粒をブドウ状に接合したものを取り付けるものの二つにわけられる。

2．時期差を示すとみられる類型間の差異

まず，時期差を反映しているとみられる属性を抽出してみたい。型式学的な先後関係にあるとみられる中間飾と垂下飾の一部類型間の差異について，以下に整理する。

(1) 中間飾

大加耶の垂飾付耳飾も，新羅の耳飾同様，技術的側面の高度化と耳飾へのより高い威信財的価値の付加を志向する変化が予測される。すなわち，単純な構造・意匠をもつものから，より複雑で装飾性の高いものへという大きな流れがあったと想定する。こうした前提の下，先に設定した各部品の類型を検討してみたい。

空球形中間飾は，上下の半球形部品を合わせただけの最もシンプルなⅠ類から，刻目帯を少しずつめぐらせていき，鏤金技法による装飾を施すようになるという流れを想定すると，1類→2類→3類→4類という順序を推定できる。

---

3)　新羅の垂飾付耳飾における糸状連結金具と同じ構造である。

(2) 垂下飾

先に分類した垂下飾の類型間の差異が，時期差を反映していると考えられるのは，円錐形，空球形，山梔子形の３種である。

円錐形垂下飾は，次第に複雑で装飾性が高いものへと変わる流れを想定するならば，Ⅰ類・Ⅱ類→Ⅲ類→Ⅳ類と変化したと推定できる。Ⅰ類とⅡ類については，Ⅰ類がいずれも刻目帯を上下二つしかめぐらせないのに対し，Ⅱ類に上下二つのものと上下および真ん中の三つをめぐらせるものがある点，円錐形Ⅲ類がいずれも刻目帯を三つめぐらせる点から，Ⅰ類→Ⅱ類という変化を考えたい[4)]。

空球形垂下飾は，中間飾と同様の変化をたどると考えられ，Ⅰ類→Ⅱ類→Ⅲ類→Ⅳ類の変遷が予想される。

山梔子形は，基本的には無文のものから有文のものが派生してくると考えられる。Ⅰ類とⅡ類の関係については，いずれかの一方から他方が派生したとみられる。構造的にはⅡ類の方が複雑ではあるが，垂下飾の形態的特徴のみからは，時期的な先後関係は明らかでない。

第３節　系統の設定と編年

新羅の垂飾付耳飾が，耳環部・中間飾・垂下飾という構成をかなり忠実に守っていたのに対し，大加耶の耳飾は，前述したように，中間飾がなかったり複数あったりする場合が多く，その形態も基本的に空球形に限られる。一方で，垂下飾は比較的バリエーションが豊富で，耳飾の意匠的アイデンティティを表現するのが垂下飾といえる。

そこで本章では，先に分類した大別垂下飾類型の別を「系統」と設定する。以下，系統ごとにその他の属性の相関関係を確認しつつ，系統内における資料間の先後関係を把握する。分析にあたっては，先に分類した各部品の類型の中で，時期的な差異を示すとみられる属性を手がかりに耳飾の配列を試みたいが，大加耶の耳飾は新羅の耳飾に比べて資料数が少なく，純粋な属性分析のみでの

---

4)　Ⅱ類を刻目帯の数が二つのものと三つのものとに細分し，前者から後者へと変化すると想定することもできるが，資料数が少なく，明瞭な時期差を示すとは断言できないためここでは細分を保留する。

配列は現時点では困難である。ここでは，共伴遺物，具体的には馬具（諫早 2012）と高霊土器（白井 2003b）の編年研究を参考にする。また，発掘調査が進み，古墳群の分析研究が進展している陜川玉田古墳群については，古墳編年をある程度参照する。

1．耳飾の編年

前章で検討した型式学的な先後関係の想定をもとに，資料の編年を試みる。

(1) 円錐形系統（表 3-1，図 3-3）

まず，資料数が多く，古い時期から新しい時期までの資料が揃う円錐形系統の検討を試みたい。

表 3-1をみると，円錐形系統では，中間飾が空球形２類と４類に限られるものの，先の変遷想定とは矛盾をきたしていない。土器や馬具の変遷とも非常に整合的である。円錐形系統の変遷を次のように三つの段階にわける。

第１段階は，円錐形のⅠ類およびⅡ類でつくり，先端装飾を付さない段階である。中間飾はいずれも空球形２類を採用する[5)]。後で詳述するが，円錐形の

表 3-1　円錐形系統の配列

	遺　跡　名	垂下飾	先端装飾	中間飾	連結金具	歩揺	主環	馬具	土器	備　考
1段階	陜川 玉田28号墳	円錐Ⅰ	なし	空球２	糸状ⅰ	無	中実A	Ⅱ段階	高霊ⅠB	心葉形Ⅰ類２点と主環共有。
	陜川 玉田Ｍ２号墳(右)	円錐Ⅰ	なし	空球２	糸状ⅱ	無	中実A	Ⅱ段階	高霊ⅠC	Bと合わせて左右一対。
	陜川 玉田Ｍ２号墳(左)	円錐Ⅱ	なし	空球２	板状	無	中実A	Ⅱ段階	高霊ⅠC	Aと合わせて左右一対。
	陜川 玉田95号墳	円錐Ⅱ	なし	空球２	糸状ⅰ	無	中実A	Ⅱ段階		
	陜川 玉田12号墳	円錐Ⅱ	なし	空球２	糸状ⅱ	無	中実A	Ⅱ段階		中間飾に縦方向の畔目。
	陜川 玉田72号墳	円錐Ⅱ	なし	空球２	糸状ⅰ	無	中実A	Ⅲ段階	高霊ⅡA	Ｍ２号墳を一部切って築造。
	陜川 玉田82号墳	円錐Ⅱ	なし	空球２	糸状ⅰ	無	中実A	Ⅲ段階		
2段階	陜川 玉田24号墳	円錐Ⅱ	空球形	空球２	糸状ⅰ	無	中実A	Ⅲ段階	高霊ⅡA	
	高霊 池山洞44号墳６号石槨	円錐Ⅱ	空球形	空球２	糸状ⅰ	無	中実A	Ⅲ段階 後	高霊ⅡB 新	刻目帯のない円錐形垂下飾。
3段階	陜川 玉田Ｍ４号墳A	円錐Ⅲ	なし	空球４	糸状ⅰ	有	中空	Ⅳ段階	高霊ⅡB 新	B，山梔子形と主環共有。
	陜川 玉田Ｍ４号墳B	円錐Ⅳ	ブドウ形	空球４	糸状ⅰ	有	中空	Ⅳ段階	高霊ⅡB 新	A，山梔子形と主環共有。
	高霊 池山洞45号墳１号石室	円錐Ⅳ	ブドウ形	空球４	糸状ⅰ	有	中実A	Ⅳ段階	高霊ⅡC	
	高霊 池山洞45号墳２号石室	円錐Ⅳ	ブドウ形	空球４	糸状ⅰ	有	中実A	Ⅳ段階	高霊ⅡC	

5)　陜川玉田12号墳例（図 3-3-4）は，空球形２類の中間飾に縦方向の畔目が入る例外的な資料であるが，共伴する馬具は諫早編年の大加耶Ⅱ段階（諫早 2012）と古相を示し，他系統でもみられない特徴であるため，耳飾導入期の意匠のブレと解釈しておく。

１．玉田23号，２．玉田95号，３．玉田82号，４．玉田12号，５．池山洞44-６号，６．池山洞45-１号，
７．池山洞45-２号石室，８．伝 池山洞，９．玉田Ｍ２号-右，10．玉田Ｍ２号-左，11．玉田24号，12．玉田28号

図3-3　大加耶の垂飾付耳飾の諸例（１）

Ⅰ類とⅡ類は，玉田M２号墳例において左耳・右耳の対[6]で共伴しており，一方は連結金具に糸状ⅰを，他方は糸状ⅱを採用している。このことは，両者が順次的に変化する一系的な先後関係でなく，技術系統を異にして共存していた可能性を示唆する。しかし，円錐形Ⅰ類は，先端装飾を取り付ける次段階には資料が確認されず，共伴する土器や馬具も相対的に古相を示すため，１段階の途中で消滅し，円錐形Ⅱ類の三つの部材を用いた製作方法が主流となったものと考えられる。

該当する資料は２点と少ないが，円錐形Ⅱ類に先端装飾を付す段階を第２段階として設定しておきたい。この段階では，細粒装飾が取り入れられておらず，先端装飾は空球形に限られる。

第３段階は，円錐形Ⅲ類およびⅣ類が出現する段階である。ブドウ形先端装飾の採用が一般化することも特徴として挙げられる。この段階で特筆されるのが，鏤金技法を用いた細粒装飾の体系的導入である。前段階までと比べてデザインが著しく華美化しており，第３段階に至って技術的な革新が起こった結果，それが意匠面に大きく作用したことがわかる。

(2) 山梔子形系統（表 3-2，図 3-4-1〜8）

山梔子形系統は，円錐形系統に次いで資料数が多い。装飾意匠が複雑なもの

表 3-2　山梔子形系統の配列

遺跡名	垂下飾	先端装飾	中間飾	連結金具	歩揺	主環	馬具	土器	備考
不明 伝 居昌	山梔子Ⅰ(無文)	空球形？	空球1	糸状	無	中実A			
高霊 池山洞44号墳11号石槨	山梔子Ⅰ(無文)	ブドウ形	空球3	糸状ⅰ	無	中実A	Ⅲ段階 後	高霊ⅡB新	
晋州 中安洞 出土	山梔子Ⅰ(有文)	ブドウ形	空球4	糸状ⅰ	有	中実B			
長水 鳳捿里 出土	山梔子Ⅱ(無文)	空球形	空球4	糸状ⅰ	有	中実A			
高霊 池山洞主山39号墳	山梔子Ⅱ(有文)	ブドウ形	空球2	？	無	中実A		高霊ⅢA	
陝川 玉田M4号墳A	山梔子Ⅱ(有文)	ブドウ形	空球4	板状	有	中空	Ⅳ段階	高霊ⅡB新	中間飾に小環連接立方体がつく
陝川 玉田M4号墳B	山梔子Ⅱ(有文)	ブドウ形	空球4	板状	有	中空	Ⅳ段階	高霊ⅡB新	中間飾に小環連接立方体がつく
陝川 玉田M6号墳	山梔子Ⅱ(有文)	ブドウ形	華籠	板状	有	中空	Ⅳ段階	高霊ⅡB新	
昌寧 校洞31号墳	山梔子Ⅱ(有文)	ブドウ形	空球4	板状	有	中実A		昌寧C・新羅ⅡC中以降	中間飾に小環連接立方体がつく
昌寧 校洞古墳群 出土	山梔子Ⅱ(有文)	ブドウ形	空球4	板状	無	中実A			
昌寧 桂城A地区1号墳	山梔子Ⅱ(有文)	ブドウ形	立方体	板状	有	中空？		新羅ⅡC新〜新羅ⅢA？	

6）報告書によると，玉田M２号墳の被葬者の頭位方向は南西で，耳飾は頭部の西側と南東側から出土している（趙榮濟ほか 1992）。位置的にみて被葬者は頭部西側の耳飾を左耳に，頭部南東側の耳飾を右耳に装着していたと判断し，左右を区別している。

1．伝 居昌，２．池山洞45-11号石槨，３．中安洞，４．鳳棲里，
５．玉田Ｍ６号，６・７．玉田Ｍ４号，８．桂城Ａ地区１号，９．玉田M11号

図 3-4　大加耶の垂飾付耳飾の諸例（２）

が多く，全体的に新しい段階に属する資料と考えられる。

伝居昌出土例は，円錐形系統で時期的な指標にした空球形４類やブドウ形先端装飾のいずれももたず，全体的に古相の特徴を示す。全体的な属性の組み合わせをみると，山梔子形Ⅰ類を用いたものの方が古く，Ⅱ類を採用する耳飾の方が新しい傾向を示すが，その差がさほど明瞭でないため，段階区分が難しい。資料数が少ないため確言できないが，伝居昌出土資料の存在を評価するならば，鏤金技法による細粒装飾が導入される以前から，山梔子形の早い段階のものは出現していた可能性がある。

山梔子形Ⅱ類は，その多くが歩揺を付した空球形４類の中間飾と組み合い，細粒装飾が一般化した段階の資料であることがわかる。有文の資料は，すべてブドウ形先端装飾が取り付けられている。中間飾の空球の下に小環連接立方体を取り付けて歩揺を付したり，板状の連結金具を採用して耳環部との連結部分にリング状の金板部品を被せたりするなど，加飾化が顕著である。中空でつくった主環を有する耳飾も，山梔子形Ⅱ類を垂下したものに限られる。これらの資料は，大加耶の耳飾でも最も華美なデザインを有し，最新段階の様相を示すものとみられる。

(3) 三翼形系統（表 3-3，図 3-5-6〜10）

三翼形系統は，資料数は少ないが，古い段階から存在する垂下飾である。先端装飾の有無，すなわち三翼形Ⅲ類の導入を基準に２段階に区分しておく。

第１段階では三翼形Ⅰ類とⅡ類が用いられる。先の変遷想定では，Ⅰ類からⅡ類への変化が予想されたが，表 3-3をみると，三翼形Ⅰ類は空球形１類中間飾と，三翼形Ⅱ類は空球形２類中間飾とそれぞれ組み合っており，一系的な変

表 3-3　三翼形系統の配列

	遺　跡　名	垂下飾	先端装飾	中間飾	連結金具	主環	馬具	土器	備　考
1段階	高霊 池山洞Ⅰ-40号石槨墓	三翼Ⅰ	なし	空球1	糸状ｉ	中実A			
	南原 月山里Ｍ６号墳	三翼Ⅰ	なし	空球1	糸状ｉ	中実A			
	陜川 玉田91号墳	三翼Ⅱ	なし	空球2	糸状ｉ？	中実A	Ⅱ段階		
	昌原 茶戸里 B15号墓	三翼Ⅱ	なし	空球2	板状	中実A			
2段階	順天 雲坪里Ｍ２号墳	三翼Ⅲ	空球形	空球1	板状	中実A			
	南原 月山里Ｍ５号墳主槨	三翼Ⅲ	ブドウ形	空球2	糸状ｉ	中実A	Ⅳ段階		
	固城 栗垈里３号墳	三翼Ⅲ	空球形	空球3	糸状ｉ	？		高霊ⅢA	先端装飾の空球体を金糸で連結。

（16・17は縮尺不同）

1．玉田20号，2．玉田M３号，3・4・5．玉田M３号，6．玉田91号，7．月山里M６号，8．月山里M５号，9．雲坪里M２号，10．茶戸里B15号，11．白川里Ｉ-３号，12．玉田75号，13．玉田35号，14．校村里タ10号，15．本館洞36号，16．池山洞45-２号石槨，17．池山洞45-７号石槨

図3-5　大加耶の垂飾付耳飾の諸例（３）

化の先後関係として捉え得るのか，時期的に共存するのかを明らかにできない。ここで，三翼形Ⅱ類を採用する玉田91号墳例が円錐形系統出現期と同じ大加耶Ⅱ段階の馬具と共伴している点に着目するならば，三翼形Ⅰ類は必ずしもⅡ類に先行しない可能性が高い。むしろ入手した人物の階層に関連して，選択的に全体的装飾性を抑えたシンプルなつくりに仕上げたものである可能性がある。とすれば，空球形中間飾1類についても，一系的に2類以降へと変化していくのではなく，2類を派生させた後，1類は残り続けることが推測される。このことは，第2段階に属する順天雲坪里M2号墳例が空球形中間飾1類を使用していることからも裏付けられる。

第2段階は，三翼形Ⅲ類が出現する段階である。先端装飾には，空球形だけでなくブドウ形を採用した例もあり，金粒を使用した装飾は部分的に取り入れられているが，一方で中間飾4類を採用する例は認められない。資料の絶対数が少ないため確実ではないが，三翼形垂下飾は，細粒装飾が一般化する段階には，あまり採用されなくなっていたとみられる。

(4) 空球形系統（表3-4，図3-5-12～15）

中間飾で広く用いられる空球形部品を垂下飾として用いた耳飾群である。資料数が少なく，明確な段階設定は困難であるが，ここまでの検討から，空球形Ⅳ類を用いる資料群は時期的に後出するとみてよいだろう。しかし，三翼形系統の検討で，空球形1類・Ⅰ類については，後の段階まで残る可能性が示唆されたことを考慮すると，それ以外の空球形Ⅰ類～Ⅲ類を用いる資料については，時期的に先行することを断定するのは難しい。ここでは，空球形Ⅳ類を用いる資料を「新相」として抽出しておくに留めたい。新相の耳飾には，ブドウ形先端装飾が接合されるなど，垂下飾に細粒装飾が施される。

表3-4　空球形系統の配列

	遺　跡　名	垂下飾	先端装飾	中間飾	連結金具	主環	馬具	土器	備　考
	陜川 玉田75号墳	空球Ⅰ	なし	空球1	板状	中実A	Ⅳ段階		
	陜川 玉田35号墳	空球Ⅱ	なし	なし	—	中実A	Ⅱ段階		
	高霊 池山洞45号墳1号石室	空球Ⅲ	なし	なし	—	中実A	Ⅳ段階	高霊ⅡC	
新相	高霊 本館洞36号墳	空球Ⅳ	ブドウ形	なし	—	中実A	Ⅳ段階		空球Ⅱにブドウ形先端装飾がつく。
新相	慶山 校村里タ10号石槨墓	空球Ⅳ	ブドウ形	なし	—	中実A			空球に金粒で文様を表現。

(5) 心葉形系統（表3-5，図3-5-1～5・11）

心葉形垂下飾のⅠ類とⅡ類の差は，一系統内における型式学的先後関係とはみなし難い。後で詳述するが，心葉形Ⅰ類は百済の耳飾において普遍的に採用されるデザインである一方，心葉形Ⅱ類は明らかに新羅の垂飾付耳飾の意匠を備えているためである。したがってこれらの垂下飾は，本来系譜を異にするものとして検討する必要がある。

心葉形Ⅰ類をもつ耳飾は，中間飾が空球形１類ないし３類で，唯一先端装飾をもつ玉田M３号墳例も，その類型は空球形である。細粒装飾を施す例は認められず，あまり新しい段階には下らないと推測される。

心葉形Ⅱ類の資料は，大半が玉田M３号墳からの出土である。垂下飾に副飾を加える点，いずれも連結金具に板状金具を使用している点，連結金具の通し孔上部に抉りをもつ資料を含む点など，新羅的な特徴（第１章）が目立つ。新羅からの搬入品が含まれているとみられるが，個々の耳飾の系譜については後述する。年代については，玉田M３号墳以外の出土遺跡である咸陽白川里Ⅰ-３号墳が，共伴する馬具や土器の年代観において同時期とされていて非常に限定的であるため，存在時期幅がかえって不分明である。将来の資料増加を待ちたい[7]。

表3-5　心葉形系統の配列

	遺跡名	垂下飾	先端装飾	中間飾	連結金具	主環	馬具	土器	備考
1段階	陝川 玉田28号墳	心葉Ⅰ	なし	空球１	糸状ⅰ	中実A	Ⅱ段階		円錐形Ⅰ類垂下飾と主環を共有。
	陝川 玉田70号墳	心葉Ⅰ	なし	空球３	？	中実A	Ⅲ段階		
	陝川 磻溪堤カA号墳	心葉Ⅰ	なし	空球３	糸状ⅰ？	中実A	Ⅲ段階	高霊ⅡB新	
	陝川 玉田20号墳	心葉Ⅰ	なし	空球１	糸状ⅰ	中実A	Ⅲ段階		
	陝川 玉田M３号墳A	心葉Ⅰ	空球形	空球３	板状	中実A	Ⅲ段階 前	高霊ⅡB古	
2段階	咸陽 白川里Ⅰ-３号墳	心葉Ⅱ	なし	空球３	板状	中実A	Ⅲ段階	高霊ⅡB古	副飾あり・二重兵庫鎖・特殊な連結金具。
	陝川 玉田M３号墳B	心葉Ⅱ	なし	空球形？	板状	中実A	Ⅲ段階 前	高霊ⅡB古	新羅の空球形中間飾に近い形状。
	陝川 玉田M３号墳C	心葉Ⅱ	なし	円筒形	板状	中実A	Ⅲ段階 前	高霊ⅡB古	副飾，抉りあり。
	陝川 玉田M３号墳D	心葉Ⅱ	なし	円筒形	板状	中実A	Ⅲ段階 前	高霊ⅡB古	副飾，抉りあり。
	陝川 玉田M11号墳	心葉Ⅱ	なし	華笠	糸状ⅱ	中空？	Ⅴ段階		副飾あり。百済からの搬入品とみられる。

7）ところで，陝川玉田M11号墳例は，あらゆる意匠が他の資料と比べて特異である。細部の諸特徴から百済からの搬入品とみられ，「心葉形Ⅱ類系統」には含まない。

表 3-6　竹葉形系統の耳飾

遺　跡　名	垂下飾	中間飾	先端装飾	主環	馬具	土器	備　考
高霊 池山洞44号墳出土位置不明	竹葉	なし？	？	中実A	Ⅲ段階 後	高霊ⅡB新	金銅製。
高霊 池山洞45号墳２号石槨	竹葉	なし	なし	？	Ⅳ段階	高霊ⅡC	銀製・副飾，抉りあり。
高霊 池山洞45号墳７号石槨	竹葉	なし	？	中実A	Ⅳ段階	高霊ⅡC	銀製・副飾，抉りあり。
高霊 池山洞45号墳11号石槨	竹葉	なし	？	中実A	Ⅳ段階	高霊ⅡC	銀製・副飾，抉りあり。

(6) 竹葉形系統（表 3-6，図 3-5-16・17）

竹葉形は，該当する耳飾が４例しかない上，完形品が少なく，装飾も単純であるため，資料自体の分析から時期的な手がかりを得ることは困難である。共伴する馬具や土器の年代観によれば，やや新しい段階に位置付けられるようである。最大の特徴は，いずれも金を用いない点で，材質が銀製と金銅製に限られている。出土遺構も，古墳の主人公でなく周辺埋葬墓からの出土である点を考慮すると，大加耶でも相対的に階級の低い人物に配布されたものと考えられる。

2．系統間の並行関係と実年代

ここまで，系統ごとに資料間の時期的な先後関係を中心に検討してきた。次に，系統ごとの変遷の並行関係を探ってみたい。

大加耶の垂飾付耳飾は，多様な垂下飾を採用する一方で，中間飾についてはいずれも空球形を選択するという共通点がある。また，先端装飾を付す場合，垂下飾の種類に関わらず，空球形ないしブドウ形の意匠を取り付けるという点でも特徴が共有されている。こうした細部の特徴において系統を超えた共通点が見出せるということは，つまり，それぞれの系統の耳飾をつくっている工人集団が同一ないし近しい関係にある集団同士であることを示唆する。したがって，各系統間において共通する属性の変遷，特に技術的な要因をともなう変化は，基本的に近似したタイミングで起きるものと考えられる。

大加耶の垂飾付耳飾で，ある程度の通時的な連続変化が認められるのが円錐形系統である。以下，円錐形系統で認められる変遷のプロセスに他の耳飾の様相変化も対応するものとし，円錐形系統を軸に他系統との並行関係を検討する。

三翼形系統は，三翼形Ⅱ類の出現，すなわち垂下飾に先端装飾を付したものの登場を画期とした。先端装飾の登場は円錐形系統の第２段階と共通する変化である。また，資料数が少ないため細分しなかったが，細粒装飾であるブドウ形先端装飾をもつ資料については，円錐形第３段階以降に位置付けることができる。

山梔子形系統は，いずれも既に先端装飾が付与されており，ほとんどの資料が細粒装飾を施してある。細粒装飾の認められない伝居昌出土例のみ，やや遡る可能性を有しているが，大半の資料は円錐形系統第３段階以降のものであろう。

心葉形系統は，先述したようにⅠ類系統とⅡ類系統にわかれる。Ⅰ類系統では，円錐形Ⅰ類垂下飾と主環を共有する玉田28号墳例の存在から，円錐形系統第１段階から存在している可能性が高い。一方で，陜川玉田Ｍ３号墳に先端装飾を付す出土例が認められ，一部の資料は第２段階まで下るとみられる。心葉形Ⅱ類系統は，現状で玉田Ｍ３号墳例と並行する例に限られる。ひとまず第２段階に限定的につくられる耳飾群と評価しておく。

竹葉形系統は，池山洞44号墳ないし45号墳の石室と封土を共有する石槨墓から出土しているが，これらの被葬者はいずれも同時に埋葬を完了させた殉葬人骨のものである可能性が高いとされている（高霊郡 1979）。池山洞45号墳１号

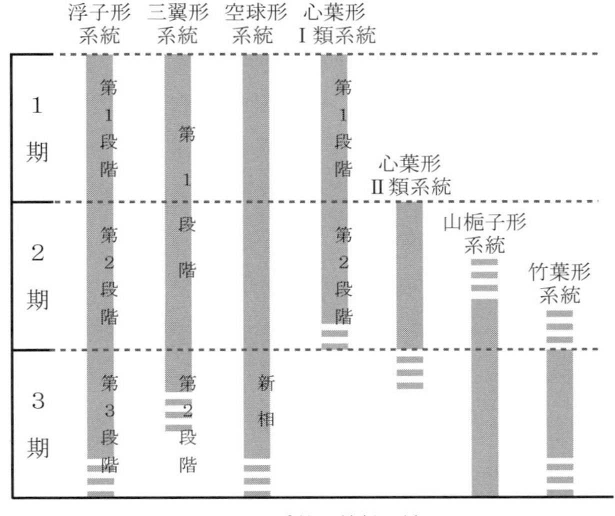

図3-6　系統の並行関係

属性			時期	1期	2期	3期
主環	中実	A類				
		B類				
	中空					
中間飾	空球形	1類				
		2類				
		3類				
		4類				
垂下飾	浮子形	I類				
		II類				
		III類				
		IV類				
	山梔子形	I類	無文			
			有文			
		II類	無文			
			有文			
	三翼形	I類				
		II類				
		III類				
	心葉形	I類				
		II類				
	竹葉形					
	空球形	I類				
		II類				
		III類				
		IV類				
連結金具	糸状	i類				
		ii類				
	板状					
先端装飾		空球形				
		ブドウ形				

図 3-7　各属性の存在年代幅

石室および2号石室からは，円錐形IV類を採用した第3段階の耳飾が出土しており，44号墳でも11号石槨からブドウ形先端装飾を付した山梔子形I類垂下飾をもつ耳飾が出土している。これらを参考にするならば，竹葉形系統は第3段階になってから出現したものと考えられよう。

以上をまとめると，図3-6のようになる。また属性ごとの存在年代幅を図3-7に示した。ここで，各分期の実年代に言及しておく。陝川玉田M2号墳からは，第1段階古相の円錐形I類垂下飾を用いた耳飾（図3-3-9・10）が出土している。玉田M2号墳については，出土した馬具や土器の比較から皇南大塚南墳と並行するとみる見解があり（白井2003a，朴天秀 2006a，諫早 2008），おおむね支持されている。前章で，皇南大塚南墳の被葬者を訥祇王とする見解を述べた（第1章）が，これと並行する玉田M2号墳の耳飾は大加耶1期の古相を示すことから，1期の耳飾製作実年代は5世紀中葉から後葉頃となろう。次に，2期の古墳と考えられる玉田M3号墳に注目したい。玉田M3号墳では，心葉形I類系統耳飾で唯一先端装飾を付した例（図3-5-2）が確認される。その一方で，新羅の円筒形c類系統耳飾の搬入品と考えられる心葉形II類垂下飾をもつ耳飾（図3-5-4・5）が共伴する。この心葉形II類耳飾は，心葉形C類垂下飾を板状β1類金具で垂下した円筒形第

３段階の資料で，新羅４期後半以降，５世紀後葉の遅い時期のものと考えられる。一方で，玉田Ｍ３号墳は，趙榮濟による玉田古墳群編年で玉田Ｍ２号墳の次の段階とされており（趙榮濟 1996・1997），Ｍ３号墳との年代差はそれほど開かないと考えられる。ここでは２期の実年代を５世紀後葉から末頃としておきたい。したがって３期の実年代は６世紀初頭以降ということになる。昌寧桂城Ａ地区１号墳出土の山梔子形系統耳飾（図3-4-8）は，新羅でも最も新相の５期に該当する華籠形系統耳飾（第１章）と共伴しており，上の年代観を傍証する。

第４節　大加耶における垂飾付耳飾の変遷と技術系譜

１．百済の垂飾付耳飾の概要

既往の研究では，大加耶の耳飾は各部の特徴において百済との関連が強く，百済からの技術の伝播により成立したことが指摘されてきた（李漢祥 1995b など）。大加耶系耳飾の技術的な考察に移る前に，百済の耳飾について整理しておきたい。

百済の耳飾を専門的に扱った研究は，ほとんどなされていない。このことは，百済圏域における金工品の出土事例が，依然新羅や加耶に比べて希薄であり，耳飾についても出土地の確かな資料が限定されることに大きく起因していると考えられる。そうした状況で，李漢祥は，百済の耳飾を10大別17型式に細分し，出土遺構や共伴遺物から編年を試みており注目される（李漢祥 2000b）。李漢祥の研究は，資料数に対して型式が細か過ぎるという点で，型式分類の設定に検討の余地を残すものの，個々の資料の年代的位置付けについてはおおむね妥当であり，百済の耳飾のおおよその様相は明らかにされている。

百済の垂飾付耳飾は，出土地が明瞭でないものを加えると，40例近くの存在が知られている（図3-8〜3-10）。大加耶の耳飾以上に個体レベルでの特徴の違いが大きく，百済の垂飾付耳飾の形態的特徴を一言で定義するのは困難である。各部品の類型を図3-11に，出土例の一覧を表3-7に示した。以下，先に言及した李漢祥の研究を参考に，百済耳飾の意匠面および技術面の概要を時期別に述べる。

百済の耳飾は，大きく漢城期（〜475年）を中心とする時期のもの，熊津期

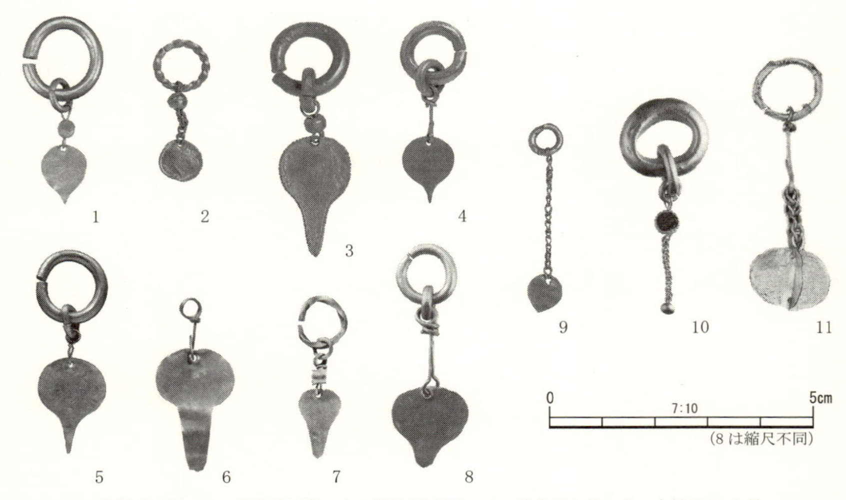

1．龍院里9号，2．龍院里37号，3．龍院里129号，4．法泉里1号，5．水村里Ⅱ-1号，
6．富長里4-5号，7．富長里6-6号，8．鳳徳里1-4号，9．石村洞4号墳付近，
10．清州新鳳洞出土，11．笠店里86-1号

図3-8　漢城期百済の垂飾付耳飾の諸例

(475～538）を中心とする時期のもの，泗沘期（538～）を中心とする時期のものとにわかれる。漢城期には，小型で単純な構造の耳飾が中心を占め，中間飾をもたない資料も多い。心葉形Ⅰ類垂下飾をもつものが大多数で，円形の垂下飾を懸垂するものが少数ある。中間飾にはシンプルながらバリエーションがあり，空球形Ⅰ類のほか，低い円柱状を呈する太鼓形，ドーナツ状を呈する臼玉形がみられる。主環は原則的に中実Aが採用されるが，天安龍院里37号土壙墓例（図3-8-2）に中実Bの主環を用いた例があり，比較的早い段階で中実Bが存在していたことがわかる。連結金具には糸状ⅰ類と糸状ⅱ類がそれぞれ確認され，特に中間飾をもたない耳飾では，糸状ⅱ類で主環ないし遊環と垂下飾を直接連結する。

熊津期になると，新羅の意匠的影響を受け，心葉形Ⅱ類を採用した耳飾が登場する。意匠面でも非常に複雑な装飾を付加したものが現れ，武寧王陵の王・王妃の耳飾のような細粒装飾を駆使した例もつくられる。この時期の特徴的な中間飾として，図3-11で華笠形とした中間飾が挙げられよう。華笠形は，半裁した小環連接球体をガラス臼玉に被せたもので，漢城期の臼玉形垂下飾の流

1・2．公州校村里，３．扶餘東南里，４．舟尾里３号，５．谷城芳松里，
6．武寧王陵（王），７〜11．武寧王陵（王妃）

図 3-9　熊津期百済の垂飾付耳飾の諸例

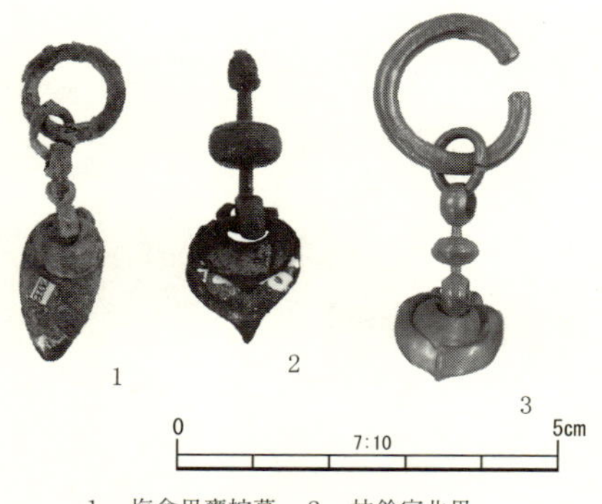

1．塩倉里甕棺墓，2．扶餘官北里，
3．陵山里山36-14番地古墳群32号

図 3-10　泗沘期百済の垂飾付耳飾の諸例

れを汲むものと考えられる。心葉形Ⅱ類垂下飾には，副飾をともなうものが多く，連結金具の通し孔上部に抉りを設けるなど新羅の耳飾意匠との共通性が高いが，一方で，公州校村里出土例（図 3-9-1・2）のように心葉形の先端が大きく突出したペン先形を呈する垂下飾をもつものも一定数ある。これらは心葉形Ⅰ類と関わるものとみられる。垂下飾にはほかに益山笠店里86-1号墳例の円形三翼形（図 3-8-11）や，武寧王陵（王妃）例の四翼形（図 3-9-7）など様々あるが，心葉形Ⅰ類垂下飾はほとんど認められなくなっている。連結金具には板状のものもみられるが少数で，糸状ⅱ類が目立つ。新羅的な影響は基本的に意匠面のみに留まっており，耳飾の製作にはもともと百済にあった伝統的な技術が用いられているといえる。

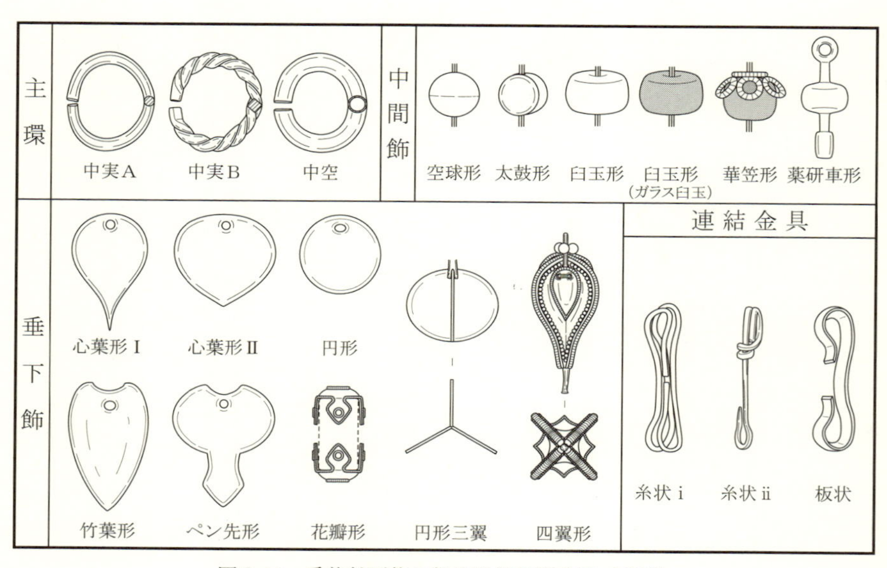

図 3-11　垂飾付耳飾の部分別分類模式図（百済）

表3-7　百済の垂飾付耳飾一覧

遺　跡　名	主環	垂下飾	中間飾	連結金具	材質	図	備考
ソウル 石村洞4号墳付近	中実A	心葉形	なし	兵庫鎖	金	3-8-9	
公州 水村里Ⅱ-1号土壙墓	中実A	心葉形Ⅰ	なし	糸状ii	金	3-8-5	
公州 水村里Ⅱ-4号石室墳	中実B	心葉形Ⅰ	なし	糸状ii	金		細粒装飾を施した中間飾と垂下飾をもつ。
公州 水村里Ⅱ-8号石槨墓	中実A	ブドウ形	華籠形?・臼玉形	糸状i	金	3-12-2	
天安 龍院里9号石槨墓	中実A	心葉形Ⅰ	太鼓形	糸状(単)	金	3-8-1	
天安 龍院里37号土壙墓	中実B	円形	空球形1	糸状i	金	3-8-2	
天安 龍院里129号土壙墓	中実A	心葉形Ⅰ	臼玉形	糸状i	金	3-8-3	
清原 主城里2号石槨墓	中実A	心葉形Ⅰ	空球形1	糸状i	金		
高敞 鳳徳里1号墳	中実A	心葉形Ⅰ	空球形1	糸状ii	金	3-8-8	
原州 法泉里1号墳	中実A	心葉形Ⅰ	なし	糸状ii	金	3-8-4	
清州 新鳳洞54号墳	中実A	心葉形Ⅰ?	臼玉形	?	金銅		
清州 新鳳洞出土	中実A	球形	太鼓形	糸状i	金	3-8-10	
瑞山 富長里4号墳5号土壙墓	中実A	心葉形Ⅰ?	なし?	糸状ii?	金	3-8-6	
瑞山 富長里5号墳1号土壙墓	?	心葉形Ⅰ	なし	糸状ii	金		
瑞山 富長里6号墳6号土壙墓	中実B	心葉形Ⅰ	太鼓形	糸状ii	金	3-8-7	
谷城 芳松里	中実A	心葉形Ⅱ	なし	遊環?	金	3-9-5	
益山 笠店里86-1号墳	中実A	円形三翼	なし	糸状ii	金	3-8-11	糸状iiと垂下飾の間に兵庫鎖が介在。
益山 笠店里98-12号墳	?	心葉形	なし	板状	金		板状の連結金具を螺旋状に捩じって二枚の心葉形垂下飾を連結。
公州 宋山里6号墳	中実A?	円形	華笠形	糸状i?	金		連結金具の通し孔上部に抉り。
公州 武寧王陵(王)	中空?	心葉形Ⅱ・金帽勾玉	花瓣形	板状	金	3-9-6	勾玉の方の垂下に糸状iiを用いる。
公州 武寧王陵(王妃) A	中空	四翼形・錘形	華笠形・錘形	糸状ii	金	3-9-7	
公州 武寧王陵(王妃) B	中空	四翼形	華笠形	糸状ii	金		
公州 武寧王陵(王妃) C	中実A	円形	なし	糸状ii	金	3-9-8~11	4点。耳飾でない可能性あり。
公州 舟尾里3号墳	中実A	心葉形Ⅱ	円筒形b	板状	金	3-9-4	
公州 校村里出土 A	中実A?	ペン先形	ガラス臼玉	糸状ii	金	3-9-1	連結金具の通し孔上部に抉り。
公州 校村里出土 B	中実A	ペン先形	変形空球形	板状	金	3-9-2	連結金具の通し孔上部に抉り。
海南 万義塚1号墳	?	心葉形Ⅱ	なし	糸状ii	銀		副飾をともなう。
扶餘 東南里出土	中実A	竹葉形	円筒形a	板状	金		心葉形Ⅰ類の服飾をともなう。
扶餘 塩倉里甕棺墓	中実A	竹葉形	薬研車形	—	金銅	3-10-1	副飾をともなう。
扶餘 官北里出土	?	心葉形Ⅱ	薬研車形	—	銀	3-10-2	銀に鍍金を施す。
扶餘 陵山里運動場敷地32号石槨墓	中実A	心葉形Ⅱ	薬研車形	—	金	3-10-3	副飾をともなう。
扶餘 陵山里運動場敷地49号石槨墓	中実A	竹葉形	薬研車形	—	金銅		副飾をともなう。

泗沘期以降の資料は数が少なく，不明瞭な部分が多いが，特徴的な耳飾として薬研車形中間飾をもつ資料（図3-10）がある。薬研車形中間飾は，丸みを帯びた車輪をもつ薬研車のような形状を呈する中間飾で，車輪部から上下に伸びた軸で直接耳環部と垂下飾を連結する。連結金具を用いない点で，他の耳飾と構造面で一線を画する。組み合う垂下飾は曲面加工を施した心葉形か竹葉形で，副飾をともなう。

以上が百済耳飾の概要である。これを前提に，大加耶の耳飾の評価に移る。

2．大加耶における耳飾製作の展開

先に設定した三つの分期の諸様相を改めて検討し，変化の画期を評価し，耳飾製作の変遷に反映された大加耶の成長と周辺地域との交渉の様相について考察する。

(1) 耳飾製作の始まり

1期は大加耶において垂飾付耳飾の製作が始まり，初期の垂飾付耳飾を製作・配布していた時期である。円錐形系統，三翼形系統，心葉形Ⅰ類系統，空球形系統の耳飾がつくられる。

大加耶で最も古い時期のものとみられる垂飾付耳飾の一つが，陜川玉田23号墳例（図3-3-1）である。太鼓形中間飾を糸状ⅰ類金具で主環に連結し，兵庫鎖で垂下飾に中実の球体を採用し，太鼓形中間飾を用いる。垂下飾を連接する兵庫鎖をみると，他の大加耶出土耳飾の兵庫鎖に比べて一個一個のパーツが非常に細かく，明らかに異質である。玉田23号墳例と直接的に比較される資料として，清州新鳳洞出土例と釜山福泉洞1号墳例が知られている。新鳳洞出土例は，中間飾が円柱状の石に金製の刻目帯を3条めぐらせたものである点，福泉洞1号墳例は，中間飾に空球形1類を用いている点で，いずれも玉田23号墳例とは若干の差異を示すが，球体を垂下飾とし，兵庫鎖で懸垂する構造は共通する。このうち福泉洞1号墳例は，釜山地域だけでなく，新羅圏域でも類例がない特殊な事例として知られており，外部，おそらくは百済からの搬入品とみるのが一般的である（高田 2014など）。太鼓形中間飾の採用は大加耶に類例がない一方で，天安龍院里9号石槨墓例（図3-8-1），瑞山富長里4号墳5号土壙墓例，同6号墳6号土壙墓例（図3-8-7）など漢城期百済の耳飾に類例が認められる。こうした点から，玉田23号墳例についても百済で製作され搬入されたものと考えておきたい。

陜川玉田35号墳例（図3-12-1）は，中実の球体に金粒を取り付けた特異な垂下飾を有する資料である。中間飾にも金粒が接合されており，定義上は中間飾4類に該当するが，共伴する馬具は古相を示し，趙榮濟による玉田古墳群編年でも円錐形１段階古相の玉田Ｍ２号墳と同じⅢ期（趙榮濟 1996・1997）に位置付けられている。細粒装飾を施した資料は，大加耶では本例を除くといずれも３期に属する。早い時期における細粒装飾の例は，公州水村里Ⅱ-８号石槨墓例（図3-12-2）に認められる。球体を垂下している点を勘案し，玉田35号墳例も百済からの搬入品とみておきたい[8)]。

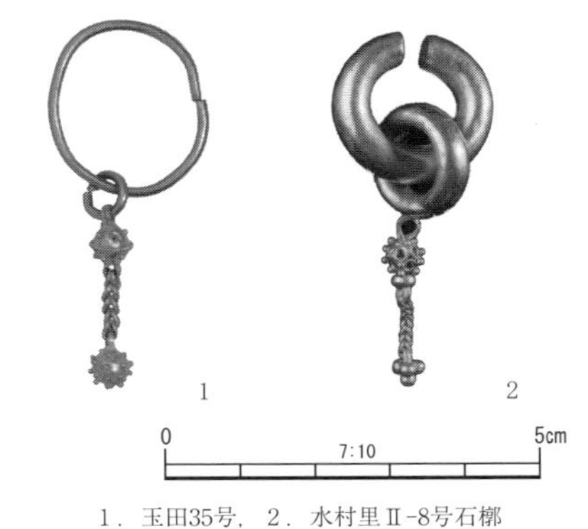

1．玉田35号，2．水村里Ⅱ-8号石槨

図3-12　細粒装飾をもつ初期の垂飾付耳飾

一方で，新羅からの搬入品とみられるものもある。伝高霊本館洞古墳群出土例（図3-13-1）は，新羅の華籠形系統の耳飾がもち込まれたものとみられる。本例は，主環に細環を採用し，華籠形ｂ類中間飾と心葉形Ａ類垂下飾を糸状金具で連結した古い特徴をもつ耳飾で，新羅１期の資料に該当する。５世紀前葉以前に製作されたものであろう。陜川玉田89号墳例（図3-13-2）も新羅の華籠形系統耳飾である。華籠形ｃ類中間飾と心葉形Ｂ３類垂下飾をもち，新羅３期，５世紀中葉から後葉頃の資料である。この時期，数は多くないが，新羅の耳飾はコンスタントに大加耶圏に流入していたようである。

このように，大加耶で独自の耳飾製作が開始される背景には，大加耶圏に百済や新羅の耳飾が流通している状況があった。ここで，１期の資料でも最も古相に属する陜川玉田Ｍ２号墳例に着目したい。先述したように，本例は左右で垂下飾の類型が異なっている。右耳の耳飾は，円錐形Ⅰ類を垂下し，連結金具に糸状ⅱ類が使用されているが，左耳の耳飾は，円

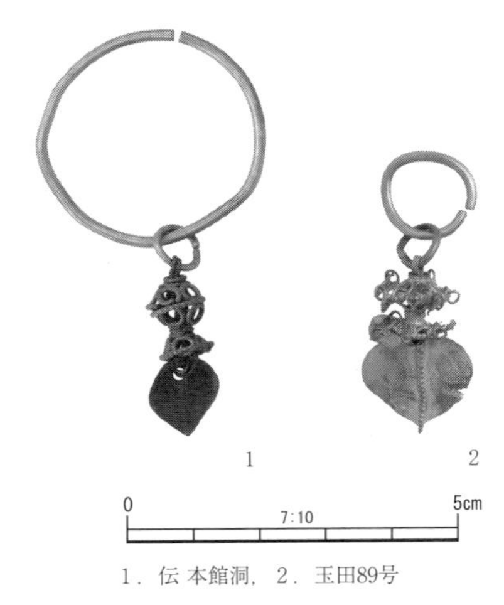

1．伝 本館洞，2．玉田89号

図3-13　大加耶出土の新羅系垂飾付耳飾

8)　後章で検討するが，玉田35号墳で共伴する龍鳳文象嵌環頭大刀も，百済からの搬入品と推測される（第６章）。

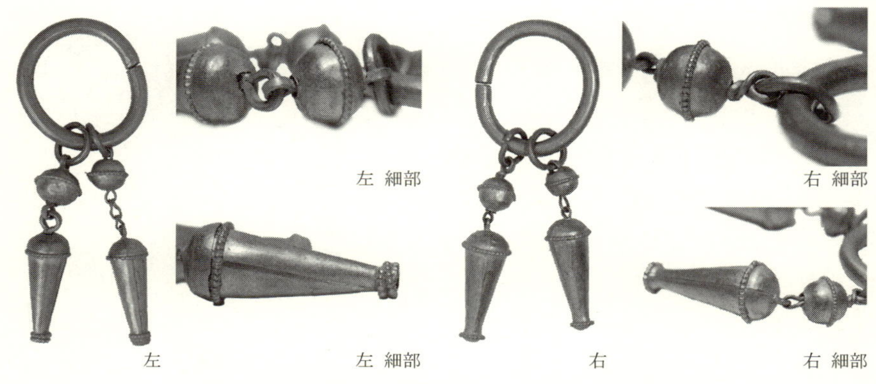

図 3-14　玉田M２号墳出土耳飾にみられる技法差

錐形Ⅱ類を板状金具で連結する（図 3-14)。右側の円錐形Ⅰ類を垂下する糸状ⅱ類金具は，百済の耳飾において通時的・普遍的に認められ，百済の特徴的な製作技術の一つとされる（李漢祥 2000b・高田 2014)。一方で，左側の円錐形Ⅱ類を垂下する板状金具は，１期の大加耶耳飾では非常に稀で，他には三翼形系統の昌原茶戸里Ｂ15号墓例くらいに限られている。百済の耳飾を通観しても，板状連結金具の使用は熊津期以降まで認められない。現状で，この時期の板状連結金具は新羅においてのみ普遍的である。垂下飾などの装飾部分でなく，機能的な役割を担う連結金具に板状の部品を用いているという事実は，直接製作に携わった工人が新羅系の技術工人であった可能性を示唆する。これらを総合すると，玉田M２号墳の垂飾付耳飾は，異なる技術基盤をもつ工人らが同じ形状を志向して分担製作したものと理解できる。つまり，この時期の大加耶の工房では，百済と新羅のそれぞれの技術をもった出自の異なる工人が集まり，同じ工房で耳飾製作に従事していたと解釈できるのである。

ただし，大加耶の耳飾製作技術の系譜は基本的に百済に求め得る。中空の空球体を中間飾とし，兵庫鎖を用いて垂下飾を連結するという大加耶耳飾の基本的な構成は，百済の天安龍院里37号土壙墓例（図 3-8-2）に源流を追うことができる。１期における心葉形系統の垂下飾が，いずれも新羅で一般的な心葉形Ⅱ類でなく漢城期百済で広く普及する心葉形Ⅰ類であるという点もこれを裏付ける。大加耶での耳飾製作工房は，百済の技術工人をベースとしつつ，新羅の技術をもつ工人も加えることで成立していたとみられる。

(2) 新たな耳飾意匠の開発

２期になると，新たな耳飾意匠の模索が始まり，心葉形Ⅱ類の耳飾がつくられるほか，従来のデザインの耳飾にも，垂下飾に先端装飾を付加するといった変化がみられるようになる。次段階で確立される山梔子形系統耳飾も，山梔子形Ⅰ類を用いたプロトタイプの耳飾はこの時期に製作されていたと考えられる。

図 3-15　咸陽白川里Ⅰ-３号墳出土垂飾付耳飾の連結金具細部

この段階において特筆すべきは，新羅系耳飾意匠の影響が顕著に認められる点である。咸陽白川里Ⅰ-３号墳の心葉形Ⅱ類系統耳飾（図 3-5-11）では，板状の連結金具を糸状ⅱ類のように端部処理しており（図 3-15），百済の技術者が製作に関与したことが推測される。白川里Ⅰ-３号墳例の存在からは，わざわざ板状金具を選択しつつ，本来の連結方法で用いていないことから，逆説的に大加耶の工人が板状連結金具を新羅的な耳飾意匠として認識していたことを窺うことができる。

陜川玉田Ｍ３号墳から出土した心葉形Ⅱ類垂下飾をもつ３例のうち，円筒形ｃ類系統中間飾をもつ２例（図 3-5-4・5）は，連結金具の上部に抉りを施した心葉形ｃ類を用い，板状β１類金具で連結するなど，細部まで新羅耳飾の特徴を備えている点，中間飾の細部に細粒装飾がみられる点から，新羅製の搬入品である可能性が高い。残りの新羅の空球形中間飾を模したとみられる例（図 3-5-3）については，中間飾の空球にめぐらせた刻目帯が二段になっている点，連結金具の通し孔の縁に刻目帯をめぐらせた独特の装飾を施す点などから，大加耶製の模倣品であると判断できる。さらに，玉田Ｍ３号墳の心葉形Ⅰ類系統耳飾でも板状連結金具が採用されている点を勘案すると，新羅の影響は，従来大加耶にないデザインを志向して創出された耳飾のみでなく，１期からつくられている伝統的な耳飾も含めた耳飾意匠全体に及んでいたと考えられる。この時期の新羅では，変遷分期４期に入り，最も多様な種類の耳飾がつくられた時期に該当する。このころ，熊津期に入った百済でも，新羅の耳飾の影響が散見され（第１章），半島南部において，全域的に新羅的意匠が流行したものとみられる。新羅の耳飾がもたらしたインパクトを受け，大加耶で新たな耳飾意匠を創案しようとする風潮が生じた結果，山梔子形垂下飾の成立などの変化が誘発されたとみられる。

(3) 新技術の導入と山梔子形系統耳飾の確立

３期を迎え，大加耶の耳飾製作は技術面で最高潮に達する。新しく加わった山梔子形系統が大加耶系耳飾の主流となり，鏤金技法を用いた細粒装飾が導入され，円錐形Ⅳ類やブドウ形先端装飾が登場する。

山梔子形Ⅱ類の成立により，大加耶を象徴する耳飾意匠が確立すると，それまでつくられていた各種の耳飾系統は縮小され，山梔子形系統へと製作が収斂されていく。このことから，大加耶における各種耳飾の製作が，いずれも限定的な工房でなされていたことがわかる。また，ブドウ形先端装飾が，耳飾の系統を越えて垂下飾に取り付けられる現象もこのことを傍証する。

注目されるのは，山梔子形系統における新羅的意匠の積極的な採用である。中間飾に付加される小環連接球体や小環連接立方体，歩揺装飾の採用，耳環部との連結箇所にリング状の覆いを用いた板状連結金具の使用などを，新羅的な要素の導入として理解できる。これら新羅的要素を有する山梔子形系統耳飾の出土例が陜川と昌寧に集中していることから，新羅の技術工人が昌寧で製作したものとみる見解（李炫姃・柳眞娥 2011）もあるが，前章で検討したように，大加耶工人による製作品と考えるのが現時点では妥当であろう（第２章）。しかし，陜川玉田Ｍ６号墳例（図 3-4-5）の華籠形中間飾にみられるような，新羅的意匠の忠実な再現を可能とする技術の存在に鑑みると，その製作に新羅工人が直接的に関与していた可能性についても考えておく必要はある。いずれにせよ，新羅的意匠の再現という側面からみて，２期から３期に至って飛躍的に技術が向上していることは間違いない。鏤金技法の出現が３期の変革を成した大きな契機の一つであったと考えたが，こうした新技術の導入は大加耶の内的な発展と考えるには隔たりが大きく，外部地域からの技術伝播を想定すべきだと考える。将来の資料増加を待ちたい。

小　結

以上，大加耶における垂飾付耳飾を型式学的に分析し，その変遷過程とそこに反映された周辺地域との技術的関係について検討した。大加耶系耳飾そのものの変化から製作時期を基準とした編年を整理し，周辺の百済・新羅との意匠的・技術的影響関係を時期ごとに明らかにした点が，本章の大きな成果といえよう。また，本章での基礎的整理は，次章における日本列島出土垂飾付耳飾の検討においても議論の前提となる。

本章で描出した大加耶の耳飾の変遷と，その製作をめぐる周辺地域との交流について，簡略に要約しておこう。

大加耶の耳飾製作は，百済からの技術伝播を土台に，5世紀中葉頃から開始された。この段階の工房には，百済系の技術者のほかに新羅系の技術者も混じっており，大加耶的な技術が確立していない段階であった。5世紀後葉頃から，新羅耳飾の影響を受け，大加耶でも新羅的意匠の導入を図ろうとする動きが現れる。新たな耳飾意匠の創出を目指す機運が高まる中，鏤金技法の伝播などの契機を得て，6世紀初頭頃，山梔子形系統耳飾というまったく新しい大加耶的意匠が確立される。

大加耶における金工威信財の主要器物は，本章で分析した垂飾付耳飾と，後章で検討する装飾付大刀である。大刀の分析結果と合わせ，大加耶の金工品製作体制について後章で改めて再論したい。

第4章

日本列島出土垂飾付耳飾の製作主体

日本列島で出土する垂飾付耳飾の形態は，実に多種多様である。このことは，古墳時代中期以降，朝鮮半島の各地から系譜の異なる耳飾が継続的に流入し続けたことに起因している。垂飾付耳飾は，半島との関係を直接的に窺い得る数少ない遺物の一つであるが，従来，比較検討すべき半島出土資料が十分に確保されていなかったこともあって，系譜の検討はあまり詳細になされずにいた。近年の朝鮮半島各地における資料蓄積を受け，半島出土資料との比較に基づく列島出土資料の系譜的整理は急速に進められており（高田 2014ほか），倭と朝鮮半島諸国との交渉の実相について考えるための素地は整いつつある。

前章まで，朝鮮半島各地における垂飾付耳飾の編年的・系譜的分析を詳細に進めてきた。本章では，前章までの半島出土資料の検討結果を土台に，年代的な並行関係に配慮しつつ日本列島出土資料の系譜整理を一歩踏み込んだ水準へと進め，個々の資料の製作地について改めて論じる。製品の流通に加え，工人の移動という要素を視野に入れ，より具体的な地域間交渉の実態への論及を試みたい。

第1節　日本列島出土垂飾付耳飾をめぐる研究

1．研究史の検討

まずは，日本における列島出土垂飾付耳飾をめぐる研究史について整理しておこう。

日本における耳飾研究は，高橋健自や喜田貞吉による概括的な研究をその嚆矢とするが，この段階で既に日本列島で出土する垂飾付耳飾の類例が朝鮮半島の加耶圏域で認められることが指摘されており，加耶が新羅の領土であったとする当時の認識から，当時の倭と新羅の関係を示すものとして言及された（高橋 1919・1920，喜田 1920）。その後，日本列島と朝鮮半島で出土した垂飾付耳飾を集成し，本格的な分類検討を実施した濱田耕作・梅原末治により，日本列島出土の垂飾付耳飾が朝鮮半島を経由して伝わったものとして，その重要性が認識されることとなった（濱田・梅原 1922・1923）。

日本列島で出土する垂飾付耳飾には兵庫鎖をともなうものが多く，型式分類をする上で重要な基準の一つとされてきた。そのことに初めて言及したのは藤田亮策であった（藤田 1931）が，この兵庫鎖への着眼を基礎に日本列島の資料を本格的に分類したのが小林行雄である（小林 1966）。小林は，型式学的な先後関係を考慮しつつ分類を設定し，耳飾を「編年」した点において特筆される。その後，小林の分類研究をさらに発展させた野上丈助の研究により，日本の垂飾付耳飾研究の枠組みは一定の完成度に到達する。野上は，日本出土垂飾付耳飾を網羅的に集成し，信頼性の高い図面と観察所見を提示，兵庫鎖を軸とする分類案を提示した（野上 1983）。野上の研究は非常に完成度が高く，日本列島出土資料に関する分類研究は，この時点で一定の水準に達したといえる。

野上の研究以後，日本列島出土資料を主に扱った研究としては，兵庫鎖の長短を考慮せず，垂飾の形状のみによる分類を試みた宇野愼敏の研究（宇野 1988）や，垂飾付耳飾の流入・流通経路について論じた神賀朋子の研究（神賀 1997）などがあるが，日本列島出土資料の絶対数がさほど多くないこともあり，その分類研究は90年代までにほぼ膠着している。さらなる研究の進展のためには，朝鮮半島の出土資料の検討が不可欠であり，1990年代以降の垂飾付耳飾研究は，朝鮮半島を視野に入れた研究へと展開していった。それまで，日本列島における地方首長の垂飾付耳飾の入手経路については，倭政権の中央から一元的に配布されたものとみる説が一般的であった（安井 1967，堀田 1967，酒井 1993など）が，半島出土資料を含めた検討が進むにつれ，そうした認識も次第に見直されることとなる。

90年代初めに日本列島出土例の技術的特徴が朝鮮半島の大加耶地域と一致することが指摘され（石本 1990，有井 1993），日本列島出土耳飾の系譜が大加耶に求められるとの認識が一般化すると，日本列島出土資料と朝鮮半島出土資料を同一基準で比較・分類する研究が活発化する（谷畑 1993・宇野 1996など）。この時期の研究で注目されるのが，耳飾の具体的な製作地に関する議論である。日本列島出土資料には，朝鮮半島の耳飾には認められない特徴をもつ資料の一群があり，90年代の研究では，そうした資料の存在を評価して日本列島での製作を積極的に論じたものが多い（有井 1993，宇野 1996・2004）。このように，90年代以降，日本における垂飾付耳飾研究は，新たな展開を迎えたと評価できよう。

2000年代に入ると，倭王権中枢による介入を認めない，地域間の局所的な交渉の中での耳飾の流通の可能性が指摘されるようになり，日本列島での耳飾製作に懐疑的な研究が現れる（高橋 2007・高田 2014ほか）。特に，高田貫太の研究は，従来の研究が日本語で発表された限られた論考や資料のみを典拠としていて，韓国における研究状況がほぼ考慮されていないという問題点を抱える中，韓国側の研究状況に積極的に言及しながら地域間関係の様相を描出した点で，一歩踏み込んだ分析といえる。大加耶以外の地域の出土資料の存在を前提に，個々の列島出土資料を詳細に比較しており，精度の高い系譜認定を実現している（高田 2014）。一方，韓国側からも日本列島出土資料の系譜・製作地について論じた研究もなされており，半島からの渡来工人による列島製作の可能性が提起されている（李漢祥 2006c）。

このように日本の垂飾付耳飾研究は，日韓両国の資料状況，研究状況を踏まえた総合的分析が必要不可欠な段階に至っているといえる。

2．研究の課題

研究史を振り返ると，朝鮮半島の中でも特に大加耶の資料と共通点が多いこと，分布の様相から倭王権の中枢が一元的に管理・分配したのではなく，地域間の局所的な交渉の結果日本列島へもたらされたものが多く含まれることなどが明らかにされている。日本列島内での製作については，研究者によって意見が異なるが，部分的に肯定する立場が多く認められる。現時点で，かなりの研究蓄積がある同分野だが，筆者は以下のような課題が残っていると考える。

まず，朝鮮半島出土資料への言及こそ積極的になされてはいるものの，あくまで個別的な資料比較に留まっているという点である。前章までで検討してきたように，一言で「朝鮮半島系垂飾付耳飾」といっても，その様相は極めて複雑である。列島出土資料と類似した半島出土資料が，半島のどの地域においてどのくらい主流な型式として存在しているのか，時期的な並行関係はどうかといった点があまり顧みられていない。朝鮮半島出土資料そのものの系統的・編年的整理を前提として議論を進める必要がある。

さらに，先の課題に関連して，日本列島出土資料の特異性の評価に関する問題がある。日本列島出土資料には，形態や材質の上で，朝鮮半島出土資料と単純に比較することができない資料が含まれる。特に，複数の空玉を中間飾に用いて長い兵庫鎖でつないだものについては，早い段階で大加耶との関連が指摘されてはいるが，細かな点で様々な相違点が認められ，このことが製作地に関する見解相違の原因となっている。こうした列島出土資料の特異な部分について，より分析を深化させるためには，とりわけ技術的側面における，より緻密な比較検討が必須である。

第2節　個別資料の系譜的検討

以下，前章までの検討結果を前提に日本列島出土垂飾付耳飾（表4-1）の分析を試みる。前章までの分析で，新羅，大加耶，百済で出土する垂飾付耳飾について，詳細な系統整理と編年をおこなった（第1章・第3章）。上述したように，日本列島出土耳飾の系譜的位置付けは，既に高田貫太によって詳細に検討されている（高田 2014）が，本章でも，前章までの検討を踏まえつつ改めて列島出土例の系譜的・年代的評価を試行したい。

表4-1　日本列島出土垂飾付耳飾一覧

遺跡名	系譜	材質	時期	図	備　　考
奈良 新沢千塚126号墳	新羅	金	中期中葉	4-1-5	銭差状中間飾に三叉状垂下飾などを懸垂。
福岡 下月隈天神森1号墳	新羅	金	中期後葉	4-1-1	立方体形系統。垂下飾欠失。
福岡 長畑1号墳	新羅	金	中期後葉	4-1-3	心葉形A類垂下飾を兵庫鎖で懸垂。新羅3期以前。
福岡 陣内古墳	新羅	金	中期後葉	4-1-4	心葉形C類垂下飾を兵庫鎖で懸垂。新羅4期以後。
大阪 郡川西車塚古墳	新羅？	銀	後期前葉	4-1-2	円筒形c類系統か。新羅4期後半以後。
福岡 堤蓮町1号墳	百済	金	中期前葉	4-2-1	心葉形I類垂下飾。主環は人為的にこじ開けられている。
香川 女木丸山古墳	百済	金	中期前葉？	4-2-2	心葉形I類垂下飾。臼玉形中間飾。
熊本 江田船山古墳 A	百済	金	中期後葉	4-2-5	花瓣形系統。花瓣形a類中間飾。
熊本 大坊古墳 A	百済	金	後期前葉	4-2-4	円形三翼形垂下飾。糸状ii類連結金具。
滋賀 鴨稲荷山古墳	百済	金	後期前葉	4-2-3	円形四翼形垂下飾。華笠形中間飾。糸状ii類連結金具。
岡山 八幡大塚2号墳	百済	金	後期中葉以降	4-2-6	薬研車形中間飾。泗沘期百済の製品か。
熊本 伝左山古墳	大加耶	金	中期後葉	4-3-8	円錐形系統。華籠形を模した中間飾に細粒装飾。大加耶3期。
熊本 大坊古墳 B	大加耶	銀	後期前葉	4-3-7	大加耶の竹葉形系統。大加耶3期。
熊本 物見櫓古墳	大加耶	金	後期前葉	4-3-9	大加耶の空球形系統。細粒装飾あり。大加耶3期。
佐賀 玉島古墳	大加耶	金	後期中葉以降	4-3-2	山梔子形系統。大加耶3期。
福岡 立山山8号墳	大加耶	金	後期中葉以降	4-3-6	山梔子形系統。細粒装飾により文様を表現。大加耶3期。
福岡 日拝塚古墳 A	大加耶	金	後期中葉以降	4-3-4	山梔子形系統。大加耶3期。
福岡 日拝塚古墳 B	大加耶	金	後期中葉以降		山梔子形系統。大加耶3期。
大阪 一須賀B7号墳	大加耶	金	後期中葉以降	4-3-3	山梔子形系統。大加耶3期。
奈良 島根山古墳	大加耶	金？	後期中葉以降		山梔子形垂下飾。大加耶3期。
奈良 割塚古墳	大加耶	金・銀	後期中葉以降	4-3-1	山梔子形系統。垂下飾は金製，それ以外は銀製。大加耶3期。
三重 保子里1号墳	大加耶	金	後期中葉以降	4-3-5	山梔子形系統。大加耶3期。
佐賀 龍王崎1号墳	大加耶	金	後期前葉	4-3-10	空球形垂下飾のみが遺存。細粒装飾あり。大加耶3期か。
宮崎 下北方5号地下式横穴墓		金	中期中葉	4-5-1	長鎖式。
熊本 江田船山古墳 B		金・銀	中期後葉	4-6-1	長鎖式。銀製兵庫鎖による補修の跡あり。
福岡 島田塚古墳		金銅	後期前葉	4-7-3	長鎖式。
福岡 セスドノ古墳		金銅	中期後葉	4-7-2	長鎖式。
愛媛 金子山古墳		金銅	後期前葉	4-7-1	長鎖式。
香川 津頭西古墳		金銅	中期後葉	4-7-6	蛇塚古墳とも。長鎖式か。垂下飾のみが遺存。
兵庫 宮山古墳第2主体		金	中期中葉	4-5-4	長鎖式。
兵庫 宮山古墳第3主体		金	中期中葉	4-5-2	長鎖式。
兵庫 カンス塚古墳		金	中期中葉	4-5-5	長鎖式。
大阪 国府遺跡		金	中期中葉	4-5-6	長鎖式。垂下飾欠失。
大阪 峯ヶ塚古墳		銀	後期前葉	4-8-4	長鎖式。垂下飾は欠失か。
奈良 新沢千塚109号墳		金	中期中葉	4-5-7	長鎖式。
奈良 新沢千塚古墳群出土		銀	不明	4-6-4	長鎖式。
奈良 藤ノ木古墳		銀	後期中葉以降	4-9	耳飾ではなくピン状金具に垂下されたもの。
和歌山 花山 6 号墳		銀	後期前葉	4-7-7	長鎖式か。垂下飾のみが遺存。
和歌山 大谷古墳		銀	後期前葉	4-8-3	長鎖式。
三重 丸ヶ谷A3号墳		金銅	後期前葉？	4-7-4	井関3号墳とも。長鎖式。
福井 西塚古墳		金	中期後葉	4-6-5	長鎖式か。垂下飾のみが遺存。
福井 天神山7号墳		金	中期中葉	4-5-8	長鎖式。兵庫鎖に継ぎ足しの跡。左右で長さが違う。
福井 向山1号墳		金	中期中葉	4-5-3	長鎖式。中間飾に細粒装飾。
長野 畦地1号墳		銀	後期前葉	4-8-1	長鎖式。
千葉 祇園大塚山古墳		銀	中期中葉	4-8-2	長鎖式。
千葉 姉崎二子塚古墳		銀	中期中葉	4-6-3	長鎖式。
千葉 三昧塚古墳		金銅	中期後葉	4-7-5	長鎖式。
群馬 剣崎長瀞西10号墳		金	中期中葉	4-6-2	長鎖式。
奈良 星塚古墳	百済？	金	後期前葉	4-4-1	捩じった金線を連結金具および遊環にする。百済系か？
兵庫 西宮山古墳	高句麗？	金	後期前葉	4-4-2	下半球のない華籠形中間飾。心葉形C類垂下飾。板状β類連結金具。
和歌山 背見山古墳	？	金	後期前葉		晒山10号墳とも。金製歩揺1点が出土。

1．新羅系耳飾（図 4-1）

日本列島で出土する耳飾のうち，新羅系のものは数が少ない。

福岡県下月隈天神森 1 号墳例（図 4-1-1）は，中間飾に小環連接立方体を採用した新羅の立方体形系統耳飾である。垂下飾が失われており，時期については不明である[1)]。共伴する鉄鏃には長頸鏃が含まれており，川畑編年のⅣ期（川畑 2015）に該当することから，中期後半以降の資料であろう。

同じく福岡県の陣内古墳（図 4-1-4）と長畑 1 号墳（図 4-1-3）からは，心葉形垂下飾を兵庫鎖で垂下したシンプルな耳飾が出土している。こうした心葉形垂下飾をもつ資料は，大加耶地域においても大加耶 2 期以降に認められ，必ずしも新羅のものとは断定できないが，大加耶の心葉形Ⅱ類垂下飾をともなう耳飾はいずれも中間飾をもち，板状金具で垂下飾を連結しており，垂下飾にも大部分が副飾をともなう。ここでは，これらの耳飾を暫定的に新羅系と評価しておきたい。陣内古墳例は，懸垂孔の上部に抉りをもつ心葉形C類垂下飾を採用しており，新羅 4 期以降の資料であることがわかる。長畑 1 号墳例は，抉りをもたない心葉形A類垂下飾であり，新羅 3 期以前の資料とみられる。

大阪府郡川西車塚古墳例（図 4-1-2）は，円筒形ｃ類中間飾を介して板状 β 1 類金具で心葉形A類垂下飾を連結した，新羅の一般的な細環耳飾の特徴を有する資料である。分類上は，円筒形ｃ類系統の第 2 段階，新羅 4 期前半の資料ということになる。ただし，材質が銀製である点には注意を要する。新羅では，銀製の垂飾付耳飾はほとんど確認されておらず，製作地については，日本列島も視野に入れて考える必要がある（高田 2014）。

これらの他に，新沢千塚126号墳例（図 4-1-5）がある。新沢千塚126号墳例は，野上丈助が「銭差形中間飾」（野上 1983）と呼ぶ「歩揺を付したコイル状部品」を七つ連結させ，先端で空球体と三叉状垂下飾を連結させたA群垂飾と，コイル状部品から二条の細長い兵庫鎖を垂下し，それぞれ中間にやや短いコイル状部品を挟んでさらに兵庫鎖を連結させ，コイル状部品二つを介して空球形の垂下飾を兵庫鎖で懸垂したB群垂飾を垂下した，非常に精緻な装飾意匠をもつ資料である。コイル状部品は，新羅の冠飾で一般的な意匠であり，三叉状の垂下

1） 時期が下るにつれ小環連接立方体の上下方向のリングが増え，縦長になるとする指摘があるが，例外が多く時期的な指標にはしづらいことは前章でも指摘した（第 1 章）。

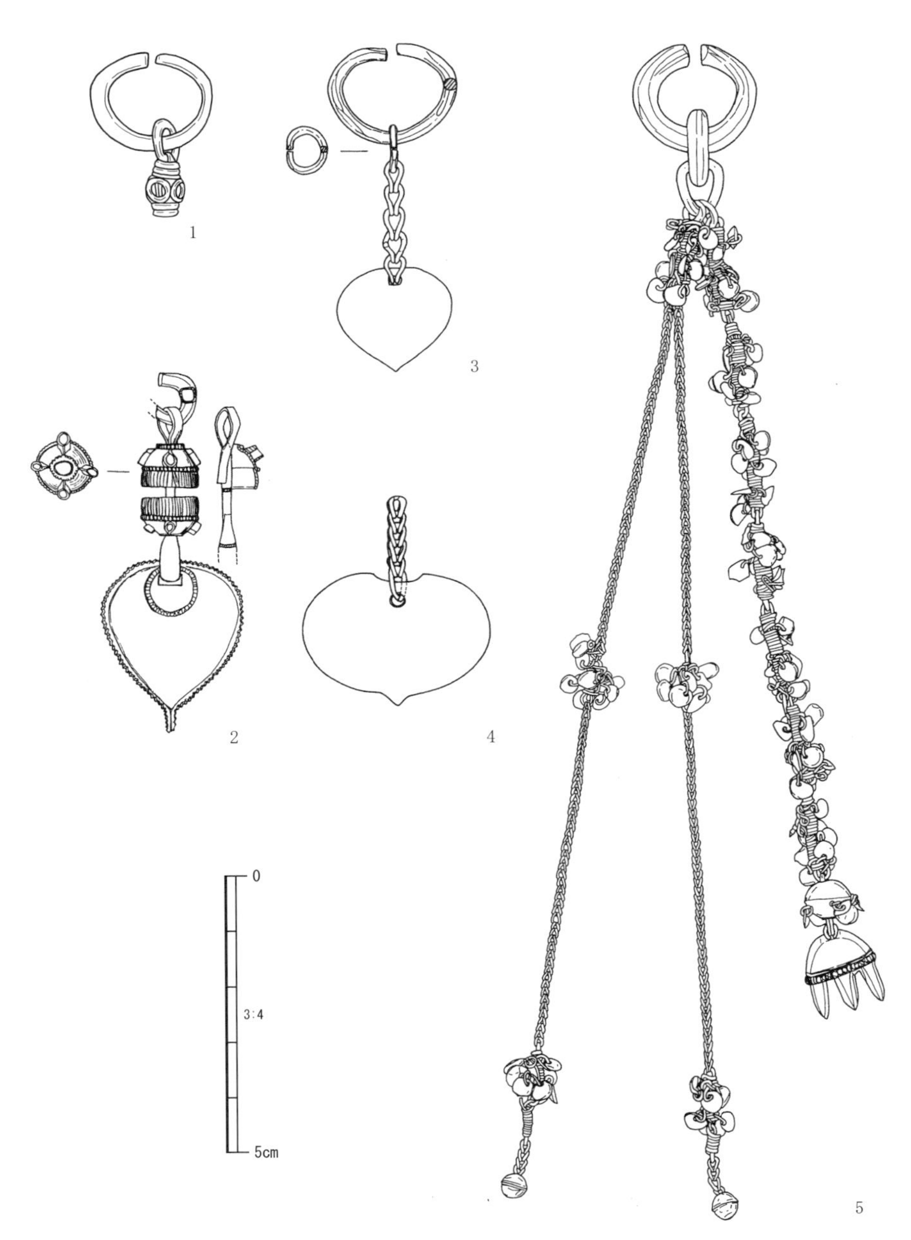

1．下月隈天神森１号，２．郡川西車塚，３．長畑1号，４．陣内，５．新沢千塚126号

図 4-1　日本列島出土の新羅系耳飾

飾も，慶州皇南大塚南墳や同校洞64番地所在古墳に類例がある。中村潤子は，新沢千塚126号墳の三叉状垂下飾を，これら新羅圏での類例の祖形となり得るものと評価している（中村 1988)。類例が少ないため明確なことはいえないが，新羅でも垂飾付耳飾製作が始まって間もない段階の資料と比較できる例が日本列島で認められることは重要であろう。

2．百済系耳飾（図 4-2)

第３章で整理したように，漢城期（～475年)，熊津期（475～538)，泗沘期（538～）にわけて，それぞれの資料をみていこう。

漢城期の耳飾と考えられるのが，心葉形Ⅰ類垂下飾を懸垂する福岡県堤蓮町１号墳例（図 4-2-1）と香川県女木丸山古墳例（図 4-2-2）である。前者は空球形中間飾を，後者は臼玉形中間飾を採用しており，いずれも漢城期百済からの搬入品とみられる。

熊津期の資料として，滋賀県鴨稲荷山古墳例が挙げられる。同例は，熊津期百済に特徴的なガラス臼玉に小環連接半球体を被せた花笠形中間飾を採用するほか，糸状ⅱ類の連結金具など明らかに百済的な諸特徴を備えている。羽が円形を呈する四翼形垂下飾は直接的な類例がないが，武寧王陵（王妃）の四翼形垂下飾との関わりの中で理解することが可能であろう。

熊本県江田船山古墳例Ａ（図 4-2-5）も熊津期の百済系耳飾と考えられる。この資料は，これまで公州武寧王陵の王の耳飾との関連で言及されてきた（桃崎 2008ほか)。第１章でも触れたが，花瓣形の中間飾でも江田船山古墳例は胴部の上下にキャップ状の部品が付随するａ類であり，新羅で一般的なｂ類とは異なる。ただし，円筒形ｃ類から花瓣形ｂ類が派生したとみなす場合，花瓣形ａ類はその中間型式として位置付けることが可能であり，新羅系耳飾である可能性も残る。しかし，江田船山古墳の共伴遺物には新羅系の金工品は含まれていないことから，武寧王陵と比較される耳飾であるとする従来の見解は妥当と考える。ただ，新羅における花瓣形の出現時期を考慮すると，江田船山古墳の耳飾は武寧王陵（王）の耳飾よりも時期がやや遡る可能性が残るため，江田船山古墳の年代を考えるにあたって，耳飾の比較から武寧王陵墓誌の埋葬年代を単純に援用するのは危険である。

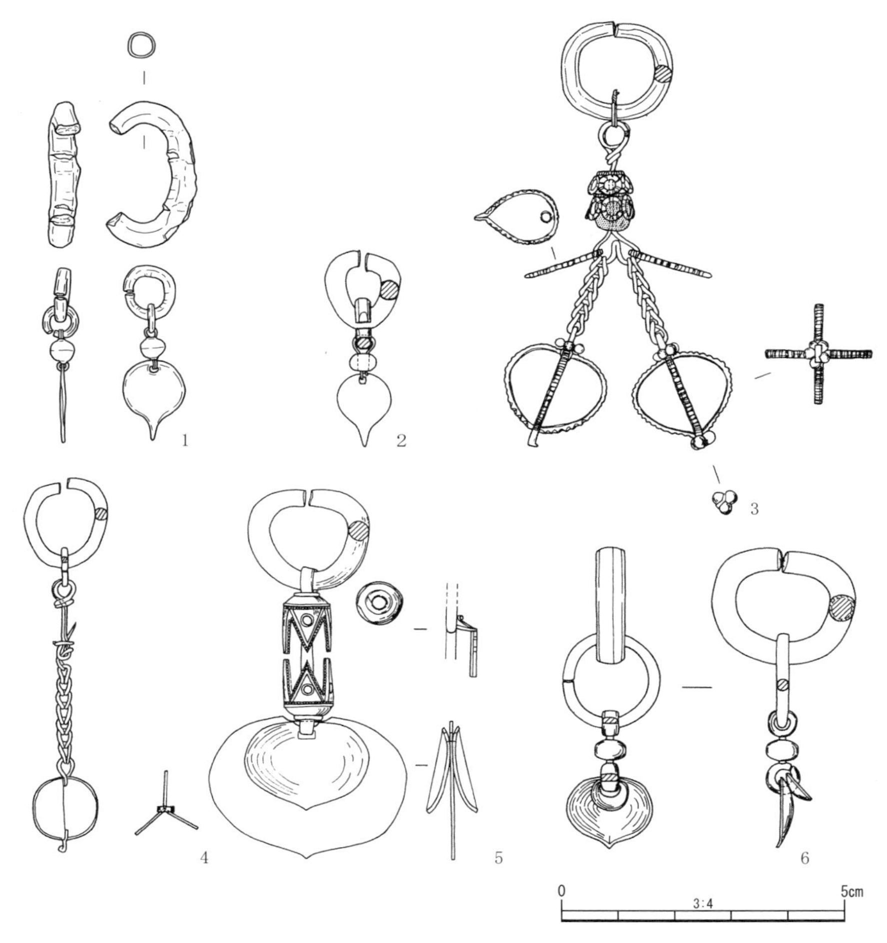

1．堤蓮町１号，２．女木丸山，３．鴨稲荷山，４．大坊，５．江田船山，６．八幡大塚２号
図 4-2　日本列島出土の百済系耳飾

熊本県大坊古墳例Ａ（図 4-2-4）は，円形の三翼形垂下飾をもち，兵庫鎖を介して糸状ⅱ類金具で遊環と連結した耳飾である。円形の三翼形垂下飾は，益山笠店里86-１号墳から類例が出土しており，糸状ⅱ類連結金具の存在を勘案しても百済系の耳飾と判断される。上述した江田船山古墳例Ａと並んで，九州中部と百済との関係を示す一資料と評価できる。

泗沘期の資料に，岡山県八幡大塚２号墳例（図 4-2-6）がある。同例は，薬研車形中間飾（第３章）をもつ耳飾で，扶餘陵山里運動場敷地32号石槨墓例など，泗沘期の百済圏域で類例が知られる。出土した須恵器はＴＫ43型式並行期のものであり，泗沘期百済からの搬入品とみてよいだろう。

３．大加耶系耳飾（図4-3）

系譜の問題を論じる上で，最も問題となるのが，大加耶との関連が指摘されている耳飾群である。日本列島で出土する大加耶系耳飾の大部分は，藤田亮策が「長鎖式」と呼び（藤田 1931），野上丈助が「有鎖式長型耳飾」とした一群（野上 1983，有井 1993・2002）と，山梔子形系統耳飾の一群とにわけることができる。研究史で触れたように，これらの耳飾は，その製作地をめぐって様々な見解が議論されてきた。

まずは前者の「長鎖式耳飾」について検討したい。ここでいう長鎖式耳飾とは，空球形ないし華籠形の中間飾を介在させた長い兵庫鎖により垂下飾を懸垂したものを指す[2)]。兵庫鎖と空球体という組み合わせに加え，垂下飾も三翼形や円錐形，心葉形Ⅰ類[3)]など大加耶的な要素を備える。ただし，心葉形垂下飾の中心に空球やガラス玉を象嵌するものが一定数認められるが，この種の垂下飾については現時点で半島に類例がなく，列島製説の大きな根拠の一つとなっている。また，ある時期以降になると，この種の耳飾に，それまでの金製に加えて金銅製のものや銀製のものが出現する。金銅製資料の出現にともなって心葉形垂下飾が大型化することが指摘されており，一つの画期を認めることができる（高田 2014）。この段階から列島での製作が始まるとみなす見解（有井 1993）がある一方，金銅製資料出現以前の金製資料の段階から列島で製作されていたとする見解（宇野 1999・2004），金銅製資料の出現以後の資料についても搬入品である可能性を考慮する見解もある（高田 2014）。「長鎖式耳飾」の製作地に関しては，後で詳しく検討する。

次に山梔子形系統に属する耳飾について述べる。山梔子形垂下飾をもつ耳飾

2）　通常「長鎖式」というと奈良県新沢千塚126号墳例が包括されるが，同例は他の長鎖式耳飾とは明らかに性格を異にする新羅系耳飾であり，いわゆる「長鎖式」には含まない。

3）　日本の学界では「宝珠形」の名称がより普及しており，「心葉形」という用語は一般的には第３章分類の心葉形Ⅱ類に対して用いられる。

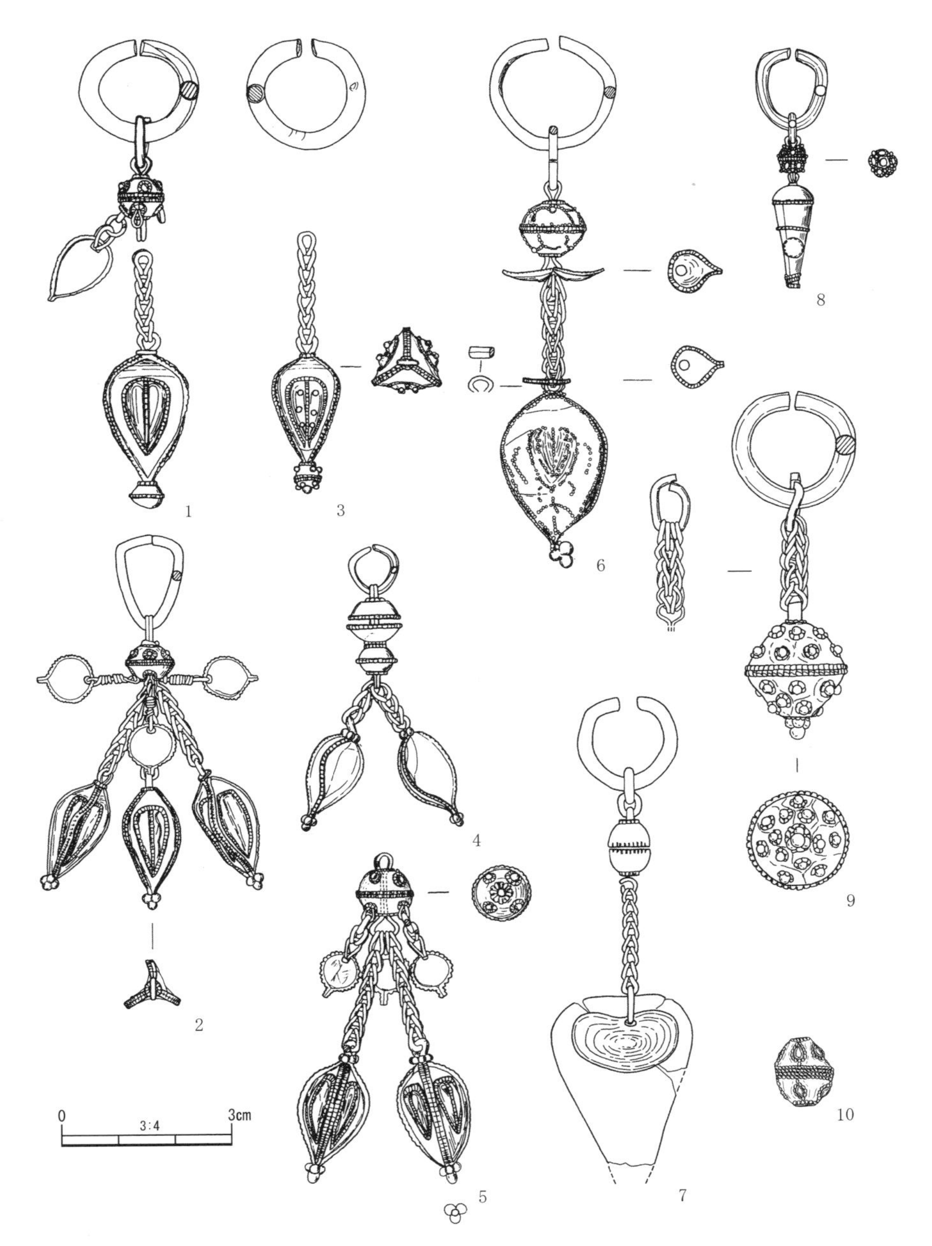

1．割塚，２．玉島，３．一須賀Ｂ７号，４．日拝塚，５．保子里１号，
6．立山山８号，７．大坊，８．伝左山，９．物見櫓，10．龍王崎１号

図 4-3　日本列島出土の大加耶系耳飾（長鎖式を除く）

は管見で８点を確認している。日本列島出土例は，いずれも断面三角形を呈する山梔子形Ⅱ類のもので，完全に大加耶３期に入った後のものと考えられる。その製作地について，宇野愼敏は，いわゆる長鎖式の垂飾付耳飾を列島製とみなす立場から山梔子形垂飾付耳飾についても列島製とするが（宇野 2004），日本列島出土の山梔子形垂飾付耳飾を半島出土例と比較したときに，文様表現などの細かなバリエーションは認められるものの，列島出土例にのみまとまって認められる特徴は抽出できない。ただし，奈良県割塚古墳例（図 4-3-1）は，垂下飾のみが金製で，主環と中間飾，連結金具や兵庫鎖がいずれも銀製である点は注意が必要である。福岡県立山山８号墳例（図 4-3-6）は，文様部分に刻目帯を用いず，金粒のみで表現した特異な例である。大部分は大加耶からの搬入品とみなすべきであると考えるが，共伴遺物からＴＫ43型式期以後に時期が下るものについては，第９章で詳述するが大加耶の滅亡時期とも関わってくるため，無条件に大加耶からの搬入品とのみ判断してしまうべきではない。一部に，渡来工人が列島で製作したものも含まれていると考えられ，割塚古墳例などはその候補となる。

これらとは別の大加耶系耳飾について触れておこう。熊本県大坊古墳例Ｂ（図 4-3-7）の銀製耳飾は，大加耶系竹葉形系統耳飾に属する。池山洞44号墳や45号墳の周辺埋葬施設から出土しており，大加耶３段階以降に出現する。大加耶圏でも発見例があまりない型式のもので，高霊以外の地域，それも日本列島での出土例として注目される。上述したように，大坊古墳では熊津期百済のものとみられる耳飾が共伴しており，列島勢力による半島系資料の入手過程が一様でないことを示す資料といえる。

熊本県伝左山古墳例（図 4-3-8）は，円錐形系統の耳飾に該当する。垂下飾は円錐形Ⅱ類であるが，空球形中間飾は小環連接球体を模すように刻目帯が接合され，刻目帯の余白部分に金粒を配する装飾が施されている。細粒装飾を加えた空球形４類に分類される。大加耶３期に，日本列島へと搬入されたものであろう。

熊本県物見櫓古墳（図 4-3-9）で出土した空球形系統耳飾には，大小の金粒をふんだんに使用した，朝鮮半島出土例にも類を見ない非常に華美な装飾が施されている。垂下飾は空球形Ⅳ類に属し，ブドウ状先端装飾も付されていることから，大加耶３期に舶載されたものと考えられる。耳飾と共伴した須恵器は陶邑編年のＭＴ15型式期に該当する。

ほかに，佐賀県龍王崎１号墳から細粒装飾を施した空球飾（図4-3-10）が出土している。大加耶系の垂飾付耳飾に付随していたものとみられ，大加耶３期の所産と推定される。

４．その他（図4-4）

奈良県星塚古墳例（図4-4-1）は，連結金具の通し孔上部に抉りをもち曲面加工を施した心葉形垂下飾２枚を捩じりを加えた金線で垂下する。連結金具は端部を巻き付けて処理したものであるが，片方の端部を釣り針状に処理するのでなく両方の端部を上部までもってきて２条まとめて巻き付け処理を施してあり，いわゆる糸状ⅱ類（第３章）とは異なる。また，連結金具そのものに捩じりが加えられているが，２条の金線の捩じりが逆になっていることから，金線にあらかじめ捩じりを施した上で連結金具として用いたことがわかる。主環は失われているが，連結金具と同様の金線でつくった環を遊環とする。捩じりを加える装飾や連結金具を巻き付けて処理する点は百済に近い技術といえるが，上述のように一般的な百済の特徴と比較すると特異な点が多く，系譜を断定することができない。

西宮山古墳例（図4-4-2）は，半球体の付かない華籠形中間飾をもつ。従来，この耳飾は華籠形中間飾を評価して新羅系と理解されてきた（石本1990，高田2003・2014）。しかし，小環連接球体のみで半球体が付かない例は，新羅においてはあまり類例がなく，慶州瑞鳳塚例と江陵柄山洞29号墳例が知られるのみである（第１章）。垂下飾との連結部

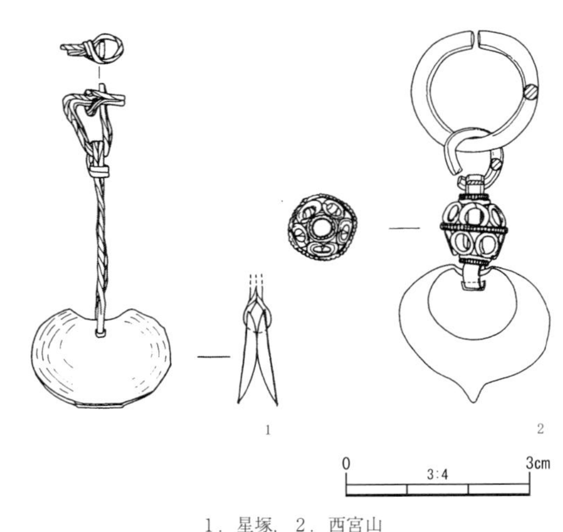

１．星塚，２．西宮山

図4-4　日本列島出土のその他の耳飾

が幅広になる板状β 1類連結金具と，懸垂孔の上部に抉りをもつ心葉形C類垂下飾を採用する点は新羅的な特徴といえる。しかし，新羅では華籠形系統の耳飾に心葉形C類垂下飾が組み合わない点（第1章），また心葉形C類は新羅4期になって登場するが，4期以後の華籠形中間飾はいずれも歩揺を付した華籠形d類に限られている点，中間飾の小環の連接位置が上半と下半で互い違いになるものは新羅では最古相の1期にしかみられない点など，新羅の耳飾と比較すると特異な点が多い。華籠形中間飾も相対的に縦方向に長く，樽状を呈している。以上の点を考慮すると，新羅で製作されたものと考えるよりは，別地域で新羅耳飾を模倣製作したものと判断するのがより妥当であると考える。その候補は，新羅の意匠的影響が顕著に現れるようになる大加耶2期以降の高霊やあるいは日本列島での製作も可能性として考えられるが，現時点の資料状況では製作地について明確にし難い。

第3節　長鎖式耳飾の製作主体

先に，長鎖式耳飾の製作地に関する見解が諸説あることに触れた。長鎖式耳飾は，大枠では大加耶圏で出土する耳飾の特徴を備えているが，厳密にみると大加耶圏出土例との間に様々な相違点を有しており，そうした差異をどのように考えるかという点が，研究者ごとの見解の齟齬を誘発している。研究史の整理でも述べたように，列島出土長鎖式耳飾と大加耶圏出土耳飾の類似性と相違性を適切に評価するためには，よりミクロな次元での比較検討，属性レベルでの対照作業が必要と考える。

以下，日本列島の長鎖式耳飾（図4-5～4-9）について，全体を構成する属性に分解して，それぞれ分類を試みる。

1．長鎖式耳飾を構成する属性（図4-10）

(1) 中間飾

空球形　兵庫鎖と並んで長鎖式を特徴付ける基本的な意匠である。大加耶の空球形中間飾の分類と同様，刻目帯を付さないもの（1類），刻目帯を空球の中央にめぐらせるもの（2類），刻目帯を中央と上下に付すもの（3類），金粒

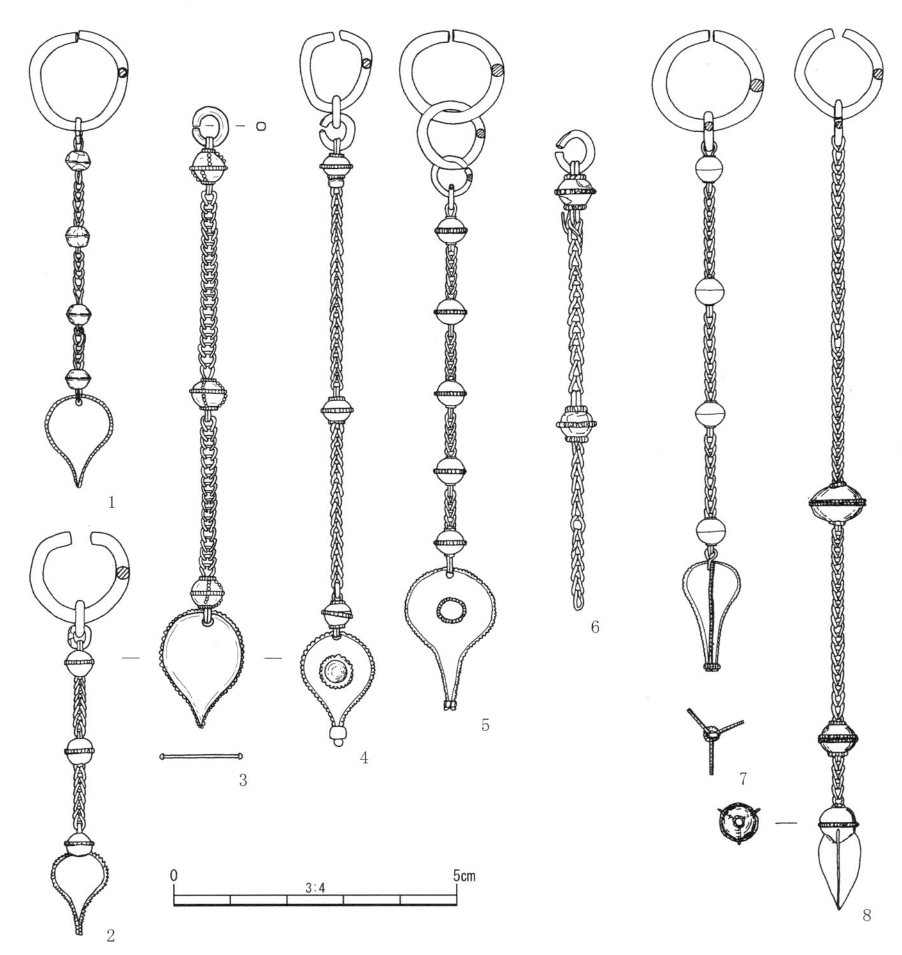

1．下北方５号地下式横穴，２．宮山第３主体，３．向山１号，４．宮山第２主体，
５．カンス塚，６．国府，７．新沢千塚109号，８．天神山７号

図 4-5　長鎖式耳飾の諸例（1）

による細粒装飾を加えたもの（４類）にわけておく。ただし，細部の意匠には大加耶の空球形中間飾と異なるものもあり，金製以外の素材，金銅製や銀製のものも多くみられる。

華籠形　少数派であるが，空球形中間飾のほかに小環連接球体を中間飾に採用する例が散見される。新羅で一般的な中央に刻目帯をめぐらせて，上下に連

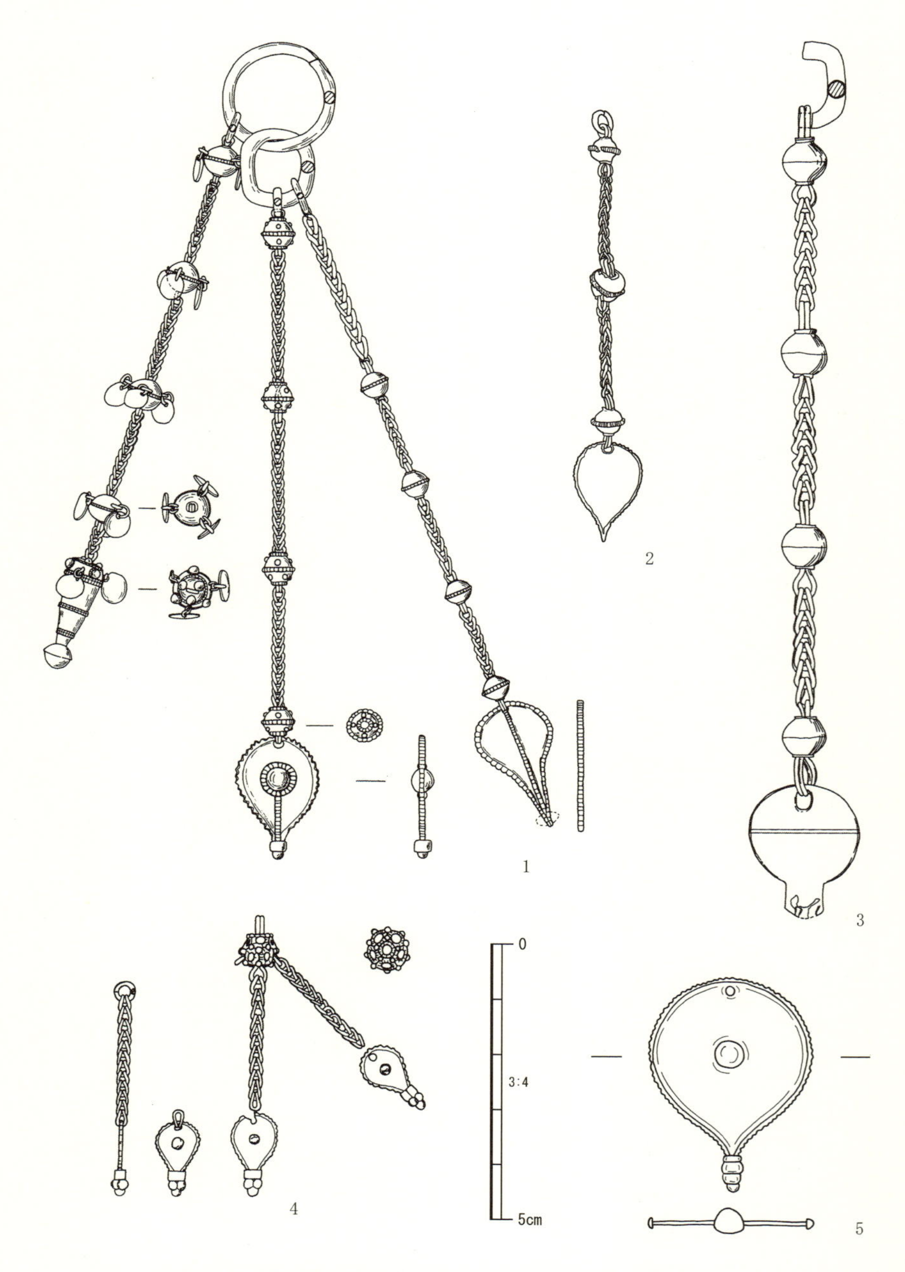

1．江田船山，2．剣崎長瀞西10号，3．姉崎二子塚，4．新沢千塚古墳群出土，5．西塚

図 4-6　長鎖式耳飾の諸例（2）

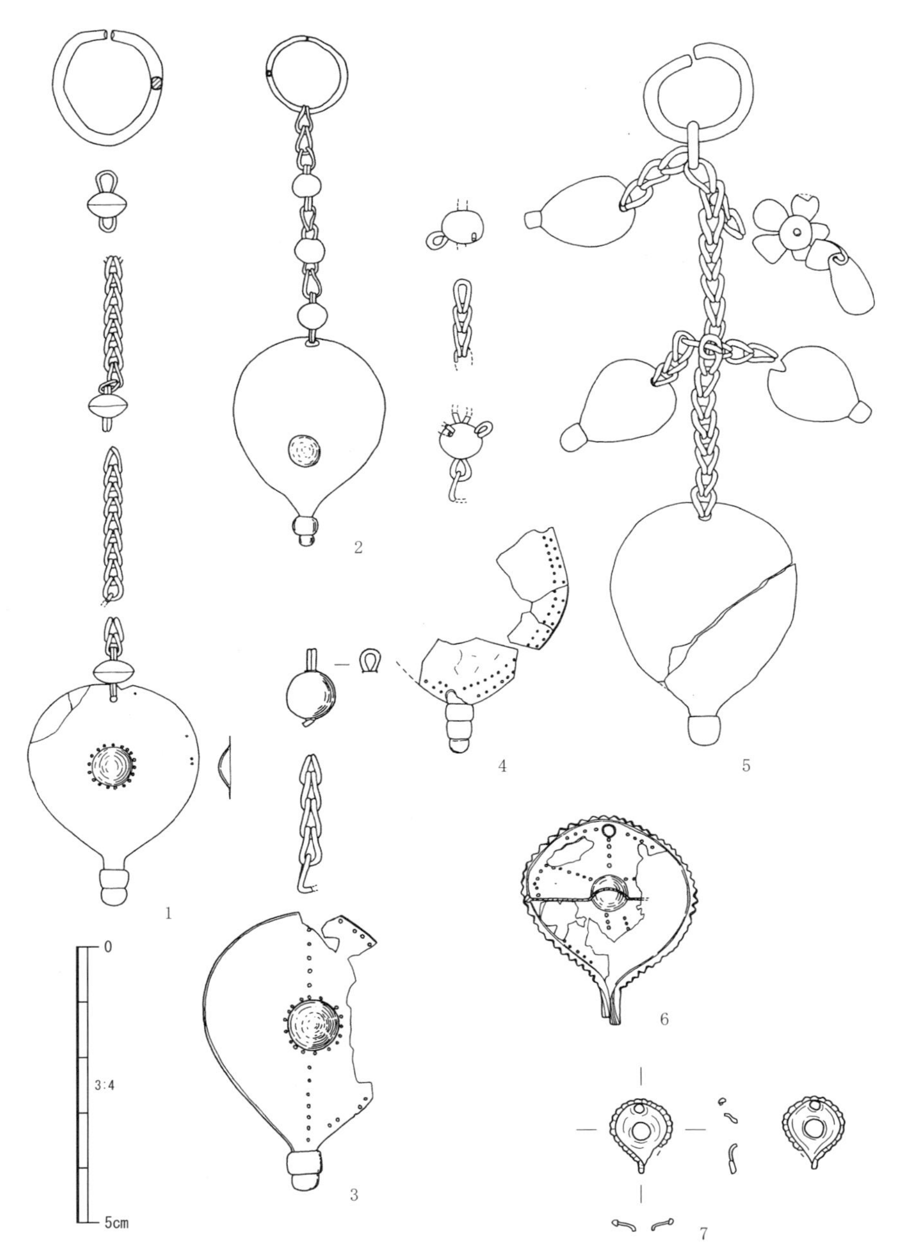

1．金子山，2．セスドノ，3．島田塚，4．丸ヶ谷4号，5．三昧塚，6．津頭西，7．花山6号

図4-7　長鎖式耳飾の諸例（3）

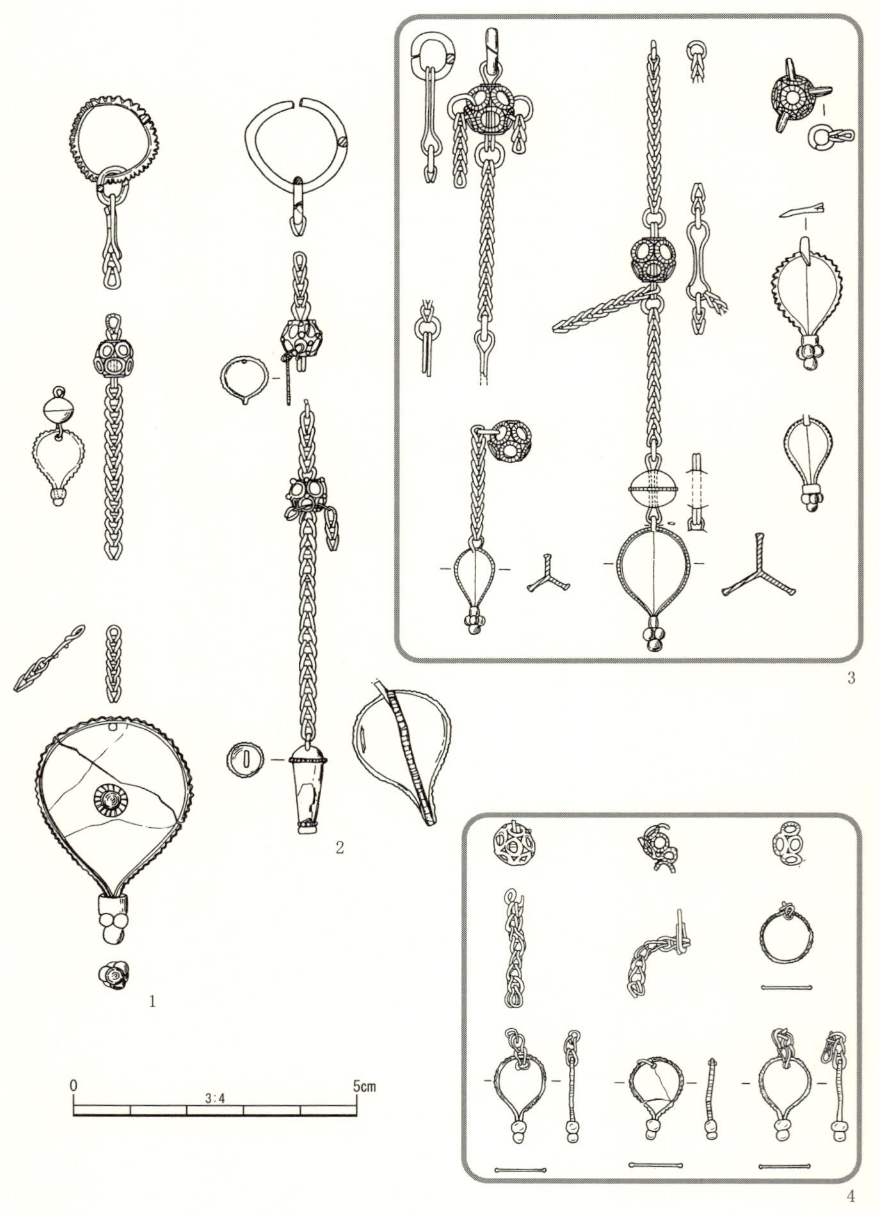

1．畦地１号，２．祇園大塚山，３．大谷，４．峯ヶ塚

図 4-8　長鎖式耳飾の諸例（４）

接するものではなく，高句麗などでみられる小環を互い違いに連接させたもので，中央の刻目帯はなく，下部に半球体もつかない。材質は銀製に限られる。多くの場合，華籠形中間飾と空球形中間飾が併用される。

(2) 垂下飾

心葉形　長鎖式耳飾の垂下飾として最も普遍的に選択される類型である。上述したように，いずれも先端が先細りになった心葉形Ⅰ類の平面形を呈するが，細部の装飾にバリエーションがあり，半島出土例にみられない形態のものがある程度まとまって認められる。ここでは，以下のように分類する。

甲類は，刻目帯を覆輪としてめぐらせただけのものである。現在知られている

図 4-9　奈良県藤ノ木古墳出土銀製垂飾

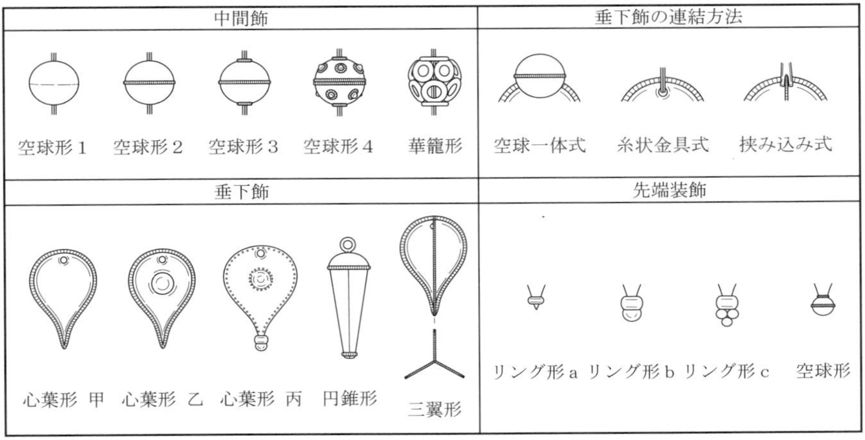

中間飾					垂下飾の連結方法		
空球形 1	空球形 2	空球形 3	空球形 4	華籠形	空球一体式	糸状金具式	挟み込み式

垂下飾					先端装飾			
心葉形 甲	心葉形 乙	心葉形 丙	円錐形	三翼形	リング形 a	リング形 b	リング形 c	空球形

図 4-10　長鎖式耳飾の部品別類型

資料では，全体像がはっきりしない大阪府峯ヶ塚古墳例を除いて，金製に限られる。

乙類は，刻目帯を覆輪としてめぐらせ，中央に空球体やガラス玉を象嵌するものである。空球体を用いるものとガラス玉を用いるもの，象嵌部周縁に刻目帯を付すものと付さないもの，象嵌部から先端部までの中軸線上に刻目を付すものなど，細部の意匠は個体ごとに差異を示す。垂下飾中央に円形の刻目帯を付した兵庫県カンス塚古墳例についても，心葉形乙類から派生した亜種として理解しておく。

丙類は，地板を片面からプレスして半球状の突出部をつくりだすことで乙類の象嵌部のような表現を加えたものである。周縁部と球状突出部の周囲に点刻による列点文を施す。これらの列点は刻目帯の接合を省略した表現と考えられる。そのため，丙類では覆輪を付さないのが基本であるが，香川県津頭西古墳例では例外的に刻目帯を周縁部にめぐらせてある。そのほか，列点を二重にしたものや中軸線上にも列点を施すものなど，乙類のように細部にバリエーションがある。材質は金銅製に限られる。

三翼形　大加耶耳飾にみられる三翼形垂下飾は，日本列島出土例では長鎖式にのみ認められる。刻目帯の覆輪を付すか付さないかという違いはあるが，基本的な形状はおおむね大加耶でつくられる三翼形垂下飾と同じである。ただし，後述する中間飾との連結方法には，大加耶出土例との差異が認められる。

円錐形　熊本県江田船山古墳例と千葉県祇園大塚山古墳例で，長鎖式耳飾にともなう円錐形垂下飾を確認できる。長鎖式耳飾の円錐形垂下飾も，基本的には大加耶で出土するものと同じ構造をとるが，円錐形垂下飾そのものに歩揺を付したり，ガラス玉を象嵌するといった細部の意匠や，銀製のものが認められる点など，大加耶出土例と異なる特徴も確認される。

(3) 垂下飾の連結方法

空球一体式　中間飾の空球体に切り込みを入れ，垂下飾の上部を食い込ませて固定するもの。空球形中間飾が垂下飾と一体になっている。

糸状金具式　垂下飾に設けた懸垂孔に糸状連結金具を通して兵庫鎖に連結する，最もポピュラーな垂下形態である。連結金具には専ら糸状ｉ類金具が用いられる。

挟み金具式　短い板状金具を中央で折り曲げて，挟み込むようにして垂下飾に接合し，この板状金具に糸状金具や兵庫鎖を連結させるもの。挟み金具式の採用は三翼形垂下飾に限られており，板状金具の端部に縦方向の切れ目を入れ，三翼にわかれた金板のうち1枚を跨ぐように接合される。

(4) 先端装飾

リング形　心葉形垂下飾や三翼形垂下飾のような先が細まる形状の垂下飾先端に，環状の部品を嵌め込んだもの。一つの細い環を挟んだだけのものをa類，やや幅のある臼玉状の環の下部に円球一つを接合した装飾を付すものをb類，臼玉状の環の下部に金粒ないし銀粒四つをブドウ形に接合した装飾が取り付くものをc類とする。

空球形　空球形1類中間飾を垂下飾の先端に取り付けるもの。

2．細部比較による系譜検討

(1) 垂下飾類型とその他属性の相関

上で分類した各属性のうち，形態的バリエーションがもっとも豊富な垂下飾に着目し，その他の属性がどのように組み合わさるかを確認したのが表4-2である。

心葉形甲類をもつ資料は，先に触れたように大阪府峯ヶ塚古墳例（図4-8-4）を除くと，早い段階，古墳時代中期中葉におさまり，材質も金にまとまる。先端装飾をもたない。空球形中間飾を三つないし四つもち，それぞれの空球間の兵庫鎖はさほど長くない。

対して，心葉形乙類をもつ資料に目を向けると，時期的にはやはり早い段階から存在するが，材質は様々である。ただし，限られた資料数ではあるが，金製のものが比較的早い時期に，銀製や金銅製は後の時期にまとまる傾向が認められる。後述する三翼形垂下飾をもつものも含めて，華籠形中間飾は銀製の資料でのみ用いられる。これらはおおむね先端装飾を有しており[4]，リングc類

4)　先端装飾や中間飾の組み合わせを考慮すると，峯ヶ塚古墳例は心葉形乙類をもつ一群と近い性格のものとして考える余地がある。

表 4-2　長鎖式耳

出土地	垂下飾	中間飾		先端装飾
		型式	数	
兵庫 宮山古墳 第 3 主体	心葉（甲）	空球 2	3	なし
宮崎 下北方 5 号地下式横穴	心葉（甲）	空球 1	4	なし
群馬 剣崎長瀞西10号墳	心葉（甲）	空球 2	3	なし
福井 向山 1 号墳	心葉（甲）	空球 4	3	なし
大阪 峯ヶ塚古墳	心葉（甲）？	華籠	不明	リング b ？
兵庫 宮山古墳 第 2 主体	心葉（乙）	空球 3	3	リング b
兵庫 カンス塚古墳	心葉（乙）	空球 2	5	リング a
熊本 江田船山古墳	心葉（乙）・円錐	空球 2 ・ 4	4・4・5	リング b ・空球
福井 西塚古墳	心葉（乙）	不明	不明	リング c
長野 畦地 1 号墳	心葉（乙）	華籠・空球 1	1以上	リング c
奈良 新沢千塚古墳群出土	心葉（乙）	華籠	1？	リング c
和歌山 花山 6 号墳	心葉（乙）	不明	不明	なし
愛媛 金子山古墳	心葉（丙）	空球 1	3	リング b
福岡 セスドノ古墳	心葉（丙）	空球 1	3	リング b
佐賀 島田塚古墳	心葉（丙）	空球 1	3	リング b
三重 丸ヶ谷 A 3 号墳	心葉（丙）	空球 1	2以上	リング b ？
香川 津頭西古墳	心葉（丙）	不明	不明	なし？
福井 天神山 7 号墳	三翼	空球 3	2	なし
奈良 新沢千塚109号墳	三翼	空球 1	4	リング a
千葉 祇園大塚山古墳	三翼・円錐	華籠	2以上	なし
和歌山 大谷古墳	三翼	華籠・空球 2	2以上	リング c
奈良 藤ノ木古墳	三翼	華籠	2	リング c
千葉 三昧塚古墳	心葉？	なし	なし	円球？
千葉 姉崎二子塚古墳	ペン先？	空球 1	4	なし
大阪 国府遺跡	不明	空球 3	2以上	不明

先端装飾はやや後出する可能性が高い。

心葉形丙類をもつ一群（図 4-7）は，最も特徴的なまとまりが顕著である。すべて金銅製であり，高田貫太や有井宏子は，丙類の出現を耳飾変遷の画期と指摘している（有井 1993，高田 2014）。中間飾は空球形 1 類に，垂下飾の連結方法は糸状金具式に限られる。丙類の列点文は乙類の刻目帯を意識していることは明らかであり，省略型式として乙類に後出したものである可能性が高い。

三翼形垂下飾は心葉形に比べて数は少ないが，福井天神山 7 号墳例（図 4-5-8）のような早い時期のものから奈良県藤ノ木古墳例（図 4-9）まで広い時期幅で採用される。連結方法のバリエーションが豊富である。

飾の属性相関

垂下飾の連結方法	歩揺	材質	備考
空球一体	なし	金	
糸状金具	なし	金	
糸状金具	なし	金	
糸状金具	なし	金	玉田28号墳例と類似。中間飾に金粒装飾。
不明	あり	銀	多数の心葉形甲類垂下飾は歩揺か。
糸状金具	なし	金・銀	空球は鍍金した銀の可能性が高いとの指摘。
糸状金具	なし	金	
糸状金具	あり	金・銀	中間飾などに金粒装飾。
糸状金具	不明	金	ガラス玉象嵌。
糸状金具	あり	銀	ガラス玉象嵌。歩揺にはリングｂ類先端装飾。
不明	なし？	銀	ガラス玉象嵌。華籠形中間飾に銀粒装飾。
糸状金具	不明	金銅	中央の孔が象嵌のためのものかは不明。歩揺か。
糸状金具	なし	金銅	
糸状金具	なし	金銅	
不明	なし	金銅	
不明	あり	金銅	リ先端装飾のリングが二重。二重列点文。
糸状金具	不明	金銅	刻目帯の覆輪がめぐる。
空球一体	なし	金	兵庫鎖の継ぎ足しが指摘。
糸状金具	なし	金	
挟み込み	あり	銀	華籠形中間飾に銀粒装飾。
挟み込み	あり	銀	華籠形中間飾から分岐。銀に鍍金を施す。
糸状金具	なし	銀	耳飾ではなくピン状金具に垂下されたもの。
兵庫鎖直接	なし	金銅	先端装飾は一つの円球。
糸状金具	なし	銀	
不明	なし	金	垂下飾を欠失。

(2) 製作主体の検討

次にこれら各種の長鎖式耳飾が，いずれの地域でつくられたものか，半島出土資料と比較しながら検討していこう。

まず，これまでにも指摘されてきたが，心葉形乙類および丙類垂下飾の類例が現時点で半島出土資料にはみられない点について考えてみたい。近年までに，大加耶圏における発掘調査はかなり進展し，それにともなって耳飾の出土事例は急増している。加えて，盗掘を受けて美術品として韓国内外の博物館・美術館に流通する大加耶系耳飾も相当数確認されており（朴天秀 2011など），真贋のほどはともかく「大加耶系耳飾」として知られる資料はかなりの数に上る。しかし，それらの中に依然類例が認められず，日本列島で一定数の出土事例が確認されるという事実は，例えば兵庫県宮山古墳第２主体例（図 4-5-4）のような，日本列島でも出現期に近い時期の金製資料であっても，手放しでこれを舶載品とみなすことに躊躇を覚えさせる。先述したように，心葉形丙類は乙類の意匠を省略したもの，すなわち型式学的な先後関係として解釈することが可能であり，上のような資料状況を考慮すると，少なくとも心葉形丙類をもつ一群は日本列島において製作されたものと考えることが可能であろう。問題は，乙類が半島からの搬入品であったのか，列島で製作されたのか，である。

日本列島で出土する長鎖式耳飾は，総じて大加耶系耳飾より長いことが指摘されてきた。大加耶圏出土例の空球形中間飾の数は，基本的に一つないしは二つであり，連結される兵庫鎖もそれほど長いものではない。しかし，陜川玉田28号墳例（図 4-11）に連結された垂飾に空球形中間飾を四つ有する長いものが含まれ，宮崎県下北方５号地下式横穴墓例（図 4-5-1）と直接比較できる資料が存在していることが，列島出土の長鎖式耳飾を大加耶との関係で捉える大きな根拠となっている。しかしここで注目したいのが，玉田28号墳例の製作年代である。第３章で検討したように，玉田28号墳例の円錐形垂下飾は円錐形Ⅰ類であり，大加耶圏で出土する耳飾の中では最古相に属する。一方，日本列島における耳飾出現期の資料として挙げられる兵庫県宮山古墳第３主体例（図 4-5-2）は，同じく心葉形乙類を垂下飾とする垂飾付耳飾を副葬する第２主体に層位的に先行し，三角板鋲留短甲などの共伴遺物をもつことから陶邑須恵器編年ＴＫ73～ＴＫ216型式並行期に位置付けられる。土器と馬具，短甲の分析から朝鮮半島各地および日本列島の古墳の交差編年を試みた白井克也によると，高霊ⅠＢ期の土器を有する玉田28号墳は，列島のＴＫ216型式期に並行するものとされる（白井 2003a）。つまり，日本列島における耳飾の出現と大加耶における耳飾の出現はほぼ同時期であるということになる。

また，日本列島で出土する金製および銀製の心葉形垂下飾が，いずれも刻目帯の覆輪をめぐらせるのに対し，大加耶の心葉形系統垂下飾では，覆輪を被せる例は現時点で最初期の玉田28号墳例（図 4-11）のみで，覆輪を設けないのが主流である点（第３章）も注目される。早い段階に属する奈良県新沢千塚109号墳例（図 4-5-7）の三翼形垂下飾は，糸状金具式で直上の中間飾と連結されているが，大加耶の三翼形系統垂下飾では，原則として挟み込み式を採用する点で差異が認められる。

他にも最古相に属するとみられる宮山古墳第3主体例（図4-5-2）と天神山7号墳例（図4-5-8）が，いずれも半島に例のない空球一体式で垂下飾を連結している点など，細かくみていくと大加耶圏出土耳飾と列島出土耳飾には相違点がいくつも認められる。もちろん，大加耶の耳飾が多様な形態を示し，まったく同一の資料は少ないとする高田貫太の指摘（高田 2014）は正しいが，数量的に大加耶1期の主流をなす円錐形系統耳飾が，日本列島では大加耶3期の資料に該当する熊本県伝左山古墳例（図4-3-8）と同江田船山古墳例（図4-6-1），銀製で華籠形中間飾をもつ祇園大塚山古墳例（図4-8-2）しか発見されていない点は不自然である。これらのことを総合すると，日本列島で出土する長鎖式耳飾は，大加耶からの舶載品であるとみなすより，大加耶工人と同じ技術系統に属する工人が大加耶で耳飾製作が始まるのとほぼ同じ時期に半島から渡来していて，日本列島で製作したものだと考える方が自然ではないだろうか。同じ技術をもつ工人が，大加耶では円錐形系統を中心とする耳飾を，日本列島では長い兵庫鎖と多様な心葉形垂下飾を，それぞれ主要な型式として製作したものと考えたい。心葉形乙類は，比較的早い段階で渡来1世工人により創出されたと考える。

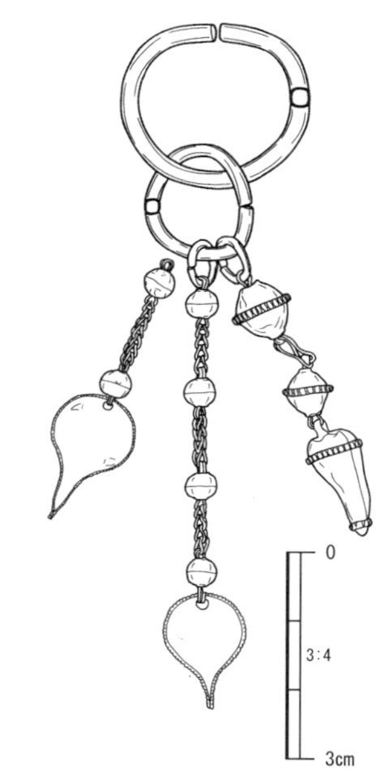

図4-11　陜川玉田28号墳出土垂飾付耳飾

工人の系譜は，列島出土資料に三翼形や円錐形の垂下飾が散見されることから，やはり大加耶からの工人渡来の可能性が第一候補となろうが，そう考えると看過できなくなるのが福井県向山1号墳例（図4-5-3）の空球形中間飾に認められる細粒装飾である（図4-12）。向山1号墳例は，墳丘出土須恵器がＴＫ208型式期のものとされ（高橋・永江編 2015），大加耶で細粒装飾が普及する大加耶3期を大きく遡る。また，銀製であるが千葉県祇園大塚山古墳例（図

4-8-2）や奈良県新沢千塚古墳群出土例（図4-6-4）では，細粒を付着させた華籠形中間飾が確認される。祇園大塚山古墳は，川西Ⅳ期新段階にあたる窖窯焼成の埴輪やＯＮ46型式期を中心とする時期の大型須恵器𤭯が出土しており，列島出土垂飾付耳飾の中ではかなり早い段階に属する。この時期の大加耶の金工品には華籠形の意匠はまだ認められない。ここで想起されるのは前章でも触れた公州水村里Ⅱ－８号墳例（図4-13）である。前章では，大加耶の耳飾製作技術は，基本的に百済から伝播したものと考えたが，あるいは，これと同じ性格の工人が日本列島にも直接的に渡ってきている可能性を考慮する必要があるかもしれない。そのように考えると，福井県西塚古墳例（図4-6-5）において，既にリングｃ類のブドウ形装飾が認められることも整合的となる。もちろん，判断材料となる耳飾の出土事例が日韓の両地域で依然不十分であるため，慎重な検討を要するが，百済と大加耶の混成工房であった可能性など，様々なパターンを検討していく必要があろう。

図4-12　向山１号墳出土垂飾付耳飾中間飾の細粒装飾

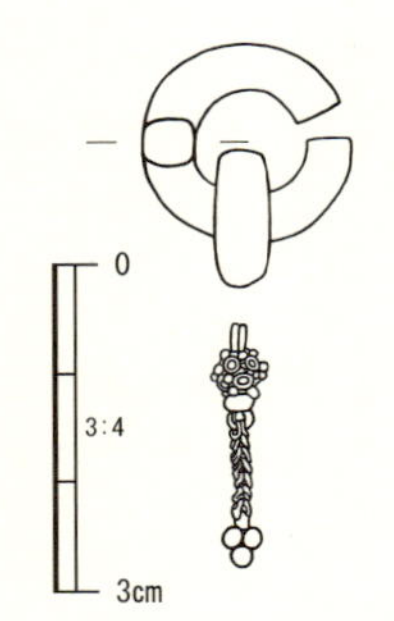

図4-13　公州水村里Ⅱ－８号墓出土垂飾付耳飾

第４節　垂飾付耳飾の時期別様相

以上，日本列島出土垂飾付耳飾の系譜，さらには製作地へと踏み込んで検討した。本節で，時期別の耳飾の流通様相から読み取ることができる列島・半島各地の関係について整理してみたい。ここでは，古墳時代を中期前葉，中期中葉，中期後葉，後期前葉，後期中葉以降にわけ[5)]，その様相を通観する（図

5）　各分期を陶邑の須恵器編年に当てはめると，おおむね中期前葉がＴＫ73以前，中期中葉がＴＫ216～ＴＫ208，中期後葉がＴＫ23～ＴＫ47，後期前葉がＭＴ15～ＴＫ10古段階，後期中葉以降がＴＫ10新段階～ＴＫ43となる。

4-14)。

1．中期前葉

最初期の資料の一つに，福岡県堤蓮町1号墳例（図4-2-1）がある。同例は，漢城期百済の心葉形垂下飾付耳飾である。これらの百済系耳飾は，所有者と半島勢力との直接的な関係の中で搬入されたものとみられる。堤蓮町1号墳は，竪穴系横口式石槨を採用し，後章で検討するが，初期の新羅系三累環頭大刀把頭をもつ（第8章）など，複数地域の半島系要素を含みもつ。半島から列島へと渡来し，沿岸部などに定着して半島勢力との窓口となった人物が百済との交渉の中で入手したものであろう。香川県女木丸山古墳例（図4-2-2）は，堤蓮町1号墳と同じく漢城期百済で一般的な耳飾である。共伴遺物からは古墳の年代が窺えず，堤蓮町1号墳例よりも下る可能性もあるが，耳飾入手の契機については同様の脈絡であったと考えられる。

2．中期中葉

この段階における耳飾の搬入例は，極めて少ない。そうした中で，新沢千塚126号墳（図4-1-5）から出土した新羅系耳飾は重要である。この耳飾にみられる垂飾は，いずれも王陵の可能性を有する最上級被葬者の墓に認められるもので，倭の中心地域からこうした稀少な新羅系金工品が出土した意義は大きい。このことは，倭の中心的集団が新羅との交渉に取り組んでいたことを示すとともに，朝鮮半島各地の社会における金工服飾品の威信財的価値体系が認識されていたことを示唆する事実である。

一方この時期，いわゆる長鎖式耳飾の流通が始まる。先述したように，この時期は，大加耶でも耳飾の製作がようやく軌道に乗ろうとしている段階にあたる。列島でまとまった数が出土している長鎖式耳飾のすべてを大加耶から継続的に供給されたものとは考え難く，早い段階から製作工人が渡来しており，列島で耳飾製作をおこなっていたと推測した。こうした耳飾は，朝鮮半島との関わりを強くもつ有力者へと選択的に配布された。心葉形乙類垂下飾をもつ長鎖式耳飾（図4-5-4）が確認された兵庫県宮山古墳第2主体は，百済系とみられる装飾付環頭大刀（第6・8章）や新羅系とされる金銅製帯金具（高田 2014）が

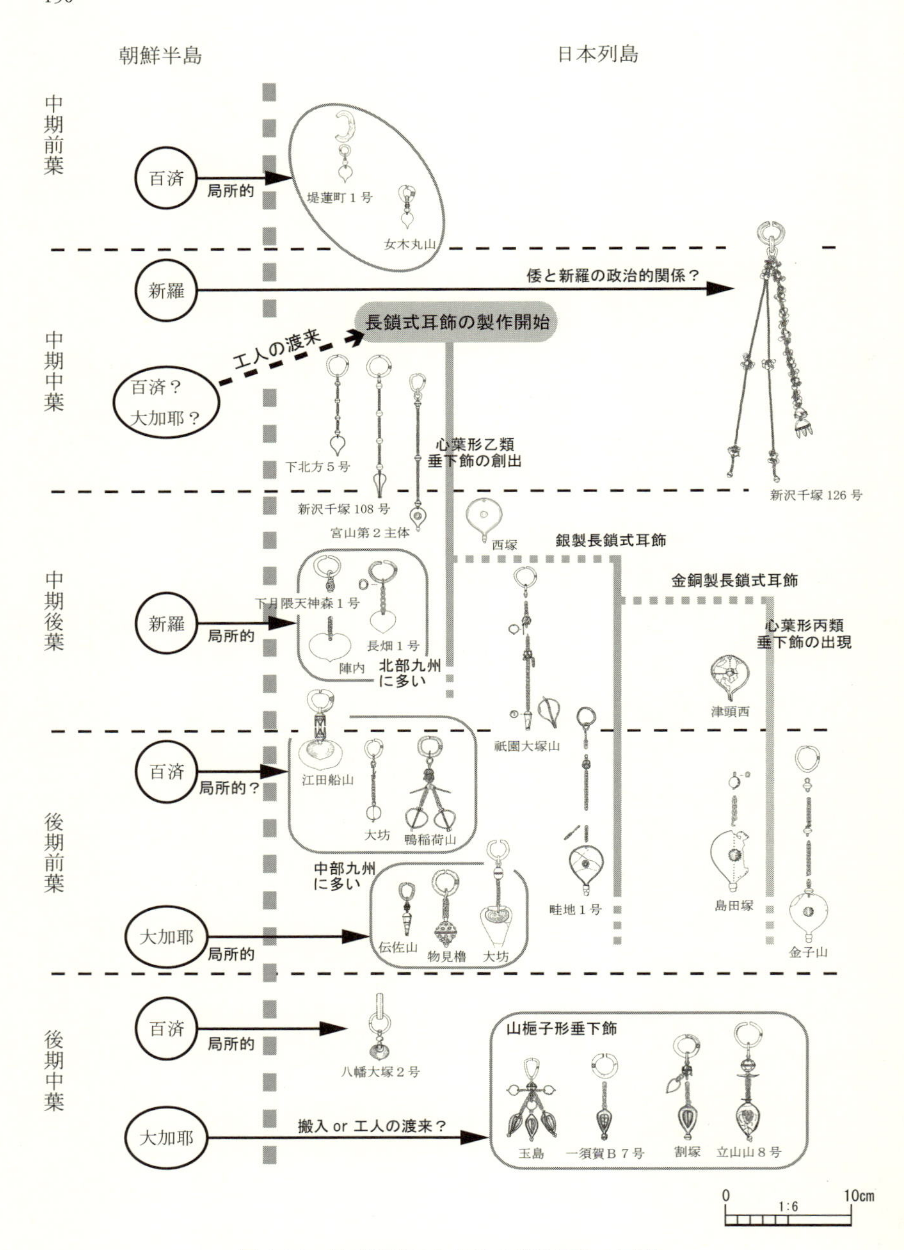

図 4-14　日本列島における垂飾付耳飾の展開

共伴し，非常に半島的要素が顕著な墓である。こうした半島系要素が強い被葬者が所有することから，長鎖式耳飾を舶載品とみなすことも可能ではあるが，逆に半島との交渉の仲介役を担う人物に半島的価値観に合わせた金工服飾品を，倭独自のスタイルで供給したのだと解釈することもできないだろうか。倭における耳飾の製作・配布は，単なる威信財配布の一環ではなく，半島との交渉を視野に入れた外交経営の一事業として始められたものであったと理解したい。

3．中期後葉

中期後葉になると，倭における耳飾製作が次段階へと移行する。祇園大塚山古墳で先駆的につくられた銀製長鎖式耳飾（図4-8-2）[6]や，心葉形丙類垂下飾をもつ金銅製長鎖式耳飾の製作が主流となる。こうした材質の変化は，列島における金材料確保の困難さに起因するものとみられるが，ここで，長鎖式耳飾における銀製長鎖式耳飾群と金銅製長鎖式耳飾群の細部の特徴を比較してみたい。

銀製長鎖式耳飾は，先端装飾にリングc類を付した心葉形乙類ないし三翼形の垂下飾をともない，華籠形中間飾を採用する。中間飾にはしばしば細粒装飾が施される。一方の金銅製長鎖式耳飾は，先端装飾がリングb類に限られ，中間飾も刻目帯をともなわない空球形1類のみである。銀製長鎖式耳飾群と比較すると，製作技術面で明らかに見劣りする。これらのことから，銀製長鎖式耳飾をつくっていた工人と，金銅製長鎖式耳飾をつくっていた工人は，系統を異にしていると判断できる。

福井県西塚古墳出土例（図4-6-5）は，金製資料の中で唯一リングc類先端装飾をもつ例である。残存しているのは垂下飾のみではあるが，形態的には後期前葉に属する長野県畦地1号墳例に通ずる。銀製耳飾の製作集団と中期中葉の渡来1世工人集団の関係については，さらなる資料の増加を待たなくてはならないが，西塚古墳出土例の存在から，少なくとも，金銅製長鎖式耳飾の製作集団より銀製長鎖式耳飾の製作集団の方が金製長鎖式耳飾の製作集団と近縁性

6）祇園大塚山古墳に先行するとされる千葉県姉崎二子塚古墳からは，熊津期百済でみられるペン先形垂下飾に似た特異な形状の垂下飾を有する銀製長鎖式耳飾が出土している。類例がなく位置付けが難しいが，本章ではひとまず銀製資料出現前夜の例外的列島製品として評価しておきたい。

が高いといえよう。金銅製の心葉形丙類垂下飾が明らかに心葉形乙類垂下飾の意匠を志向していることから，金製長鎖式耳飾の製作集団と金銅製耳飾の製作集団は無関係ではないとみられ，技術面の伝達が不十分なまま分派した系統の集団とする見方が，最も妥当と考える。

なお，この時期にも，少数ながら半島からの直接の搬入品とみられる耳飾が認められる。新羅系の耳飾は，福岡県下月隅天神森1号墳例（図4-1-1）や福岡県長畑1号墳例（図4-1-3）など北部九州にまとまって確認され，形態もシンプルなものに限られる。新羅との直接的な関係の中で流入した可能性が高い。

4．後期前葉

後期前葉に入っても，金銅製や銀製の長鎖式耳飾の製作が継続する一方，この時期以降，半島製の舶載耳飾が急増する。熊本県江田船山古墳の花瓣形系統耳飾（図4-2-5）や，熊本県大坊古墳の円形三翼形垂下飾付耳飾（図4-2-4），滋賀県鴨稲荷山古墳の華笠形中間飾をもつ耳飾（図4-2-3）など，熊津期百済の耳飾が散見されるようになる。また，大加耶からの直接の搬入品とみられる耳飾も急増する。熊本県伝左山古墳の円錐形系統耳飾（図4-3-8）や熊本県物見櫓古墳の空球形系統耳飾（図4-3-9）などは，大加耶3期の半島出土大加耶系資料と直接比較が可能なものであり，大加耶の勢力伸長にともなって，列島内に大加耶製耳飾が流入したものとみられる。ただし，山梔子形系統耳飾以外の大加耶系耳飾の出土がいずれも熊本県に集中しているのは注意を要する。倭の中心勢力を介することのない，江田船山古墳勢力以来続く中部九州集団との直接的な関係があった可能性がある。

5．後期中葉以降

長鎖式耳飾の伝統的な製作がほぼ途絶え，垂飾付耳飾の出土数そのものが減少する。

岡山県八幡大塚2号墳で，泗沘期百済の薬研車形中間飾をもつ金製耳飾（図4-2-6）が出土しているが，単発的な搬入品と考えられる。この時期にみられる耳飾の大部分は，やはり大加耶系の山梔子形系統耳飾である。その多くは搬入品と考えられるが，奈良県割塚古墳例（図4-3-1）のような銀製部品が混在する資料については，列島で大加耶系工人がつくったものである可能性も考えられる。後述するが，ＴＫ43型式並行期以降，大加耶からの大刀工人流入が認められ（第９章），同様の流れで流入した大加耶工人による耳飾製作がおこなわれていた公算は高い。しかし，大刀と違い，耳飾は列島社会に定着することなくＴＫ43型式期以降姿を消す。このことは，大加耶の滅亡と連動した現象ではないかと考えられる。すなわち，６世紀前葉以後，地方勢力との間接的従属関係構築の媒介品であった金工品が，新羅や百済で地方の直接支配体制が整備されるのにともない，急速にその機能を失う。そうした中，金工品の威信材的価値機能が比較的維持されていた大加耶が新羅の侵攻によって滅亡したことで，倭が受容していた金工服飾品を媒介とする半島的価値体系が完全に変容する。その結果，半島交渉に際して殊更に金工品で着飾る必要がなくなり，耳飾をはじめとする様々な金工装飾品が需要を失ったのである。

小　結

以上，前章までの朝鮮半島出土垂飾付耳飾の編年的・系譜的検討を土台に，日本列島出土の垂飾付耳飾の系譜と製作地について考察を試みた。結果，列島で出土する長鎖式耳飾は，日本列島で製作されたものである可能性が高く，古墳時代中期後葉から後期前葉にかけて列島内の耳飾製作集団が分化し，後期前半にかけてその製作が続いたと推定した。古墳時代後期になると，大加耶や百済からの製品の流入が増え，後期中葉に至るまで大加耶からの山梔子形系統耳飾の搬入は続くが，金工威信財の配布を介した間接統治体制の変化が半島各地で進むにしたがい金工装飾品の価値体系が変容し，大加耶の滅亡に前後して垂飾付耳飾は姿を消す。

従来，金製長鎖式耳飾は，５世紀後半における日本列島と大加耶との密接な関係を示すものとして認識されてきた。しかし，本章での検討の結果，同時期における大加耶との関係は大幅な見直しの必要が生じる可能性が高まった。ただしこれは，あくまで検討材料を垂飾付耳飾に限った場合の予察である。さらなる総合的な検討で，倭と大加耶，ひいては半島諸地域との関係を多面的に追究していく必要があろう。そうした次なる試みの一つとして，次章以下，装飾付大刀の分析に入っていきたい。

Column 1
考古学にやさしい国

考古学を学ぶにあたり，身につけなくてはならない基本スキルの一つに，「実測」がある。実測とは，遺構や遺物の実際の寸法を測って，正確な投影図を作成する作業のことである。遺物を実測する場合，調査対象の遺物を方眼紙の上にセットし，定規などを使って測り込んだ点から，鉛筆で図を描いていく（図 A-1）。

図 A-1　実測作業の様子

これほどデジタルカメラの技術が発達した現代においても，いまなおアナログな実測図の作成が必須とされているのは，写真では表現が難しい情報を実測図なら端的に示すことができるためである。例えば土器の実測図は，左半分に通常の立面図，右半分に断面と内面を表現するのが一般的である（海外だと左右反対の場合もある）。土器の内面調整や断面形態の情報は，写真での表現が困難である。あるいは鉄製品の場合，表面が銹や土に覆われていて，一見して実際の形状がわからないものが多い。そのため，銹の外形線の中に元来の形状を表現できる実測図（図 A-2）でなければ，情報を適切に示すことができない。

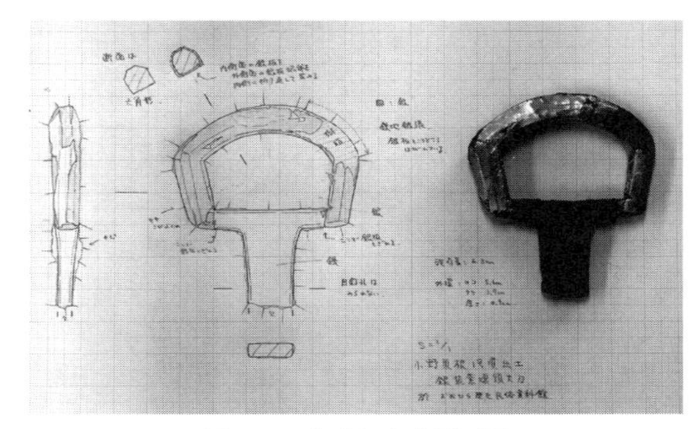

図 A-2　作成した実測原図

したがって，実測図を作成するには，正確な測点を取っていくと同時に，モノの特徴や構造をしっかりと見極めなくてはならない。遺物の実測図とは，正確に寸法を合わせた模写図であると同時に，観察によって得られた情報を表現したものでもある。しかし，発掘された遺物の報告書執筆者は，必ずしもその遺物の専門家ではあるとは限らない。石器や木器，鉄器などは，その専門家でないと十分な図面の作成が困難なことが多い。そのため日本の研究者は，資料調査（実見観察調査）の際，既報告資料であっても自ら再実測をおこなうことが多い。筆者も，学生時代から資料調査の際は自身で図面を描くようにとの指導を受けてきた。実測図を作成するには，長時間にわたって遺物を詳細に観察する必要があるため，それ自体が遺物観察の訓練になるのである。絵心のない筆者は実測技術の習熟に手こずり続けてきたが，全国の考古学関係者の方々からご厚情をいただき，資料調査の実測作業で試行錯誤を繰り返しながら遺物の観察トレーニングを重ねることができた。

しかし，このように学生が調査に行って，ある程度自由に実測作業を許可してもらえるということは，世界的には稀有なことである。例えば，筆者がフィールドとする韓国では，日本ほど資料調査という研究プロセスが一般的でない。まして一度報告された遺物を改めて実測し直すということはほとんどない。学生が単独で外部機関に資料調査を申請し，遺物の再実測をしようとしても，なかなか許可を得るのは難しいのである。

そもそもあまり資料調査がおこなわれないため，韓国での調査は日本に比べて時間的・内容的な制限があり，思うように実施できないことも多い。しかし，こうした制約は韓国に限ったことではない。海外の他の国では，人脈に頼らなければ資料調査そのものが不可能なこともしばしばである。その点韓国は，比較的高い水準での調査・研究が可能であり，むしろ非常に協力的な状況といえる。逆に日本が普通でない。日本は，考古学的調査に対して極めて寛容なのである。

しかし，学部生の資料調査にさえ協力的なこうした日本の社会状況は，確実に日本考古学の精緻で堅実な議論を支えている。深化し過ぎた結果，解釈と乖離しているとの批判を受けることもある日本の遺物研究であるが，それを可能にしてしまう考古学的な社会体制を，筆者は純粋に素晴らしいと思う。

第Ⅱ部

装飾付大刀の流通と製作技術伝播

●装飾付大刀は，鍛造，鋳造，彫金，鍍金など，様々な専門技術の集合体である。その製作には，各専門分野における高度な金工技術者の存在に加え，それら複数の工人らを束ねる組織的な工房運営が必要となる。すなわち，装飾付大刀の流通には高度な集権構造をもつ集団の政治的意図が反映されているのである。

●第Ⅱ部では，そうした装飾付大刀の流通様態に加え，他地域への大刀製作技術の伝播という現象を掘り下げる。そこには，意図的な政治交渉とは異なる契機で交わる地域間関係の在り方が垣間見える。

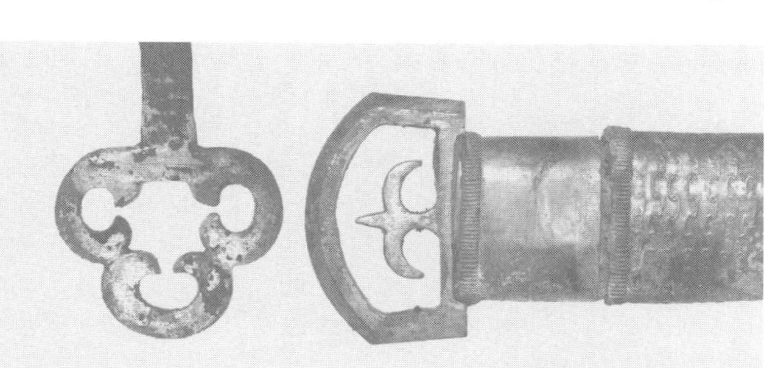

第5章

洛東江以東地域における装飾付環頭大刀の変遷

金工服飾品には，耳飾を始め，冠や帯金具，指輪や腕輪といった，まさに「装いを飾りたてる」装飾品のほかに，「装飾付大刀」（図 5-1）がある。装飾付大刀は，本来「武器」である大刀を金や銀といった希少な金属を用いて加飾したもので，実用性よりも象徴的な意味合いが色濃く，「新羅的装い」の一部を構成するものとして新羅中枢勢力により地方の権力者に配布された。

新羅の大刀意匠は，きわめて特徴的である。上円下方形の環の中に三つ葉の植物状モチーフを配した「三葉」環頭と，C字形の環を三つ連ねてトランプのクラブのような形状を表現した「三累」環頭の二種が，新羅的大刀の主なシンボルで

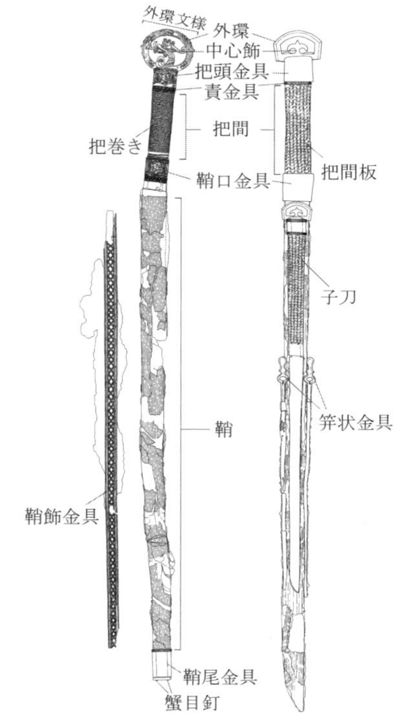

図 5-1　大刀の各部名称

ある。この規格化された大刀外装と把頭のシンボルは「新羅的アイデンティティ」を瞭然と示すものであった。新羅の装飾付大刀は，各種金工品の中でも比較的早い段階から製作が開始され，新羅の麻立干期を通して通時的に配布された。新羅の各種金工威信財の中でも主要な品目の一つとして認識されていたと考えられる。

本章の目的は，洛東江以東地域で出土する装飾付環頭大刀の形状や意味が，出現から終焉に至るプロセスの中でいかなる変遷をたどるのかを探り，新羅の麻立干期における地方統治政策の実態の一端を窺うことである[1)]。

第1節 「新羅」大刀をめぐる研究

1．研究史の検討

朝鮮半島における装飾付大刀の出土数は，新羅圏域が最も多い。にもかかわらず，新羅の装飾付大刀研究が他地域に比べ立ち遅れているのは，新羅に特徴的な三葉環頭大刀や三累環頭大刀が，日本列島で出土する環頭大刀の主流形式ではないため，日本の研究者による検討があまり及んでいないことが一つの要因として挙げられる。ここで，先学の研究成果を整理し，新羅の大刀研究の現状と課題を明らかにしておきたい。

把頭にリング状の装飾部を付す「環頭大刀」の検討においては，「素環頭大刀」や「三累環頭大刀」といった環頭部の形状を基にした大別が，今日まで基本的分類として採用されている。こうした分類の枠組みは，大正期，大刀研究の黎明の段階で，高橋健自により示されたものである。各地で出土した装飾付大刀を環頭部形状から分類し，大刀研究の端緒を開いた高橋は，環頭大刀が朝鮮半島においても多数出土することに論及し，日本列島出土資料が大陸から伝来したものであることを指摘している（高橋 1911）。高橋の研究を嚆矢として，濱田耕作・梅原末治による本格的資料集成（濱田・梅原 1923），後藤守一や神林淳雄，末永雅雄による環頭大刀全般の総合的な分類研究（後藤 1928，神林 1939，末永 1941）を経て，装飾付大刀研究の基本的な枠組みは固められることとなっ

1） 新羅圏域では，圭頭大刀など環状の把頭装飾をもたない装飾付大刀も確認されるが，本章では主に環頭大刀を検討対象とし，その他の装飾付大刀については必要に応じて言及するに留める。

た。

このような分類の枠組みは，日本列島内に留まらず朝鮮半島においても適用された。新羅で出土する装飾付大刀を初めて主要な分析対象としたのが，穴沢咊光・馬目順一であった。両氏は，日本列島で出土する三累環頭大刀の系譜を探る中で朝鮮半島出土例に言及し，同種の大刀が「朝鮮半島南部の古新羅・伽耶古墳からの発掘例がもっとも多い」ことを指摘，これらを「実用刀ではなく，威儀具的性格の濃い儀刀であった」と推測した（穴沢・馬目 1983）。さらに両氏は，朝鮮半島出土事例の具体的検討を進め，新羅の社会制度にまで議論を発展させている。すなわち，新羅では5世紀中葉には，既に環頭大刀の外装で表される身分秩序が存在していたこと，5世紀末には外来の龍鳳文環頭大刀が社会的地位の表象として取り入れられ，龍鳳環―三累環―三葉環―素環という階層制度へと発展したことなどを論じた（穴沢・馬目 1987）。

一方，韓国の学界では，穴沢・馬目の研究以前にも李殷昌による先駆的な分類研究（李殷昌 1972）などがあったものの，本格的な研究の始まりは80年代後半，具滋奉の研究を待たねばならない。氏は，環頭大刀の分類や部分名称の設定など，基礎的な概念整理を進めた（具滋奉 1995ほか）が，中でも三葉環頭大刀については，出土地不明品を含めた悉皆的な集成と図化を実施しつつ，大刀の型式設定，製作技法の分類を試みた（具滋奉 1987）。こうした意匠上および製作技法上の属性を抽出してそれぞれに類型を設定するという手法は，その後の研究者らに受け継がれ，最近でも禹炳喆が新羅・百済・加耶の装飾付環頭大刀を網羅的に扱って非常に細かな分類を試みている（禹炳喆 2014）。

具滋奉による概念整理を土台に，大刀の分析を新羅の社会構造や他地域との関係へと議論を発展させたのが李漢祥である。氏は，装飾付大刀を金工服飾品の一部として新羅中央により下賜された威信財であると評価し，新羅の地方支配を論じる手がかりとした（李漢祥 1997）。また，百済や加耶の大刀を検討する中で新羅大刀の特徴を明確化し，新羅における大刀製作技術が中国から高句麗を介して新羅に伝わり加耶や倭へと伝わったものであることや，新羅で出土する龍鳳文環頭大刀が加耶との関係で出現したものであることなど，重要な指摘をおこなっている（李漢祥 2004c）。氏の研究は，新羅の内的な階層関係を論じるに留まっていた装飾付大刀を，中央と地方との関係，さらには新羅と周辺地域との関係といった広域的な分析材料へと昇華させた点に大きな意義があるといえる。

日本でも近年，梅本康広が財団法人東洋文庫所蔵の「梅原考古資料」に記録が残る伝奈良県笛吹古墳群出土素環頭大刀の検討に端を発して，新羅の環頭大刀を総合的に分析している。梅本は，特に把間に被せられた金属の板に施される打出文様に着目し，これを形状によって分類，慶山林堂古墳群の古墳編年を参考に年代的な評価を付与した。さらに，大刀の環頭部型式や材質，規格などに焦点を当てつつ，階層的な側面を念頭に大刀の変遷を論じている（梅本 2012）。

2．研究の課題

以上，既往の研究を概観した。筆者は，新羅の装飾付大刀研究に，次のような課題があると考える。

これまで，大刀の分類研究そのものは，非常に詳細な水準でなされている。大刀全体を構成する個々の装飾要素を分解してこれらを個別に分類するという試みが，具滋奉の研究を嚆矢として，早い段階から幾度も試みられてきた。しかし，こうした分類研究の大部分は，細分型式の設定に終始してしまっており，せっかくの属性分析が新羅の社会構造の変化や周辺地域との関係といった種々の問題解決にあまり活かされていない。大刀を通じた地域間交流の様相については，李漢祥によってある程度の枠組みが明らかにされているものの，それが単なる器物の流通レベルの交流なのか，製作技術の伝播をともなう交流であったのか，さらに踏み込んで分析する余地が残されている。

各地に流通した大刀を一律に扱って分析を進めるには，大刀そのものを基準とした汎地域的な時間軸が確立されている必要がある。また，製作から廃棄（副葬）までにある程度の時間幅が想定される装飾付大刀の場合，製作技術の伝播について論じるにあたっては，出土遺構の年代でなく大刀の製作年代を前提としなくてはならない。そこで本章では，大刀の各種属性を改めて個別に分類し，時期差を反映した属性を抽出する。それに基づいて大刀の型式学的な変遷過程を整理し，変化の画期を明確にすることで，新羅の内的な発展過程と周辺地域との技術的な関係に論究したい。

第２節　大刀各部の分析

新羅の大刀は，本体である鉄製の刀身に，金・銀・金銅などを駆使した様々な装飾を施すことで完成される。換言すると，新羅の大刀は，鉄刀身と各種装飾要素の総合体として捉えることができる。大刀を構成する各要素には，それぞれ意匠上ないし製作技法上のバリエーションが存在しており，時期差や系統差が反映されている可能性が推測される。本章では，先学により示された分類視点（具滋奉 1987，梅本 2012，禹炳喆 2014など）を参考にしつつ，これら大刀を構成する各要素を「属性」として認識し，それぞれに類型を設定する。

１．環頭部

既に述べたように，研究の最初期から大刀のアイデンティティを最も端的に示す部位として認識され，基本的な大刀の大別基準とされてきたのが把頭に付された環状の装飾部である。ここでは，環頭部の形状を基に，素環，三葉環，三累環に大別し，それぞれを細分する（図5-2）[2]。

素環　環頭内部に特別な意匠をもたないシ

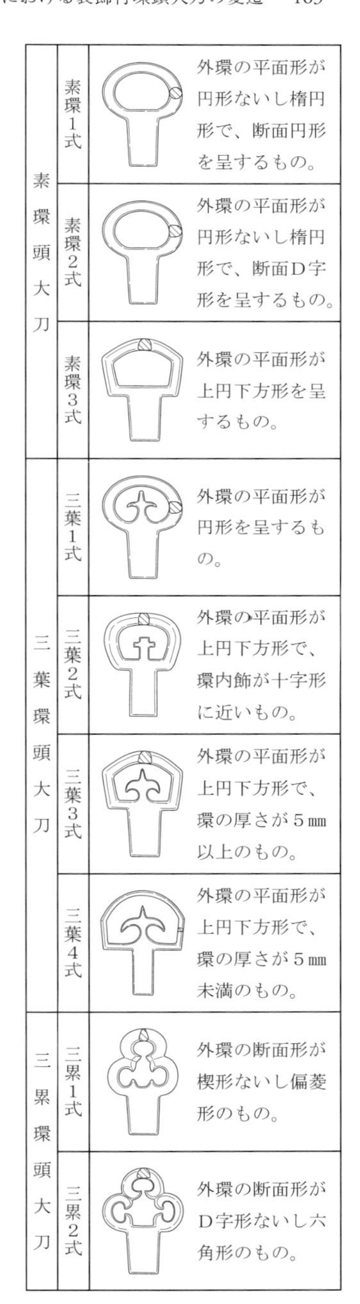

図5-2　環頭部の形態

2）　環内に龍または鳳凰をあしらった「龍鳳文環頭大刀」が，新羅圏域で３例出土している。慶州飾履塚例，慶州壺杅塚例，慶州天馬塚例である。このうち，前者２例は大加耶からの搬入品と考えられるため，本章では扱わず，後章で詳しく検討する。天馬塚例については本章で後述する。

ンプルな環頭装飾である。外環の平面形と断面形により３種に細分する。

素環１式は，外環の平面形が円形ないし楕円形を呈し，断面形が円形のものである。鉄製のほか，銅製と鉄地銀張がある。外環は比較的細身である。

素環２式は，外環の平面形は１式同様円形ないし楕円形であるが，断面形がＤ字形を呈するものである。鉄地銀張と鉄地金張が確認される。

素環３式は，外環の平面形が上円下方形のものである。外環には稜が形成され，断面形は六角形を呈する。鉄地銀張のほか，金銅製も確認される。

三葉環　外環内部に三葉の植物状モチーフを配した環頭装飾である。形態から４種に細分する。

三葉１式は，外環の平面形が円形を呈するものである。外環はあまり明瞭な稜を有さず，断面形はＤ字形に近い六角形である。

三葉２式は，外環の平面形がシャープさを欠いた隅丸方形に近い上円下方形で，中心飾は三葉文というより十字文に近い形状のものである。外環の断面形は六角形である。いずれも銅製で，明確な鍍金の痕跡が認められない。

三葉３式は，外環の平面形がシャープな上円下方形で，外環に明瞭な稜をもち，断面六角形で厚さ５mm 以上のものである。鉄地銀張のものが最も多く，鉄地金張，金銅のものがある。鉄地銀張の場合，環内の三葉文に鍍金を施すものが多い。

三葉４式は，外環の平面形がシャープな上円下方形で，外環に明瞭な稜をもち，断面六角形を呈すが全体的に扁平で薄く，外環の厚さが５mm 未満のものである。いずれも金銅製である。

三累環　Ｃ字形の環を三つ連ねた環頭装飾である。原則として中心飾を設けない。環の断面形から２種に細分する。三累１式は，外環の断面が楔形ないし偏菱形を呈するものである。いずれも銅製で，明確な鍍金の痕跡は認められない。三累２式は，外環の断面がＤ字形を呈するものである。鉄地銀張，鉄地金張，金銅と様々な素材でつくられる[3)]。

---

3)　他に，三累環頭大刀にも，三葉４式のように扁平な資料が存在する。大邱飛山洞37号墳２号石槨例は，金銅製で断面の厚さが４mm と薄い。外環に稜があり，断面は六角形を呈する。こうした資料は出土地の明確な類例が少なく，刀装の全体像が明らかな資料が存在しないため，ここでは細分を差し控えるが，将来的には資料の増加により類型を設定できるようになる可能性があることを指摘しておく。

2．把

装飾付環頭大刀は，環頭部だけでなく大刀の把握部，すなわち把間の部分にも様々な装飾を施す。新羅の装飾付環頭大刀には金属線による把巻きを施したものはほとんどなく，文様を施した金属製の薄板を被せるのが一般的で，文様や製作痕跡など様々な属性を抽出できる。

把間装飾の構成　把間の装飾は，木製の把を金属製の責金具で固定するだけのシンプルなものから，文様を施した金属板を巻くものまで，鞘よりも多様である。ここでは，把装飾の構成内容から，４種に大別する（図5-3）。

把間装飾Ⅰ式は，筒状の把頭金具や鞘口金具[4]をともなわず，木製の把を責金具で責めただけのものである。把間には糸を巻くなど，有機物製の装飾が施されていた可能性が高い。

把間装飾Ⅱ式は，筒状の把頭金具や鞘口金具を有するものである。把間には，

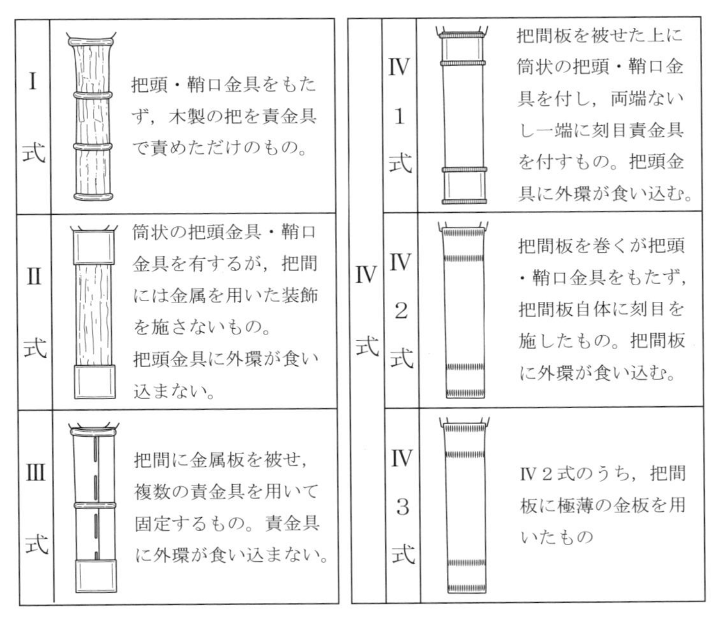

図5-3　把間装飾の構成

4）厳密にいえば，鞘口金具は把部の装飾には該当しない。しかし，装飾付大刀は基本的に鞘に納刀された状態を前提に装飾が施されており，鞘口金具は把頭金具とセットをなすものと考えられるため，ここでは把装飾の一部という扱いで検討する。

金属を用いた装飾はみられず，繊維や革といった有機物製の素材を巻き付ける。把頭金具には外環が食い込まない。

把間装飾Ⅲ式は，木製の把に金属製の薄板，すなわち把間板を巻いた後，複数の責金具で把間を責めたものである。外環は把間板や責金具には食い込まない。把間板には，打出文様が施されることが多い。責金具と鞘口金具を併用する場合が散見されるが，ここでは責金具を把間に用いるという点を把間装飾Ⅲ式とする基準と定めておく。

把間装飾Ⅳ式は，把頭金具と鞘口金具を有し，文様を打ち出した把間板で把間を装飾したものである。外環が把頭金具に食い込む。把頭・鞘口金具には，上下の縁に刻目帯をめぐらせるものが多い。銀装のものが多いが，金銅や金を用いたものも認められる。また，把間装飾Ⅳ式には，把頭金具と鞘口金具のいずれか，ないし両方を省略し，把間板の端部に筒金具にめぐらせる刻目帯の刻みを打出文様によって表現することで，筒金具を取り付けているような視覚効果を狙った省略意匠とみられるものが存在する。ここでは，これらを細分し，前者を把間装飾Ⅳ１式，後者をⅣ２式とする。Ⅳ２式では，把頭側の把間板端部に外環が食い込む。さらにⅣ２式には，把間板に極薄の金板[5]を用いる一群がある。箔に近い薄さであり，多くの場合，金板が部分的に剥離し，把木が露出している。把間板は把木の両端部で折り返され，小口面に被さる。ある程度の厚みをもった銀板ないし金銅板を用いる他のⅣ２式の資料とは明らかに異質な技法でつくられており，ここでは，この一群をⅣ３式として分類する。Ⅳ３式では，いずれもⅣ１式の刻目帯を表現する刻みが表現されていることから，Ⅳ１式の１種とみなすことができる。

把間板の打出文様　把間に巻く把間板には，通常，打出技法により多様な文様が表現される。これらを以下のように分類する（図5-4）。

Ｃ字文はアルファベットの「Ｃ」の字を縦に少し引き延ばした文様を単位文様とする一群である。Ｃ字文を単列で並べていくものをＣ字文ａ，重列で並べていくものをＣ字文ｂとし，さらに前者を，「Ｃ」の開いた側が切先側を向くＣ字文ａ１，把頭側を向くＣ字文ａ２，単列だが，Ｃ字の向きを互い違いにな

5）　鉄地金張と判断している資料には，表面にごくわずかであるが緑青が認められるものが散見されるため，現時点では金張でなく金銅張である可能性を排除できない。

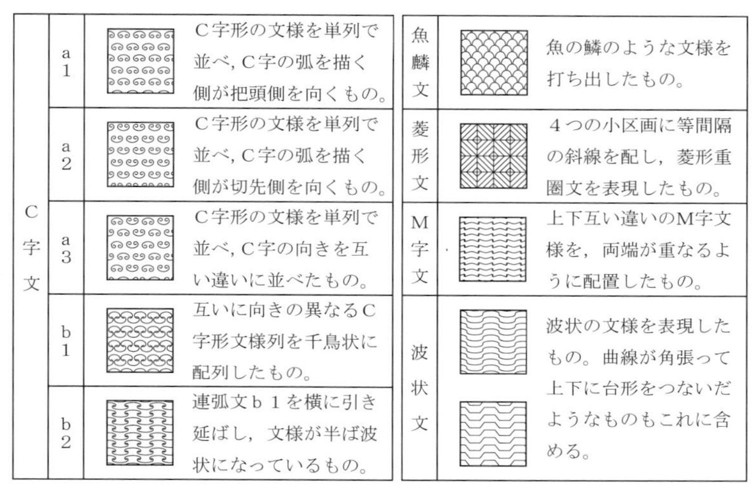

C字文	a1	C字形の文様を単列で並べ，C字の弧を描く側が把頭側を向くもの。
	a2	C字形の文様を単列で並べ，C字の弧を描く側が切先側を向くもの。
	a3	C字形の文様を単列で並べ，C字の向きを互い違いに並べたもの。
	b1	互いに向きの異なるC字形文様列を千鳥状に配列したもの。
	b2	連弧文ｂ１を横に引き延ばし，文様が半ば波状になっているもの。

魚鱗文	魚の鱗のような文様を打ち出したもの。
菱形文	４つの小区画に等間隔の斜線を配し，菱形重圏文を表現したもの。
M字文	上下互い違いのM字文様を，両端が重なるように配置したもの。
波状文	波状の文様を表現したもの。曲線が角張って上下に台形をつないだようなものもこれに含める。

図5-4　把間板の打出文様

らべたC字文ａ３に細分する。後者についても，重列に向きの異なるC字文を千鳥状に配するものをC字文ｂ１，C字文ｂ１をさらに横方向に引き延ばし，文様の並びが密になったものをC字文ｂ２とする。

M字文は，丸みを帯びたアルファベットの「M」の字のような文様を単位文様とする一群である。M字の両端がやや被るように上下互い違いに並べるのが基本であるが，同じ方向に並べるものも少数確認される。

波状文は，浅いC字文を互い違いに連続して配することで，波状の文様を表現するものである。曲線が角張って上下に台形をつないだようになったものもこれに含める。

魚鱗文は，魚の鱗のような文様を打ち出したものである。

菱形文は，把間板に小さな正方形の区画を並べ，隣り合う区画同士で逆方向になるよう各区画に等間隔の斜線を入れることで，菱形重圏文が並んでいるような文様を表現したものである。

把間板の固定方法　把間板は，把に巻き付ける際，端部を少し重ねて，鋲状を呈する釘を打ち込むことで把木に固定する。鋲を打ち込む位置にはバリエーションがある。ここでは，佩裏側の平面上に鋲を打ち込んで固定する鋲A，把の腹側側面に鋲を打ち込む鋲Bに分類する。さらに前者を，ちょうど大刀の中

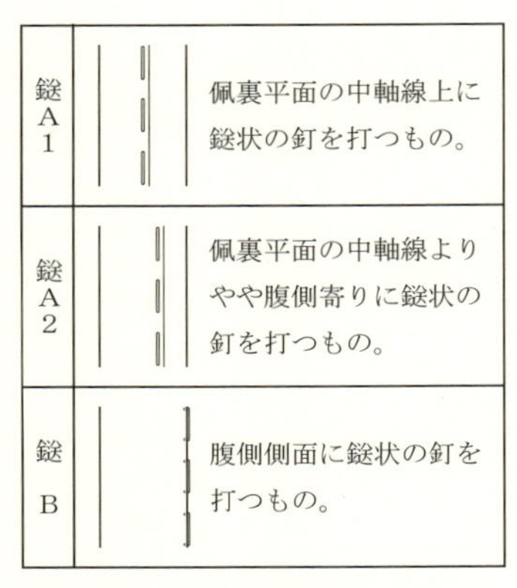

図 5-5　把間板の固定方法

軸線状に鋲を打つ鋲Ａ１，中軸線からやや刀身腹側にずれた位置に鋲を打つ鋲Ａ２に細分する（図 5-5）。

３．鞘

鞘の装飾については，シンプルな木鞘を用いたものから全面に金属を用いたものまで，個体差が大きいが，把に比べて全体的にあまり装飾が及ばないものが多い。細かな分類に耐え得る属性を見出すのは困難であるが，いくつか「新羅的な意匠要素」が認められるので，言及しておく。

子刀の有無　新羅の装飾付環頭大刀の多くは，佩表側に大刀本体と同形状の環頭部をもつ小刀が取り付けられている。こうした意匠を有する大刀は「母子大刀」と呼ばれる。子刀は基本的に新羅に特有の意匠要素であり，これをもつか否かが，一つの基準となる。

笄状金具　鞘に付される細長い錐状の付属具のことである。多くの場合，子刀とセットとなる。出土時には遊離しているものが多く，本来の着装状態が明らかな資料は限られるが，佩表側の中軸線上，子刀の真上に一つ取り付けたものと，子刀を挟んで二つ取り付けたものとがある。

鞘尾金具　鞘尾に取り付ける筒状の装具である。鞘尾金具が残るものはむしろ稀で，鞘身同様，鞘尾も木製の装具が用いられていた例が多数であったとみられる。金具の残る例をみると，円柱状で切先側をフラットに仕上げるものが大半で，少数，蟹目釘（図 5-1）を打ち込んだものが確認される。

第３節　大刀群の設定

以上，各種属性に類型を設定した。これらを踏まえ，属性の集合体である大刀本体の検討に移行したい。ここでは，装具が一定以上遺存しており，外装の全体像を窺うことができる資料を中心に検討する。

上述したように，新羅では環頭部の差異が身分表徴と関連していた可能性が指摘されており（穴沢・馬目 1987ほか），分析にあたって，環頭部の形態は最も重視すべき属性であると考えられる。したがって，ここでも環頭部の差異を大別形式としておく。

装飾付環頭大刀は，個体間における細部の意匠差が大きく，全体として異なる印象を与える。これは主に，把装飾の構成内容に起因するものと考えられる。すなわち，把頭金具および鞘口金具の有無，把間板の有無といった要素が，大刀全体の総合的な意匠に決定的な違いをもたらす要因となっているのである。そこで，環頭部により大別したそれぞれの大刀形式ごとに，「把間装飾の構成」の共通性に基づいて「大刀群」を設定する。さらに，その他の属性から大刀群内での時期的な先後関係を検討し，大刀群をまたいで共有される技術的特徴の様相を探りつつ，大刀製作の全体的な変遷を把握したい。

１．素環頭大刀（図 5-6・図 5-7）

洛東江以東地域では，装飾された素環頭大刀の出土数は相対的に少ない[6]が，個体間の意匠にはかなりの差が認められる。ここでは，三つの大刀群を設定する。

素環Ａ群（図 5-6-1）は，把間装飾Ⅰ式およびⅡ式の大刀である。把間板をもたず，環頭部や筒金具，責金具など，一部に貴金属を使用した，非常に簡素な装飾の大刀といえる。慶州月城路カ13号墳出土の３例に，慶山林堂古墳群出土例を加えた４例が確認されている[7]。素環Ａ群は，設定した大刀群の中で，個体間の意匠的差異が最も大きく，月城路カ13号墳の３例についても，子刀や弁状金具を備えるものや，金製の筒金具を有するものなど多様である。月城路カ13号墳例については，後で詳しく検討する。

素環Ｂ群（図 5-6-2・３・図 5-7-1）は，把間装飾Ⅲ式の大刀である。把間板の使用により把全体に装飾が及んでいる点で，素環Ａ群に比べてかなり装飾性が高いといえる。把間板は無文ないしＣ字文ａ１が施文され，いずれも鎹Ａ１

6）表 5-1に挙げた10例の他に，大邱飛山洞34号墳第１石槨出土の銀装素環頭大刀がある。この資料については，戦前の古蹟調査にともなう出土品で現在実物の確認ができず詳細が不明であるため，評価を保留しておく。

7）洛東江以西地域でも咸安道項里８号墳から同種の大刀が１点出土している。

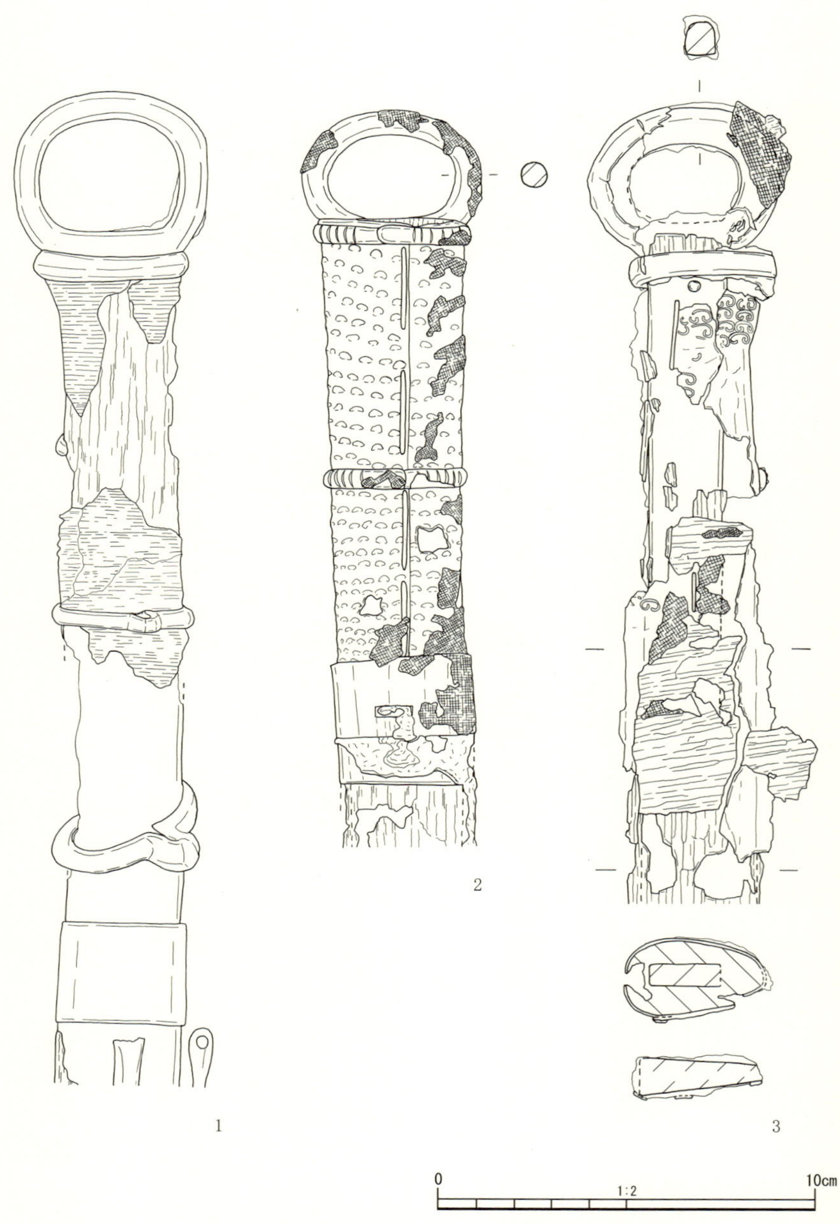

1．月城路カ13号（A群），2・3．福泉洞21・22号（B群）

図 5-6　素環頭大刀の諸例（1）

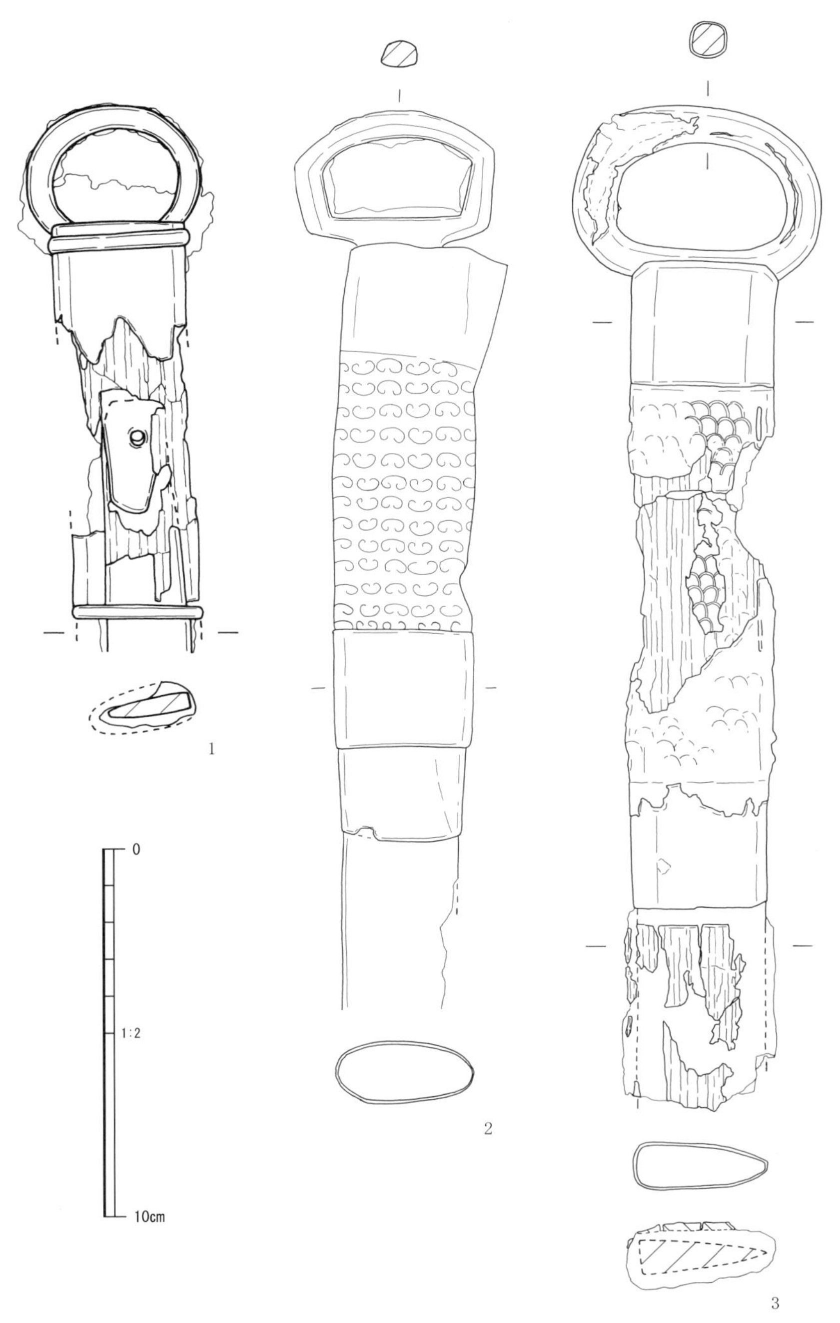

1．福泉洞10・11号（Ｂ群），４．造永洞ＥⅠ-１号（Ｃ群），５．校洞64番地所在古墳（Ｃ群）

図５-7　素環頭大刀の諸例（２）

によって固定される。子刀や笄状金具はともなわない。釜山福泉洞21・22号墳出土の２例と同10・11号墳出土例の３例が確認される。

素環Ｃ群（図5-7-2・3）は，把間装飾Ⅳ式の大刀である。把頭・鞘口金具が把間板と併用され，素環頭大刀の中では最も装飾性が高い。把間板にはＣ字文ａ系の打出文様が施文されるが，素環Ｂ群と異なり，Ｃ字文ａ２やａ３が施され，魚鱗文を打ち出したものも認められる。把間板の固定方法も鋲Ａ１のほか，鋲Ａ２によっても固定される。素環Ｂ群との共通性は高い一方で，細部には相違点が多くみられる。

ここで，上で分類した各大刀群の時期的な先後関係について検討しておこう（表5-1）。素環頭大刀は資料数が少なく，大刀群内での時期的な差を窺うのは難しい。ここでは，大刀群間の時期的関係を検討しておく。まず把間装飾について，木製の把部材を「責める」という機能的観点からみたとき，糸などの有機物製素材の使用を残すものから，責金具や筒金具，把間板などの金属製の部材を多用することで，装飾性が付加されていくプロセスが予想され，単純なⅠ式からⅡ式・Ⅲ式を経てより複雑なⅣ式へと変化すると推測される。次に環頭部に関して，原三国時代の墳墓から出土する鉄製素環頭大刀は，いずれも平面円形ないし楕円形であり，上円下方形を呈するものはみられないことから，上円下方形の素環３式は円形の素環１式・２式に後出することが予想される。

ここで，素環Ｂ群大刀に採用された素環１式環頭がいずれも銅製である点に

表5-1　素環頭大刀における大刀群設定

大刀群	出土遺跡	把間装飾				環頭部			把間板		子刀	笄状金具	環頭部の材質	共伴遺物		備考
		Ⅰ式	Ⅱ式	Ⅲ式	Ⅳ1式	素環1式	素環2式	素環3式	打出文様	固定方法				土器	馬具	
A群	慶州 月城路カ13号墳Ａ	○				○			—	—	○	2	鉄	古式Ⅲｂ	慶州Ⅰ後	
	慶州 月城路カ13号墳Ｂ	○				○			—	—		—	鉄地銀張	古式Ⅲｂ	慶州Ⅰ後	
	慶州 月城路カ13号墳Ｃ		○			○			—	—	○	—	鉄	古式Ⅲｂ	慶州Ⅰ後	
	慶山 林堂古墳群出土		○				○		—	—		—	鉄地金張			左利き用？
B群	釜山 福泉洞21・22号墳Ａ			○		○			Ｃ字文ａ1	鋲Ａ１		—	銅	新羅ⅠＡ	釜山Ⅱ	
	釜山 福泉洞10・11号墳			○		○			無文	鋲Ａ１？			銅	新羅ⅠＢ	釜山Ⅲ	
	釜山 福泉洞21・22号墳Ｂ			○			○		Ｃ字文ａ1	鋲Ａ１			鉄地銀張	新羅ⅠＡ	釜山Ⅱ	
C群	慶州 校洞64番地所在古墳				○		○		魚鱗文	鋲Ａ２		—	鉄地金張			
	慶山 林堂７Ｂ号墳主槨				○			○	Ｃ字文ａ2	鋲Ａ２	○		鉄地銀張		慶山Ⅲ前	
	慶山 造永洞ＥⅠ-１号墳				○			○	Ｃ字文ａ3	鋲Ａ１	○	1	鉄地銀張		慶山Ⅲ後	

着目したい。素環Ａ群で素環１式の環頭部をもつ資料は，すべて慶州月城路カ13号墳からの出土である。月城路カ13号墳は，共伴する馬具や土器から，最古段階に位置付けられる遺跡であるが，同じく共伴した垂飾付耳飾をみると，新羅の一般的な耳飾と意匠を大きく異にしており，外部からの搬入品とみられる（第１章）。したがって，これらの大刀も慶州でつくられたものでなく，外部からもたらされたものである可能性が高い。一方，素環Ｂ群については，把間板のＣ字文ａ１の打出文様や，鋲Ａ技法による固定など，素環Ｃ群や三葉環頭大刀へと連なる特徴が認められることから，洛東江以東地域のどこかで製作されたものと推測される。その素環Ｂ群において採用される素環１式が銅製で，鉄地銀張の素環２式が登場するという点を解釈すると，鉄の地金に銀や金を被せようとした場合，断面円形を呈する環に薄い金属の板を被せて固定するのが困難であったため，内側に扁平な面を設けた断面Ｄ字形の素環２式が生み出されたという仮説が成り立つ[8)]。

したがって，素環１式から素環２式，さらに素環３式が創出されたと推測される。以上を総合すると，素環Ａ群がまず登場し，続いて素環Ｂ群の製作が開始，少し遅れて素環Ｃ群が出現したものと考えられる。資料数が少ないものの，上の推定は現時点で共伴遺物の年代観（白井 2003c，諫早 2012，李炫娫 2014）と矛盾をきたしていない（表5-1）。

２．三葉環頭大刀（図5-8～図5-10）

新羅圏域で最も数の多い形式である。二つの大刀群を設定する。

三葉Ａ群（図5-8-1・2）は，把間装飾Ⅲ式の大刀である。釜山福泉洞10・11号墳例と国立中央博物館所蔵出土地不明の２例が該当する。後者２例が，銅製の三葉２式環頭や，Ｃ字文ａ１を打ち出した把間板をもつなどの点で，特徴的に非常に近い資料であるのに対し，福泉洞10・11号墳例は，鍍金の残りの良い金銅製の三葉１式を環頭部にもち，無文の銀製把間板に鉄製の鞘口金具らしき装具を備えるなど，前者２例とは意匠の細部に大きな差異が認められる。鋲Ａ１により把間板を固定する点，子刀，笄状金具をもたない点など共通点は多い

8）　慶山林堂古墳群出土とされる素環Ａ群大刀については，素環２式の環頭部が採用されることから，搬入品でなく新羅での製作品である可能性も考えられる。

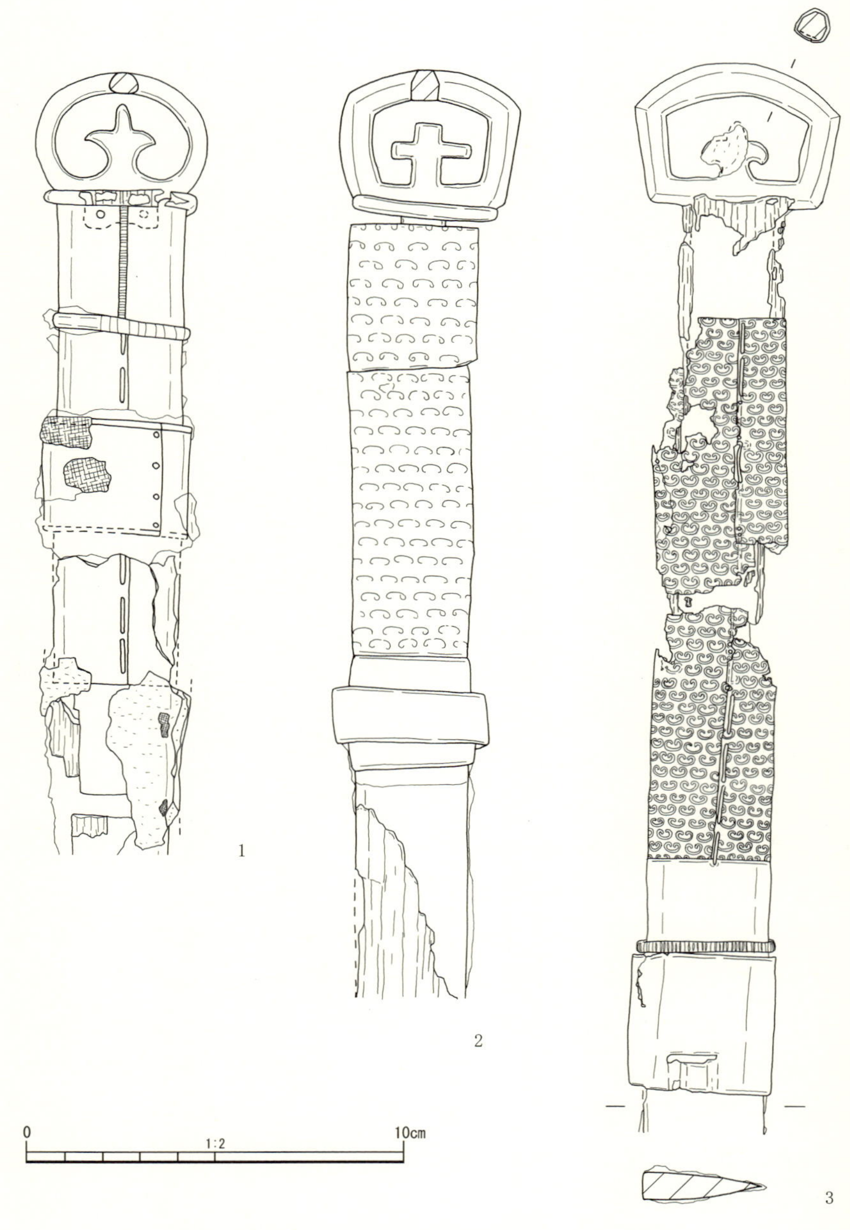

1．福泉洞10・11号（A群），2．国立中央博物館所蔵B（A群），3．皇吾洞1号（B1群）

図5-8　三葉環頭大刀の諸例（1）

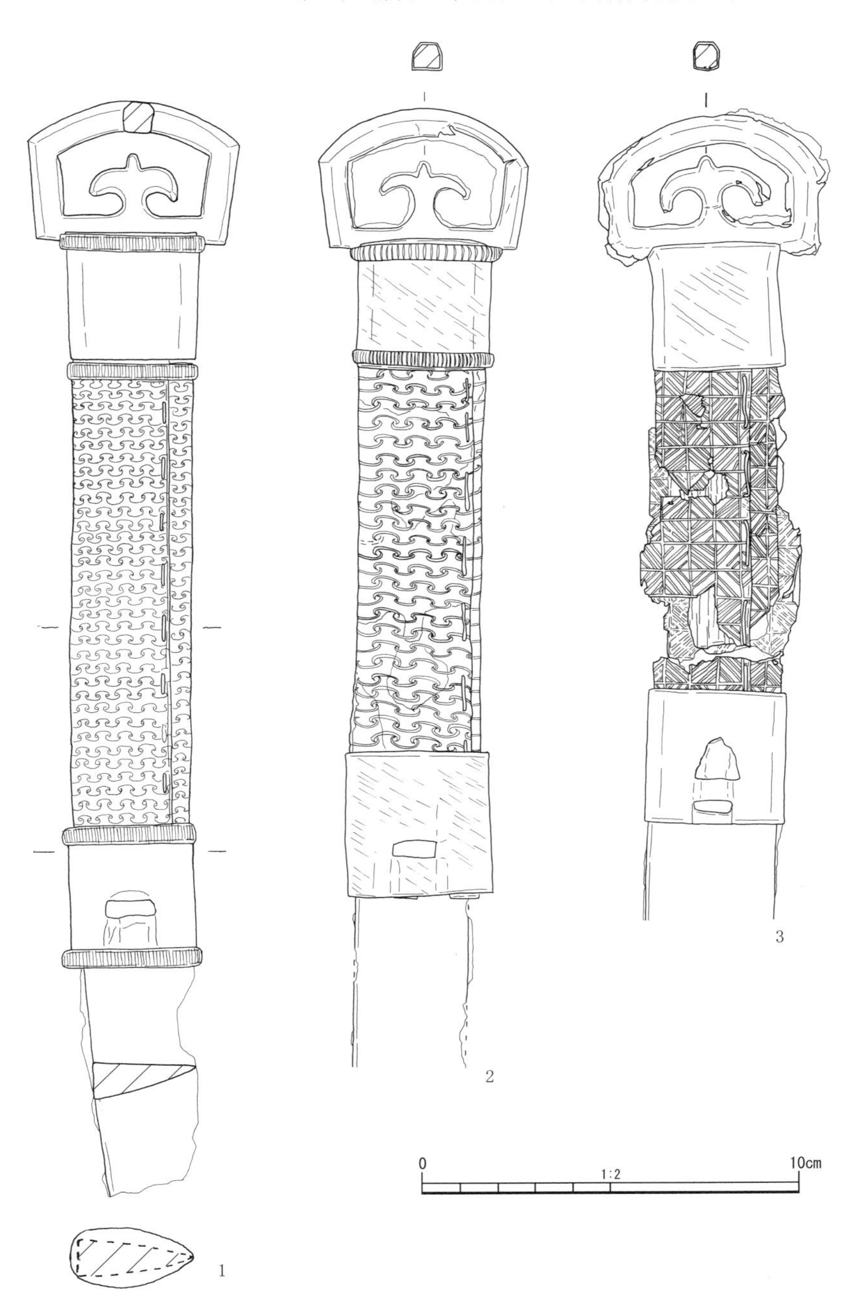

1．味鄒王陵地区出土（Ｂ１群），２．皇南大塚南墳（Ｂ１群），３．慶南大学校博物館所蔵（Ｂ１群）

図 5-9　三葉環頭大刀の諸例（２）

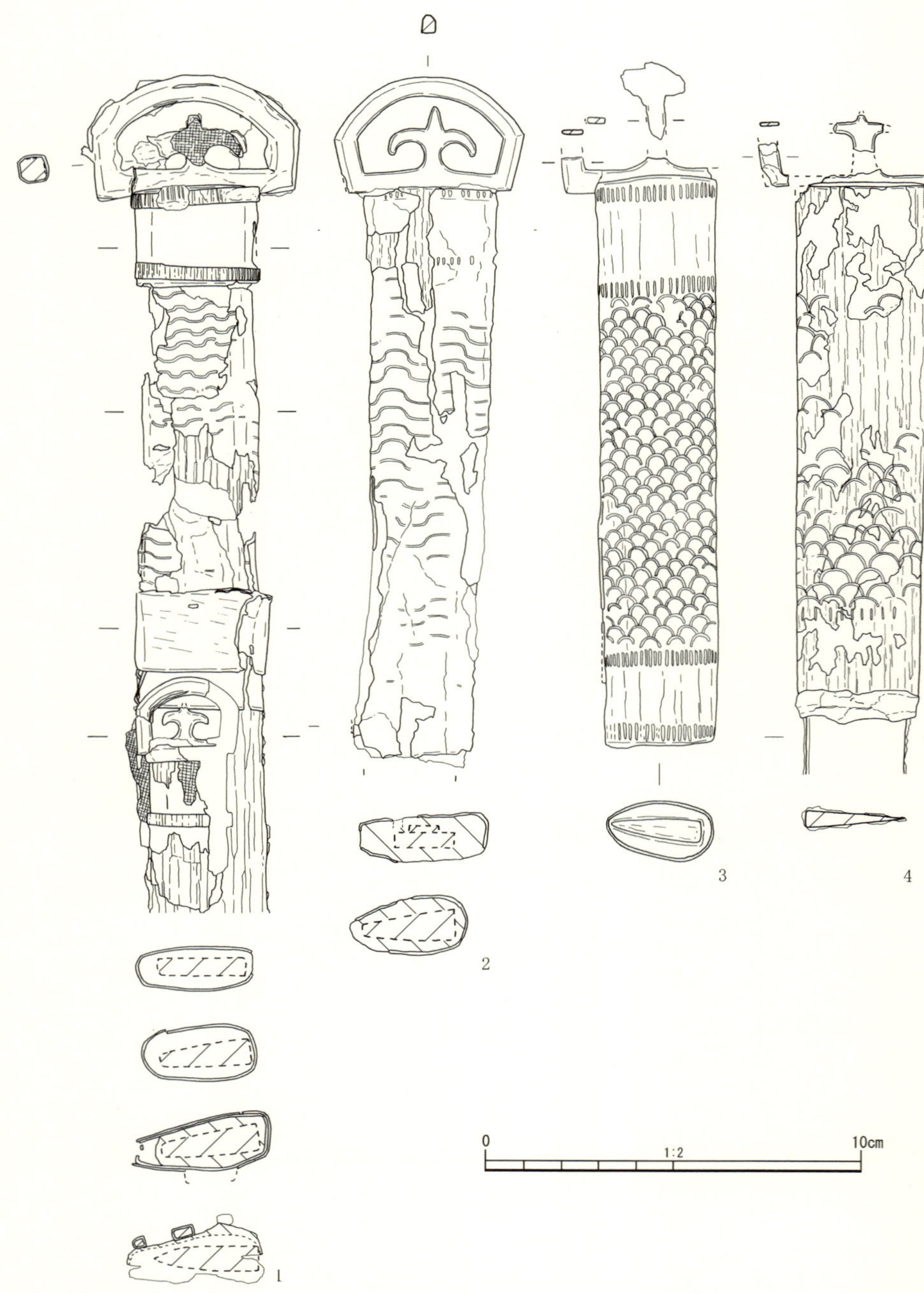

1．仁旺洞19号G槨（Ｂ１群），２．早日里35号（Ｂ２群），３．早日里67号（Ｂ２群），４．早日里80号（Ｂ２群）

図 5-10　三葉環頭大刀の諸例（３）

が，福泉洞10・11号墳例と国立中央博物館刀２例は細分できる可能性が残る。

三葉Ｂ群（図5-8-3・図5-9・図5-10）は，把間装飾Ⅳ式の大刀である。子刀，笄状金具が安定的に用いられるようになる。把間板の打出文様は大部分がＣ字文ｂで，固定方法も通常鋲Ｂが採用される。環頭部は三葉３式と三葉４式が含まれる。ここではさらに，装飾Ⅳ１式をもつものとその省略意匠と考えられる把間装飾Ⅳ２式・Ⅳ３式をもつものを分離し，前者を三葉Ｂ１群，後者を三葉Ｂ２群に細分する。

大刀群の時期的な関係を検討しよう（表5-2）。素環頭大刀の検討に照らせば，把間装飾Ⅲ式の三葉Ａ群は，把間装飾Ⅳ式の三葉Ｂ群に先行する可能性が高い。また三葉環頭大刀では，把間板を鋲Ｂ技法で固定するものがあらわれるが，鋲の位置を佩裏中央から腹側側面へとより目立たないところへ移動させるという連続的変化と仮定すると，鋲Ａ１からＡ２，Ｂへの変化が想定できる。三葉Ａ群は，いずれも鋲Ａ１技法により把間板を固定しており，やはり古い特徴を示している。

ここで，三葉Ｂ群の出現について考えてみたい。注目されるのは，慶州皇吾洞１号墳の三葉Ｂ１群大刀（図5-8-3）である。同大刀は，三葉Ｂ群の中で唯一，把間板に単列のＣ字文ａ２が打ち出されており，三葉Ａ群や素環Ｃ群といった大刀群との関連が示唆される。皇吾洞１号墳は，共伴遺物の年代がいずれもやや新しい時期を示しており，古いデザインが復古的に採用された可能性も考慮されるが，把間板の固定も三葉Ｂ１群では唯一鋲Ａ１技法が用いられており，製作技術自体が古相を示している。また，通常の三葉Ｂ１群大刀が，環内の三葉文にのみ鍍金を施すのに対し，皇吾洞１号墳例は，外環や鞘口金具にまで全体に鍍金が及ぶ。同様に外環や他の装具にまで鍍金を施した例に，慶北大学校博物館所蔵慶州味鄒王陵地区出土刀（図5-9-1）があるが，この大刀も鋲Ａ２技法によって把間板を固定する，三葉Ｂ１群では古い段階に位置付けられる資料である。これらのことから，皇吾洞１号墳例が，現状での三葉Ｂ１群における最古の大刀と評価できよう。とすれば，鋲Ａ１から鋲Ａ２，鋲Ｂへという変化を，三葉Ｂ１群という一系統の大刀の中で時期的な先後関係として認定できるということになる。三葉Ａ群と三葉Ｂ１群が別系統であった場合，時期的に併存していた可能性はあるが，おおむね三葉Ａ群がまず製作され，次の段階に

表 5-2　三葉環頭大刀

大刀群	出土遺跡	把間装飾				環頭部				把間				
										打出文様				
		Ⅲ式	Ⅳ1式	Ⅳ2式	Ⅳ3式	三葉1式	三葉2式	三葉3式	三葉4式	C字文a1	C字文a2	C字文b1	C字文b2	波状文
A群	釜山 福泉洞10・11号墳	○				○				無文				
	不明 国立中央博物館所蔵 A	○					○			○				
	不明 国立中央博物館所蔵 B	○					○			○				
B1群	慶州 皇吾洞1号墳		○					○			○			
	慶州 味鄒王陵地区出土		○					○				○		
	慶州 皇南大塚南墳主槨 A		○					○				○		
	慶州 皇南大塚南墳主槨 B		○					○				○		
	慶州 皇南大塚南墳主槨 D		○					○				○		
	慶州 皇南大塚南墳主槨 E		○					○				○		
	慶州 皇南大塚南墳主槨 F		○					○				○		
	慶州 皇南大塚南墳主槨 G		○					○				○		
	慶州 皇南大塚南墳主槨 C		○					○				○		
	慶州 皇南大塚北墳		○					○				○		
	昌寧 桂城里出土 A		○					○				○		
	昌寧 校洞駐車場造成敷地内古墳		○					○				○		
	星州 星山洞1号墳		○					○				○		
	慶州 徳泉里4号墳		○					○				○		
	慶山 造永洞EⅡ-1号墳		○					○				○		
	昌寧 松峴洞7号墳		○					○				○		
	大邱 飛山洞37号墳第1石槨		○					○				○		
	大邱 新池洞北7号墳		○					○				○		
	慶山 林堂6A号墳		○					○					○	
	慶山 北四里1号墳		○					○					?	
	慶州 仁旺洞19号墳G槨		○					○						○
	安東 造塔里C号墳		○					○						○
	不明 慶北大学校博物館所蔵 A		○					○						○
B2群	昌寧 校洞7号墳 A			○				○				?		
	義城 鶴尾里古墳1号横穴式石室			○				○				○		
	昌寧 桂城里出土 B			○				○					○	
	蔚山 早日里49-2号墳 A			○					○					○
	釜山 林石3号墳				○				○					○
	蔚山 早日里35号墳				○				○					○
	蔚山 早日里67号石槨墓				○				○	魚鱗文				
	蔚山 早日里80号石槨墓				○				○	魚鱗文				
B1群	不明 菊隠コレクション A		○					○		菱形文				
	不明 慶南大学校博物館所蔵		○					○		菱形文				
	慶山 造永洞EⅠ-2号墳		○					○		菱形文				
	義城 塔里古墳第Ⅱ墓槨		○					○		M字文（上下）				
	慶山 造永洞CⅠ-1号墳		○					○		M字文（上）				
	不明 伝高霊池山洞出土		○					○		M字文（上下）				

における大刀群設定

板			子刀	笄状金具	環頭部の材質	共伴遺物			備考
固定方法						土器	馬具	耳飾	
鎹A1	鎹A2	鎹B							
○					金銅	新羅ⅠB	釜山Ⅲ		
○					銅				
?					銅				
○			○	1	鉄地銀張	新羅ⅡB	慶州Ⅳ	3～4期前	筒金具すべてに鍍金。
	○				鉄地銀張				
	○				鉄地銀張	新羅ⅡA中	慶州Ⅲ後	1～2期	
	○				鉄地金張	新羅ⅡA中	慶州Ⅲ後	1～2期	
	○				鉄地金張	新羅ⅡA中	慶州Ⅲ後	1～2期	Bの子刀か。
	○				鉄地銀張	新羅ⅡA中	慶州Ⅲ後	1～2期	Cの子刀か。
	○				鉄地銀張	新羅ⅡA中	慶州Ⅲ後	1～2期	
	○				鉄地銀張	新羅ⅡA中	慶州Ⅲ後	1～2期	
		○			鉄地銀張	新羅ⅡA中	慶州Ⅲ後	1～2期	
		○		1	金銅		慶州Ⅲ後	2～3期	
		○	○	1	鉄地銀張				
		?	○	1	鉄地銀張		昌寧Ⅳ		
		○	○	?	鉄地銀張			3～4期前	
		?	○	2	鉄地銀張				
		○	○	2	鉄地銀張				
		○	○	2	鉄地銀張		昌寧Ⅳ	4後～5期	
		○	○	2	鉄地銀張			3期	
		○	○	2	鉄地銀張			4後～5期	
		○	○	1	金銅		慶山Ⅴ	4後～5期	
		○			鉄地銀張			4後～5期	
		○	○	2	鉄地銀張		慶州Ⅳ		
		?	○	2	鉄地銀張				
		○			鉄地銀張				
		?	○	1	金銅		昌寧Ⅳ	4後～5期	
		○	○	2	鉄地銀張				
		?	○	2	銅地金張？				
		○	○		金銅				
		○			金銅				
		○	○		金銅				
		○			金銅				
		?			金銅				
	○		○		鉄地銀張				
	○		○		鉄地銀張				
		○			鉄地銀張		慶山Ⅳ		
		○	○		鉄地銀張？				
		○	○	2	鉄地銀張		慶山Ⅲ後		
		○	○	2	鉄地銀張				

なって三葉Ｂ１群の製作が始まったとみてよいだろう。

三葉Ｂ群内における，時期的な要因による変化が想定される属性として，把間装飾Ⅳ１式の省略意匠と考えられるⅣ２式の出現，さらにⅣ３式の派生が挙げられる。また，Ｃ字文系の打出文様では，Ｃ字文ｂ１からＣ字文ｂ２を経て，波状文へと変化することも想定される。表5-2では，これらの属性は比較的よく相関しており，これらの属性の変化が時期的な指標として有効であることが確認できる。このことから，三葉Ｂ２群が三葉Ｂ１群に後出することもいえる。三葉４式の環頭部は金銅製の薄くて簡素なつくりであり，これまでの「簡素なものから装飾性の高いもの」への変化の流れには反するが，三葉Ｂ群では，ある時期から大刀外装の省略・簡素化が進み，その中で三葉Ｂ２群が三葉Ｂ１群から派生したと考えられる。

ここで，三葉Ｂ１群にみられる特殊な把間文様について言及しておく。菱形文をもつ大刀は出土地が明らかでない資料が多いが，３例中２例で鋲Ａ２技法が用いられている点から，三葉Ｂ１群の出現期ごろの資料と評価できる。M字文をもつ資料については，Ｃ字文ｂからの派生と考えられるが，資料数も少なく，慶山造永洞ＣⅠ−１号墳や義城塔里古墳第Ⅱ墓槨など，共伴遺物からみて皇南大塚南墳とさほど時期的に開かないとみられる古墳から出土している点を勘案すると，時期的な評価は難しい。ここではＣ字文ｂ１の出現にやや遅れて出現するという程度に言及を留めておく。

３．三累環頭大刀（図5-11・図5-12）

新羅の大刀の中で，最も「位階」の高い大刀とされる。遺存状態の良い資料が少なく，本章での分析に耐えられる資料は非常に限られるが，把間装飾を基準に二つの大刀群を設定する。

三累Ａ群（図5-11-1・2・図5-12-1・2）は，把間装飾Ⅱ式の大刀である。三累１式の環頭部をもつ。三累１式は銅製で鍍金を施さず，環頭部を除いた外装は鉄と有機物素材でつくられる。子刀や笄状金具ももたず，極めて簡素な装飾である。

三累Ｂ群（図5-11-3・図5-12-3〜6）は，把間装飾Ⅳ式に，三累２式の環頭部を付す。外装の特徴は，三葉Ｂ群とほぼ共通し，把間板は重列のＣ字文が打ち

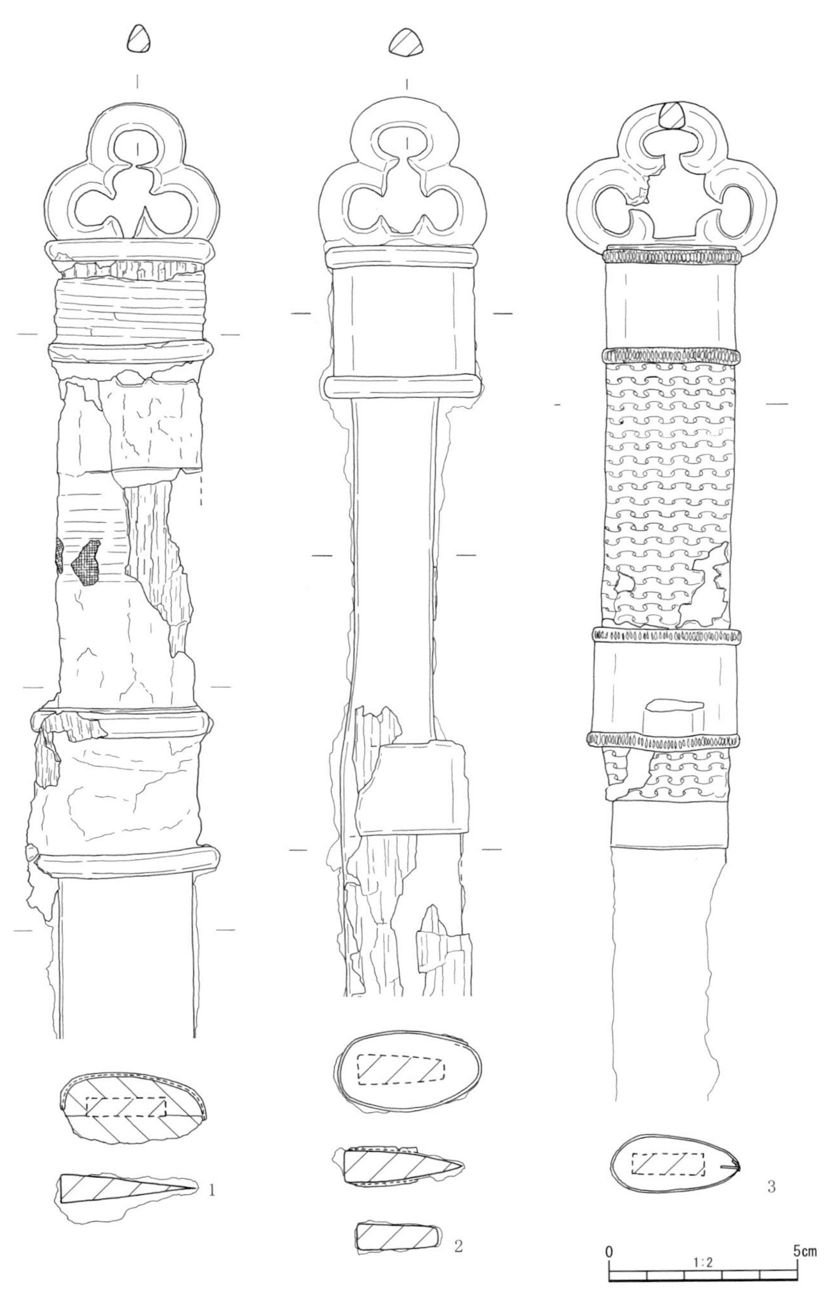

1．福泉洞10・11号（Ａ群），２．汶山里Ｍ１号（Ａ群），５．皇南大塚南墳（Ｂ１群）

図5-11　三累環頭大刀の諸例（１）

1．福泉洞８号（A群），２．下三亭２号積石木槨（A群），３．飛山洞37号第２石槨（B１群），
4．北四里１号（B１群），５．金鈴塚（B２群），６．時至洞Ⅱ-E24号（B群）

図5-12　三累環頭大刀の諸例（２）

出され，主に鋲B技法で固定する。子刀，笄状金具を備える。三葉環頭大刀同様，把間装飾Ⅳ１式のものを三累B１群，Ⅳ２式・Ⅳ３式のものを三累B２群に細分する。

三累環頭大刀についても大刀群間の時期的先後関係を確認しておく（表5-3)。三累A群は，把間装飾Ⅱ式で，時期的な指標とし得る属性が少ないが，簡素な把間装飾である点から，把間装飾Ⅳ式の三累B群に先行すると考えられる。釜山福泉洞10・11号墳で，素環B群大刀，三葉A群大刀と共伴している点も，上の推定を裏付ける。三累B群大刀は三葉B群と意匠面・技術面で共通した特徴

表 5-3　三累環頭大刀における大刀群設定

大刀群	出土遺跡	把間装飾			環頭部		把間板					子刀	笄状金具	環頭部の材質	共伴遺物			備考
							文様			固定方法								
		Ⅱ式	Ⅳ1式	Ⅳ2式	三累1式	三累2式	C字文b1	C字文b2	波状文	鋲A2	鋲B				土器	馬具	耳飾	
A群	釜山　福泉洞10・11号墳	○			○		—	—		—	—			銅	新羅ⅠB	釜山Ⅲ		
A群	大邱　汶山里M１号墳	○			○		—	—		—	—			銅				
B1群	慶州　皇南大塚南墳主槨Ｃ		○			○	○			○		☆	3	金銅	新羅ⅡＡ中	慶州Ⅲ後	1～2期	子刀を６本装着。
B1群	慶州　皇南大塚南墳主槨Ｆ		○			○	○			○				鉄地金張	新羅ⅡＡ中	慶州Ⅲ後	1～2期	子刀か。
B1群	慶州　皇南大塚南墳主槨Ｇ		○			○	○			○				鉄地金銅張？	新羅ⅡＡ中	慶州Ⅲ後	1～2期	子刀か。
B1群	慶州　皇南大塚南墳主槨Ｈ		○			○	○			○				鉄地銀張	新羅ⅡＡ中	慶州Ⅲ後	1～2期	子刀か。
B1群	慶州　皇南大塚南墳主槨Ｉ		○			○	○			○				鉄地銀張	新羅ⅡＡ中	慶州Ⅲ後	1～2期	子刀か。
B1群	慶州　皇南大塚南墳主槨Ａ		○			○	○				○	○	1	鉄地金張	新羅ⅡＡ中	慶州Ⅲ後	1～2期	
B1群	慶州　皇南大塚南墳主槨Ｂ		○			○	○				○			鉄地銀張	新羅ⅡＡ中	慶州Ⅲ後	1～2期	
B1群	慶州　皇南大塚南墳主槨Ｄ		○			○	○				○			鉄地銀張	新羅ⅡＡ中	慶州Ⅲ後	1～2期	
B1群	慶州　皇南大塚南墳主槨Ｅ		○			○	○				○			鉄地銀張	新羅ⅡＡ中	慶州Ⅲ後	1～2期	
B1群	慶州　金冠塚Ｅ	Ⅲ式？				○	—	—		—	—		1	鉄地金張	新羅ⅡB	慶州Ⅳ	3～4期	筒金具に銘文あり。
B1群	慶州　金冠塚Ｆ		○			○	○				？	○		？	新羅ⅡB	慶州Ⅳ	3～4期	
B1群	慶州　金冠塚Ｇ		○			○	○				○	○	1	金銅	新羅ⅡB	慶州Ⅳ	3～4期	「尒斯智王」銘あり。
B1群	大邱　飛山洞出土		○			○	○				？	○	1	？				
B2群	慶州　金鈴塚Ａ			○		○		○			○	○	3	金銅？		慶州Ｖ	4期	笄状金具は錐頭形の特異な形状。
B2群	慶州　金鈴塚Ｂ			○		○	C字文a３？					○	1	金銅？		慶州Ｖ	4期	
B2群	大邱　飛山洞37号墳第１石槨			○		○	M字文(上下)				？			金銅			3期	刀子か？
B2群	慶州　普門洞合葬墳積石木槨			○		○			○		○	○		金銅			5期	

をもつため，先後関係の検討に三葉Ｂ群大刀と同じ基準を適用できる。すなわち，把間装飾Ⅳ２式やＣ字文ｂ２の把間文様といった属性を新段階とみなすことができよう。具体的には慶州金鈴塚以前と以後とにわけられる。しかし，三累Ｂ群は，把間が遺存している例が少なく，慶州天馬塚からは５点もの三累環頭大刀・刀子が出土しているが，すべて把間を欠損している。梁山夫婦塚例では，把間に鮫革が巻かれていた痕跡が残るとの指摘（小川 1927）があり，あるいはある段階から有機物製の把間装飾が施されるようになった可能性がある。

またさらに時期が下ると，慶州普門洞合葬墳で出土しているような，小型の三累環頭小刀が出土するようになる。小型ではあるが，子刀を有し，大刀と同様の意匠要素を備えている。このほか，迎日冷水里古墳例や，大邱時至洞Ⅱ－Ｅ24号墳例（図 5-12-6），大邱竹谷里２号墳例など，地方を中心に小型の三累環頭把頭の出土例が散見される。拵えを残すものが非常に限られており，評価が困難であるが，同様に遅い時期になってつくられたものと考えられる。

第４節　新羅における装飾付大刀の変遷

１．属性の共有にみる大刀群の並行関係

次に，素環，三葉，三累の各種大刀における属性の共有関係から，大刀の形式をまたいだ時期的な並行関係について検討する。

各属性の共通点を検討する上で，まず目に入るのは，三葉Ａ群と素環Ｂ群である。これらはいずれも把間装飾Ⅲ式で，把間板にＣ字文ａ１の文様を打ち出し，鋲Ａ１で固定しており，非常に共通項が多い。素環Ｂ群大刀はいずれも釜山福泉洞古墳群からの出土であるが，上述したように同10・11号墳からは三葉Ａ群大刀も出土している（図 5-8-1）。これらは同一の工房でつくられたものと考えられ，製作時期もほぼ同時期とみてよいだろう。

三葉Ｂ群大刀の最古段階にあたる皇吾洞１号墳例（図 5-8-3）は，同じ把間装飾Ⅳ式の素環Ｃ群と極めて属性上の近縁性が高い。素環Ｃ群大刀から三葉Ｂ１群の祖形が派生し，把間にＣ字文ｂ１を施文する三葉・三累Ｂ１群の意匠が成立したものと考えられる。把間装飾Ⅱ式の三累Ａ群大刀は，最も簡素な装飾付大刀の一つであるが，三累環の意匠が三累Ｂ１群に取り入れられたのだとすれば，三累Ｂ１群の出現を大きくは遡らないであろう。釜山福泉洞10・11号墳で，三累Ａ群大刀が素環Ｂ群大刀および三葉Ａ群大刀と共伴していることから，これらの大刀とほぼ同じ時期に位置付けておきたい。

先述したように，素環Ａ群大刀は，最も早い時期に製作された大刀群とみられるが，大部分は洛東江以東地域での製作品でなく外部からの搬入品と考えられる。当該地域で製作された最も古い大刀は，素環Ｂ群大刀や三葉Ａ群大刀であったと推測したが，素環Ａ群大刀にみられる諸要素，例えば責金具や筒金具を用いた把木の固定や鉄地に金属板を被せる装飾方法などは，これら素環Ｂ群や三葉Ａ群の大刀に取り入れられている。素環Ａ群大刀の流入は，洛東江以東地域における大刀製作開始の契機と評価できる。一方で，素環Ｂ群大刀や三葉Ａ群大刀には，素環Ａ群に認められない把間板の採用といった特徴も認められ，意匠的な違いは大きい。

２．画期の抽出と分期の設定

以上の検討を整理してみたい。洛東江以東地域での大刀の変遷には，三つの大きな画期が抽出できる。第一に，洛東江以東地域における装飾付大刀の製作の開始，第二に，新羅における定型的な装飾付大刀の成立，第三に新羅圏域での装飾付大刀の衰退である。第一の画期から第二の画期までを１期，第二の画期から第三の画期までを２期，第三の画期以後を３期とする（図5-13・図5-14)。

１期は，素環Ａ群大刀が外部からもたらされたことを契機に，洛東江以東地域で多様な大刀が製作されるようになる時期である。この時期につくられるのが素環Ｂ群，素環Ｃ群，三葉Ａ群，三累Ａ群の大刀である。把間装飾Ⅲ式と単列Ｃ字文の把間板打出文様の出現を指標とし，把間板は鋲Ａ１技法ないしＡ２技法で固定される。鍍金の技術は登場しているが，金銅でなく通常の銅で環頭部をつくるものが多い。把間板打出文様には，単列Ｃ字文のほかに，無文のもの（図5-7-1・図5-8-1）と魚鱗文を施すもの（図5-7-3）が認められる[9]。この時期の大刀のうち，素環Ｃ群大刀は比較的新しい特徴を備えるが，子刀や笄状金具といった新羅大刀の典型的な意匠のセットはこの段階

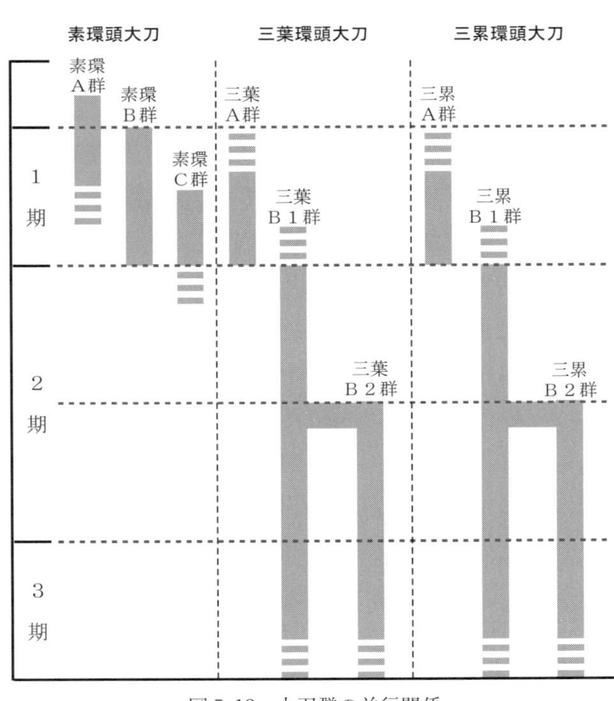

図5-13　大刀群の並行関係

9）　報告書が未完のため詳細は不明だが，釜山博物館に展示されている釜山福泉洞140号墳出土の素環Ｂ群大刀にも，銅製の把間板に魚鱗文が打ち出されているのが確認される。

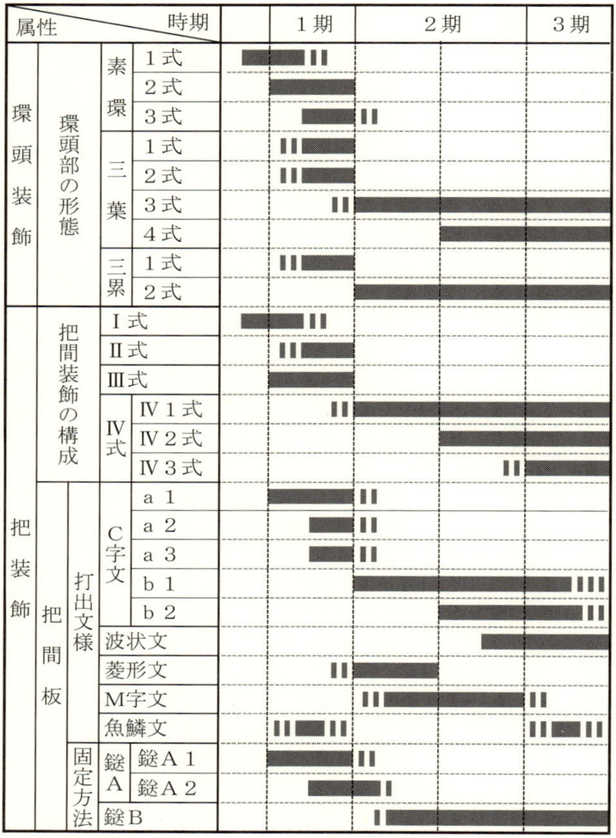

図5-14　各属性の存在年代幅

から出現している。2期との過渡期ごろには，三葉B1群の慶州皇吾洞1号墳例（図5-8-3）が現れるが，素環C群との近縁性が高く，次段階に確立される大刀群がこの段階の素環頭大刀を直接的な祖形としていることを窺わせる。

2期は，新羅で定型化した装飾付大刀が量産される時期である。1期につくられていた大刀は一斉に姿を消し，代わって三葉B1群，三累B1群が出現，これらにほぼ収斂される。重列C字文の把間板打出文様が成立し，鋲B技法による把間板の固定が一般化する。銀装を主体とする三葉・三累B1群大刀が量産され，地方に金工服飾品とともに配布される一方，把間装飾IV2式のような刀装の一部を簡略化した三葉・三累B2群大刀が派生する。このB2群大刀の派生をもって，2期を前半と後半とにわけておきたい。前半の早い段階には，鋲A2技法を用いたものや，把間文様に菱形文を採用したものなど，ややイレギュラーな意匠を採用するものが残る。また，所有者の階層にともなう素材の使いわけが顕著で，鉄地金張を頂点とする材質の選択が認められる一方，笄状金具は1本のみを鞘の佩表側中央に付すのが一般的である。後半になると，把間装飾Ⅳ1式を省略したⅣ2式が登場するとともに，C字文b1からC字文b2，波状文といった退化類型が派生し，三葉3式の意匠を簡素なつくりで表現した三葉4式が出現する。一方で，前半に確立した三葉・三累B1群大刀は継続して製作されるが，笄状金具を子刀の両脇に2本付すものが増えるなど，細かな意匠に若干の変化が起きている。把間板はもっぱら鋲B技法で固定される。鉄地金張のものがあまり認められなくなり，大部分は鉄地銀張，一部に金銅製が採用される。

3期になると，新羅圏域における環頭大刀の副葬そのものが非常に少なくなる。特に，三累環頭大刀の製作が激減し，三累環をもつ簡素な刀子が一定量流通する。三葉環頭大刀も数が減るが，把間装飾Ⅳ3式の三葉B2群大刀が散見される。この時期になると，把間の打出文様に魚鱗文をもつものが現れるなど，大刀意匠における規格や制約が徹底されなくなったと推測される。共伴遺物などから最も時期が下る慶州普門洞合葬墳では，金銅製の三葉B1群大刀とともに，小型の三累環頭小刀2点が出土しており，波状文の打出文様が確認される。この小刀には，鞘口付近に鞘に斜交し，棟側に突出する筒状金具が付随しており，佩用に関する機能をもつものと推定される。同様の斜行筒状金具は梁山夫婦塚出土の母子圭頭刀子などにも認められる。把間装飾Ⅳ2式の把頭・鞘口金具にみられるような刻目帯の省略と考えられる刻みを有する点から，元は把間装飾Ⅳ1式の刻目帯付筒金具が原型であろう。こうした装具は，最後段階にみられる要素と評価できよう。

1期から3期の実年代について触れておこう。慶州皇南大塚南墳には，鋲A2技法を用いた2期初めの大刀（図5-9-1）が多量副葬されている。皇南大塚南墳の被葬者に関して，筆者は前章までの検討で訥祇王と考えており（第1章），これに照らせば，2期の開始年代を5世紀中葉頃に定めることができる。1期の開始については，正確なことはわからないが，素環B群大刀が出土している釜山福泉洞21・22号墳を，皇南大塚南墳から土器型式上1～2段階古く評価するとすれば，大刀の製作時期は5世紀前葉を前後する頃としておいて矛盾はないだろう。2期後半の開始については，把間装飾Ⅳ2式の三累B2群刀（図5-12-5）が出土した金鈴塚以後であるが，金冠塚からも三葉4式の環頭部が1点だけ出土している。一方，金冠塚の三累環頭大刀は，鉄地金張のものが含まれ，把間文様はいずれもC字文ｂ１，笄状金具は１本で，様相としては皇南大塚南墳に近い。このことから，金冠塚被葬者の生存期間中に２期後半が始まったものと評価したい。そうすると，２期後半はおよそ５世紀後葉ということになる。大刀の衰退期にあたる３期についても，その開始時期を明確に示すのは困難であるが，慶州天馬塚では三累環頭大刀が盛んに副葬されるのに対し，慶州壺杅塚や銀鈴塚，鶏林路14号墳などで新羅の環頭大刀の出土が認められないことから，６世紀初頭から前葉頃に大刀の製作が減少したものと考えられる。

以上をまとめると，１期は５世紀前葉，２期前半は５世紀中葉，２期後半は５世紀後葉，３期は６世紀初頭以後とおおむね定めることができよう。

第５節　大刀製作体制の変化とその意義

以上，洛東江以東地域における装飾付環頭大刀の変遷様相を明らかにした。ここで改めて，大刀の変遷に認められる変化の画期について，その背景を探ってみよう。

１．大刀製作開始の契機

洛東江以東地域における装飾付大刀の初現は，慶州月城路カ13号墳出土の素環Ａ群大刀（図5-6-1）である。既に述べたように，月城路カ13号墳例に共伴する垂飾付耳飾には，新羅圏域に明らかな類例が認められない。第１章での検討で，新羅の垂飾付耳飾は高句麗からの工人移動により製作工房が整えられたと考えたが，とすれば月城路カ13号墳の耳飾の製作地についても高句麗が有力な候補となろう（第１章）。こうした事実を踏まえると，月城路カ13号墳の素環Ａ群大刀も，高句麗からの搬入品である可能性が高い。１期における大刀製作の開始の背景には，高句麗との関わりがあったと考えられる。

２．１期における大刀の製作地

１期に製作された大刀群は，全体の意匠構成から，把間装飾Ⅱ式の三累Ａ群と，把間装飾Ⅲ式の素環Ｂ群および三葉Ａ群，把間装飾Ⅳ１式の素環Ｃ群に分けられる。出土点数が少ないが，出土地の分布状況（図5-15）を参考にしつつ，

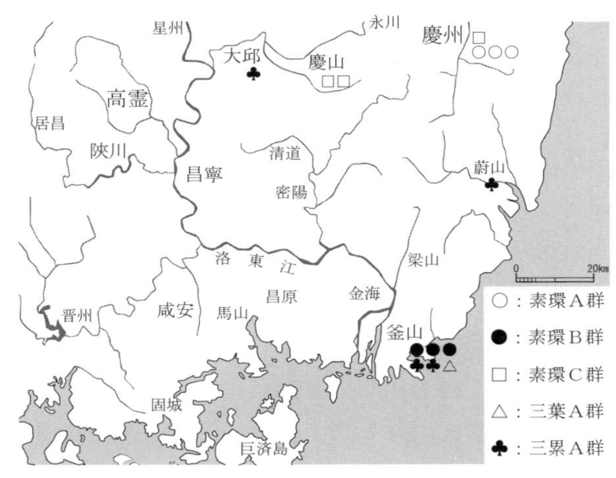

図5-15　1期における大刀の分布（S＝1/200万）

これらの大刀の製作地について考えてみたい。現状で，素環B群・三葉A群はすべて釜山福泉洞古墳群からの出土，三累A群は，大邱，蔚山，釜山と分散しており，素環C群は慶州および慶山で確認されている。まず素環C群について，3例中の2例が慶山地域で出土しているが，慶州皇吾洞1号墳の三葉B1群大刀の存在で，素環C群大刀は2期の三葉B1群大刀と系統的につながることから，その製作地は慶州であったと推測できる。そのように考えると，1期の段階で慶州に大刀を製作する工房が存在していたことになり，分散的な分布傾向を示す三累A群大刀についても，慶州で製作された可能性が高いといえる[10)]。出土例が釜山に集中している素環B群大刀および三葉A群大刀は，当該時期の釜山を新羅とみなすか加耶とみなすかという問題と関連して評価が難しいが，責金具による固定や，断面円形の外環の使用など素環A群との関わりが認められる点を考慮するならば，これらもやはり慶州で製作されたものと理解するのが妥当と考える[11)]。釜山福泉洞1号墳の副葬品には，百済ないし大加耶に系譜をもつ垂飾付耳飾および馬具，倭で一般的な鹿角装鉄剣など，系譜関係の多様な器物が含まれる。こうしたことも，釜山の東莱地域で自立的・継続的な金工品生産がなされていたというより，同地域の集団が日本列島を含む各地域との交渉を介して大刀を含む様々な器物を入手していたとする解釈を傍証する。したがって

10）　慶州での確実な出土例はまだないが，韓国への引き渡し文化財に慶州出土とされる三累1式把頭が1点含まれている（東京国立博物館 1967）。

11）　三葉2式環頭を有する三葉A群大刀は，現時点で出土地が明らかな例が見つかっていないが，「善山地方の出土品と推定」される資料として三葉2式環頭把頭が報告された例（今西1920）が存在する。

本章では，素環Ａ群大刀を除く大刀をすべて「新羅大刀」と認定し，論を進める。

１期は，装飾付大刀を製作し始めた新羅が，新羅的な大刀成立前夜に比較的多様な大刀を製作していた時期といえる。この段階には，周辺地域の大刀に新羅大刀の技術的影響が認められる。咸安馬甲塚出土大刀は，外環と刀身背側に鋸歯状の金象嵌を施した環頭大刀である。鉄製の環頭部に象嵌技法によって装飾を施した大刀は，新羅圏域では非常に稀薄で，釜山盤如洞19号墳出土の鉄製象嵌三葉環頭大刀と義城大里里古墳群出土環頭把頭に限られる。象嵌による装飾技法は百済に源流があるとされ（崔鍾圭 1992），出土例も百済や加耶に顕著であることから，馬甲塚例についても基本的に百済との関わりで捉えるべき大刀であろう。ところが一方で，馬甲塚例の把間装飾はⅢ式で構成され，金製の把間板にはＣ字文ａ１の打出文様が表されている。把間板の固定には主に円頭の釘が使用されるが，一部に鋲が併用されており，佩裏側の中心に打ち込まれている。こうした諸特徴は，１期段階における新羅からの意匠的・技術的影響とみられ，百済的な技術と折衷されている様子が確認できる。

また，高霊池山洞73号墳から出土した龍鳳文環頭大刀でも，Ｃ字文ａ１を打ち出し，鋲Ａ２によって固定された把間板が認められる。同大刀は次章において詳しく検討するが，１期において，新羅の大刀製作技術が周辺地域へと拡散している事実は注目すべき現象である。

３．新羅的大刀意匠の確立

１期の様相は，２期を迎えて激変する。２期前半，５世紀中葉の比較的早い段階で，新羅の大刀はほぼすべて三葉Ｂ１群と三累Ｂ１群へと置き換わる。把間装飾Ⅳ式に重列Ｃ字文を打ち出し，鞘に子刀と笄状金具を付すという基本的な新羅的刀装が確立される。その過程で，三累環頭大刀を上位とする佩刀の序列が成立したとみられ，金冠塚や金鈴塚といった皇南大塚以後の慶州邑南古墳群の積石木槨墓には三葉環頭大刀でなく三累環頭大刀が副葬されている。注目したいのは，皇南大塚南墳に副葬された装飾付大刀である。皇南大塚南墳では，多数の三葉環頭大刀と三累環頭大刀が含まれるが，把間板の固定方法に着目すると，鋲Ｂ技法で固定された三葉環頭大刀は１点しか確認できないのに対し，三累環頭大刀では，半数近い４例が鋲Ｂ技法により固定されている。このことは，皇南大塚南墳被葬者が早い段階で所有した大刀に三葉環頭大刀が多く，晩年までに入手した大刀に三累環頭大刀が多いことを示唆する。すなわち，いわゆる新羅的な刀装が確立されるプロセスにおいて，まず三葉Ｂ１群大刀が成立，その後すぐに三累環がより上位の階級を示すシンボルとして定着したとみられる。

加えて，２期以降，新羅の周辺地域に新羅的な大刀の意匠要素や製作技法が拡散しなくなることが指摘できる。このことは，新羅において大刀の製作工房が１期に比べてより厳格に管理されるようになった結果と考えられる。先の垂飾付耳飾の検討においても，５世紀中葉頃は，耳飾の製作工房が整えられ，本格的な製作が始まった時期にあたる（第１章）。新羅的な刀装の確立と，技術・意匠の管理の厳格化は，このような各種金工品の製作工房の整備と連動している。つまり，金工品の配布を媒介とした新羅の地方間接統治の進展と関わっている可能性が高い。

２期後半になると，新羅大刀の量産が進む中で，意匠の省力化とみられる三葉Ｂ２群・三累Ｂ２群が登場する。さらにこの段階になると，逆に周辺地域の意匠的影響が新羅の大刀に認められる。慶州チョクセムＢ１号墳出土三葉Ｂ１群大刀は，把間に金属板でなく刻目を施した銀線を螺旋状に巻き付ける。こうした意匠は，主に百済ないし加耶の大刀に採用される意匠であり，新羅においては稀である[12)]。注目すべきは，同例の螺旋状に巻かれた銀線が，非常に扁平で把頭・鞘口金具に付随する刻目帯と同様の刻みが施されている点である。百済や加耶の把巻きとは明らかに異なっている。

慶州天馬塚出土龍鳳文環頭大刀（図 5-16）は，百済や加耶には例のない独特の意匠をもつ龍鳳文環頭大刀である。把頭は，環内飾の龍首を外環と一体鋳造でつくり出した金銅製で，外環は走龍文をもたない素文である。把頭金具は失われており，把握部の装飾も失われて把木のみが遺存しているが，腹側側面に鋲を打ち込んだ痕跡とみられる孔が認められることから，本来把間板が被せられ鋲Ｂで固定されていたと考えられる。金銅製の鞘には子刀と笄状金具が付さ

---

12)　新羅では，慶州金鈴塚出土の圭頭刀子や義城大里里２号墳Ｂ-１主槨出土圭頭大刀，永川華南里23-２号石槨出土圭頭大刀などで確認できる。

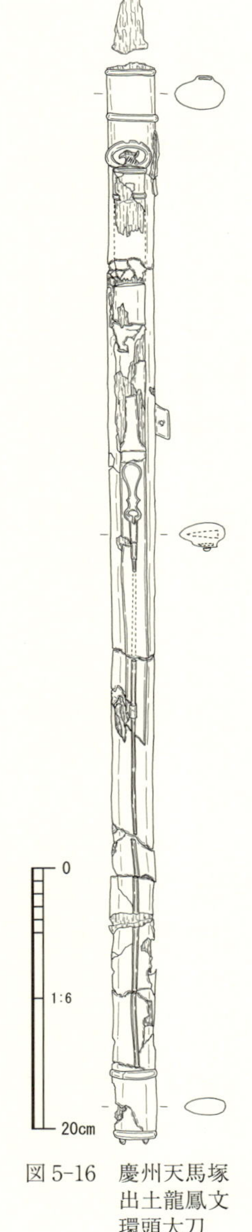

図 5-16　慶州天馬塚出土龍鳳文環頭大刀

れ，子刀の把間板にはM字文が打ち出されている。天馬塚刀の中心飾の特徴は，武寧王陵例のような立体的な龍首でなく，退化の進んだ鳳凰首であり，大加耶の龍鳳文環頭大刀のそれに近い。注目すべきは，これらの大刀が意匠要素のみを取り入れたものであって，あくまで新羅に存在している技術によってつくられている点である。天馬塚刀は，新羅の大刀製作技術者が大加耶の龍鳳文環頭大刀をモデルとして模倣製作したものである可能性が高い。高霊池山洞45号墳からは，新羅の三葉Ｂ１群大刀が出土していることや，飾履塚に大加耶の龍鳳文環頭大刀が副葬されていること，公州宋山里４号墳で慶州金冠塚出土品と酷似した帯金具が確認されることなどから，当該時期において新羅と百済・大加耶との間での製品の流通は時折認められる一方で，大刀の製作技術そのものが互いに伝播することはなかったことが窺える。こうした技術の管理は，政治的交渉において金工装飾品が有した重要性を傍証するものであろう。

４．新羅大刀の終焉

６世紀以後，新羅では大刀の製作が急激に衰退する。特に慶州では，天馬塚以後の墳墓で，新羅式の三葉ないし三累環頭大刀を副葬した例はほとんどなく，唯一認められるのが慶州普門洞合葬墳への三葉Ｂ１群大刀である。同古墳では，三累の環頭刀も副葬されるが，法量が小型化している。

こうした大刀製作の減衰は，新羅の間接統治体制の変化にともなうものと推測される。第１章でも触れたように，新羅では，智證王６年（505年）に州郡制が実施され，地方官の派遣による地方直接支配体制へと転換する。こうした変化にともない，間接統治の媒介品としての金工品の需要が減少した結果，垂飾付耳飾と同様，大刀製作も縮小されたとみられる。ただし，蔚山などで三葉Ｂ２群大刀の流通がある程度認められるなど，一部の地方では依然として「新羅的な金工装飾品」に対する需要が残っていたようである。しかし，蔚山早日里古墳群の出土事例をみると，把間板に通有のＣ字文ｂ１でなく，退化した波状文や定型化した新羅大刀では採用されなかった魚鱗文が打ち出されている（図5-10-3・4）[13]。こうした規格性の緩和にも，大刀がもつ性格の変化が表れているとみられる。

小　結

以上，洛東江以東地域で出土する新羅の装飾付環頭大刀を対象に，出現から終焉までの変遷をたどりつつ，その画期と意義について考察した。その内容をまとめると次のようになる。

洛東江以東地域で出土する装飾付環頭大刀は，例外的な大刀を除けば，素環頭大刀，三葉環頭大刀，三累環頭大刀の３種に大別できる。本章では，把間装飾の構成に着目して分類し，七つの大刀群を設定した。さらに，時期的な差異を反映した属性の変化様相から大刀の変遷を３期にわけた。１期（５世紀初頭～前葉），高句麗からの影響を背景に，洛東江以東地域で大刀の製作が開始される。新羅勢力により慶州で製作された大刀が流通するが，定型化した刀装は確立しておらず，多様な大刀が製作される。新羅中央による製作工房の管理も徹底されておらず，加耶地域への技術拡散が認められる。２期（５世紀中葉）になると，新羅的な三葉・三累環頭大刀の意匠が明確化し，地方間接統治体制を支える威信財的配布品としての完成をみる。製作工房の管理が強化されて製作技術が周辺に伝播しなくなる一方，百済や大加耶の大刀にみられる意匠要素が部分的に取り入れられ，新羅大刀そのものの製作も簡略化が進むなど，漸移的にではあるが変容していく。３期（６世紀初頭以後）になると，新羅での大刀

13）　三葉Ｂ２類大刀の多くは，蔚山早日里古墳群から出土しており，同種の大刀が蔚山地方で在地生産されたものである可能性もある。しかし，三葉Ｂ２類大刀が出土した蔚山大学校博物館調査の早日里67号墳や同80号墳などでは，新羅馬具の鞍の把手が出土しており（李炫姃2013），現時点では新羅中央からの配布品であると考える方が妥当と考える。

製作が急激に衰退する。州郡制の実施にともなう間接統治体制の変化と関連するものと考えられる。

ところで，先に検討した垂飾付耳飾では，5世紀後葉に製作技術面における百済の影響が認められた（第1章）が，環頭大刀に関しては，意匠面での影響はみられたものの技術的な交流の痕跡は確認できなかった。このことは金工装飾品の中でも「大刀」が有した性格がやや特殊であった可能性を示す。把頭のモチーフによって階層性が示される大刀は，各種金工品の中でもよりシンボリックな器物として重要視されたのであろう。つまり，大刀の流通状況や製作技術の拡がりには，他の金工品と比べてもとりわけ政治的な関係性が反映されているとみられるのである。このことを踏まえ，次章以下，他地域の大刀の分析に進みたい。

第6章 百済・加耶における装飾付環頭大刀の製作技法と系譜

本章の目的は，百済および加耶で製作された装飾付環頭大刀を検討して製作技法の系譜関係を明確にし，加耶地域，とりわけ大加耶地域における大刀製作の実態を明らかにすることである。

百済や加耶の装飾付大刀は，前章で扱った新羅の装飾付大刀とはその意匠を大きく異にする。中でも注目すべき大刀が，把頭の環の中に龍や鳳凰の頭部を配する龍鳳文環頭大刀である。後章で詳しく検討するが，日本列島で数多く出土する単龍・単鳳環頭大刀の系譜は，具体的に朝鮮半島でも百済や加耶の領域において出土する龍鳳文環頭大刀に求められる。特に，本書の冒頭でも紹介した公州武寧王陵出土大刀と列島出土例の意匠的類似性から，これまで百済との関係が重視されてきたが，比較的近年の研究では，大加耶周辺地域に出土例が集中する，武寧王陵例とは意匠の異なる龍鳳文環頭大刀の一群との技術的関連性が指摘されている（持田 2006）。百済と加耶の両地域における大刀様相の検討は，その製作や配布をめぐる百済と加耶諸国との交流関係へのアプローチを可能にするとともに，日本列島で出土する大刀の系譜的検討の土台となる試みである。

第1節　百済・加耶の装飾付大刀をめぐる研究

百済・加耶地域で出土する装飾付大刀の研究，特に龍鳳文環頭大刀の系譜をめぐる研究には，やや複雑な経緯がある。

ここでは，そうした大刀に関する研究史について，少し詳しく整理しておきたい。

1．武寧王陵出土大刀の製作地

現在までに確認されている加耶圏域および百済圏域の装飾付大刀[1)]の数は，新羅圏域で出土する三葉環頭大刀や三累環頭大刀に比べると，さほど多くない。とりわけ，百済出土の装飾付大刀は，その大部分が1990年代以降の発掘調査で出土したものである[2)]。そのため，韓国の学界で百済の装飾付大刀自体を取り扱った論考は，いずれも近年に発表されたものに限られる。しかし日本の学界においては，1970年代から「百済の大刀」について研究成果が蓄積されてきた。このことは，公州武寧王陵で龍鳳文環頭大刀（図6-10）が出土したこと，さらに日本列島において古墳時代後期の墳墓から多数出土している単龍環頭大刀の中心飾および外環の走龍文の図像が，その武寧王陵刀をプロトタイプとする型式学的組列をなすと考えられること（新納 1982）と関係している。つまり，日本で早い段階から現れる，朝鮮半島出土の龍鳳文環頭大刀を対象とした分析は，日本列島で出土する龍鳳文環頭大刀の系譜を明らかにすることを目的としたものである。そしてそれらの多くは，その系譜が百済に求められるということを暗黙の了解としている。

ところが，日本列島の大刀が百済に源流をもつとする諸議論がその前提的根

1）　本章では，検討対象資料の大部分を占める「環頭大刀」を中心に分析をおこなう。円頭大刀や圭頭大刀，また出土地こそ確かであるが1例しか知られていない羅州伏岩里3号墳7号石室の獅噛環頭大刀については，本章では深くは取り扱わない。

2）　1990年までに知られていた出土地が明確な百済圏域出土の装飾付環頭大刀は，日本の石上神宮が所蔵する「七支刀」を除外すると，公州武寧王陵出土の単龍環頭大刀，羅州新村里9号墳乙棺出土の龍鳳文環頭大刀および三葉環頭大刀のみであった。出土地が明らかでない例も，論山表井里採集の銀装素環頭大刀，伝清州新鳳洞古墳群出土象嵌素環頭大刀の2点を挙げ得るのみである。

拠としている武寧王陵刀は，その製作地に関する見解が実は確定しておらず，ごく最近においても議論が継続されている。武寧王陵刀が発見されてすぐ，その分析・評価をおこなった町田章は，武寧王陵刀を中国南朝でつくられたものと考えた。武寧王陵の埋葬施設が南朝の梁の墓制である塼室墓を採用している点から，『三国史記』の記述と関連付けて，521年に武寧王が「使持節都督百済諸軍事寧東大将軍百済王」に冊封された際に賜与されたものとみたのである（町田 1976）。その後，武寧王陵刀の「類例」と呼べる資料が，長く発見されなかったこともあり[3]，「南朝製作説」は一定の説得力を持ち続けてきた。

ところが，2000年代に入り，天安龍院里1号石槨墓や公州水村里1号墳から，外環や中心飾の文様を直接的に比較し得る龍鳳文環頭大刀が出土したことで，武寧王陵出土大刀を百済における伝統的な大刀製作の系譜上に位置付ける見方，すなわち「百済製作説」が積極的に論じられるようになる（李漢祥 2006d，崔基殷 2014ほか）。さらに，大刀と共伴する金工品との技術的共通性を根拠とした見解も提出され[4]（金吉植 2006ほか），近年改めて武寧王陵刀の製作地について検討した崔基殷は，金工技術に加えて文様要素，赤色顔料の使用など，より多角的な比較から，百済での製作の可能性を積極的に論じている（崔基殷 2014）。

このように，武寧王陵刀は，中国南朝から下賜されたとする見解と，百済の中央で製作されたとする見解が対立していたが，近年は後者の立場が優勢である。漢城期龍鳳文環頭大刀の資料増加が，百済製作説に強い追い風をもたらしたためである。ただし，これら漢城期資料の龍文は武寧王陵刀と同一の系統であると断定するにはやや違いが大きいこと，漢城期資料と武寧王陵刀の間には大きな時期差があることなどを勘案すると，依然南朝製作説を確実に否定し得るだけの十分な材料とはなっていない。

3）伝昌寧出土の旧小倉コレクション117単龍文環頭大刀（東京国立博物館 1982），伝善山出土の鮎貝コレクション素環単鳳文環頭大刀（穴沢・馬目 1976），伝慶州皇吾洞出土の双龍文環頭大刀（国立慶州博物館 2001）など，朝鮮半島出土とされる類似資料は数点存在するが，いずれも出土地が明らかでない。

4）武寧王陵刀および銀製龍文腕輪が「どこでつくられたのか」についての，具体的な言及はないものの，武寧王陵刀の外環文様と王妃の「多利作」銘銀製腕輪の龍文の類似については，早い段階で既に新納泉が指摘している（新納 1982）。

2．大加耶圏出土龍鳳文環頭大刀の製作地

ところで，半島や列島で出土する龍鳳文環頭大刀には，武寧王陵刀や日本の単龍・単鳳環頭大刀とは別の，異なる図像表現を有する龍鳳文環頭大刀が出土している。すなわち，町田章が「Ⅰ式環刀」と分類[5]した一群である（町田1976）。この大刀は，多くが「鉄地貼金の環を茎と1体につく」られており（町田 1976），外環に「筋交型」の走龍文（穴沢・馬目 1976）を付すことを特徴とする。

この「Ⅰ式環刀[6]」は，主に加耶地域に分布が集中しているが，その製作地をめぐっては様々な見解が提出されてきた。研究の端緒を開いた町田章は，「北魏・高句麗の系譜をひき，百済でつくられ伽耶の豪族たちに配布されたものと考えられる」とし，百済での製作を想定した（町田 1987）。穴沢咊光・馬目順一も，武寧王陵から出土した金工品の高い技術水準を考慮して，その製作地が百済である可能性が高いとした（穴沢・馬目 1993）。

80年代以前の段階では，資料の蓄積が十分でなかったこともあり，加耶で出土する龍鳳文環頭大刀を百済から下賜されたものであったと考える見解が通説となっていた。ところが，90年代に入って，陜川玉田古墳群などの発掘調査が進むと，大加耶圏域における「Ⅰ式環刀」の出土例が増加し，加耶地域への分布の偏重性がより顕著となるとともに，その盛行時期が百済の熊津遷都を前後する時期と重複する可能性が高いことが明らかとなった。こうした状況を受け，朝鮮半島南部の金工品研究を総合的に進める李漢祥を中心に，その製作地を大加耶の高霊や陜川であったとする認識（李漢祥 2004c，2006a，2006d）が積極的に論じられ[7]，現在では大加耶での大刀製作を認める立場が有力となっている（李承信 2008ほか）。日本の学界でも近年，持田大輔が朝鮮半島出土龍鳳文環頭大刀の分布状況を検討して，大加耶で出土する龍鳳文環頭大刀の製作地を百済

5）　Ⅰ式環刀に対するⅡ式環刀は，「鋳銅製の環を付す」ものと定義され，武寧王陵刀や日本列島で出土する単龍・単鳳環頭大刀を指す。

6）　なお「Ⅰ式」「Ⅱ式」の分類名称について，町田は「時期の前後関係に誤解される可能性がある」とし，穴沢・馬目の分類名称（穴沢・馬目 1976）に倣って，「A型」「B型」へと改めている（町田 1986）。

7）　当初，百済からの下賜品であると考えていた町田章も，資料の増加を受けて，早い段階のものは百済で製作されたと考えられるが，玉田M3号墳以降のものは加耶で製作されたものであろうと見解を修正している（町田 1997）。

でなく加耶に求める見解を提示している（持田 2006，2010）。

しかし一方で，依然としてその製作地を百済に求める研究も存在する。金洛中は，栄山江流域で出土する環頭大刀を百済で製作されたものと評価した上で，加耶で出土する龍鳳文環頭大刀と同じ系統の技術によって製作されていることに言及し，加耶地域で出土する環頭大刀の製作地も，加耶諸国で分散的に生産されたとみるより百済で製作されたと考えるのが妥当であるとした（金洛中 2007[8)]）。

このように，加耶の龍鳳文環頭大刀をめぐる製作地の議論は，現時点ではまだ完全に決着がついていない。しかし，前述した李漢祥の一連の研究は，龍鳳文環頭大刀以外の装飾付大刀も含めた総合的分析であり，注目に値する。百済から加耶へと装飾付大刀文化が波及し，加耶で拡散していく過程の説明は，主に製作技術の分析が論拠とされており（李漢祥 2006a，2006e），高い説得力を有する。少なくとも，大加耶を中心とする地域で一定量の大刀製作がなされていたことは確かであろう。

近年では，公州水村里1号墳出土龍鳳文環頭大刀の復原製作と天安龍院里1号石槨墓出土龍鳳文環頭大刀の観察および製作技法の復原を通して，漢城期百済の大刀製作の在り方を検討した李鉉相の研究（李鉉相 2010）や，外環に残った鋳造痕跡の観察から，蜜蠟を用いた復原鋳造実験を実施して装飾付大刀の具体的な製作過程を探った金跳咏の研究（金跳咏 2011）など，より緻密な製作技法の復原研究から製作地を探る試みが展開されている。

3．研究の課題

以上，既往の研究を整理した。

武寧王陵刀の製作地問題については，上述したように，南朝製作説が完全に否定されたわけではないものの，近年は百済製作説が優勢である。筆者は，高霊池山洞主山39号墳や小倉コレクション306（東京国立博物館 1982）の龍鳳文環

8)　大刀の源流を百済でなく高句麗に求める説も提示されている。趙榮濟は，文献史料にみられる歴史的背景を斟酌し，475年に高句麗の攻撃で熊津遷都を余儀なくされ極度の政情不安に陥っていた百済が，加耶に大刀を継続的に下賜していたとは考え難いとした上で，むしろ「当時，朝鮮半島南部に直接的にも強い影響力を行使していた高句麗から入手した可能性が限りなく高い」と述べた（趙榮濟 1992）。

頭大刀の把頭・鞘口金具に，武寧王陵刀の図像を模倣したとみられる稚拙な亀甲繋鳳凰文が確認される点，昌寧校洞10号墳出土の龍鳳文環頭大刀の把巻きが金線と銀線を交互に配したものである点，滋賀県鴨稲荷山古墳出土の龍鳳文環頭大刀が，把頭・鞘口金具や外環に大加耶的な特徴を有しつつ中心飾の意匠が武寧王陵刀のような写実的な半肉彫であることなどから，武寧王陵刀は１例のみの特殊な大刀ではなく，一定数製作され流通していたものと推定，百済で製作されたものと現時点では考えている。しかし，この問題については，現在の資料状況ではこれ以上議論を進展させることが難しく，将来の資料増加を期待するほかない。

大加耶の陝川玉田古墳群などで出土する龍鳳文環頭大刀の製作地についても，百済とみる見解と大加耶とみる見解，さらにはある時期まで百済で製作されていたが，ある時期から大加耶で製作されるようになるとする見解が提出されている。しかし議論が依然決め手を欠くのは，百済での龍鳳文環頭大刀の出土例が非常に少ないことや，李漢祥や朴敬道が指摘するように，百済・加耶で出土する龍鳳文環頭大刀以外の装飾付大刀にも共通点が多いこと（朴敬道 2002・2007，李漢祥2006a など）から，資料の形状的特徴のみからいずれの製作地でつくられたのかを容易に断定しがたいことに起因する。

近年では，百済・加耶出土の，龍鳳文環頭大刀以外の装飾付大刀についても，それぞれの資料にみられる特徴がかなり具体的に整理されており，両地域の密接な関係が指摘されている。しかし，いずれも百済から加耶への装飾付大刀文化の伝播という流れを強調するに留まり，大加耶においていつから大刀が製作されたのかを具体的に明らかにした研究はほとんどない。どの資料がどこでつくられたのかという製作地の問題は，技術をもった工人が従来伝統的に製作をおこなってきた工房から材料をもって移動し，別の場所で製作活動に従事した可能性まで考慮しなくてはならないため，究極的には断定は不可能である。とはいえ，最近の精密な技術復原の視点を系譜の考察と有機的に結び付けることができれば，個別資料の具体的な製作地について，より客観的な推定が可能であると考える。

本章では，以上のような問題意識に立脚して，まず加耶と百済で出土した資料を整理，検討し，系譜を大まかに把握する。さらに，個々の資料にみられる製作技法を詳細に分析し，百済と加耶に特有の技法を抽出する。その上で，両地域における装飾付大刀の製作と流通の具体的様相と背景について考察したい。

第2節　装飾付環頭大刀の基礎的検討

前章では，洛東江以東地域，主に新羅圏域で出土する装飾付大刀を分類・整理した。その際，環頭部の形態を大別基準とし，これに大刀を構成するその他の属性がどのように組み合うかを検討して一定の特徴的まとまりを共有する資料群を抽出，「大刀群」を設定した（第5章）。本章でも，同様の分類を試行してみたい。以下，百済・加耶地域で出土する装飾付環頭大刀を，素環頭大刀，三葉環頭大刀，龍鳳文環頭大刀に大別[9]し，その他の装飾要素を総合してそれぞれに大刀群を設定する。さらに，前章での年代区分を参照しつつ各大刀群の年代的位置付けをおこない，分布状況からおおよその系譜関係を検討する。

1．大刀群の設定

(1) 素環頭大刀

中心飾をもたない環頭部をもつ大刀である。3群の大刀群を設定できる（表6-1）。

素環Ⅰ群（図6-1・6-2）は，鉄製の外環を象嵌技法により装飾した大刀である。外装に金や銀といった貴金属を用いた装飾をともなうものは稀であり，その装飾的要素はもっぱら外環や把頭・鞘口金具に施した象嵌に集約されるとい

表6-1　素環頭大刀における各種属性の相関関係

環頭部の装飾方法	環頭部の平面形	把部の装飾	把間の金属板		大刀群
			打出文様	固定方法	
鉄地象嵌	円形・楕円形	木製	—	—	素環Ⅰ群
鉄地銀装	楕円形	木製	—	—	素環Ⅱ群
鉄地銀装	五角形 上円下方形	金属板 金属線	無文 魚鱗文	釘	素環Ⅲ群

9）新羅圏域において多くみられる三累環頭大刀は，百済・加耶圏域においてはほとんど出土しないため，検討の対象としない。また，中心飾をもたない素環であっても，外環に龍文が表現されている資料については，素環頭大刀でなく龍鳳文環頭大刀の範疇に含める。

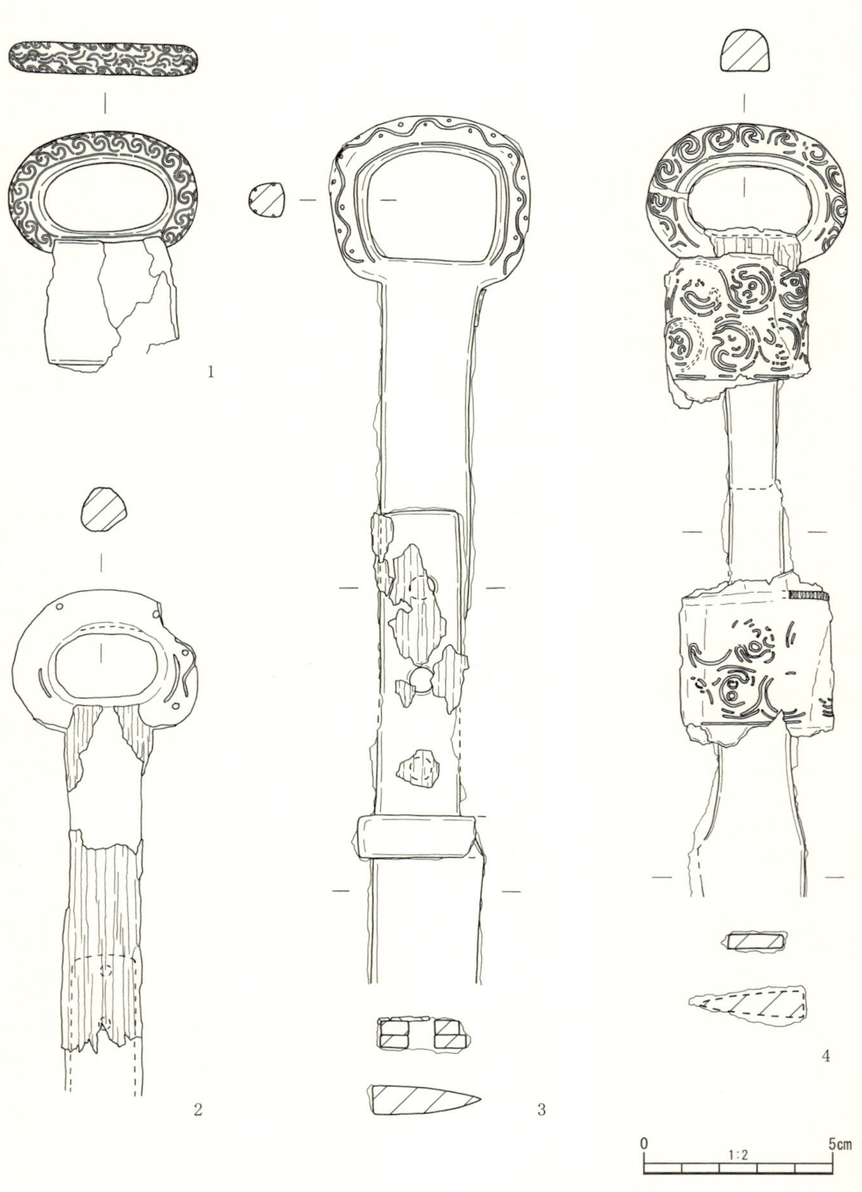

1．花城里Ａ－1号，2．道溪洞6号，3．水清洞14号，4．玉田70号

図6-1　素環Ｉ群の諸例（1）

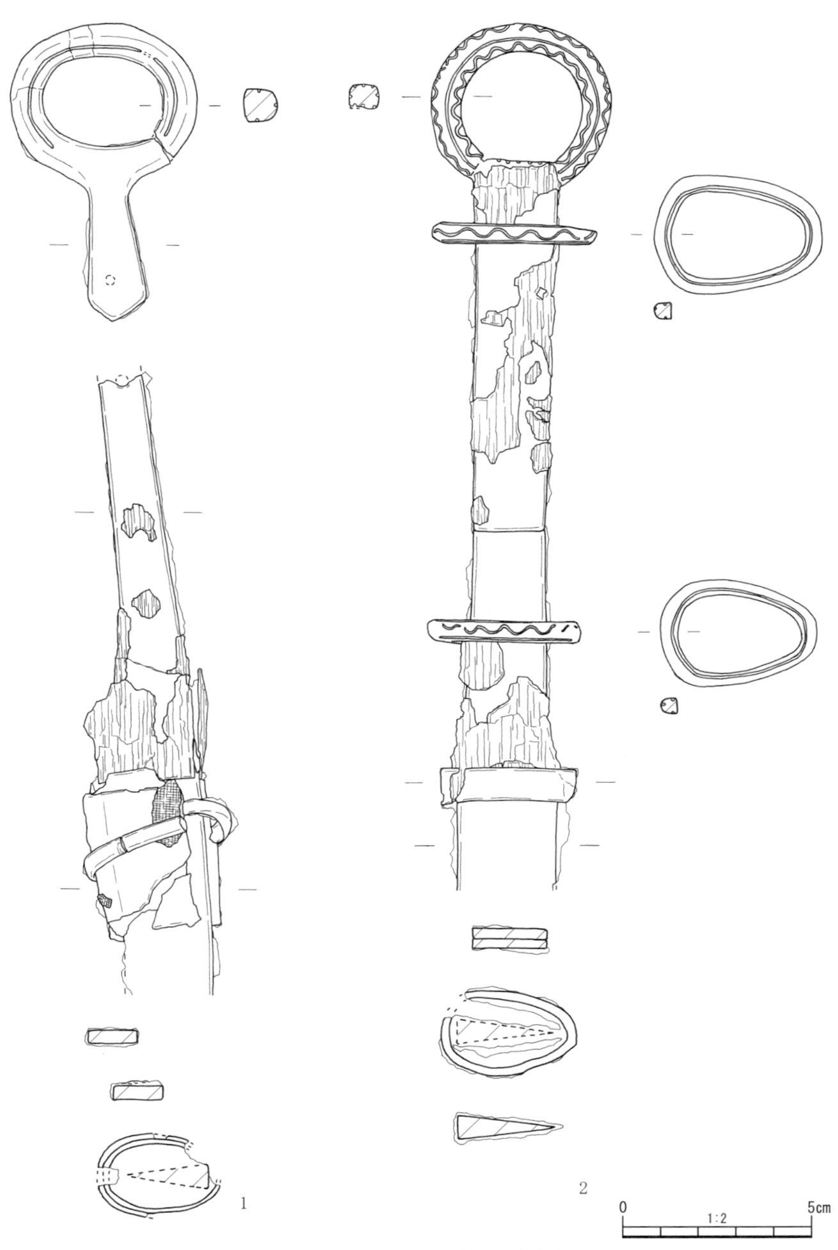

1．玉田67-A号，2．清州新鳳洞古墳群出土

図6-2　素環Ⅰ群の諸例（2）

う点で，その他のいわゆる装飾付大刀とは一線を画する。象嵌装飾は，銀線あるいは金線を用いた線象嵌によってなされ，その文様には波状文や渦巻文などバリエーションがある。資料の大半は，象嵌による装飾を除くと，その他の特徴が木製装具を装着した鉄製素環頭大刀とほぼ同じである。天安龍院里５号石槨墓例，天安花城里Ａ－１号墳例（図6-1-1），烏山水清洞14号墓例（図6-1-3），陜川玉田67- Ａ号墳例（図6-2-1），陜川玉田70号墳例（図6-1-4），昌原道溪洞６号石槨墓例（図6-1-2），瑞山富長里４号墳７号土壙墓例，同６号墳６号土壙墓例，伝清州新鳳洞出土例（図6-2-2）の９例が該当する。

素環Ⅱ群（図6-3）は，鉄地銀張で平面円形ないし楕円形の外環をもつものである。把間把握部は，有機物製の材料でつくり，金属板を被せたり金線や銀線を巻いたりしない。通常，銀製の把縁金具と鞘口金具を備えるが，これらにはしばしば波状文の打出文様が施される。論山茅村里５号墳例（図6-3-1），清州新鳳洞108号墳例（図6-3-3），陜川玉田28号墳例（図6-3-2），咸安道項里６号墳例（辛勇旻ほか 2008）の４例が確認される。

素環Ⅲ群（図6-4・図6-5）は，鉄地銀張で平面五角形ないし上円下方形の外環をもつものである。把間に金属板を被せるものが多い。金属板は無文か，魚鱗文が打ち出されており，新羅の大刀にみられるような鋲でなく，通常の釘を佩裏の中軸上に打ち込んで固定する[10)]。論山表井里採集例（図6-5-2），陜川玉田Ｍ３号墳例（図6-4-3），同71号墳例（図6-5-1），陜川磻溪堤カＡ号墳例（図6-4-1），咸陽白川里Ｉ－３号墳例（図6-4-2），南原斗洛里４号墳例の６例が知られる[11)]。

(2) 三葉環頭大刀

環内にクローバー状の中心飾をもつ大刀である（図6-6）。新羅の墳墓で多く出土する装飾付三葉環頭大刀は，百済・加耶圏では非常に少ない。羅州新村里９号墳乙棺出土の２例と羅州伏岩里３号墳96号石室出土の刀子（図6-6-2），陜

10）ただし，東京国立博物館所蔵の銀装素環頭大刀（朴天秀2011）は，把間の金属板の固定に鋲を用いた例外的な資料である。

11）その他，東京国立博物館所蔵品や白神コレクションなどに出土地が不分明な資料が数点知られる。

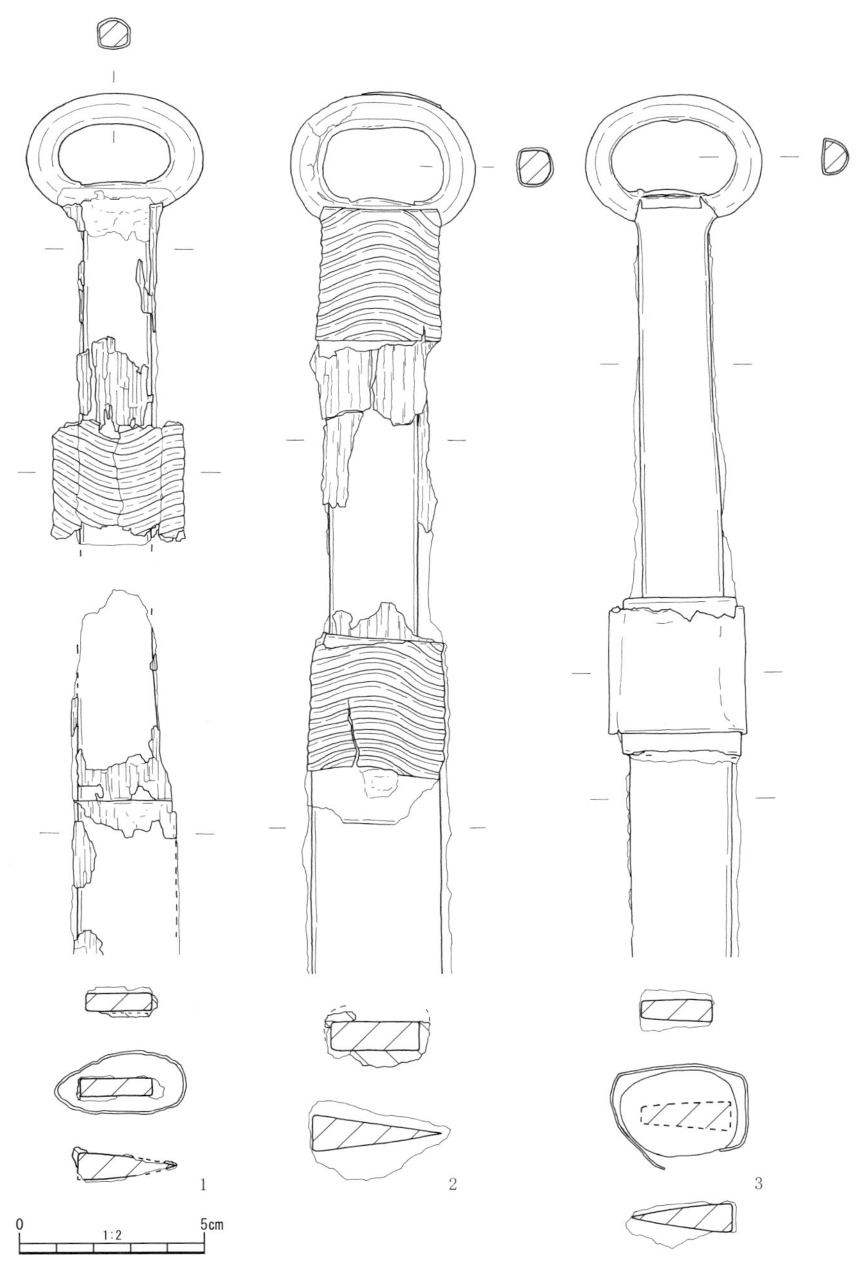

1．茅村里5号，2．玉田28号，3．新鳳洞108号

図6-3　素環Ⅱ群の諸例

1．皤溪堤カＡ号，２．白川里Ｉ－３号，３．玉田Ｍ３号

図 6-4　素環Ⅲ群の諸例（１）

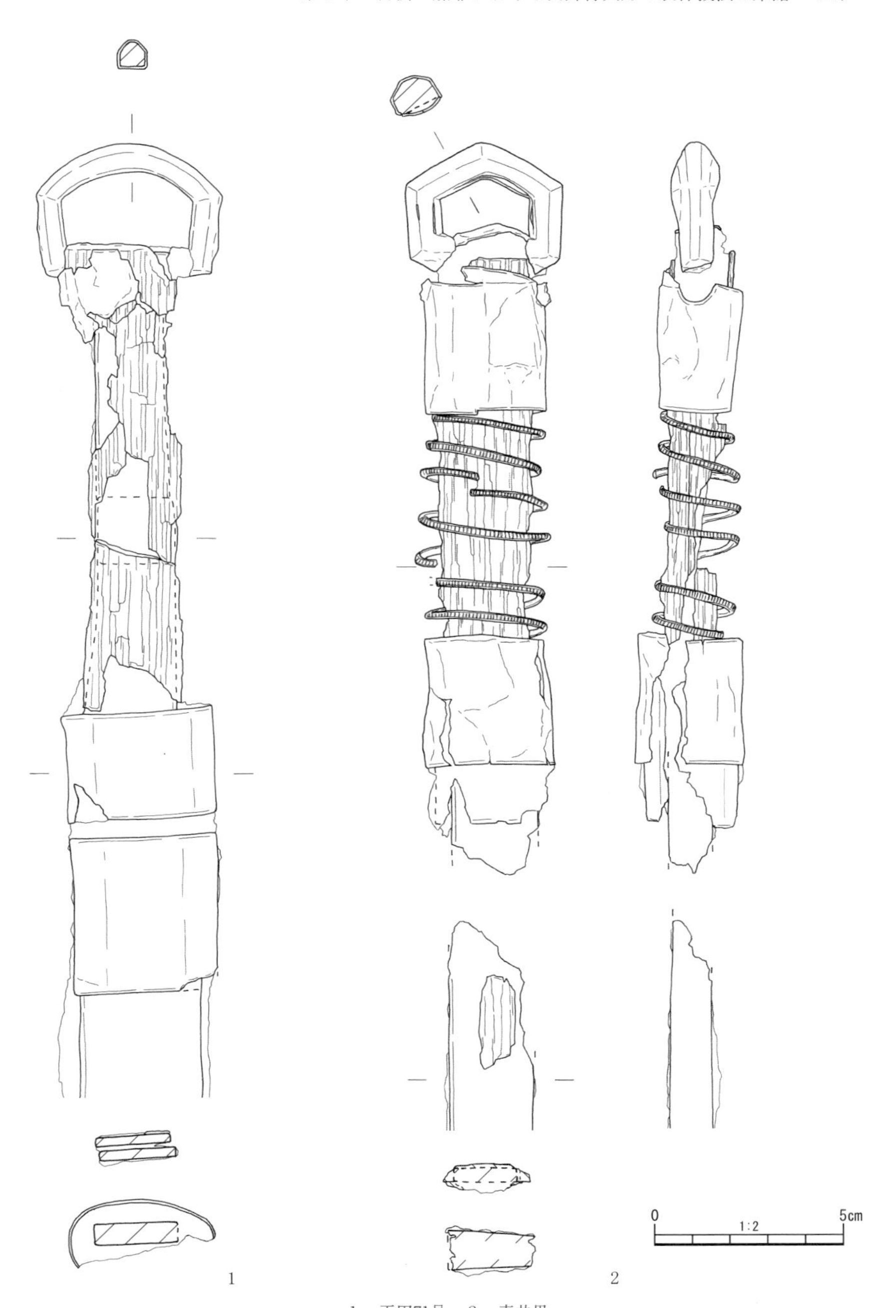

1．玉田71号，２．表井里

図６-５　素環Ⅲ群の諸例（２）

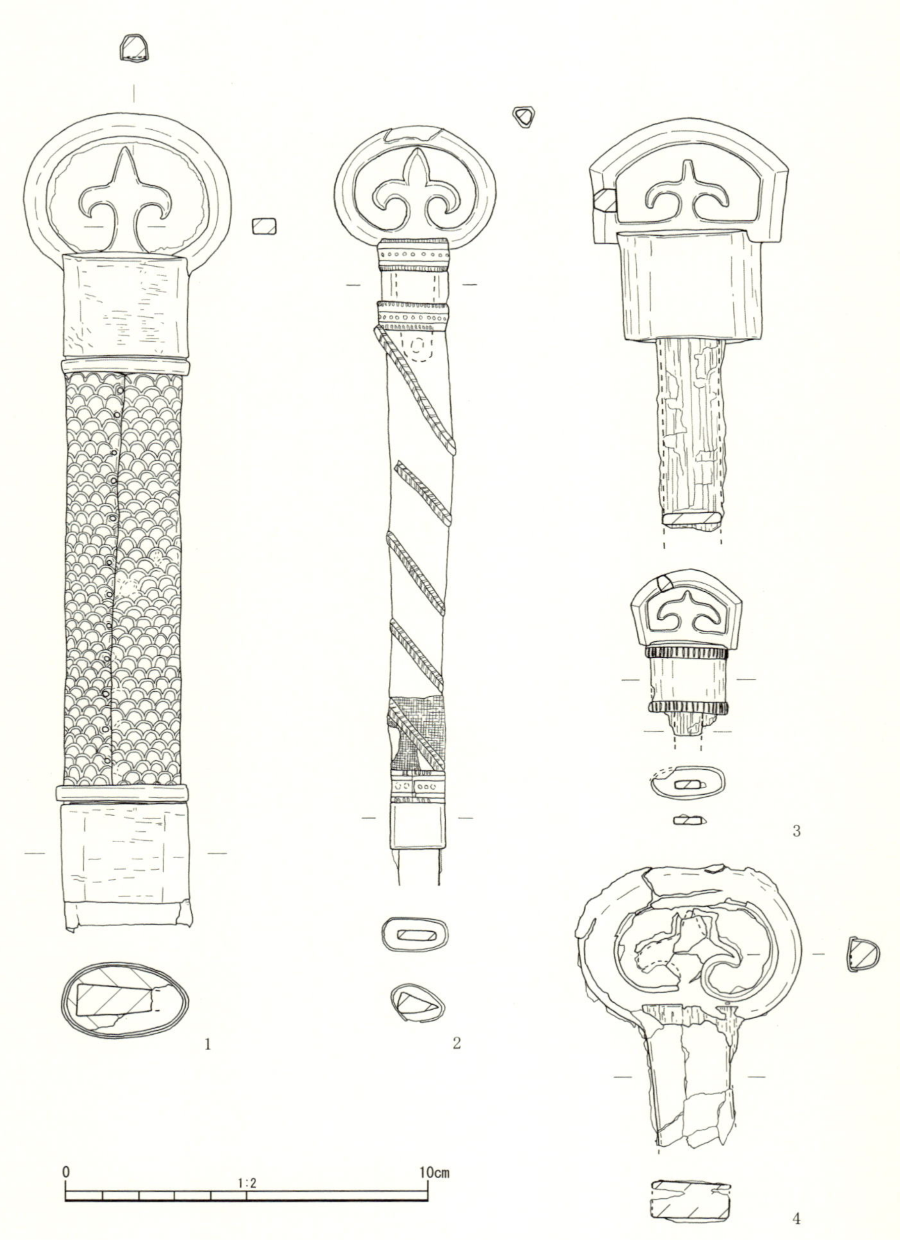

1．新村里９号乙棺（三葉Ⅰ群），２．伏岩里３号96號石室（三葉Ⅰ群），
３．池山洞45号１号石室，４．玉田Ｍ１号

図 6-6　三葉環頭大刀の諸例

表6-2　三葉環頭大刀における各種属性の相関関係

環頭部の装飾方法	環頭部の平面形	把部の装飾	把間の金属板		大刀群
			打出文様	固定方法	
鉄地銀装 銅地銀装	円形	金属板	魚鱗文	釘	三葉Ⅰ群

川玉田M１号墳出土例（図6-6-4），陜川高霊池山洞45号墳出土例（図6-6-3）のほか，象嵌で装飾された瑞山富長里７号墳２号土壙墓例が知られるのみである。このうち，新羅からの搬入品と考えられる池山洞45号墳例と，象嵌で装飾された富長里７号墳２号土壙墓例，製作技法においてやや特殊な特徴を示す玉田M１号墳例[12]を除いた３例は，いずれも栄山江流域の羅州地域からの出土である。栄山江流域の装飾付大刀を検討した金洛中は，これらの三葉環頭大刀を漢城期末葉から熊津期初頭に百済の中央で新たに製作されたものとして「新式三葉環頭大刀」と呼称し，その特徴として，「銀板を被せた楕円形の環頭」，「金銅製の三葉」，「銀製の把頭・把縁金具」，「金製の責金具」，「魚鱗文が打ち出された把握部」などを挙げている（金洛中 2007）。金洛中が指摘する通り，これらは共通する特徴をもった大刀群（表6-2）として抽出し得る資料群であり，本章ではこのいわゆる「新式三葉環頭大刀」を三葉Ⅰ群とする[13]。

三葉Ⅰ群の特徴を改めて整理する。まず外環の平面形について，金洛中は「楕円形の環頭」としたが，他の環頭大刀に比べるとむしろ真円形に近い。外環は鉄地銀張ないし銅地銀張である。把間には魚鱗文を打ち出した金属板を巻き，素環Ⅲ群同様，佩裏中心に釘を打ち込んで固定する。把縁・鞘口金具に堤状連珠文（鈴木 2004）と魚々子文を鏨で刻んだ金製の責金具をともなう例（図6-6-2）がある。

12）玉田M１号墳出土例（図6-6-4）は，鉄地金銅張の三葉環頭大刀である。外環と中心飾は一体で，１枚の金銅板を環の佩裏・佩表の両平面および外側面に被せ，さらに外環の内側面に別の金銅板を被せてその端部を１枚目の金銅板に重ね込んで固定してある。こうした技法は新羅，百済のいずれにおいても確認されていない。

13）上記の３例のほか，具滋奉が「晋州博物館所蔵資料」として紹介した資料が，提示された実測図をみる限り三葉Ⅰ群と判断される（具滋奉 1987）。

(3) 龍鳳文環頭大刀

環内に龍や鳳凰をあしらった中心飾をもつ大刀である（図 6-7～図 6-10）。3群の大刀群を設定できる（表 6-3）。

龍鳳Ⅰ群は，象嵌技法によって龍や鳳凰を表現した大刀である。外装は素環Ⅰ群同様，簡素なものが多い。把は基本的に有機物製で，金属板を被せたり金属線を巻いたりしたものはみられない。象嵌は外環や中心飾のほか，把縁金具・鞘口金具にも施されることがある。外環には走龍文以外にも亀甲繋文や唐草文を表現したものもある。中心飾はすべて鳳凰文[14]である。公州水村里1号墳例，天安龍院里12号石槨墓例（図 6-7-1），高霊池山洞32NE-1号墳例（図 6-7-3），陜川玉田35号墳例（図 6-7-4），同M1号墳の2例，同M4号墳例（図 6-7-2）の7例が確認されている。

龍鳳Ⅱ群は，環頭部が銅製ないし金銅製で，中心飾を外環と一体で鋳造した大刀である。把間に金属板を被せた例もあるが，原則として有機物製の簡素な把が採用されたとみられる。天安龍院里1号石槨墓例（図 6-8-3），高霊池山洞Ⅰ-3号墳出土例（図 6-8-1），同73号墳例（図 6-8-4），山清中村里3号-北木槨墓例（図 6-8-2）の4例が知られるほか，和泉市久保惣記念美術館所蔵刀（金宇大 2016a）もこれに該当する。これらは，中心飾の図像において型式学的連続性が認められ（図 6-11），漸移的な文様退化のプロセスを示しているとみられる（持田 2010）。しかし，最も文様の崩壊が進んでいない龍院里1号石槨墓例が外環に走龍文を施文しているのに対し，残り3例の外環は素文と差異をみせる。

龍鳳Ⅲ群は，中心飾を別づくりにしたものである。外環は鉄地ないし銅地に，金板や金銅板，銀板を被せる。外環には打出技法や透彫によって走龍文が表現されており，原則的に「環を上からみて2匹の龍が相互に反対方向にすれちが」う「筋交型」（穴沢・馬目 1976）の図像配置を示す。中心飾は退化した鳳凰文が大部分で，龍文はごく僅かである。把間把握部は銀線巻きにしたものが多いが，金属板を被せたものもある。金属板を被せる場合は魚鱗文が打ち出され，

---

14) 龍鳳文環頭大刀の中心飾を龍とするか鳳凰とするかの峻別基準は研究者ごとに異なるが，本章では新納泉の区分に準拠する。すなわち，「口先を上下に前後に開いて舌を出すものを竜，口先が開かず玉を嚙むものを鳳凰」（新納 1982）としておく。

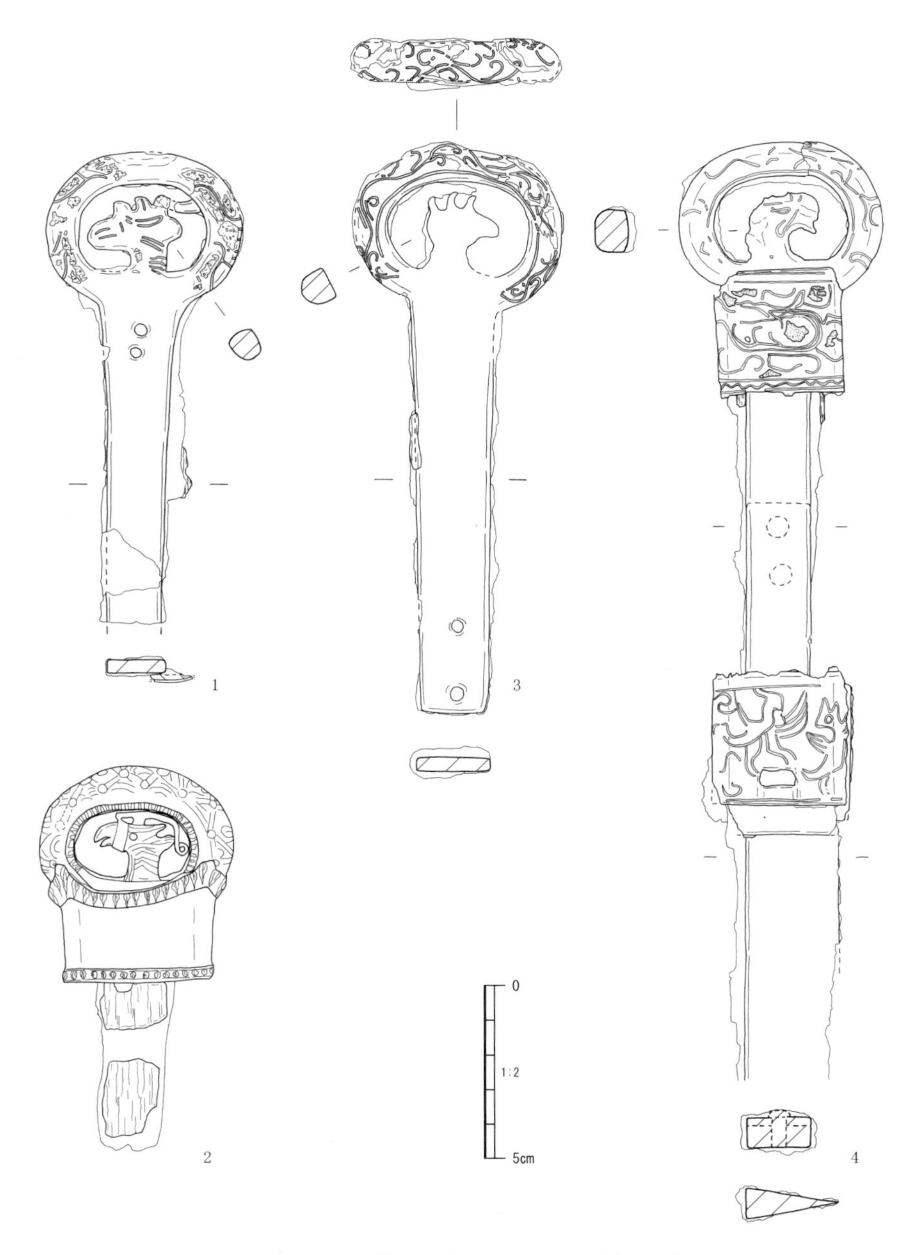

1．龍院里12号石槨（龍鳳Ⅰ群），２．玉田Ｍ４号（龍鳳Ⅰ群），
３．池山洞32NE-１号（龍鳳Ⅰ群），４．玉田35号（龍鳳Ⅰ群）

図６-７　龍鳳文環頭大刀の諸例（１）

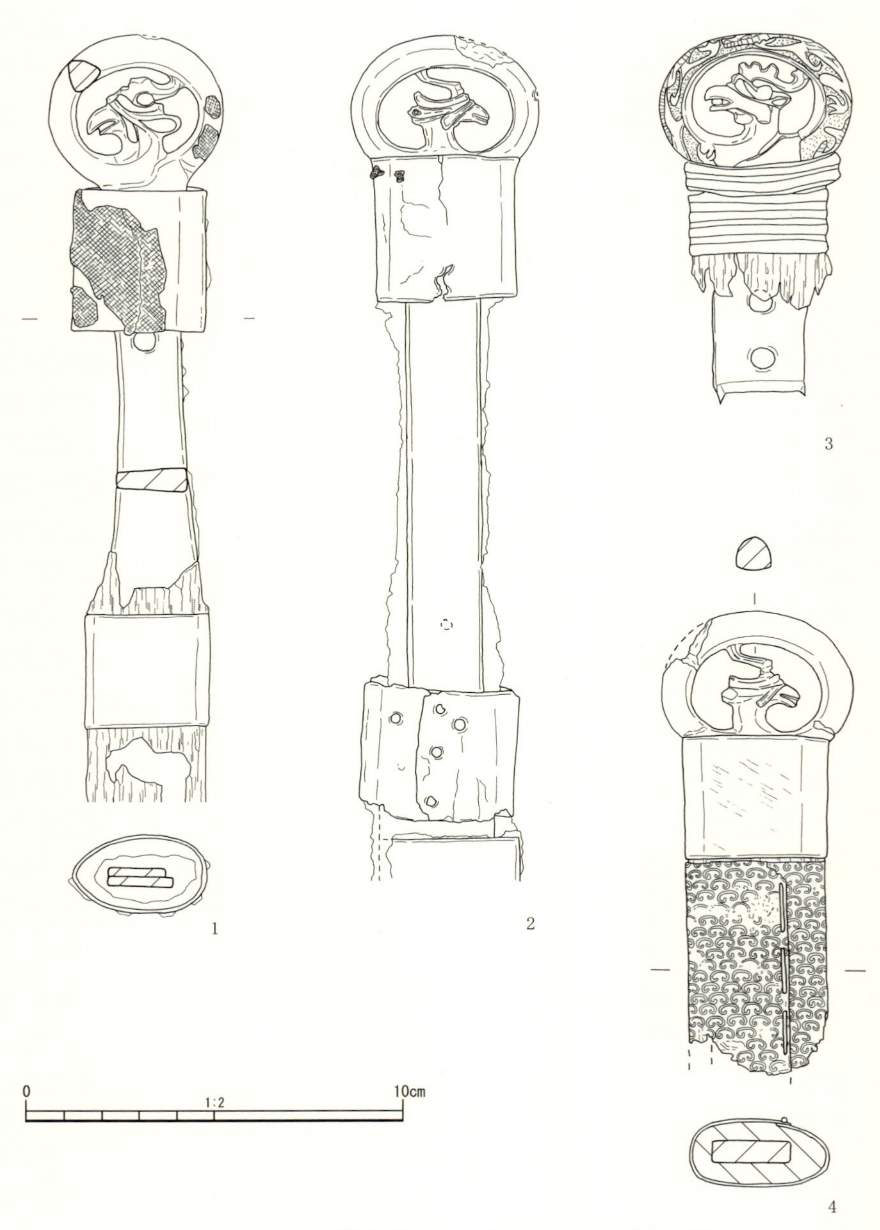

1．池山洞Ⅰ－3号（龍鳳Ⅱ群），2．中村里3号北－木槨（龍鳳Ⅱ群），
3．龍院里1号石槨（龍鳳Ⅱ群），4．池山洞73号（龍鳳Ⅱ群）

図6-8　龍鳳文環頭大刀の諸例（2）

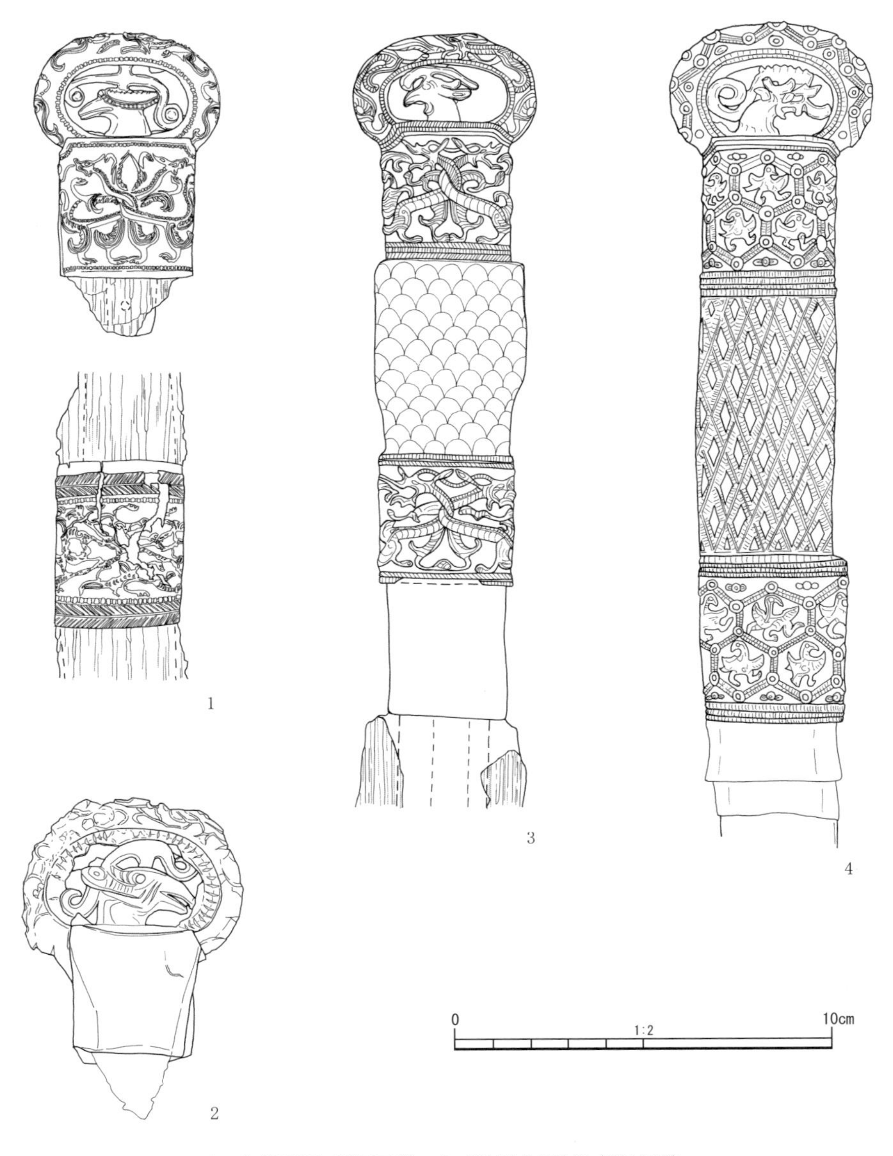

1．生草M13号（龍鳳Ⅲ群），2．新村里 9 号乙棺（龍鳳Ⅲ群），
3．玉田M 6 号（龍鳳Ⅲ群），4．池山洞主山39号（龍鳳Ⅲ群）

図 6-9　龍鳳文環頭大刀の諸例（3）

佩裏の中軸線上に釘を打ち込んで固定する。把縁・鞘口金具には2匹の龍が絡み合った龍文を打ち出す。龍鳳文環頭大刀の中で最も資料数が多く，日本列島で出土したものや出土地不明の資料まで含めると総数40点を超える。

研究史の検討において，大加耶地域に分布が集中する龍鳳文環頭大刀の一群について触れたが，「龍鳳Ⅲ群」がこれに当たる。把頭・鞘口金具の龍文と外環の走龍文は時期が下るにつれ退化し，年代の指標となることが指摘されており，町田は4段階に，穴沢・馬目は8段階にこれを細分した（町田 1976，穴沢・馬目 1976）。しかし，いずれも段階の峻別基準が明瞭に示されておらず，新出資料の型式判断が困難である。したがってここでは，図6-12に示す基準で筒金具の龍文に4つの段階を設定し，それら文様の段階によって龍鳳Ⅲ1群から龍鳳Ⅲ4群に細分しておく。

なお，公州武寧王陵出土大刀（図6-10）については，本章の分類定義上「龍鳳Ⅱ群」に属するが，中心飾の意匠やその他の外装の特徴が極めて特異であるため，龍鳳Ⅱ群には含めずに，例外的な資料として随時言及することとする。

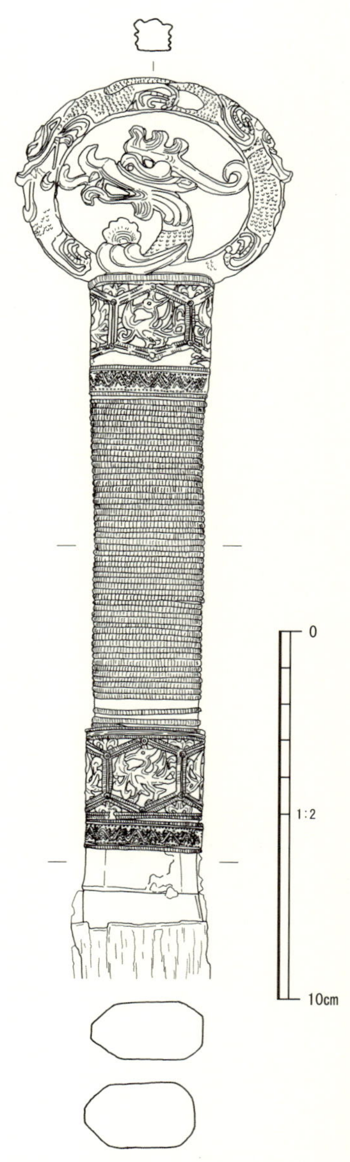

図6-10　公州武寧王陵出土大刀

2．大刀群の年代

前章では，洛東江以東地域で出土する新羅の装飾付環頭大刀を分析し，装飾付大刀の出現から終焉までを3期に区分する編年案を提示した。本章で検討対象としている百済・加耶の大刀は，依然その出土点数が十分でなく，大刀の型式学的検討

表6-3　龍鳳文環頭大刀における各種属性の相関関係

環頭部の装飾方法	環頭部の平面形	中心飾の製作技法	把部の装飾	把間の金属板		大刀群
				打出文様	固定方法	
鉄地象嵌	楕円形	一体・別鋳	木製	—	—	素環Ⅰ群
鉄地銀装	楕円形	一体	（金属板）	（C字文）	（鋲）	素環Ⅱ群
鉄地銀装	楕円形	別鋳	金属板 金属線	魚鱗文 格子状透かし	釘	素環Ⅲ群

図6-11　龍鳳Ⅱ群の中心飾の型式学的連続性

から編年を構築するのは難しい。ここでは主に大刀の共伴関係に注目しつつ，古墳・共伴遺物の編年研究を参考にしながら，各大刀群のおおまかな年代的位置を前章の新羅大刀の段階区分に照らして把握しておきたい。

まずは，新羅の大刀と共伴する龍鳳Ⅲ群大刀について整理しておこう。慶州の飾履塚と壺杅塚では，龍鳳Ⅲ群大刀が出土している。これらは，慶州天馬塚で出土した大刀と違い，新羅の大刀製作技術でつくられたものでは明らかになく，外部からの搬入品とみてよい。飾履塚の龍鳳Ⅲ群大刀は，筒金具の龍文（図6-12）が1段階と古相を示すものであるが，壺杅塚の龍鳳Ⅲ群大刀の筒金具龍文は2段階とやや新しい。飾履塚で龍鳳Ⅲ群大刀と共伴する三累B群大刀は装具の残りが悪く，時期を2期以降としか絞り込めないが，共伴する円筒形a類系統耳飾は4期前半（第1章）のもので，新羅大刀編年における2期後半に該当する。一方の壺杅塚からはほかに環頭大刀が出土していないが，共伴する馬具は諫早編年慶州Ⅵ段階の最新相のものである。耳飾も楕球形系統で比較的新しく，新羅大刀編年の3期に該当するとみてよい。龍鳳Ⅲ群大刀は，筒金具龍文1段階のものが2期後半に出現し，3期には龍文が2段階へと変化するとみられる。

素環Ⅲ群大刀は，陜川玉田M3号墳で4点の龍鳳Ⅲ1群大刀と共伴しているほか，共伴馬具や土器をみても，明確にM3号墳以前に遡る例は現時点では認められない。これも龍鳳Ⅲ1群大刀と同じく，2期後半になって出現した大刀

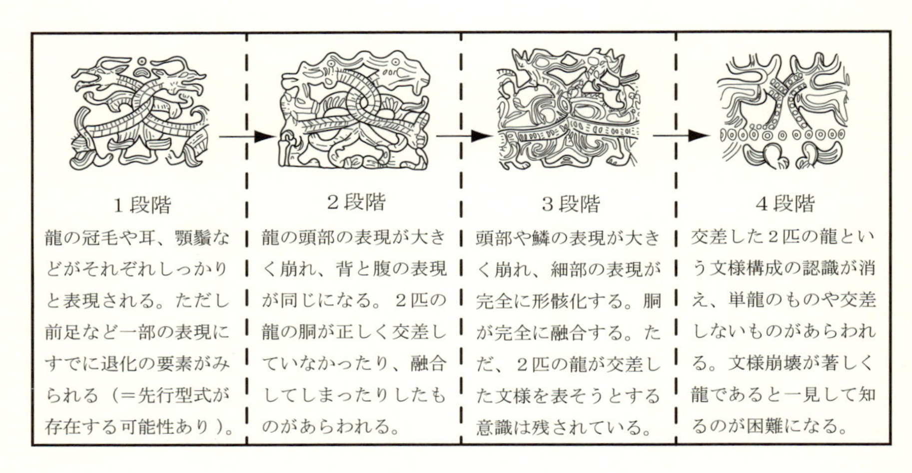

図 6-12　龍鳳Ⅲ群の筒金具龍文の変化

とみなすのが自然であろう。

三葉Ｉ群大刀は，羅州新村里９号墳乙棺に龍鳳Ⅲ群大刀との共伴例がある。新村里９号墳乙棺出土の龍鳳Ⅲ群大刀（図 6-9-2）は，中心飾がやや特異な形状の鳳凰文で，把頭・鞘口金具が銀製素文であるなど，龍鳳Ⅲ群大刀の中でも特殊な様相を示す資料である。把縁・鞘口金具に龍文の打出文様をもたないため，龍鳳Ⅲ群の中での新古を明確に決められないが，少なくとも２期後半以降の年代を推定することができる。

龍鳳Ⅱ群大刀は，他種の大刀と共伴する事例はないが，高霊池山洞73号墳例の外装が，新羅の早い段階の大刀と共通しており，注目される。すなわち，把にＣ字文ａ１を打ち出した把間板を被せ，鋲Ａ２技法により固定する。こうした装具の特徴は，新羅大刀編年の１期にみられる大刀と共通する。上述したように，龍鳳Ⅱ群大刀の中心飾の図像には，図 6-11のような天安龍院里１号石槨墓例を祖形とする型式学的連続性が看取されるが，池山洞73号墳例は，この組列の中では，最も新しい資料に該当する。したがって，龍鳳Ⅱ群大刀は新羅大刀編年における１期と並行し，２期を大きくは下らないとみられる。なお，池山洞73号墳にみられた新羅的要素は，他の龍鳳Ⅱ群大刀にも認められ，興味深い。

龍鳳Ｉ群大刀は，陜川玉田Ｍ４号墳で龍鳳Ⅲ１群大刀と共伴する一方，龍鳳

Ⅱ群大刀の最古段階と考えられる龍院里1号石槨墓と同じか，より先行すると考えられる龍院里12号石槨墓からの出土例があり，陜川玉田35号墳や玉田M1号墳での出土例など，時期的にはコンスタントに認められる。資料数の関係上細分はしなかったが，類例が増加すれば時期差を反映した分類要素を抽出できる可能性がある。

素環Ⅱ群も，他の大刀との共伴例がないため[15)]，共伴遺物を手がかりに年代について考えてみたい。趙榮濟は，素環Ⅱ群大刀が出土した陜川玉田28号墳について，出土した有蓋長頸壺と上下1列透窓高杯の形態的特徴および波状文の分析から，玉田M1号墳や玉田M2号墳と同じ時期に比定している（趙榮濟 1997）。玉田M1号墳は，皇南大塚南墳との並行関係が主張されており（白井 2003b，朴天秀 2010，諫早 2012など），新羅大刀の段階区分では2期前半に該当するとみられる。一方で，論山茅村里5号墳は，共伴する馬具から熊津期以降の墳墓とみなされており（諫早 2012），今のところ確実に6世紀代に下る例は確認されていないものの，少なくとも5世紀の後葉から末頃までは，製作が続いていたとみられる。

素環Ⅰ群は，趙榮濟の玉田古墳群の編年研究（趙榮濟 1996）を参照すると，玉田M1号墳よりもさらに古い木槨墓Ⅱ段階の玉田67-A号墳から出土していることから，初現は1期にまで遡るとみられる。一方，玉田M3号墳と同時期に編年される木槨墓Ⅲb段階の玉田70号墳からも出土しており，少なくとも2期後半以降に至るまで存続すると推定される。上述したように，素環Ⅰ群の象嵌文様には系統を異にする複数の文様が存在し，素環Ⅰ群内でより細かく時期的変遷を整理できる可能性があるが，資料数の不足から文様の比較によっては年代差を明らかにし難い[16)]。装飾付大刀でない鉄製素環頭大刀を含めて検討を

15)　日本列島に目を向ければ，熊本県江田船山古墳で龍鳳文環頭大刀との共伴が認められる。ただし，江田船山古墳の龍鳳文環頭大刀はやや特殊な形態のもので，それ自体を時期的な指標として用いることができない。

16)　素環Ⅰ群大刀の象嵌文様は，大きく波状文系と渦巻文系に分けられるようである。前者は，昌原道溪洞6号石槨例（図6-1-2）や，伝清州新鳳洞出土例（図6-2-2）などがあり，陜川玉田67-A号墳出土例（図6-2-1）も，波状文ではないがこちらに該当するとみられる。出土古墳の年代は，やや古相を示す傾向にある。一方，渦巻文系の象嵌文様をもつ例としては，天安花城里A-1号墳出土例（図6-1-1），陜川玉田70号墳出土例（図6-1-4）が知られる。同様の渦巻文は，素環Ⅰ群大刀以外に，玉田M3号墳出土龍鳳Ⅲ群大刀の鞘尾金具，東京国立博物館所蔵伝昌寧出

試みる必要があると考えられるが，本章における検討の範疇を超えるため，ここでは存在年代幅を指摘するに留めておきたい。

以上を整理すると，図6-13のようになる。新羅で大刀の製作が縮小される3期以降も，大加耶では大刀の製作が盛んに続けられる。龍鳳Ⅲ4群大刀が出土した日本列島の埼玉県将軍山古墳はTK43型式並行期とされ，龍鳳Ⅲ群大刀の製作は大加耶が滅亡するまで続いたものと考えられる。

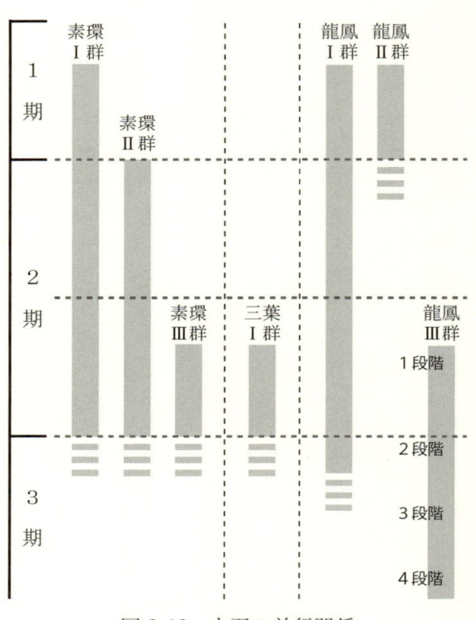

図6-13　大刀の並行関係

3．大刀群の分布と系譜

次に，それぞれ資料の分布を確認しつつ，個々の大刀にみられる特徴を参考にしながら，大刀群の系譜を推定してみたい。各大刀群の分布を図6-14に示した。

まず，素環頭大刀である。素環Ⅰ群の大刀は，現在の資料状況をみると，加耶での出土例の方がやや多い。しかし一般的には，加耶の象嵌装飾付大刀は百済から搬入されたもの，ないし技術が伝えられたものと考えられている（崔鐘圭 1992ほか）。このことは，日本石上神宮に伝えられる七支刀の存在が大きな根拠となっているようである。七支刀の銘文の「泰■四年」は東晋の泰和四年（369年）とみる説が一般的であり（新蔵 2005），百済で象嵌による大刀の装飾技法が確立したのは4世紀代までは遡ると考えられる。近年に至って，瑞山富長里古墳群など百済地域で出土地が明確な資料が増えたことも，こうした系譜の推定を裏付ける証拠となっている。

土有銘龍鳳文環頭大刀の鞘口金具，日本列島の京都府穀塚古墳出土の龍鳳Ⅰ群大刀の外環でも確認される。

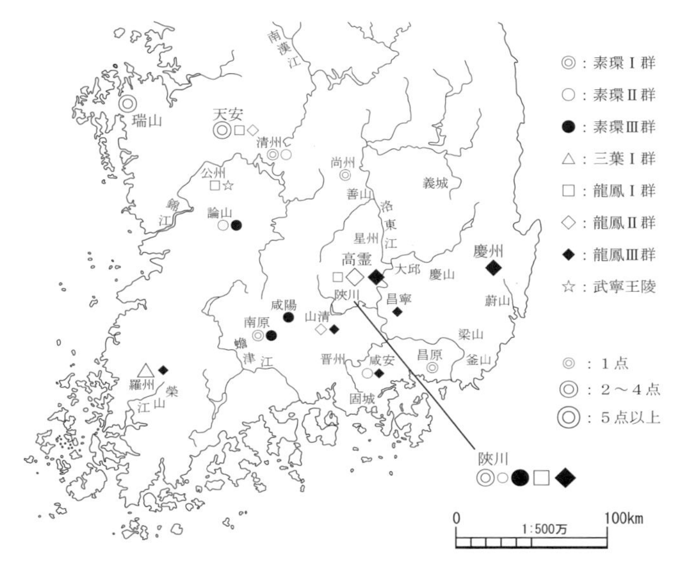

図6-14　大刀の分布

素環Ⅱ群は，陝川玉田28号墳例が大加耶圏，咸安道項里6号墳例が阿羅伽耶圏，残り2点が百済圏域で出土している。資料の絶対数が少ないため，分布のみから系譜を想定するのが困難であるが，玉田28号墳例と論山茅村里5号墳例に採用されている，波状文を打ち出した銀製把縁・鞘口金具（図6-3-1・2）は，公州水村里1号墳出土龍鳳Ⅰ群大刀にも付属する。これらの波状文の打出文様をともなう銀製筒金具は，百済の大刀の特徴であることが度々指摘されている（李漢祥 2004c・2006a・2006e，朴敬道 2007）。現時点の資料状況をみる限りでは，素環Ⅱ群は百済に系譜をもつ大刀とみて相違ないだろう。

一方，素環Ⅲ群は，論山表井里採集例（図6-5-2）を除いて，いずれも大加耶圏で出土している。咸陽白川里Ⅰ－3号墳出土例（図6-4-2）は，把握部に綾杉文を刻んだ責金具が装着されている。この綾杉文は，大加耶に分布が集中する龍鳳Ⅲ群の大刀の把頭・鞘口金具にみられるほか，大加耶圏で出土する馬具や胡籙金具にも確認される特徴であり，大加耶的な装飾要素と指摘されている（諫早 2012）。このことからも，素環Ⅲ群の大部分は大加耶で製作されたものとみてよいであろう。ところで，論山表井里採集例の存在から，大加耶で出土する素環Ⅲ群についても，百済から伝播したととらえる見解がある（朴敬道

2002・2007，李漢祥 2004・2006a・2006b）。しかし，論山表井里採集例は，出土状況が確かでなく，年代的な位置付けも不明で，必ずしも大加耶で出土する大刀に先行するものと考えることはできない。むしろ資料状況を勘案すると，素環Ⅲ群は，大加耶に系譜をもつ資料と考えるのが自然であり，表井里採集例についても大加耶から百済に搬入されたものである可能性が高いと考える[17)]。

次は三葉環頭大刀である。先述したように，三葉Ⅰ群はすべて栄山江流域の羅州地域からの出土である。三葉Ⅰ群の系譜については，いずれも百済圏域で出土していることから，百済と考えるのが一般的である（金洛中 2007）が，出土例が３例と少なく，分布範囲も羅州のみと極めて限定的なことから，これを百済で製作された大刀と即断することはできないと考える。この大刀の系譜については，後に詳しく検討する。

最後は龍鳳文環頭大刀である。龍鳳文環頭大刀は，他の装飾付大刀よりも比較的資料数が多いにもかかわらず，百済圏域での出土数は稀薄である。百済圏域の龍鳳文環頭大刀の出土は，龍鳳Ⅰ群が２点，龍鳳Ⅱ群が１点，龍鳳Ⅲ群も１点に限られ，分布の中心は明らかに大加耶にある。しかし，研究史で整理したように，もっとも偏在傾向が顕著な龍鳳Ⅲ群について，製作地の議論が続けられているため，より詳しい検討が必要と考える。また，龍鳳Ⅱ群の唯一の出土例である天安龍院里１号石槨墓出土例は，先に指摘した中心飾の型式学的変遷において最も古式に位置付けられるため，龍鳳Ⅱ群大刀が百済で製作された可能性を分布状況のみから否定することはできない。

これらの系譜については，次章以降，より細かな製作技法の分析から検討してみたい。

第３節　百済・大加耶の大刀製作技術

これまでの研究でも指摘されてきた通り，百済と加耶の両地域で出土する大

17）ただし，論山表井里採集例は，環頭部が五角形で他の例よりやや小さく，把間も銀線を螺線状に巻くなどやや特異な装飾が認められる。そのため，これを大加耶から搬入されたものとするのに懐疑的な見解もあり（李漢祥 2006a・2006e），その系譜についてはやや慎重に評価する必要がある点に言及しておきたい。

刀には類似したものが多いため，両地域で出土する大刀が具体的にどこで製作されたのかということを推定するのは容易ではない。ここでは，分布状況から推定した大略的な系譜関係に，製作技術面からの検討を加えることで，製作地問題へのより一歩踏み込んだアプローチを試みる。

1．龍鳳Ⅰ群大刀の系譜と金板の圧着技法

先に，龍鳳Ⅱ群のうち天安龍院里１号石槨墓例（図6-8-3）を除いた大刀の製作に，新羅系の技術工人の関与がある可能性があることを指摘した。以下，その詳細について言及しておく。

高霊池山洞Ⅰ－３号墳出土例（図6-8-1）の外環は，銅製素文であるが，断面形が楔形を呈する点が注目される。外環が銅製でその断面形が楔形を呈するという特徴は，釜山福泉洞10・11号墳や同８号墳などで出土している古式の三累環頭大刀と共通する。また，年代の検討でも言及したが，池山洞73号墳出土例（図6-8-4）の把はＣ字文を打ち出した金属板が被せられており，鋲状の釘で固定してある。この把間板にみられるＣ字文の打出文様と鋲による固定という特徴は，新羅の大刀の型式変化を規定する要素として評価し得る属性である（第５章）。和泉市久保惣美術館所蔵の伝蓮山里古墳出土とされる龍鳳Ⅱ群大刀（金宇大 2016a）は，池山洞Ⅰ－３号墳例と酷似した環頭部を有し，把間にＣ字文を打ち出した金銅板を被せる。龍院里１号石槨墓例に祖形をもつ百済的な中心飾と，外環のつくりや把間板に認められる新羅的な要素の混交という現象は，加耶で出土した龍鳳Ⅱ群大刀が，百済で製作され搬入されたものではなく，新羅系の技術をもった工人が加耶で製作した模倣品であることを示唆する。

ここで，龍鳳Ⅱ群大刀の中で唯一百済圏から出土した龍院里１号石槨例に注目したい。龍院里１号石槨例の外環は，銅地に２匹の龍を立体的に鋳出したのち，象嵌によって輪郭を表現し，低まった部分に極薄の金板を貼り付けている（図6-15）。この金板は，銅地の表面に無数の小さな孔を穿つことであえて表面を荒らし，そこへ押し付けることで定着させるという方法で貼り付けられている。同様の技法は，龍鳳Ⅰ群大刀である龍院里12号石槨墓出土例（図6-7-1）や陜川玉田35号墳出土例（図6-7-4）においても確認されるほか，日本列島では，山形県大之越古墳出土龍鳳Ⅰ群大刀や兵庫県宮山古墳出土銀錯貼金環頭大刀[18]，

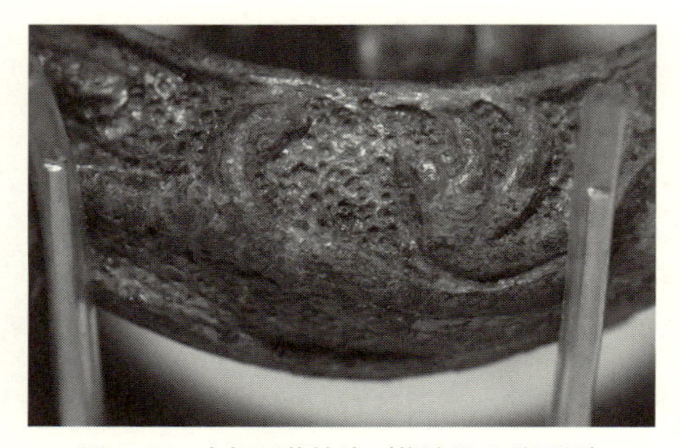

図 6-15　金板圧着技法（龍院里 1 号石槨）

熊本県江田船山古墳出土龍文素環頭大刀においても確認できる。先に確認した中心飾の型式学的組列（図 6-11）から，龍院里 1 号石槨墓例を龍鳳Ⅱ群の最古例と位置付けるならば，この金板圧着技法は百済の技術として認定し得るということになる。この技術は，少なくとも龍院里 1 号石槨墓大刀の模倣品がつくられた段階においては，加耶には伝わっていない。

したがって，環頭部及び把頭金具に同技法を確認できる玉田35号墳出土龍鳳Ⅰ群大刀についても，大加耶でつくられたのではなく，百済から持ち込まれた可能性が高い。このことは，同じく龍鳳Ⅰ群大刀である玉田Ｍ４号墳出土例（図 6-7-2）が，龍鳳Ⅲ群の特徴である別づくりの中心飾をもつのに対し，玉田35号墳例は中心飾と一体でつくられている点からも追認できる。

2．環頭部基部の凹状痕跡

分布の項で確認した通り，素環Ⅱ群は百済に系譜をもつ大刀である可能性が高い。これら素環Ⅱ群の環頭部を仔細に観察すると，外環の基部すなわち茎小口面に凹状の痕跡があり，基部が外環内側面よりやや低くなるという特徴がある。これは，中心飾をもたない福岡県吉武Ｓ－９号墳出土の龍鳳Ⅲ群大刀（図 6-16-6）や，銀板を被せない鉄製の環頭部をもつ熊本県江田船山古墳出土龍鳳文環頭大刀にも認められることから，外環に被せた銀板の綴りではなく，環頭部の地金の製作に関わる何らかの工程を反映した痕跡であると考えられる[19]。

18）宮山古墳出土大刀は，中心飾に蕾状突起をもつ類例のない特異な大刀である。この大刀に共伴する鉄製三葉文環頭大刀も，中心飾が三葉文というより十字文に近い形状で，日本列島では類例のない大刀とされてきたが，近年発掘された完州上雲里遺跡で，中心飾の形状が類似する三葉環頭大刀が数点出土しており（金承玉ほか 2010），百済との関係が指摘できる可能性がある。こうした事実も，金板圧着技法が百済の技術であることを傍証するものとなるかもしれない。

19）この環頭基部の段差については，本来存在していたはずの中心飾を固定する像座であったとみる見解がある（具滋奉 2004ほか）。しかし，既にみたように，素環Ⅱ群にもこうした段差が認め

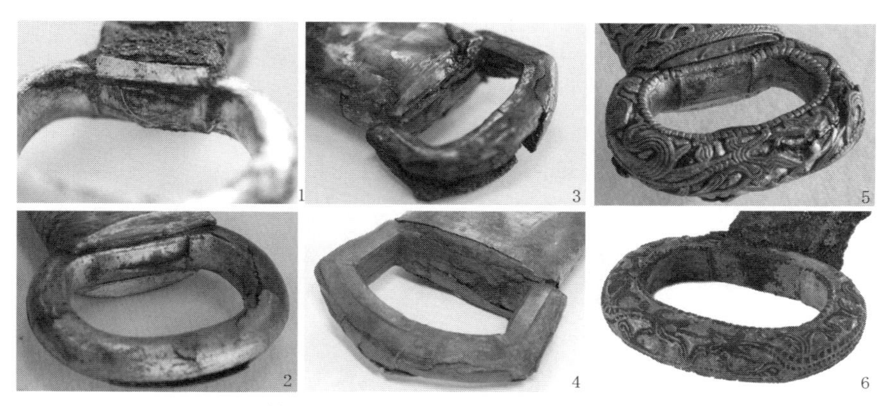

1．新鳳洞108号，２．玉田28号，３．玉田Ｍ３号，
４．白川里Ⅰ－３号，５．玉田Ｍ３号，６．吉武Ｓ－９号

図 6-16　環頭部基部の凹状痕跡

なお，こうした痕跡は素環Ⅲ群には認められない（図 6-16-3・4）。

このような痕跡を残す具体的な製作工程については，鍛接や鋳造に関わる様々な工程が可能性として考えられる。しかし，筆者は金工製作の専門的な技術を有していないため，実際にどのような製作工程でつくられたものであるのかということを断言することができない。こうした技術の復原には，厳密な復原製作実験を繰り返し実施し，検証する必要がある。しかし，そうした実験をおこなうことは，現在の筆者の能力の範疇を超えるため，本章では，この痕跡が何らかの製作工程を反映するものであるという言及に留めておく。

いずれにせよ，こうした痕跡をもつ資料は，百済に特有の製作技法によってつくられたものであると考えられる。このことは，当痕跡が確認される江田船山古墳出土龍鳳文環頭大刀の外環に，先に検討した金板の圧着技法も用いられていることからも傍証される。

第４節　大加耶圏出土装飾付環頭大刀の系譜

前節では，一部の大刀にみられる特殊な痕跡を検討して，百済的な製作技術

られること，遊離したと想定される別づくりの中心飾が発見された例がこれまでに１例もないことから，この段差が中心飾の像座であったとは考えるのは難しい。

を抽出した。これらを前提に，本節では，分布検討からの系譜認定を保留した大刀の製作地を検討し，加耶での大刀製作の在り方について踏み込んでみたい。

1．玉田M３号墳出土龍鳳文素環頭大刀の評価

陜川玉田M３号墳は，龍鳳Ⅲ群が４点，素環Ⅲ群が１点出土するなど，多くの装飾付大刀が一括で出土し，加耶における大刀製作を考える上で外すことのできない古墳である。これらの大刀は，本章の編年で２期後半の始めに該当し，龍鳳Ⅲ群大刀の出現期の資料と考えられる。

玉田M３号墳から出土した４点の龍鳳文環頭大刀（図6-17）はいずれも，龍鳳Ⅲ群の中でも古相を示すが，この４点の大刀の間でも，把頭・鞘口金具の双龍文および外環の走龍文の崩壊の程度に差がある。これについては製作時期の差を反映しているとする見解（穴沢・馬目 1993，町田 1997）や工人の実力差によるものとみる見解（李漢祥 2006a，2006e）が指摘されている。この４点は，製

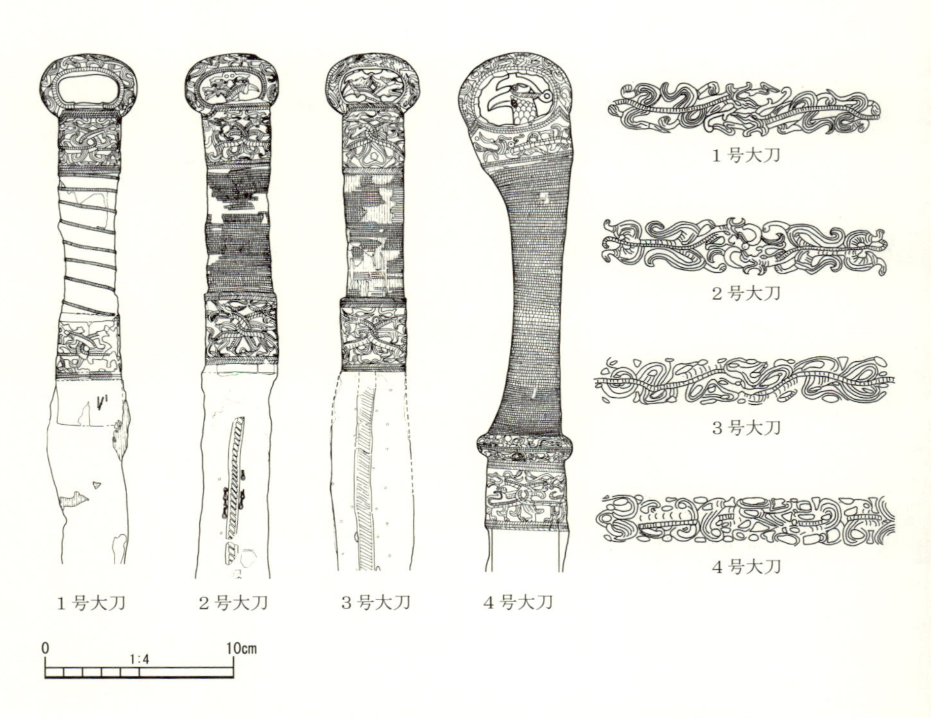

図6-17　玉田M３号墳出土龍鳳文環頭大刀および走龍文模式図

作技法においてもそれぞれ差異を示すが，製作技法面でひときわ異彩を放つのが，報告書で「龍文装頭大刀」（趙榮濟・朴升圭 1990）とされている龍鳳文環頭大刀（以下，図6-17にしたがってＭ３-１号刀と呼ぶ）である。以下，やや詳しくＭ３-１号刀の細部の製作技法を検討してみたい。

環頭部は鉄製の外環に金板と，龍文を透かし彫りにした銀板を被せた金銀装である。ここで注目したいのが，外環にまず金板を被せてから，その上にさらに銀板を被せるのではなく，まず龍文を施した銀板を被せてから，透かし彫りのため鉄地が露出しているところに金板を貼り付けてあるという点である。鉄の表面に直接金アマルガムによる鍍金を施すのは金属の性質上不可能であり（村上 1997），したがって透かしの形状に合わせて切り抜いた薄い金板を貼り付けたものとわかる。遺存状態が良好で金の剥落した箇所が少ないことと，鉄の表面が銹化しているため，明瞭な痕跡を確認するのが困難である[20)]が，外環全体に金板を巻き付けることなく部分的に貼り付けて剥落しないようにこれを固定するという技法は，先述した金板圧着技法によってなされている可能性が高い。

Ｍ３-１号刀には中心飾がなく，茎小口面には銀板が被せてある。外環内側面に被せた銀板はおそらく龍文を透かし彫りにした外側面の銀板とは別部材と考えられ，外環の基部の銀板と一体であるか別材であるかについてははっきりしない。ここで，環頭部基部に凹状の痕跡が確認される点が目を引く（図6-16-5）。これは，陜川玉田28号墳や清州新鳳洞108号墳で確認されたものと同じ痕跡であり（図6-16-1・2），Ｍ３-１号刀の環頭部が，これらと同様の方法でつくられたことを示すものである。

把頭，鞘口金具は，鉄製の筒状金具に金板を貼付した後，龍文の透かしをもつ銀板を被せる。一見して外環と同様の装飾のようであるが，あらかじめ金を巻いた後に透かし文様を有する銀板を被せるという点で，外環とはつくり方を異にする。こうした装飾技法は，他の龍鳳Ⅲ群大刀においては認められない一方で，武寧王陵出土大刀の亀甲繋鳳凰文を配した把頭・把縁金具に確認される点は注目に値する。

20）外環を観察すると，金が剥落した鉄の表面に小孔が穿たれて荒らされているようにも見えるが，銹の可能性もあり確実にそうであると断言することはできない。

このように，この大刀には他の３点の龍鳳文環頭大刀ではみられない百済的な技術が多くみられる。さらにいうと，こうした製作技法が認められる資料は，玉田Ｍ３号墳出土例以外の龍鳳Ⅲ類大刀をみても存在しない。以上のことから，同資料は，百済で製作されて移入されたか，加耶でつくられたとしても，加耶にやってきた百済の工人が加耶の工人の手を借りずに製作したものである可能性が非常に高いといえる。

玉田Ｍ３号墳出土龍鳳文環頭大刀の龍文を検討した穴沢咊光・馬目順一や町田章は，外環の走龍文も把頭・鞘口金具の双龍文も，他の３点に比べ最も精細であると指摘する（穴沢・馬目 1993，町田 1997）。町田は，文様の崩壊が少ないことから，玉田Ｍ３号墳出土大刀のうち，この大刀だけを百済でつくったものと想定しており（町田 1997），この町田の見解は，製作技法面からも追認し得るといえる。

２．大加耶での龍鳳文環頭大刀製作

玉田Ｍ３号墳のＭ３－１号刀以外の大刀については，文様の崩壊具合から考えて，加耶の工人の作であるとする意見が提出されている（町田 1997，李承信 2008）。資料の分布状況に鑑みても，やはり龍鳳Ⅲ群大刀の大部分は大加耶で製作されたとみるのが妥当であろう。そのように考えると，Ｍ３－４号刀のような例外的な意匠をもつ大刀は，龍鳳Ⅲ群の規格性が確立する前の試作段階のものと評価することができる[21)]。したがって，大加耶において大刀製作工房が整えられ，本格的な大刀製作が開始されたのは，玉田Ｍ３号墳の被葬者が陜川一帯を治めていた時期を前後する頃と考えられる。このことは，趙榮濟や町田章が指摘するように，熊津遷都以後の百済が大加耶に大刀を下賜し続けたとは考え難いという説とも合致する（趙榮濟 1992，町田 1997）。

ところで，龍鳳Ⅲ群大刀の製作が百済からの技術伝播により可能になったということを傍証する別の材料として，外環の走龍文の文様配置が挙げられる。

21）ただし，こうした事実は龍鳳Ⅲ群大刀の製作工房が陜川に存在することを示すものではない。現在の資料状況では，龍鳳Ⅲ群大刀の出土例は陜川の玉田古墳群に集中してはいるものの，現時点では製作工房の具体的な位置は，やはり大加耶の中心である高霊にあった可能性の方が高いと考える。

先に述べた通り，龍鳳Ⅲ群大刀の走龍文は「筋交型」であり，武寧王陵や後に日本列島で出土する単龍・単鳳環頭大刀の外環にみられる，「２頭の龍が相互に相手の尾を喰み向っている『喰合型』」とは型式学的に系統を異にすることが指摘されている（穴沢・馬目 1976）。一方で，龍鳳Ⅱ群で唯一外環に龍文が施文されている天安龍院里１号石槨墓例の走龍文が「筋交式」である点は重要である。龍鳳Ⅲ群は，もともと百済で龍鳳Ⅰ群や龍鳳Ⅱ群大刀をつくっていた工人集団の技術系譜を引くものである可能性が高い[22]。

それまで大加耶では，龍院里１号石槨墓例を模倣した龍鳳Ⅱ群大刀や，玉田Ｍ１号墳出土三葉環頭大刀のような，技術的にあまり水準の高くない大刀を製作していたが，玉田Ｍ３号墳被葬者の治世に至って，百済系の技術伝播を基礎とする大刀製作工房が本格的に整備され，龍鳳Ⅲ群大刀のような高度な金工技術を必要とする大刀製作が開始されたと考えられる。

３．栄山江流域出土環頭大刀の系譜

栄山江流域で出土する環頭大刀は，金洛中が論じるように百済によって下賜されたと考えるのが一般的である（金洛中 2007）。しかし，玉田Ｍ３号墳の被葬者の段階から，大加耶で大刀製作が盛んにおこなわれていたとすると，これらの大刀の系譜についても再考の余地が生じてくる。

とりわけ龍鳳Ⅲ群に特有といえる製作技法上の特徴といえば，やはりこれまでに指摘されてきた通り，中心飾を外環と別づくりにするという点であろう。この特徴は，羅州新村里９号墳乙棺出土龍鳳Ⅲ群大刀を除いて，百済で現在までにみつかっている龍鳳文環頭大刀にはみられない特徴であり，大加耶的な技術として注目されている（李漢祥 2006a，2006e，持田 2006，李承信 2008）。

ここで改めて当該地域でのみ出土する三葉Ⅰ群大刀の製作技法に目を向けて

22）　公州水村里１号墳の龍鳳Ⅰ群大刀の外環に象嵌された龍文も，やや明瞭ではないものの，おそらく「筋交型」と考えられる。李鉉相は，「２匹の龍が環の縁の方に後肢を据え，尾を追いかけて上昇し，中央で交差する」という図像配置は，公州水村里１号墳例や天安龍院里１号石槨墓例，さらには武寧王陵出土刀を含む百済の龍鳳文環頭大刀すべてに共通する図像であり，玉田Ｍ３号墳出土龍鳳文環頭大刀などの大加耶出土龍鳳文環頭大刀でもそのまま引き継がれていると指摘している（李鉉相 2010）。公州水村里１号墳例と龍院里１号石槨例が玉田Ｍ３号墳の龍鳳Ⅲ群大刀と共通する図像である点は首肯できるが，武寧王陵例に関しては型式学的に同一系統とみなすには差異が大きい。

みたい。羅州新村里９号墳乙棺出土三葉Ⅰ群大刀（図6-6-1）は，外環が鉄地銀張であるのに対し，中心の三葉文は金銅製，すなわち中心飾が別づくりであることが注目される。同様に，羅州伏岩里３号墳96号石室出土例（図6-6-2）も，Ｘ線撮影の結果，外環と中心飾が別づくりになっていることが指摘されている（尹根一 2001ほか）。このように三葉Ⅰ群大刀には，中心飾を別づくりにするという特徴を認めることができる。こうした事実は，これらの大刀と大加耶の龍鳳Ⅲ群大刀との関係を示唆している。すなわち，三葉Ⅰ群大刀が，龍鳳Ⅲ群大刀と同様の工人集団によって製作された可能性を指摘できるのである。このことは，伏岩里３号墳96号石室出土例の把に螺線状に巻かれた銀線に，大加耶的な装飾要素と指摘される綾杉文（諫早 2012）が施文されていることからも追認される。

大加耶圏において，現在までに三葉Ⅰ群大刀の出土例がないため，栄山江流域で出土する装飾付大刀の製作地の推定には慎重を要するが，大加耶での大刀製作の状況に鑑みれば，栄山江流域の集団が入手したということは十分に考え得る。論山表井里採集素環Ⅲ群大刀（図6-5-2）を含め，大加耶の大刀が百済へと流通するパターンも考慮する必要があるだろう[23]。

４．大加耶の装飾付大刀製作と流通

大加耶において，玉田Ｍ３号墳被葬者の治世を前後して，突然飛躍的に複雑な龍鳳文環頭大刀の製作が開始される契機とは何であろうか。

日本列島で出土する「非新羅系」馬具の系譜について検討した千賀久は，このことに関して興味深い言及をしている。千賀は，大加耶で百済に共通した金

23）百済で出土している唯一の龍鳳Ⅲ群大刀である羅州新村里９号墳乙棺例（図6-9-2）の製作地に関しては，これまで様々な見解が提出されている。すなわち，龍鳳Ⅲ群大刀の分布の中心が大加耶にあることからこれを加耶製とみる見解（持田 2006），龍鳳Ⅲ群大刀に同資料のような百済製のものが一部含まれているとみる見解（高田 2014），同例の存在から龍鳳Ⅲ群大刀が百済の中央で製作されたものと考える見解（金洛中 2007），さらには羅州地方で独自に製作されたとみる見解（李漢祥 2004c）がある。筆者は，同例の中心飾が外環と別づくりになっている点などから，新村里９号墳乙棺例も大加耶からの搬入品である可能性が高いと考えているが，先述したように同例の中心飾の鳳凰首がやや特異な意匠であること，玉田Ｍ３－１号刀のような百済で製作された龍鳳Ⅲ群大刀が存在することから，高田が指摘する「百済製の龍鳳Ⅲ群大刀」の可能性は考慮しておく必要がある。

工品が製作されていることについて，百済の熊津遷都の際に戦禍を逃れた人々の亡命・移住にともなって金工などの技術者の流出があり，それを受け入れたことで大加耶の工房が変容したためと想定している（千賀 2004）。

ただし玉田古墳群では，玉田M３号墳以前の段階から垂飾付耳飾など大加耶独自の金工品が製作されている（第３章）。百済との技術交流は以前から恒常的になされていたと考えられ，金工品の製作工房も漸進的に成長を続けていたとみられる。しかし，大加耶の馬具を検討した諫早直人は，大加耶Ⅱ段階と大加耶Ⅲ段階の間，すなわち本章における３期の開始前後において，装飾馬具の様相に大きな変化が認められることを指摘している（諫早 2012）。玉田M３号墳の被葬者の代に金工品製作における一つの画期が認められることは確かである。百済の熊津遷都にともなう工人の流出が，龍鳳Ⅲ群のような高度な金工技術を要する大刀を製作し得るだけの工房を大加耶に成立させた大きな契機の一つであったとみるのは，妥当な推測であろう。

こうして成立した大加耶の装飾付大刀は，慶州や昌寧で龍鳳Ⅲ群大刀が出土していることからも窺われるように，政治的な切り札として利用された。とすれば，大加耶が主体となって大刀製作をおこない，その流通を主導していく中で，栄山江流域の集団との交渉において大加耶製の装飾付大刀が当該地域と搬入され，副葬されるという状況も十分に有り得たであろう。百済からの影響で成立した大加耶の大刀製作は，３期以降，逆に百済圏へと大刀を流通させるほどに興隆したのである。

小　結

以上，百済と加耶の各地で出土する装飾付大刀の具体的系譜の追究を試みた。百済からの技術伝播が大加耶での大刀製作伸展の大きな要因であったが，それ故に両地域の大刀は製作地の峻別が困難であった。本章では，これらの大刀に製作技法面での検討を加えたことで，いくつか両地域に特有の技術的特徴を抽出することができた。その結果，従来，製作主体として百済が想定されてきたいくつかの大刀について，大加耶での製作品である可能性を積極的に論じられるようになり，栄山江流域を含む両地域間の関係について，再検討の余地が生じることを指摘できた。

日本列島では，6世紀後半から武寧王陵出土大刀と型式学的につながる文様をもった龍鳳文環頭大刀が多数出土しているが，近年これらに龍鳳Ⅲ群大刀と共通する製作技法が認められることから，その製作に大加耶の工人が関わったとする見解が提出されている（持田 2006・2010，金跳咏 2011）。本章での系譜的検討を土台に，後章ではそうした日本列島の龍鳳文環頭大刀を再検討する。

第7章

朝鮮半島出土 円頭・圭頭刀の系譜

朝鮮半島で出土する装飾付大刀の大多数は環頭大刀である。しかし，新羅，百済，加耶の各地域では，環頭大刀以外に，キャップ状の金属製把頭装飾をもつ大刀が一定数出土している。本章で扱うのはこの種の大刀である。

キャップ状把頭装飾をもつ大刀は，その把頭形状から「円頭大刀」とか「圭頭大刀」などと呼ばれている。とりわけ古墳時代後期の日本列島に出土例が多く，これらを取り扱った研究にも一定の蓄積がある。一方，朝鮮半島では，南部全域をみても出土事例は少なく，一部の有名な資料を除くと，円頭・圭頭刀の存在が言及されることはほとんどなかった。しかし近年の発掘調査によって，新羅地域での圭頭大刀の出土例が急増しており，キャップ状把頭をもつ大刀を「ごく一部の例外的資料」として無視してしまうことができなくなってきている。

そこで本章では，朝鮮半島全体で出土する円頭・圭頭刀を網羅的に検討して，その年代や系譜について整理する。朝鮮半島で出土する円頭・圭頭刀の性格を考える上で不可欠な基礎的分析をおこなうことを第一の目的とし，さらにこれらが出土する意味について考察を試みたい。

第1節　円頭・圭頭刀をめぐる研究現況と課題

1．研究史の検討

上述の通り，韓国においては，円頭・圭頭刀に関する研究は現時点ではほとんどなされていない。しかし日本列島で出土する円頭大刀は，基本的に，朝鮮半島に系譜をもつ大刀として理解されており，多くの日本人研究者らが朝鮮半島出土資料に直接的ないし間接的に言及している。以下，こうした日本の研究のうち，特に朝鮮半島との関係に積極的に論及した研究を取り上げて整理しておこう。

そもそも，「円頭大刀」や「圭頭大刀」といった袋状把頭大刀の概念が認識されることになったのは，戦前，高橋健自が日本列島で出土する様々な装飾付大刀を把頭の形状によって大別分類したことによる。高橋は，装飾付大刀の把頭を「頭椎式」，「圭頭式」，「円頭式」，「方頭式」，「蕨手式」，「環頭式」の6種に分類した（高橋 1911）。この分類概念が，その後の研究者に継承され，分類の基本的枠組みとして広く認識されることとなる（神林 1939，末永 1941など）。しかし，円頭大刀や圭頭大刀そのものを専門的に扱った研究は長く着手されず，本格的研究の開始は武寧王陵の発見を契機に装飾付大刀研究が活発化した1980年代を待たねばならない。

まず，「円頭大刀」の系譜については，早い段階で瀧瀬芳之が「5世紀の後半から末頃に朝鮮で製作されたのが始まりであったと考えられる」と述べており，昌寧校洞11号墳例などに触れつつ，その直接の起源を朝鮮半島に求めた（瀧瀬 1984）。町田章はさらに，そうした朝鮮半島での出土例が主に加耶地域に集中することから，百済ないし加耶という，より具体的な系譜を推定した（町田 1987）。菊地芳朗も，円頭大刀の一部，すなわち把がまっすぐで，鐔をもたない，ないし喰出鐔をもつ資料群について，その起源を百済・加耶の大刀に求め得るとしている[1)]。しかし，町田が円頭大刀はいずれも半島に系譜をもち，

1）　その他に円頭大刀の系譜を百済・加耶に求めた研究として，静岡県鳥居松遺跡で出土した円頭大刀の系譜をめぐる鈴木一有の考察が挙げられる。鈴木は，日韓の出土例を集成して把頭の長幅比に着目した検討をおこない，朝鮮半島出土例の大部分が長幅比1.2未満であることを明らかに

次第に列島内で製作されるようになると考えたのに対し，菊池は，円頭大刀が早い段階から二つの系統にわかれていることを指摘，一方が百済・加耶に系譜をもつとするのに対し，もう一方は日本列島で伝統的に用いられてきた木装大刀に金属装を採用することで成立したとして，倭系円頭大刀の存在を明言した（菊地 2010）。

他方，日本列島で円頭大刀に遅れて出現するとされる「圭頭大刀」については，その系譜についての認識に研究者間で若干の齟齬がある。当初，圭頭大刀は日本列島で円頭大刀が定着していく過程で派生したものと考えられていた（瀧瀬 1984）。しかし，韓国の羅州伏岩里３号墳から圭頭大刀２点が出土したことを受け（尹根一ほか 2001），系譜に関する議論が複雑化している。方頭大刀の検討を進めた豊島直博は，羅州伏岩里３号墳の圭頭大刀や昌寧桂城Ⅲ地区１号墳の鉄製圭頭大刀の存在を積極的に評価し，花形飾付圭頭大刀や銀装圭頭大刀を朝鮮半島南部からの舶載品と捉えた（豊島 2014）。菊地芳朗も同じく，圭頭大刀が円頭大刀を祖形に成立したとする見解に懐疑的立場を示し，羅州伏岩里３号墳の圭頭大刀の存在から，圭頭大刀のうち外来系要素が色濃く残る資料群が百済に起源をもつ可能性に言及している。しかし，これらの大刀が「日本列島出土例の祖形といい得るほど年代的に先行せず，朝鮮における出土例がほかに存在しない」ことから，伏岩里例が倭からの舶載品である可能性も残ると述べている（菊地 2010）。

このように日本の学界では，円頭大刀，圭頭大刀ともに，朝鮮半島との系譜的関係が活発に論じられてきた。対して，韓国の学界では，これらの大刀を体系的に扱った研究はまだなされていない。しかし，個別資料について論じたいくつかの検討は存在する。その先駆的なものに，具滋奉による昌寧桂城Ⅲ地区１号墳出土鉄製銀象嵌装飾付大刀の考察がある。氏は，同大刀を把頭の形状から「方頭大刀」として分類されるべきものと評価し，円頭大刀から派生したものとみた。すなわち，「方頭大刀」は５世紀末から６世紀初頭以降，円頭大刀と併存する系統の大刀であり，日本列島で圭頭大刀として認識されている大刀にも把頭の形状の上で「方頭大刀」とし得る資料が含まれることから，日本列

した。さらに外装や文様といった諸属性の分析から，鳥居松遺跡出土円頭大刀が加耶もしくは百済で製作されたものと結論付けた（鈴木 2009）。

島の圭頭大刀は，方頭大刀から派生したものだと指摘した（具滋奉 2001）。しかし後述するが，日本の学界では「方頭大刀」は慣例的に把頭の形状のみを指す概念としては用いられておらず，上の系譜設定はそもそもの議論の前提が食い違っている。

これに対し，日本での研究状況を踏まえた研究として金洛中による検討が挙げられる。氏は，羅州伏岩里で出土した圭頭大刀を詳細に検討し，その系譜について論じた。とりわけ，伏岩里3号墳5号石室出土例の把頭の文様板にみられるモチーフに注目し，これらが百済で出土する冠飾や棺飾，光背などと共通することから，百済中央王権との関連性を指摘する。また，文様の退化・抽象化が比較的進んでいない点から，これらの製作地が百済である可能性を主張した（金洛中 2007）[2]。

2. 研究の課題

以上を踏まえると，本章で取り組むべき課題は次のように整理できる。

第一に，円頭・圭頭大刀の定義や各種用語に関する問題がある。韓国の学界では円頭・圭頭大刀に関する研究がほとんどなされていないため，半島出土資料の検討においても，大刀の器種名や部分名称が日本の論文から直接援用されている。しかし，これらの用語はあくまでも日本の資料状況に合わせて設定されたものである。後述するが，「圭頭大刀」と「方頭大刀」のように，峻別基準が曖昧だが，日本列島での盛行年代に明確な差があるため，その定義について深く言及されないままの概念もある（下江 2001）。朝鮮半島出土資料を扱うにあたっては，用語の定義設定について改めて整理する必要がある。

第二に，日本列島の資料を扱った研究では，一部の円頭大刀の系譜を朝鮮半島の百済あるいは加耶地域に求める見解が通説となっている（町田 1987，菊地 2010など）。しかし，「百済・加耶地域」という表現は，非常に曖昧であり，これらが百済から来ているのか，加耶から来ているのかによって，解釈はまったく異なってくる。とはいえ実際には，百済と加耶の装飾付大刀は，技術的・意匠的に共通点が多く，それらの製作地の推定は困難である（第6章）。しかしそ

---

2) このほかに，朴敬道も百済の円頭・圭頭大刀について若干言及している（朴敬道 2002・2007）。

もそも，これまでに朝鮮半島の資料を包括的に扱って，全体的な分布，関係性について整理した検討がなされておらず，日本列島出土資料を検討するための地盤が十分に固められていないといえる。

第三に，日本列島出土資料と直接的な系譜関係にない新羅地方で出土する円頭・圭頭大刀の研究は，これまでほぼ皆無であり[3)]，それらの系譜・性格などについては論じられたことがない。しかし前述したように，近年の発掘で相次いで新たな資料が発見されたことで，例外的な大刀とはいえない量の円頭・圭頭大刀が当該時期に製作されていたことが明らかになった。三葉環頭大刀，三累環頭大刀の規格的な製作を軸とした着装型金工威信財の伝統がある新羅で，こうしたまったく系統の異なる装飾付大刀が一定数製作されたことにいかなる意味があるのか，検討を要する。

以上のような問題意識のもと，本章では，朝鮮半島で出土した円頭・圭頭刀を網羅的に整理・分類し，共伴遺物などからその存在年代幅を推定する。さらに，これまではっきりと言及されなかったそれぞれの大刀の系譜を明らかにし，それらが出土する意義について考察を試みたい。

第２節　円頭・圭頭の定義と用語の設定

袋状の把頭をもつ装飾付大刀[4)]には，「円頭大刀」，「圭頭大刀」，「頭椎大刀」，「鶏冠頭大刀」，「方頭大刀」が存在する（瀧瀬 1986）。このうち，キャップ状の把頭をもつ「円頭大刀」，「圭頭大刀」，そして「方頭大刀」が，本章で対象とする資料の定義に近い概念である。しかし，これら三つの大刀形式は，日本の学界においても，その定義に画然とした区別があるわけではない。以下，これらの用語をめぐる状況を検討し，その上で，本章における概念規定を明確にしておきたい。

先述したように，円頭，圭頭，方頭の分類を最初に提唱したのは高橋健自で

3)　刀子を対象とした限定的な検討であり，円頭・圭頭という装飾形態の性格を論じたものでもないが，申大坤による装飾刀子の研究がある（申大坤 1998）。

4)　瀧瀬芳之は，１枚ないし複数枚の板で袋状に把頭を包み込んだ大刀を総称し，「袋頭大刀」という名称を提唱している（瀧瀬 1986）。

ある。高橋健自の定義によると，「円頭式」とは「曲線の度一方に偏することなく，均勢的にしてその端側面図に於て稍円きもの」，「圭頭式」は「その端左文字のへの字に似て，恰も圭頭の状を成せ」るもの，「方頭式」とは「円頭式の端を一文字に切りたるが如き」ものをそれぞれ指す（高橋 1911）。この高橋健自による大別以来，円頭・圭頭・方頭の区別が日本の学界に広く浸透するが，これらはある程度漠然とした概念のまま認識されていた。これらの区別について，より具体的に言及したのが瀧瀬芳之である。瀧瀬による定義（瀧瀬 1984）は以下の通りである。

円頭大刀：正面・側面の頭頂部がともに広義の円形を呈する把頭をもつもの。

圭頭大刀：正面の頭頂部が両側線と明確に区別された曲線を呈し，側面でみるその部分が平らになる把頭をもつもの。

方頭大刀：正面の頭頂部が広義の方形を呈する「方頭形」と両面ともに両側線が頭頂部でやや幅を増し，頭頂部は円弧を呈する「分銅形」，頭頂部に段がつき両面ともに鋲の頭のような形になる「鋲頭形」のいずれかの把頭をもつもの。

このように，円頭・圭頭・方頭は，把頭の形状を基準とした分類名称であるが，特に圭頭大刀と方頭大刀において，その明確な峻別は困難である。菊地芳朗は，圭頭大刀の一系統から方頭大刀が派生したと指摘するが，過渡期の資料については，把頭の形態が類似するだけでなく，把や鞘にともなう装具の特徴も両者で共通していることから，概念的な峻別が困難であると述べている（菊地 2010）。しかし，方頭大刀は基本的に圭頭大刀よりも時期的に後出するため，盛行年代に明確な差があり，また佩用金具や鞘尾金具などに特徴的な違いが認められるため，改めてこれらの峻別基準に異が唱えられることはあまりなかった[5)]。

ところが具滋奉は，昌寧桂城Ⅲ地区 1 号墳出土の銀象嵌装飾付大刀（図 7-4-5）を「方頭大刀」と呼ぶのが適当であるとし，これを方頭大刀として扱っ

5） 方頭大刀の検討をおこなった下江健太は，この圭頭，方頭の分類概念の曖昧さに言及し，装具の違いを含めた概念として再定義している（下江 2001）。近年になって，豊島直博が，円頭大刀や圭頭大刀と対比される方頭把頭の特徴として「1 枚の銅板を折り曲げ，天板を蝋付けする点」を指摘しており注目される（豊島 2014）。

た（具滋奉 2001）。具滋奉の指摘は，把頭の形状に基づく定義を厳密に適用するという意味においては正しいが，上述したように方頭大刀というのは，日本列島において双脚足金物や鍬形鐺鞘尾金具といった7世紀以後の新しい刀装具が付属する大刀を指す用語として認識されており，事実上把頭の形状のみをさす用語ではなくなってしまっている。日本での研究状況と照らし合わせると，同資料を方頭大刀の範疇でとらえることは適切でない。金洛中が指摘するように，同資料は方頭大刀でなく圭頭大刀の範疇でとらえるべき[6]である（金洛中 2007）。

円頭大刀と圭頭大刀の峻別は比較的容易であるが，やはり一部に明確な峻別が難しい資料が存在しており，厳密な定義上は圭頭大刀に分類されるが，一般的には円頭大刀と認識されている資料がある。例えば，島根県岡田山1号墳の円頭大刀や奈良県藤ノ木古墳の円頭大刀は，頂部と側辺部との間を画する稜線が認められ，厳密には定義上「圭頭大刀」とすべき資料であるが，把頭の意匠や製作技法は，「外来系」すなわち百済・加耶地域に系譜を求め得るとされる円頭大刀と共通しているため，これらは「円頭大刀」として広く認識されている。

鈴木一有は，朝鮮半島出土の袋状把頭をもつ大刀について，いずれも「円頭大刀」の概念下で整理している（鈴木 2009）。このことは，静岡県鳥居松遺跡で出土した龍文円頭大刀の系譜を探るという目的で朝鮮半島出土資料を整理したためであるが，例えば義城大里里2号墳B-1主槨出土大刀などは，把頭の形状のみをみれば，「圭頭大刀」と分類すべきものであり，韓国の研究者の間でもこれらは「圭頭大刀」として認識されている場合が多いようである。これらを円頭大刀に含めてしまうのは，朝鮮半島の資料を日本列島出土資料と対比される「外来系」資料群として一括して捉えていることに起因しており，問題があろう。

以上の状況整理を前提に，本章では把頭の形状における「円頭」，「圭頭」を

6）ただし，金洛中は同資料の外装上の特徴が方頭大刀とはまったく関連性を見いだせないことから，菊地分類の圭頭大刀A類（菊地 2010）として分類しているが，圭頭大刀だとしたところで外装上の特徴に関連性がないのは同様であり，いずれにしてみても桂城Ⅲ地区1号墳例を日本出土資料の分類概念から評価することは困難である。後述するように，同資料は朝鮮半島出土資料としても例外的な資料であり，亀甲繋文の象嵌装飾などは，むしろ日本列島で出土する円頭大刀の一群と関連性が強い。

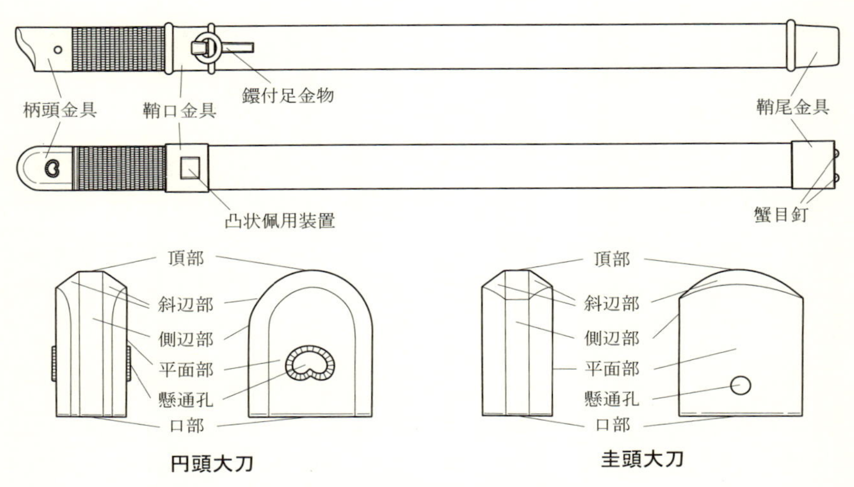

図 7-1　円頭・圭頭刀の部分名称

それぞれ以下のように定義する（図 7-1）。

円頭状把頭：側面からみて，側辺部と頂部とを区別する稜が存在せず，平面形が左右対称の滑らかなU字状を呈するもの。

圭頭状把頭：側辺部と頂部とが稜によって区別され，平面形が上円下方形や五角形に近い形状を呈するもの。

さらに円頭状把頭を有する大刀を「円頭大刀」，刀子を「円頭刀子」と呼び，圭頭状把頭をもつ大刀を「圭頭大刀」，刀子を「圭頭刀子」と呼ぶこととする。

なお，「方頭大刀」の用語は，本章では使用しない。繰り返すが，方頭大刀というのは日本列島で 7 世紀以降に出現する新しい形式の大刀であり，他形式の大刀とは刀装具などの特徴において一線を画する。その成立も日本列島での大刀の変遷に位置付け得るものとみてよい。装具の特徴を含めた上で，明らかに日本の学界で用いられる「方頭大刀」と呼び得る資料が朝鮮半島で出土していない以上，認識上の混乱を防ぐためにも「方頭大刀」の語は用いるべきではない。

第 3 節　朝鮮半島出土円頭・圭頭刀の基礎的検討

朝鮮半島出土の円頭・圭頭把頭をもつ大刀・刀子は，出土地不明品を合わせ，管見で29例が確認される（表7-1）。以下，先に整理した円頭・圭頭の概念を前提にこれらの分類を試み，それぞれの型式の時間的・空間的な特徴を探ってみたい。

1．型式分類

表7-1に検討対象資料の一覧を示した。これらを概観すると，実際の資料は把頭のみが遺存する例が多く，全体像が明らかな資料は稀であることがわかる。

表7-1　朝鮮半島出土の円頭・圭頭刀

出土遺跡	所在地	型式	器種	把頭の材質	懸通孔	把間の装飾	佩用装置	備考
宋山里４号墳	忠清南道 公州市	円頭Ａ１類	大刀	銀	逆心葉形			鞘尾金具に花文装飾の蟹目釘を打つ。
校洞11号墳	慶尚南道 昌寧郡	円頭Ａ１類	大刀	銀	逆心葉形	銀線	凸状佩用装置	背側に銘文が施されている。
金冠塚Ａ	慶尚北道 慶州市	円頭Ａ１類	大刀	銀	逆心葉形			
武寧王陵(王妃) Ａ	忠清南道 公州市	円頭Ａ１類	刀子	金	なし	銀線		
新村里９号墳乙棺	全羅南道 羅州市	円頭Ａ１類	刀子	銀	逆心葉形	蛇腹状の文様を打出した銀板		
伝 連山里	出土地不明	円頭Ａ１類	大刀	銀	円形	銀線（螺旋）		小倉コレクション。
武寧王陵(王)	忠清南道 公州市	円頭Ａ２類	刀子	銀	なし	金線（螺旋）		
武寧王陵(王妃) Ｂ	忠清南道 公州市	円頭Ａ２類	刀子	金	なし	金線＋銀線	鐶付足金物	
武寧王陵(王妃) Ｃ	忠清南道 公州市	円頭Ａ２類	刀子	銀	逆心葉形	金線＋銀線		把頭金具，鞘尾金具に文様の透彫。
伝 朝鮮(神林淳雄資料)	出土地不明	円頭Ａ２類？	大刀	不明	円形？	金属線（螺旋）		実測図のみが現存。
金冠塚Ｂ	慶尚北道 慶州市	円頭Ｂ類	大刀	？	円形			
出土地不明Ａ	出土地不明	円頭Ｂ類	大刀	銀	円形			小倉コレクション。
伝 高霊	出土地不明	円頭Ｂ類	大刀	銀	円形	銀線		金東鉉コレクション。
金鈴塚	慶尚北道 慶州市	圭頭Ａ類？	刀子	銀	なし	金線（螺旋）		把頭の形状の詳細は不明。双連珠魚々子文を施した金製責金具が付随する。
夫婦塚Ａ	慶尚南道 梁山市	圭頭Ａ類	大刀	銀	円形		凸状佩用装置	
夫婦塚Ｂ	慶尚南道 梁山市	圭頭Ａ類	刀子	銀	なし	銀線（螺旋）		
林堂６Ａ号墳	慶尚北道 慶山市	圭頭Ａ類	大刀	銀	円形	銀線（螺旋）		母子大刀。
華南里23-２号石槨墓	慶尚北道 永川市	圭頭Ａ類	大刀	銀	円形	銀線（螺旋）		
大里里２号墳Ｂ-１主槨	慶尚北道 義城郡	圭頭Ａ類	大刀	銀	円形	銀線（螺旋）		
校洞７号墳	慶尚南道 昌寧郡	圭頭Ａ類	大刀？	銀	円形			
宋山里６号墳	忠清南道 公州市	圭頭Ａ類	大刀？	銀	円形			
出土地不明Ｂ	出土地不明	圭頭Ａ類？	大刀	銀	円形		凸状佩用装置	李養璿コレクション。
伏岩里３号墳５号石室	全羅南道 羅州市	圭頭Ｂ類	大刀	金銅	円形	糸		
伏岩里３号墳７号石室Ａ	全羅南道 羅州市	圭頭Ｂ類	大刀	漆塗木心＋金銅	円形	金線＋銀線	鐶付足金物	
伏岩里３号墳７号石室Ｂ	全羅南道 羅州市	圭頭Ｂ類	刀子	銀	なし	木＋金箔＋漆	鐶付足金物	
大安里５号墳	全羅南道 羅州市	圭頭Ｂ類	刀子	銀	なし			鞘は魚鱗文を打ち出した銀板を被せた後，銀線（螺旋）。
チョクセム地区Ｂ３号墳	慶尚北道 慶州市	？	大刀	？	？	？	？	
桂城Ⅲ地区１号墳	慶尚南道 昌寧郡	その他	大刀	鉄	円形			把頭・鞘口金具に亀甲文銀象嵌装飾。
松鶴洞ⅠＣ号墳	慶尚南道 固城郡	その他	刀子	銀	なし	銀線		

本章では，そうした資料も最大限に活用すべく，把頭の形態を基準とした型式分類を試みる。

円頭Ａ類　頂部との間に明瞭な境界をもたない円頭状把頭のうち，口部の断面が八角形を呈するもの。把頭金具を形成する金属板は，原則として文様をもたない[7)]。匙面状につくり出した２枚の金属板を合わせてつくったものと一枚の金属板を成形してつくり出したものとに細分でき，前者をＡ１類，後者をＡ２類とする。

円頭Ａ１類は，平面部の中央付近に逆心葉形ないし円形の懸通孔をもち，金属板の合わせ目に金製ないし金銅製の文様帯をめぐらせたものが多い。昌寧校洞11号墳例（図 7-2-3）は，把頭表裏中央に逆心葉形の懸通孔を穿ち，その縁を斜めの刻目を施した金線で装飾してある。表裏の銀板の合わせ目と，把頭金具と把握部との境界には，綾杉状の文様を刻んだ金製文様帯をめぐらせる[8)]。把握部には銀線が巻かれ，鞘口金具には佩裏面には佩用装置とみられる凸状のつくり出しが確認される。校洞11号墳例では，鞘に付随する装飾が遺存していないが，公州宋山里４号墳例（図 7-3-1）では，刀身部が失われているものの鞘尾金具が遺存している。同例の鞘尾金具は，銅製の先端部を筒状の銀製金具で覆うという構造をとり，先端部には鋲頭を６葉の花弁をもつ花文状に装飾した蟹目釘２本が打ち込まれている。

円頭Ａ２類は，武寧王陵の王・王妃の刀子３点（図 7-5-2～5）に限られる。環付足金物や断面八角形の把縁・鞘口金具など，特徴的な装具が確認される。円頭Ａ１類から派生したものであるか，Ａ１類とは別の系統のものであるかは，資料数が少ない現時点では判断を保留しておく。

円頭Ｂ類　打出文様による文様を施した円頭形の把頭である。非常に資料数が少なく，しかも出土地が明確な例は慶州金冠塚例に限られている。一般的に

7）例外的な資料として，武寧王陵王妃の刀子に忍冬唐草文を透かし彫りにした把頭，鞘尾金具をもつ例（図 7-5-5）が含まれる。

8）同資料の保存処理を担当した韓永熙・李相洙は，側辺部および把頭金具口部の金製装飾について「２條の金線を付し，装飾してある」と記述している（韓永熙・李相洙 1990）が，実際には金線ではなく幅のある一枚の金製の板に鏨で綾杉状の文様を刻んだものが巡らされている。なお，図 7-2-3に示した梅原考古資料（穴沢・馬目 1975）の図面によれば，鞘口金具の切先よりに同様の金製綾杉文装飾が施されていたようであるが，現状では失われている。

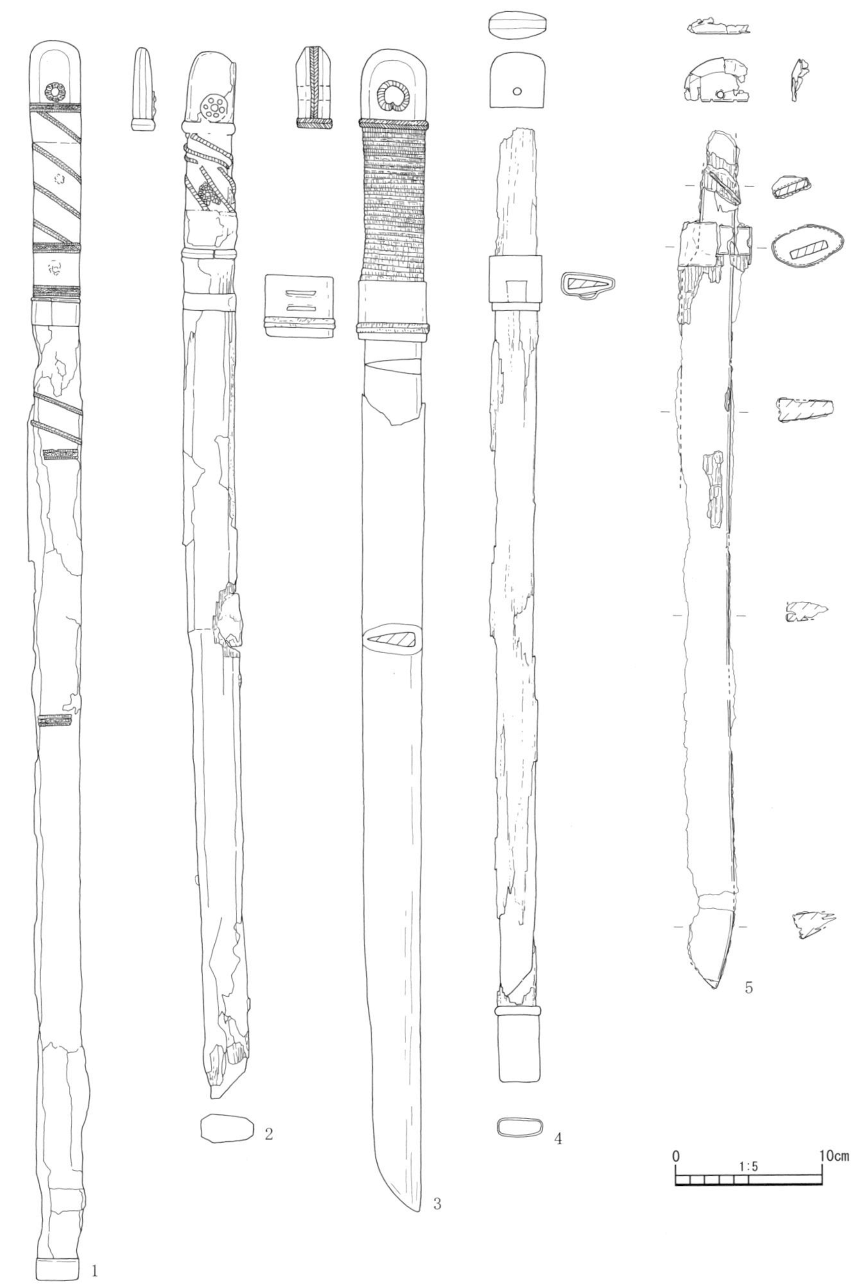

1．伝 連山里（円頭Ａ１類），2．伝 朝鮮（円頭Ａ１類），3．校洞11号（円頭Ａ１類），
4．夫婦塚（圭頭Ａ類），5．大里里２号Ｂ-１（圭頭Ａ類），

図 7-2　円頭・圭頭大刀の例（１）

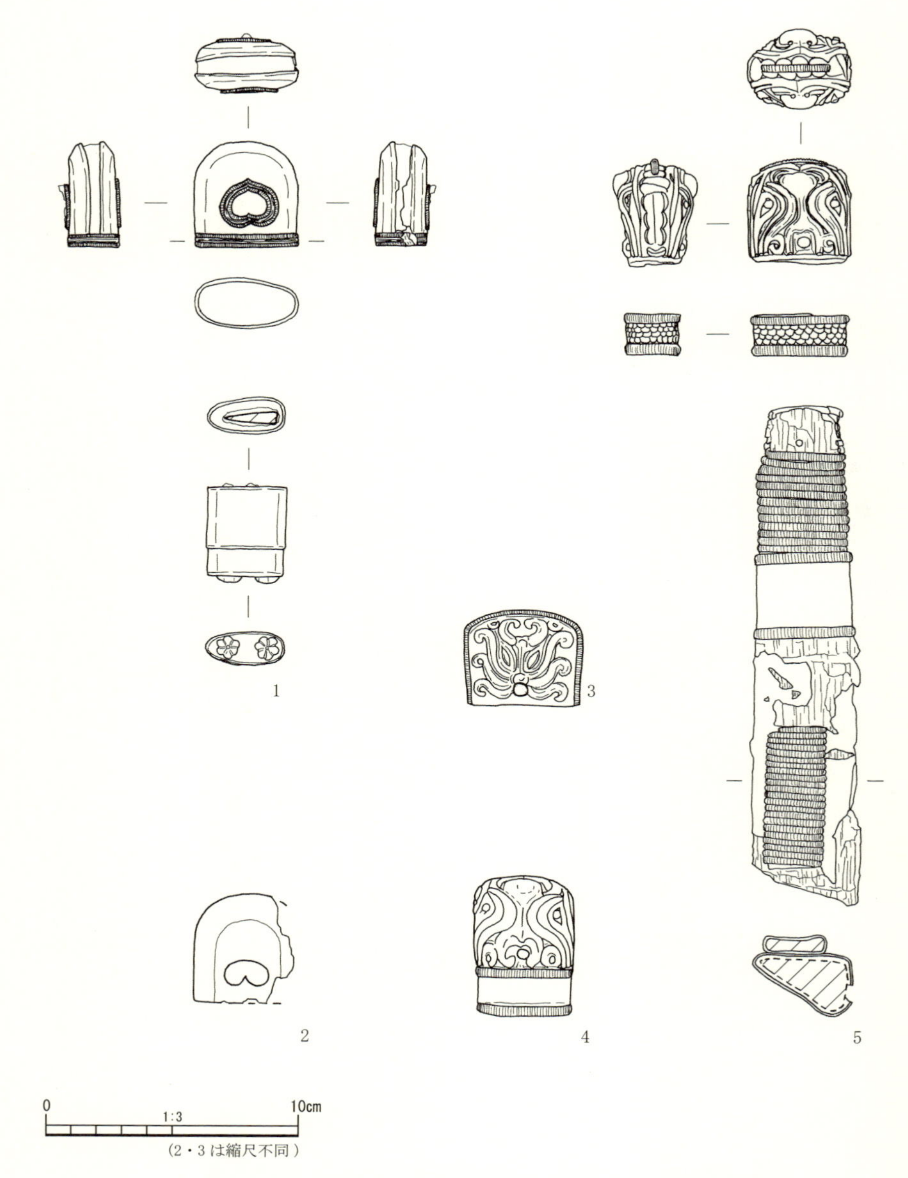

1．宋山里4号（円頭A1類），2．金冠塚（円頭A1類），3．金冠塚（円頭B類），
4．出土地不明（円頭B類），5．伝 高霊出土（円頭B類）

図7-3　円頭・圭頭大刀の例（2）

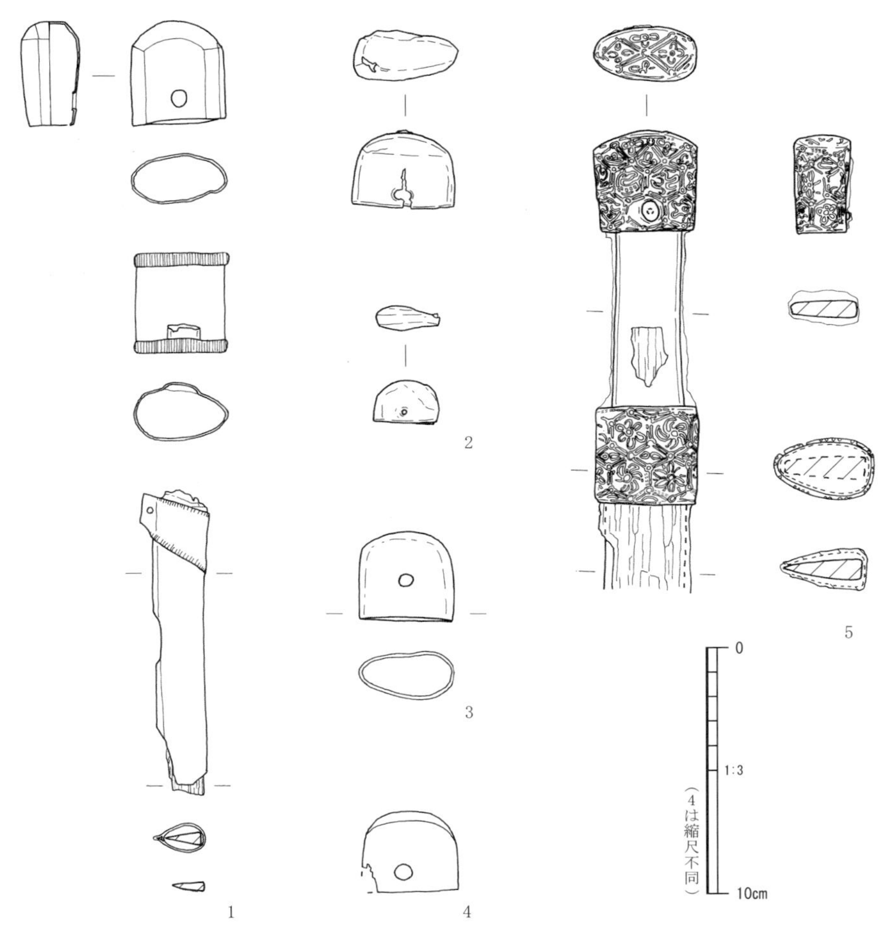

1．出土地不明（圭頭Ａ類），２．林堂６Ａ号（圭頭Ａ類），
３．校洞７号（圭頭Ａ類），４．宋山里６号（圭頭Ａ類），５．桂城Ⅲ地区１号

図7-4　円頭・圭頭大刀の例（３）

獣面文が打ち出されるが，伝高霊出土例（図 7-3-5）や小倉コレクション313（図 7-3-4）と慶州金冠塚出土例（図 7-3-3）の文様には差異が認められる。これらはさらに細分できる可能性があるが，現時点での資料状況に鑑みて，ひとまずこれらを円頭Ｂ類としておく。伝高霊出土例については，その外装をある程度窺うことができ，把頭金具と把間把握部の間には魚鱗文を打ち出して両端に銀製の刻目帯をめぐらせた筒金具がともなう[9)]。把間には銀線を巻き，同じく両

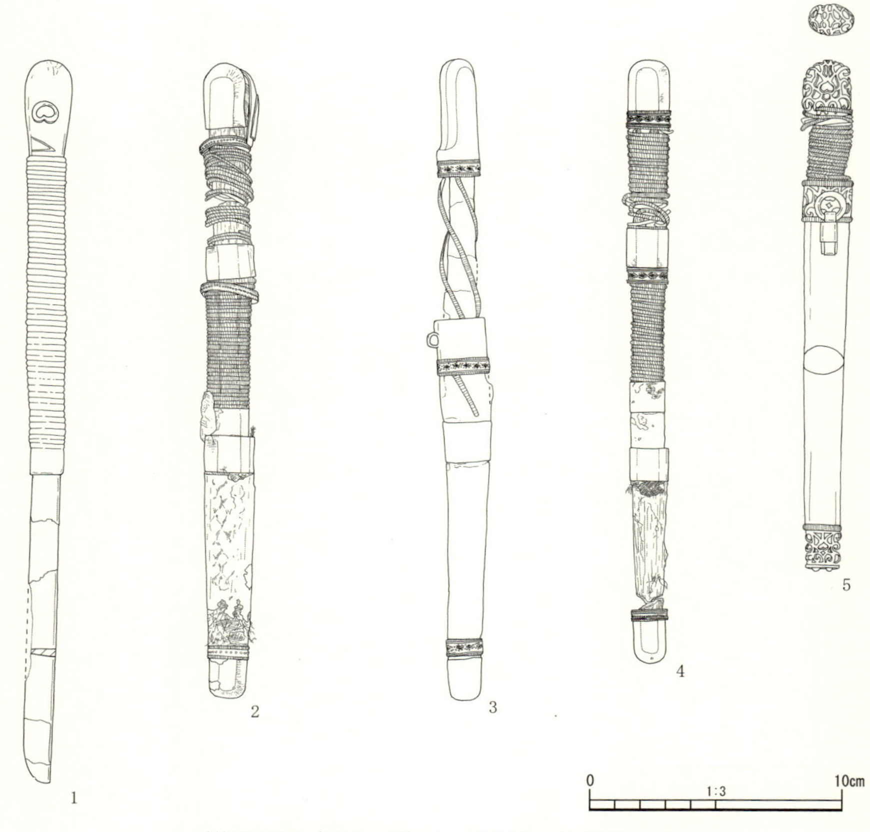

1．新村里９号乙（円頭Ａ１類），２．武寧王陵 王妃（円頭Ａ１類），
3．武寧王陵 王（円頭Ａ２類），４・５．武寧王陵 王妃（円頭Ａ２類）

図7-5　円頭・圭頭刀子の例（１）

端に刻目責金具を付した銀製鞘口金具が確認される。

圭頭Ａ類　頂部と側辺部との間に明瞭な境界をもつ圭頭状のもので，１枚の金属板を打ち出して成形する。頂部の最も張り出した部分は把頭の中央に位置し，頂部と側辺部との境界の位置は背側と腹側とで差異がなく，平面形が左右対称を呈する。把頭金具口部の断面形は，土圧により変形した資料が多いため，

9）　このような筒金具については，出土地が明らかな類例はないが，東京国立博物館が所蔵する小倉コレクションの伝金冠塚出土とされる金製刀装具に，同様の魚鱗文による打出装飾をもった筒状金具が確認できる（東京国立博物館 1982）。

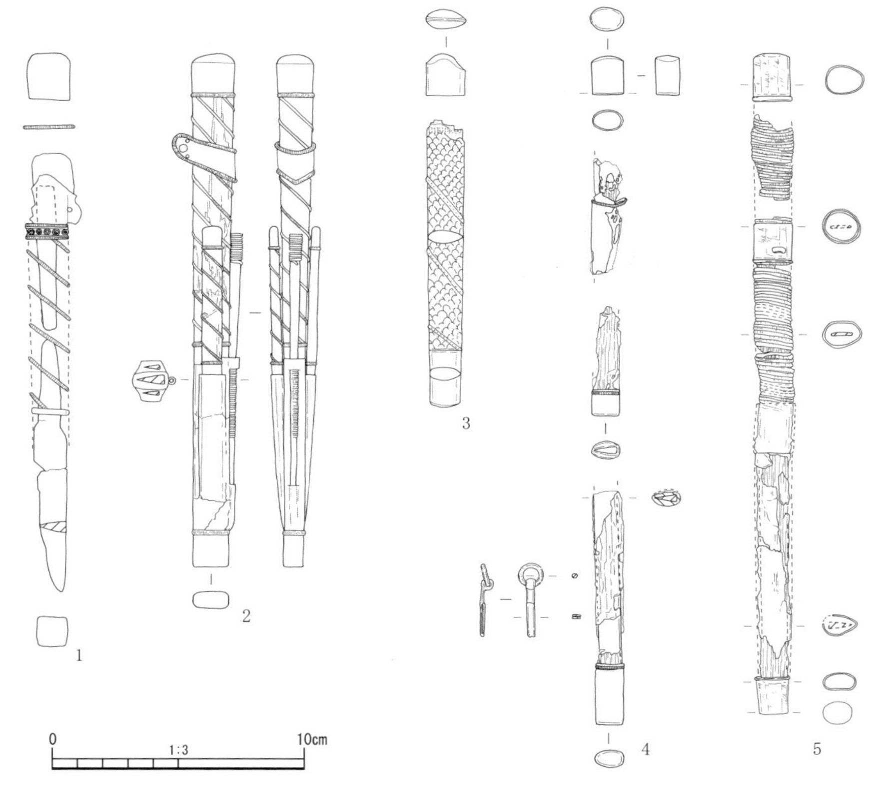

1．金鈴塚（圭頭Ａ類），２．夫婦塚（圭頭Ａ類），３．大安里５号（圭頭Ｂ類），
４．伏岩里３号７号（圭頭Ｂ類），５．松鶴洞ⅠＣ号

図 7-6　円頭・圭頭刀子の例（２）

多くの場合明確ではないが，大部分は長方形の上辺と下辺がそれぞれ外に張り出した形状，すなわち楕円形の両端を縦に裁断した形に復原される。把頭金具に限らず，全体の装飾を銀装にしたものが多く，比較的簡素な装飾といえる。子刀や笄状金具をともなう場合が多い。佩裏側の鞘口金具を凸状につくり出した佩用金具をもつ。

梁山夫婦塚出土刀子（図 7-6-2）や金鈴塚出土刀子（図 7-6-1）は，把間に刻目を施した銀線を螺旋状に巻く。こうした銀線は，刀子に限らず，義城大里里２号墳Ｂ－１主槨例（図 7-2-5）や永川華南里23-２号石槨出土例といった大刀の把間にも確認される。

圭頭B類　圭頭状につくり出したもので，頂部の最も張り出した部分が，中軸線よりやや背側に偏っており，頂部と側辺部の境界の位置が，腹側より背側が高く，平面形は「へ」字形を呈する。面板を覆輪で縁取った覆輪式のものと，袋状のものとがある[10)]。材質には銀装のものと金銅装のものがあり，朝鮮半島での出土例は，羅州伏岩里３号墳出土の３例（図 7-6-4・図 7-7-1・2）と，羅州大安里５号墳出土例（図 7-6-3）に限られるが，前述したように日本列島で古墳時代後期の古墳で多数出土する圭頭大刀と類似しており，関連性が指摘されている（金洛中 2007，菊地 2010）。

これ以外に，例外的な資料がいくつか存在しているので，ここで言及しておこう。

昌寧桂城Ⅲ地区１号墳出土大刀（図 7-4-5）は，鉄製の圭頭把頭をもち，把頭と鞘口金具に銀象嵌により亀甲繋文を表現している。亀甲繋文の内部には鳳凰や龍とみられる動物文が表される。これまでにも指摘されているように，南原月山里ＭＡ−１号墳出土素環頭大刀において類似した銀象嵌文様が確認されるが，亀甲繋文は，武寧王陵

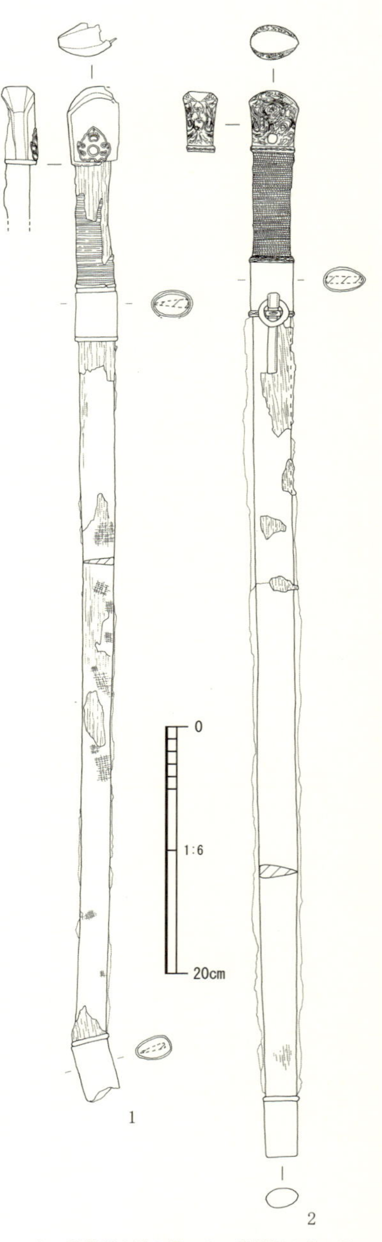

1．伏岩里３号５号，２．伏岩里３号７号

図 7-7　円頭・圭頭大刀の例（４）

10）　本章では細分型式の設定はおこなわない。

や高霊池山洞主山39号墳出土龍鳳文環頭大刀，陜川玉田M4号墳などにもみられ，百済・加耶で一定数流通した意匠要素であったとみられる。日本列島出土の円頭大刀に，鉄地銀象嵌の資料がまとまって認められ，系譜的な関連性が指摘されている（橋本 1993など）。

固城松鶴洞ⅠC号墳出土刀子（図7-6-5）は，把頭の形態は圭頭に属するが，断面形が正円に近い。把には銀線を巻く。共伴した大刀には，喰出鐔の原型とみられる刀装具がみられ，日本列島出土資料との関連が窺われるが，現在の資料状況では類例が少なく，評価が難しい。

2．各型式の存在年代

円頭・圭頭大刀は資料数が非常に限られるため，資料自体の分析による編年の構築は困難である。ここでは，出土遺構や共伴遺物を手がかりに，各型式の存在年代について概略的な把握を試みたい。

円頭A1類が出土した公州宋山里4号墳は，第1章でも触れたように吉井秀夫の横穴式石室編年研究を参照すれば，5世紀後葉に位置付けられる（吉井 1991）。また同じく第1章で言及したが，宋山里4号墳と同型式の帯金具が出土している慶州金冠塚の上限年代が5世紀末頃となると指摘される（穴沢 1972）。一方，昌寧校洞11号墳について，朴天秀は，昌寧土器の編年から同古墳を10期に位置付けており，金冠塚と並行する段階とみている（朴天秀 2010）。白井克也は，校洞11号墳の土器について，共伴土器群の十分な検討ができていないことから時期設定について慎重な立場をとりながらも，馬具などから新羅ⅡB期と並行するとし，やはり金冠塚と同じ時期に位置付け，百済の熊津遷都による土器変化を媒介に475年を前後する暦年代を設定している（白井 2003b）。これらの暦年代観を援用するならば，円頭A1類は，5世紀後葉以降に集中的に製作されたことになる。武寧王陵においても出土例が認められることから，おおよそ5世紀第4四半期から6世紀第1四半期頃ぐらいの年代が与えられよう。

円頭A2類は，出土地の明らかな資料が今のところ武寧王陵出土例に限られる。6世紀前葉頃の製作を想定しておきたい。

円頭B類については，出土地が明らかな資料が慶州金冠塚出土資料に限られており，現在の資料状況からはその存在年代幅を検討することができない。ひとまず，慶州金冠塚の築造を前後する時期と捉え，先の年代観に照らして５世紀第４四半期を前後する時期以後と捉えておく。

圭頭Ａ類は，後述するが新羅地域で集中的に出土しており，ある程度年代的な存在幅について窺うことができる。新羅圏出土の資料で最も時期が遡るのは，慶州皇南大塚南墳出土の２点の圭頭Ａ類把頭である。いずれも，把頭のみが遊離しており，大刀全体の外装は明らかでない。１点は銀製で両平面の中央に懸通孔をもつ。口部断面が楕円形で筒に頂部の銀板を別づくりで接合したもので，例外的な形態である。もう１点は金製で懸通孔をもたない[11)]。これらは，大刀にともなうものとしては把頭の大きさがやや小ぶりである点，新羅の一般的な金属製装具をともなわない点などから，この時点ではまだあくまで例外的な型式の装具であったと考えられる。その他の類例をみてみると，いずれもやや時期は下る。慶州金鈴塚は，慶州，慶山地域の馬具を編年した諫早直人（諫早2012）によると，金冠塚より１段階遅れる慶州Ⅴ段階に該当し，耳飾も４期のものが主体で金冠塚よりは新しい様相を呈する。慶山林堂６Ａ号墳は，慶州Ⅴ段階とほぼ並行する慶山Ⅴ段階の後半に位置付けられているが，耳飾は４期後半以降に該当する円筒形ｂ類系統をもち，金鈴塚よりやや新しい。梁山夫婦塚については，夫婦塚からは５段階の華籠形系統耳飾が出土しており，６世紀代に下るとみられる。以上より，圭頭Ａ類は，その原型は５世紀第２四半期頃から存在していたものの，大刀の一型式として確立されるのは５世紀第４四半期頃，存続期間は６世紀第１四半期頃までか，それをやや下るくらい，となろう。

圭頭Ｂ類は，羅州での出土に限られている。栄山江流域の土器編年をおこなった徐賢珠の研究によれば，伏岩里３号墳５号石室や７号石室は，いずれも徐賢珠編年のⅣ期に該当する。徐賢珠編年のⅣ期には６世紀中葉以降の暦年代が与えられており[12)]，他の型式の円頭・圭頭大刀に比べ，時期的に後出するこ

11）　皇南大塚北墳でも，刀子にともなう金製圭頭状の装具が出土しているが，報告書ではこれを鞘尾金具と判断している（文化財管理局 文化財研究所1985）。懸通孔はなくこちらも金製である。

12）　論文中に歴年代の具体的な根拠は示されていないが，筆者が大刀編年の２期後半（５世紀後葉）以降に製作された資料と位置付けた三葉Ⅰ群大刀（第６章）が出土した新村里９号墳乙棺に比べ，伏岩里３号墳５号石室および７号石室が相対編年上大きく後出することから，一旦徐賢珠の年代観にそのまま倣っておく。

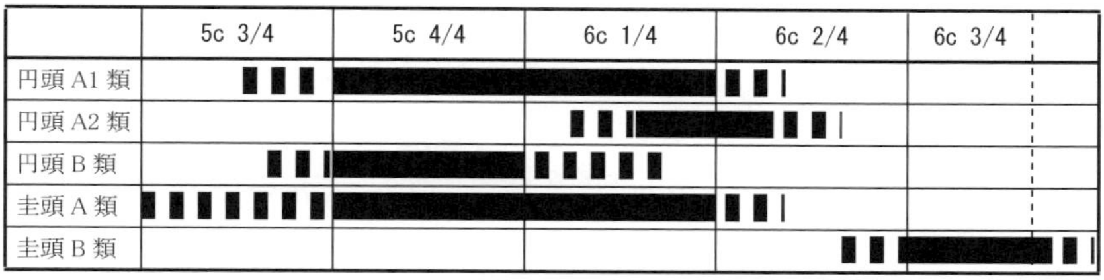

	5c 3/4	5c 4/4	6c 1/4	6c 2/4	6c 3/4
円頭 A1 類					
円頭 A2 類					
円頭 B 類					
圭頭 A 類					
圭頭 B 類					

図 7-8　各型式の存在年代幅

とがわかる（徐賢珠 2006）。以上より，圭頭Ｂ類については，ひとまず６世紀中葉以降とみておきたい。

ところで，ここまでで求めた大刀の存在年代幅（図 7-8）は，あくまでも「副葬年代」を示すものであり，「製作年代」を示すものではない。筆者が試みた環頭大刀の編年では，特に龍鳳文環頭大刀などにおいて，製作時期と副葬された墳墓の年代に開きが認められる例があることから（第５章），大刀という器物は基本的に副葬用に製作されたものではなく，生前の被葬者によって保有された後，墳墓に副葬されたものと考える。したがって，円頭・圭頭大刀についても，実際に製作された年代は，上で導いた存在年代幅よりもやや遡るものである点に注意する必要がある。ただし，大刀の２世代以上にわたる所有，すなわち「伝世」は基本的になされなかったとみられる。これを考える上で参考になるのが，昌寧桂城里出土三葉環頭大刀（具滋奉 1989）である。同資料は，凸状佩用装置が通常とは反対側の佩表側に設けられており，右腰に佩用するつくりとなっている。これを佩用者が左利きであることを想定しての構造であると解釈するならば，大刀の製作は具体的な受け取り手があらかじめ決まったオーダーメイドであったと考えられ，他の装飾品同様，属人的な器物であった可能性が高い[13)]。したがってここでは，製作から副葬までのタイムラグを，長くとも１世代の人間の生存期間内におさまるものと仮定しておく。

13）　もちろん，製作主体や製作時期によって状況は異なるため，これはあくまで仮説の域を出ない。しかし，前章で試みた編年では，伝世を積極的に認め得るほど墳墓の年代と時期差をもつ資料は確認されなかった（第５章）。

3．分布状況

次に，分布状況（図 7-9）を主な手がかりに，装具の特徴を参考にしつつ，各型式の系譜について把握しておきたい。

まず，円頭A類の分布状況をみると，百済，加耶，新羅のそれぞれの地域で確認されるものの，やはり百済地域にやや集中していることがわかる。A２類が武寧王陵出土例に限られることからも，元来百済に起源をもつものである可能性が高く，宋山里４号墳出土例が最も典型的な資料といえよう。しかし，昌寧校洞11号墳出土例（図 7-2-3）でみられる綾杉状の文様帯は，大加耶の龍鳳文環頭大刀において多用される意匠であり（第６章），馬具などにも転用され大加耶的な装飾であると指摘される（諫早 2012）[14]。前章では，百済と加耶で出

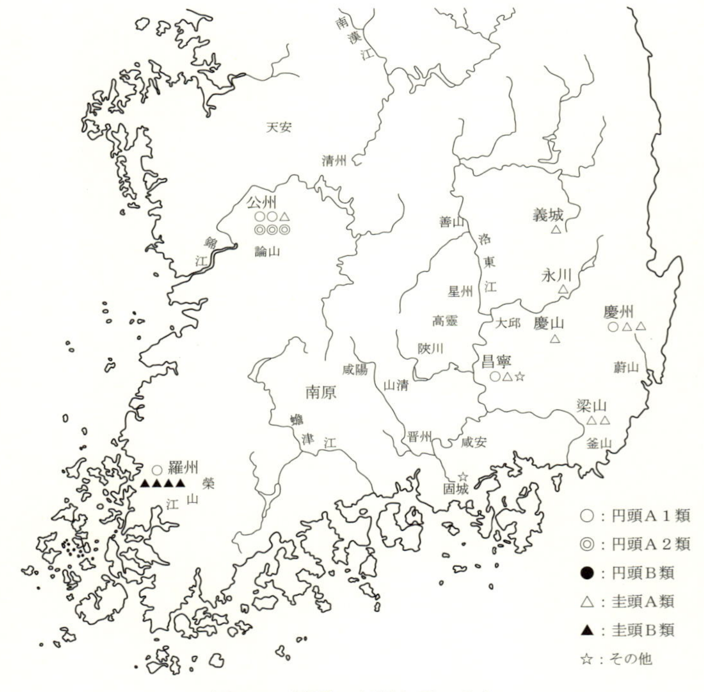

図 7-9　円頭・圭頭大刀の分布

14）　ただし，武寧王陵出土円頭Ａ２類刀子（図 7-5-5）でも，把に斜めに刻目した金線と銀線を交互に巻いて，綾杉文のような装飾が施されているのを確認できる。綾杉文を一概に大加耶のものとできるのかについては，やや慎重に考える必要がある。

土する環頭大刀の分析から，熊津遷都を前後して，百済の工人が大加耶へと流入したことによって，大加耶で大刀製作工房が確立され，龍鳳文環頭大刀をはじめとする装飾付大刀の本格的製作が開始されたと考えた（第６章）。したがって，円頭Ａ１類大刀を製作するだけの技術的基盤が大加耶に存在した可能性は，十分にあると考える。昌寧校洞11号墳出土円頭Ａ１類大刀についても，大加耶で製作されたものである可能性が高く，円頭Ａ１類の製作地については，百済以外に大加耶も視野に入れておく必要があろう。ただし，その技術的な起源は，やはり百済に求められると考えられる。

円頭Ｂ類であるが，上述した通り，出土地の明らかな例が慶州金冠塚１例（図7-3-3）に限られるため，分布状況による検討が不可能である。装具が残る例も伝高霊出土例のみで，現時点ではその系譜について推定するのは難しい。

圭頭Ａ類は，かなり分散的な分布傾向を示すものの，そのほとんどが新羅圏域での出土である。円頭Ａ類大刀の出土が多数確認される公州で例外的に１点出土しているが，他の百済地域での出土例が確認されないことから，百済での製作・配布は考え難い。圭頭Ａ類大刀は，笄状金具や子刀など，新羅で出土する三葉環頭大刀や三累環頭大刀と共通した意匠を有することを勘案しても，これらの大刀は新羅において製作された可能性が高い。ただし上述したように，新羅地域で多く流通する三葉・三累環頭大刀の把装飾はＣ字文を打ち出した銀板ないし金銅板を巻くものが一般的である（第５章）のに対し，義城大里里２号墳Ｂ－１主槨出土例や永川華南里23－２号石槨出土例の把には，銀線が螺旋巻きにされており，外装にやや特殊な点も認められる。これらの解釈については，次節で詳述する。

圭頭Ｂ類は，いずれも羅州にのみ集中している。加えて，羅州伏岩里３号墳７号石室で出土した大刀（図7-7-2）と刀子（図7-6-4）には，それぞれ佩用金具として鐶付足金物が採用されているが，これは武寧王陵出土円頭Ａ２類刀子（図7-5-5）においても確認される。さらに，伏岩里３号墳７号石室出土大刀の把間に巻かれた金属線は，金線と銀線を交互に巻いたものであり，これも武寧王陵円頭Ａ２類刀子（図7-5-4・5）や，武寧王陵出土単龍環頭大刀と共通する意匠である。したがって，技術的にも百済との深い関連性が窺われる。

ただし，羅州伏岩里３号墳で出土した圭頭Ｂ類の大刀２例については，日本列島で出土する資料と把頭の特徴が極めて類似しており，これらが日本列島から搬入されたものであるという可能性は捨象できない。菊地芳朗は，伏岩里３号墳出土大刀の把頭が，いずれも「型式学的に必ずしも日本列島出土資料に先行するものではない」ことから，百済での製作に慎重な立場をとりつつも，鐔をもたず把縁金具が鞘口金具の中におさまる「呑口式」であること[15]など，日本列島資料との差違についても指摘している（菊地 2003・2010）。

また，金洛中は，大刀装飾の文様モチーフの分析からこれらの製作地を百済と考えた（金洛中 2007）。筆者も，先に挙げた佩用金具や把間装飾にみられる円頭Ａ２類との共通性などを勘案すると，現時点では百済での製作を想定しておくのが妥当ではないかと考えている。今後の資料増加を待ちたい。

第４節　円頭・圭頭刀の技術系譜とその意義

１．円頭Ａ１類と圭頭Ａ類の系譜的関係

円頭Ａ１類大刀は，先の検討で百済ないし加耶で製作された可能性が高いことを述べた。このこ

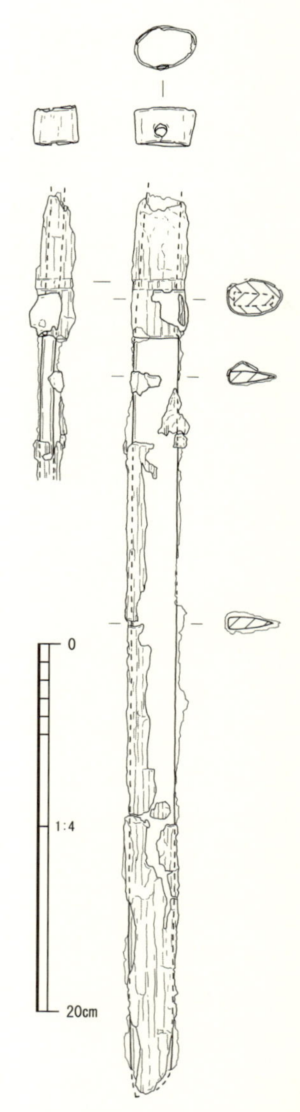

図 7-10　天安道林里３号石室墳出土大刀

15）　羅州伏岩里３号墳７号石室出土圭頭Ｂ類大刀の鐔の構造は，厳密には完全な呑口式ではなく，把縁金具の把側の端に，鞘口金具を受けて鐔の役割を果たす責金具が付されている。同墳５号石室出土大刀にも，責金具ないし端部折り返しによる鞘口の受け部が設けられており，これも厳密には呑口式ではない。なお，５号石室出土大刀については，こうした構造をとることを大谷晃二が既に指摘しており，日本列島出土資料における類例が紹介されている（大谷 2011a）。

とは，天安道林里3号石室墳出土の装飾付大刀（図7-10）の存在からも窺える。道林里3号石室墳出土大刀は，把頭を装飾したとみられる円筒状の薄い金板をともなう大刀である。木製の把頭に金板を巻き付けたものと推測される。木が失われているため，把頭の元来の形状は不明であるが，金板には懸通孔と思しき孔が認められ，円頭・圭頭大刀との関連性が垣間見える。同遺跡は，共伴した土器などから漢城期に遡るとされている（羅建柱・尹淨賢 2011）。外装の全体像がわからず類例も少ないため，これを円頭・圭頭大刀の祖形と即断することはできないが，こうした資料が時期的に古い段階から存在していることは，円頭・圭頭状の把頭をともなう大刀の系譜を考える上で，一つの手がかりとなろう。円頭Ａ１類大刀は，現状で百済での出土例がさほど多く確認されていないものの，漢城期から円頭Ａ１類ないしこれに類する大刀が百済に存在していた可能性は高いと考える。

円頭Ａ１類大刀が百済において一般的であったとすれば，新羅での出土例である慶州金冠塚出土大刀がもつ意義は大きい。以下，金冠塚例についてやや詳しく検討してみたい。

金冠塚出土例（図7-3-2）は，把頭のみの出土であるが，円頭形の平面形と逆心葉形の懸通孔をもち，円頭Ａ１類の資料に分類される。ただし，公州宋山里4号墳出土例（図7-3-1）や昌寧校洞11号墳出土例（図7-2-3）とは異なり，懸通孔の縁に文様帯はなく，側辺部にも文様帯がめぐらされていない。こうした，銀板のみで構成される簡素な特徴は，圭頭Ａ類大刀に共通するものである。

李養璿コレクションの圭頭Ａ類大刀（図7-4-1）は，両端に刻目をもつ固定金具を付した銀製鞘口金具をともない，子刀とみられる刀子の鞘には梁山夫婦塚出土刀子（図7-6-2）や，普門洞合葬墳積石木槨出土の三累環頭小刀などに付随する「鞘に斜交した筒状金具」が取り付くことから，新羅での製作品と考えられる。同資料は，頂部と側辺部に境界をもつため圭頭Ａ類大刀に分類されるが，斜面部が側辺にまで続き，把頭下部の断面形が八角形を呈するなど，円頭Ａ１類にみられる特徴も認められる[16]。

16）同資料については，内部の側面に接合痕がみられ，２枚の銀板を合わせてつくられているとの指摘がある（宋義政1987）。しかし，筆者が実物を観察した限りでは，内側面に明瞭な接合痕は認められなかった。

金冠塚出土例より遡る圭頭A類大刀として，皇南大塚南墳出土例があるが，先述したように，まだ大刀の外装として確立された段階のものではなかったと考えられる。金冠塚出土の円頭A１類大刀把頭の存在や，李養璿コレクションの圭頭A類把頭にみられる円頭A１類との共通性を勘案すると，圭頭A類把頭を大刀外装として採用した大刀が一定量製作されることになった契機は，円頭A１類大刀からの意匠的影響であった可能性がある。金冠塚出土資料については，百済ないし加耶で製作されて搬入されたものである可能性と，百済に存在する円頭A１類を模倣製作したものである可能性とがあり，外装の大部分を欠損している以上，どちらとも断定することはできない。現時点では，金冠塚例を年代的に明らかに遡る円頭A１類の資料は百済では確認されていないが，先に言及した道林里３号石室墳出土大刀の存在を考慮しても，金冠塚例や皇南大塚南墳例を年代的に遡る円頭A１類の資料ないしその先行型式が百済に存在していた可能性は高い。次に述べる圭頭A類大刀の「百済的な外装意匠」を考慮しても，圭頭A類大刀の成立には百済で流通していた円頭A１類大刀からの影響が要因の一つとして挙げられよう。

２．圭頭A類が新羅で出土する意義

圭頭A類大刀の装具に，新羅的な特徴が多くみられることは上で述べた。しかし，把に銀線を螺旋巻きにする装飾は，百済・加耶地域において出土する大刀に多く認められる特徴である。金属線を把に螺旋巻きにした例としては，円頭・圭頭大刀では，円頭A１類の伝蓮山洞出土大刀（図7-2-2），円頭A２類の武寧王陵（王）出土刀子（図7-5-3），環頭大刀では，玉田M３号墳出土龍鳳文素環頭大刀や，論山表井里出土素環頭大刀，羅州伏岩里３号墳96号石室出土三葉環頭大刀などが挙げられる。しかし，これらはいずれも金属線に刻目を施してあるのに対し，圭頭A類の大刀把に付随する銀線はいずれも刻目が施されていない（図7-11）。刻目をもたない銀線把巻きは百済や加耶には確認されないことから，これらは新羅で製作されたものとみてよいだろう。

慶州金鈴塚の刀子（図7-6-1）は，百済や加耶地域の大刀に付随する双連珠魚々子文を表した責金具をともなう。同資料は刻目を施した金線を螺旋状に巻くなど，特異な外装をもち，百済・加耶地域との関連性が窺われる。また慶州金冠塚で出土した三累環頭大刀には，把に通有の金属板でなく，刻目を施した金属線を螺旋状に巻いた例が１点認められる。打出文様を施した金属板でなく金属線で把間を装飾した三葉・三累環頭大刀は，出土地が明確な資料では金冠塚例が唯一である。これらの事実を総合すると，金冠塚から金鈴塚の時期にかけ，新羅の大刀製作に百済ないし加耶から何らかの影響があったとみられ，そうした影響の結果，従来あった圭頭Ａ類把頭が大刀や刀子の一意匠として確立したと推測される。

上．玉田Ｍ３号，下．大里里２号Ｂ-1

図 7-11　把間の金属線

しかし，把巻の銀線の特異性などからも，圭頭Ａ類大刀の製作に，百済や加耶の工人が直接的・継続的に関与した可能性は低いと考えられる。慶州天馬塚出土の龍鳳文環頭大刀（図 5-16）や，慶州チョクセムＢ１号墳出土三葉環頭大刀のように，他地域の意匠要素を取り入れることはあっても，それらは基本的に新羅の技術基盤の上で製作されたものである。三葉・三累環頭大刀を中心とした金工威信財の価値体系が確立していた新羅（李漢祥 1995a）で，新しい圭頭大刀が導入され，それが主流にまではならないにしても一定数つくられた意義とは何だろうか。

新羅では，皇南大塚南墳被葬者の治世を前後して，装飾付環頭大刀の新羅的意匠が確立し，規格化された大刀の本格的な生産体制が整備される。しかし，５世紀後葉になると，三葉・三累環頭大刀に意匠の省略化がみられるようになり，環頭部の形態にもバリエーションが生じる。これを量産化のさらなる進展といった内的な変化として解釈することも可能であるが，この時期の垂飾付耳飾の様相に百済との影響関係が看取される（第１章）ことを勘案すると，大刀製作体制の変化にもある程度外的な側面からの要因が作用していた可能性がある。圭頭Ａ類大刀は，こうした百済との関係深化にともなう意匠的・技術的影響の中で成立した新しい大刀であったと解釈できる。

６世紀代に入ると，従来的な間接的地方支配体制の変革にともない，装飾付大刀の製作は縮小される（第５章）。圭頭Ａ類大刀がこうした変化の直前段階に成立したことは，注目に値する現象といえよう。

小　結

本章では，これまで体系的に取り上げられたことのなかった朝鮮半島出土の円頭・圭頭刀を対象に，概念の整理と型式分類をおこない，その系譜関係を検討した。限られた材料ながら，百済ないし大加耶の円頭Ａ類刀と新羅の圭頭Ａ類刀を分離し，意匠上の影響関係についても踏み込むことができた点は成果といえる。日本列島出土円頭・圭頭大刀の系譜を考えるにあたっても，本章での分析は検討の素地となろう。

ただし，資料の蓄積が不十分な現時点では，本章での考察はまだ試論的段階の域を脱し得ない。今後，資料が増加することで，技術的・意匠的側面からのより詳細な分析が可能となることを期待する。

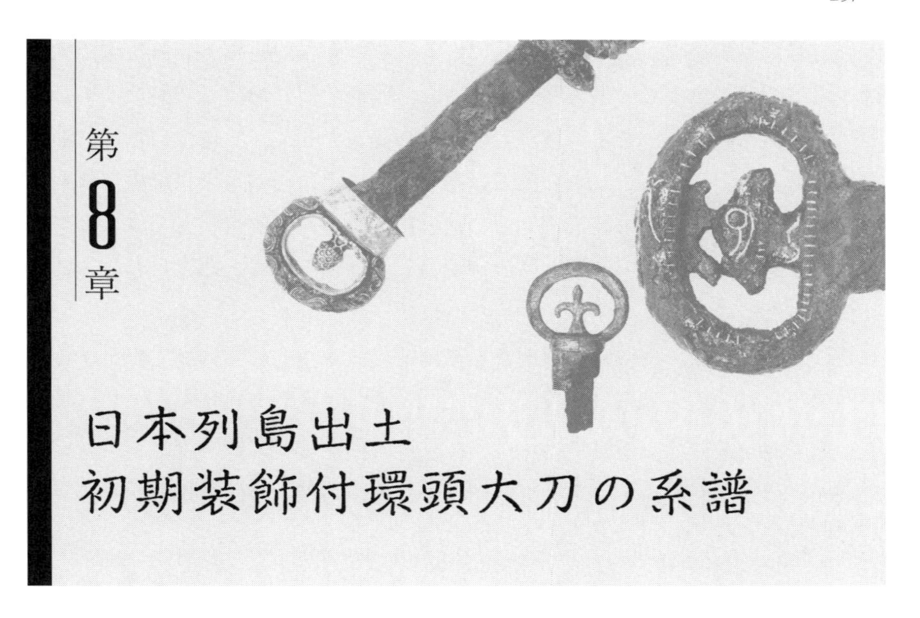

第8章 日本列島出土初期装飾付環頭大刀の系譜

前章まで，朝鮮半島各地で出土した装飾付大刀を対象に検討を進めてきた。本章からは，ここまでの成果を土台に，分析のフィールドを日本列島へと移行する。

日本列島で各種装飾付大刀の出土が一般化するのは，古墳時代後期になってからである。とりわけ装飾付環頭大刀となると，そのほとんどがＴＫ43型式並行期以後，すなわち後期後半以降の古墳に副葬されたものであり，それ以前の時期に属する装飾付環頭大刀は非常に少ない。５世紀代の日本列島では，木装あるいは鹿角装[1)]の有機物材料を用いた大刀装具が一般的であった。中期末頃になって，伝統的な刀剣装具の系譜を継いで成立した「捩じり環頭大刀」をはじめとする「倭装大刀」が出現し，ようやく金属装の大刀が製作されるようになる。

では，朝鮮半島各地で装飾付大刀の生産・流通が最盛期を迎えていた頃，日本列島において装飾付大刀の出土が皆無であったのかというと，そうではない。古墳時代後期前半以前においても，数はわずかながら鉄以外の金属による装飾

1）　直弧文を刻んだ鹿角製装具を取り付けた刀剣類を，古墳時代中期の日本列島における「装飾付大刀」であったとみることもできる。

が施された装飾付環頭大刀が出土している。これら早い時期の装飾付環頭大刀は，主に朝鮮半島からの搬入品と認識され，当該時期における対外交渉の証拠として，あるいはそれをもつ被葬者の権力の証左として，しばしば個別に注目を集めてきた。しかしこれらの大刀はそれぞれ，主に後期後半以降の資料を対象とした環頭部種類別の装飾付大刀の検討において例外的資料として言及されることはあっても，早い時期の装飾付大刀という視点でまとめて扱われることはなかった。

そこで本章では，古墳時代中期から後期前半にかけて日本列島で出土する外来系装飾付環頭大刀全般に照準を合わせ[2)]，朝鮮半島出土例との意匠的・技術的比較を通して個々の出土事例に系譜的評価を加える。その上で，これらの大刀の様相から垣間見える，当該時期の日本列島と朝鮮半島諸地域との関係を明らかにしたい。

第1節　既往の研究における初期装飾付環頭大刀の評価

1．研究史の検討

日本の装飾付大刀研究は非常に層が厚いが，先にも述べたように古墳時代後期前半以前の装飾付環頭大刀は数が少なく，また，中心飾の形状が古墳時代後期後半にはみられない例外的な資料も多く含まれる。そのため，これらをまとまった形で取り扱った研究はごくわずかで，有名な資料への個別の言及に留まることがほとんどである。例えば松尾充晶は，奈良県石上神宮禁足地出土単鳳環頭大刀や伝大阪府仁徳陵出土龍鳳文環頭大刀などの単鳳環頭大刀の一部と，兵庫県宮山古墳出土環頭大刀などを初期の環頭大刀として挙げ，「これらは中国，あるいは百済を中心とした朝鮮半島から単発的に将来されたものであり，数限られた貴重な威信財であった」と評価している（松尾 2003）。ここで示された，初期の環頭大刀がいずれも外来系であるとする認識は，現在でも一般的な理解として定着している。

注目しておくべきは，個別資料への言及の中でも具体的な系譜にまで踏み込

2)　いわゆる「倭装大刀」に属する「捩じり環頭大刀」については，本章の検討対象から除外する。

んだ研究であろう。その先駆的なものとして，穴沢咊光・馬目順一の研究が挙げられる。両氏は，三国時代の環頭大刀を総合的に分析し，象嵌による文様装飾を施した資料，具体的には山形県大之越古墳出土鉄製単鳳環頭大刀，兵庫県宮山古墳出土銀錯貼金環頭大刀，熊本県江田船山古墳出土龍鳳文素環頭大刀について，百済ないし加耶の系統を引いたものと推定した[3]（穴沢・馬目 1984）。韓国の学界でもさほど資料の蓄積がない中での両氏の指摘は，まさに慧眼といえよう。

列島出土大刀と新羅の大刀との関係について積極的に論じた研究としては，高田貫太による言及がある。高田は，福泉洞10・11号墳で出土している初期の三累環頭大刀の特徴として「全体的に小ぶりで環断面が楔形である点」を挙げ，福岡県堤蓮町1号墳出土例や香川県原間6号墳出土例がこれと酷似することを指摘した（高田 2004）。日本列島の三累環頭大刀といえば6世紀後半以後の大刀形式だという認識が一般的な中で，5世紀代に遡る三累環頭大刀の存在を示唆した点は，大きな意義が認められる。

近年では，個別的な分析においても，その精度が非常に高まっている。大之越古墳出土例の再図化と元素同定調査をおこなった橋本英将は，同例が鉄地に細かな点状の刻みを入れて金板を押圧して固定する金板圧着の技法が用いられていることに言及，同様の技法が用いられている兵庫県宮山古墳例とともに，公州龍院里12号石槨墓例と共通する技法であることを指摘し，「百済ないし伽耶地域で製作され，日本列島に舶載された可能性」を論じた（橋本 2011）。こうした成果を整理した橋本は，5世紀後半に流入したと考えられる福岡県久戸9号墳，京都府穀塚古墳，山形県大之越古墳，兵庫県宮山古墳などの象嵌環頭大刀について，百済・伽耶との関連を窺わせるとし，特に，「加耶領域での自律的な装飾大刀製作が本格的に確立する時期が5世紀末とされている現状では，百済からの舶載品である蓋然性が高い」とする極めて重要な指摘をおこなっている（橋本 2013）。

3）　穴沢は近年，製作技法などから改めて大刀の系譜について言及している。すなわち，江田船山古墳例，宮山古墳例，大之越古墳例に，天安龍院里1号石槨墓出土龍鳳文環頭大刀で用いられている金被せの技法が認められることから，これらを百済系統の舶載品と推定した。また，三累環刀を新羅系としつつ，日本に遅れて導入されたと指摘した（穴沢 2011）。

近年では，個体と個体の比較というレベルから，さらに蓋然性の高い系譜認定を実現するため，朝鮮半島出土資料の体系的整理を試みる研究も現れている。奈良県笛吹古墳群から出土したとされる素環頭大刀の系譜を探った梅本康広は，新羅地域出土の環頭大刀を集成・分類し，設定した型式との比較から伝笛吹古墳群出土刀の年代と系譜を論じた（梅本 2012）。

2．研究の課題

以上，日本列島で出土する初期の装飾付環頭大刀に言及した研究を概観した。それを踏まえ，ここで本章において取り組むべき課題について明らかにしておこう。

先に述べたように，これまでの初期装飾付環頭大刀に対する研究は個別資料の系譜的評価に留まっており，古墳時代後期前半以前の資料全般を網羅的に検討し，その全体的様相に言及する研究はなされていない。この時期の装飾付環頭大刀は，基本的にいずれも舶載品であるとされているが，だとすれば，それらの大刀の流通状況には，当該時期における列島と半島各地との交流様相の一端が反映されているはずである。しかし，これまで朝鮮半島出土資料の体系的な分類・整理があまりなされてこなかったため，既に言及されている個別資料の系譜的評価も，列島出土資料と半島出土資料の点的な対比，個体対個体の比較による推定を越えるには至っていない。梅本が試みたように，まずは朝鮮半島出土大刀の検討という前提作業をおこない，その上で日本列島出土大刀の評価を試みる必要がある。

前章までの分析で，朝鮮半島各地で出土する大刀の分類・編年と技術的特徴の整理を詳細におこなってきた。その成果を土台に，次節以下，日本列島で出土した初期装飾付環頭大刀の検討に入りたい。

第2節　個別資料の系譜的検討

改めて本章における分析対象を明示しておこう。「初期装飾付環頭大刀」とは，日本列島で外来系とされる環頭大刀が多量に流通・普及する以前に，列島各地で出土した装飾付環頭大刀のこととする。日本列島で広範に流通した最初の外来系環頭大刀は，古墳時代後期後半の墳墓から出土する単龍・単鳳環頭大刀である。よって本章における検討対象は，「単龍環頭大刀出現以前の装飾付環頭大刀」と換言される。ただし，次章で詳しく検討するが，いわゆる単龍環頭大刀の最古例である公州武寧王陵出土刀は，日本列島で出土する単龍・単鳳環頭大刀とは製作技法面で大きな差異が認められる。したがって，日本列島出土例の中で最古段階の資料とされる新納編年Ⅱ式標識資料の大阪府海北塚古墳例（新納 1982）以前の資料が主な射程となる[4)]。

ここから，時期ごとに大刀の出土様相を検討していく。初期装飾付環頭大刀の大多数は，古墳時代中期以降に出土している。ここでは，古墳時代中期を前半と後半とにわけ，さらに後期前半を加えた３区分で論を進めることとする。古墳時代中期については，短甲の鋲留技法導入を前・後半をわける基準とする。すなわち，帯金式甲冑の出現から鋲留技法の導入まで，須恵器の陶邑編年ではＴＫ73型式期以前を中期前半，鋲留式短甲の出現から帯金式短甲の終焉まで，須恵器ＴＫ216型式期からＴＫ47型式期までを中期後半，帯金式短甲が急速に流通しなくなり，新式の馬具が多数出現するＭＴ15段階以後を後期前半以後とする。

１．中期前半の大刀

朝鮮半島の各地における装飾付大刀の出現期とほぼ並行する。この時期の日本列島出土資料として，素環頭大刀３例と三累環頭大刀４例が該当する。部分的に鉄以外の金属を用いただけの，相対的に簡素な装飾の大刀が主体である。

素環頭大刀（図 8-1）　実物資料が確認できるのは，大分県尾漕２号墳第１主体部例，福井県疋田出土例の２例，加えて『東洋文庫所蔵梅原考古資料目録』に実測図が残る伝奈良県笛吹古墳群出土例がある。

大分県尾漕２号墳第１主体部例（図 8-1-3）は，鉄製の外環をもつ素環頭大刀である。把間を銅板で巻き，同じく銅製の責金具で固定する。外環を40％ほど欠損しているが，平面形を復原するとやや上円下方形に近い楕円形を呈する

4)　ただし，奈良県東大寺山古墳で出土した銅製環頭部をもつ三葉環頭大刀や，石上神宮禁足地出土の単鳳環頭大刀などの４世紀代に属するとみられる資料については，朝鮮半島出土資料との比較による系譜推定が困難である。これらについては本章では扱わず，将来の課題としておきたい。

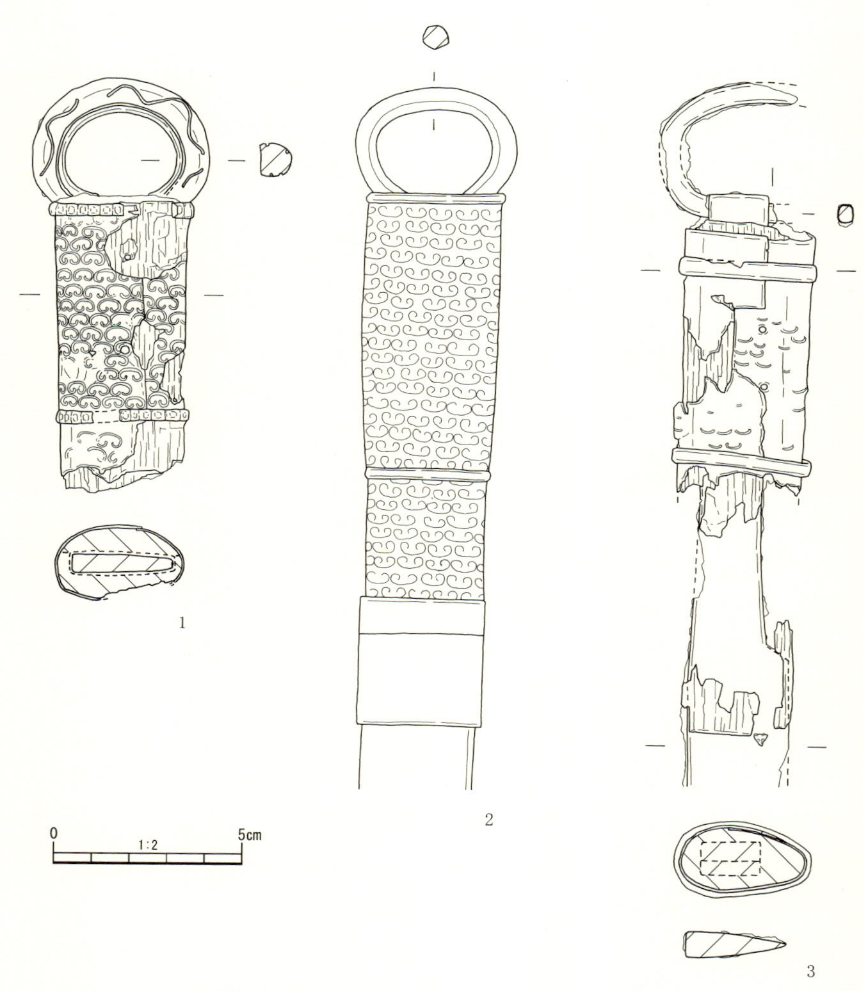

1．福井・疋田，2．伝 奈良・笛吹古墳群，3．大分・尾漕2号

図 8-1　中期前半の素環頭大刀

とみられる。環の断面は隅丸方形に近い楕円形である。環頭部は茎と別づくりで，茎と重ねて鋲留する，いわゆる「合わせ仕口」により刀身と連結されていると推定される[5)]。把間に被せられた銅板は，把頭側の半分ほどが遺存してお

5）報告書では別づくりの鉄環を茎の端部で巻き付けたものと判断しているが，外環の付け根をみると，把側に続いていくことが確認される。

り，上から責金具で固定する。現状で責金具は把頭側の端部近くに１つ，把間中ほどに１つの２つが遺存しているが，おそらく元来刀身側の端部近くにもう１つあったものが失われていると考えられる。佩裏側の中軸線上からやや刀身側に径1.5mm ほどの小さな孔が並んでいるのが確認される。釘ないし鋲による銅板の固定の痕跡とみられる。銅板の表面には，劣化のため明瞭ではないが，裏面から打ち出したＣ字文ａ２とみられる文様が認められる。銅板の下の把木は状態が良好で，２枚合わせにより茎を挟み込む構造が観察できる。同大刀は，第５章の分類に照らすと，把間装飾Ⅲ式で把を飾った素環Ｂ群大刀に属する。

福井県疋田出土例（図 8-1-1）は，平面楕円形を呈する鉄製の外環に銀象嵌による文様表現を施した象嵌素環頭大刀である。外環両平面の内側面の際と側面中央に３条の銀線をめぐらせて二つの文様帯を区画し，それぞれに鋸歯状に近い波状の銀線を配置する。外環断面はＤ字形である。把の半ばから切先側を欠損しているが，把木には銀板が被せられ，鉄地銀張の責金具で把を固定する。把間板には，Ｃ字文ａ１が打ち出され，佩裏中央に釘を打ち込んで固定したとみられる[6)]。鉄地銀張の責金具には，刻目が施されるが，刻みのピッチが約３mm 間隔と広い。把間装飾Ⅲ式でＣ字文の打出文様をもつ銀板をもつ点は新羅における１期の素環Ｂ群大刀に近いが，象嵌装飾を有する点や把間板の固定に鋲を用いない点は新羅の大刀とは異なる。同大刀は水田耕作土除去作業中の排土から発見されており，出土遺構や共伴遺物に関する情報は失われているが，同大刀の直接的な類例として，咸安馬甲塚の大刀（図 8-2）を挙げることができる。前章までの検討で，百済的な特徴と新羅的な特徴が折衷する馬甲塚例のような大刀を，加耶圏域において製作されたものと判断した（第５・６章）。本例についても，当該時期の加耶地域からもたらされたものと判断しておきたい。

伝奈良県笛吹古墳群出土例（図 8-1-2）は，実物が現存しておらず，詳細は梅原考古資料に残された調査カードの情報がすべてである。それによると，本例は平面楕円形の銅製素環頭大刀[7)]で，把には金銅製の把間板を被せ，銅製の責金具と銀製の筒状把縁金具を取り付ける。把間板にはＣ字文ａ２の打出文様

6）ただし，釘そのものは遺存していない。把間板および把木に釘を打ち込んだとみられる小孔が二つ確認される。

7）梅原考古資料には，「まったく風化して鮮やかなる青緑色を呈し」とあるが，梅本はもともと

が確認される。本例もやはり出土遺構や共伴遺物については不明であるが，上の諸特徴から，素環B群大刀に属するものとみてよいだろう。

三累環頭大刀（図 8-3） 福岡県堤蓮町１号墳例と香川県原間６号墳例の２例が現存する。

最も状態が良いのが，原間６号墳例（図 8-3-1）である。同大刀は，把頭の三累環から刀身の切先までが完存する。環頭部は，外環断面がほぼ三角形に近い偏菱形を呈する三累環で，鍍金の痕跡は確認できない。環頭茎と鉄刀の茎部分とを重ねて鋲で固定し，把木を付す。把間には把木の木質が遺存するが，状態は良好でなく部材の構造は復原できず，把巻きなども確認できない。刀身はカマス状を呈する。

堤蓮町１号墳例（図 8-3-2）は，鉄鏃が銹着した環頭部のみが遺存している。環の断面は偏菱形を呈する。鍍金の痕跡は認められない。堤蓮町１号墳の主体部は竪穴の小

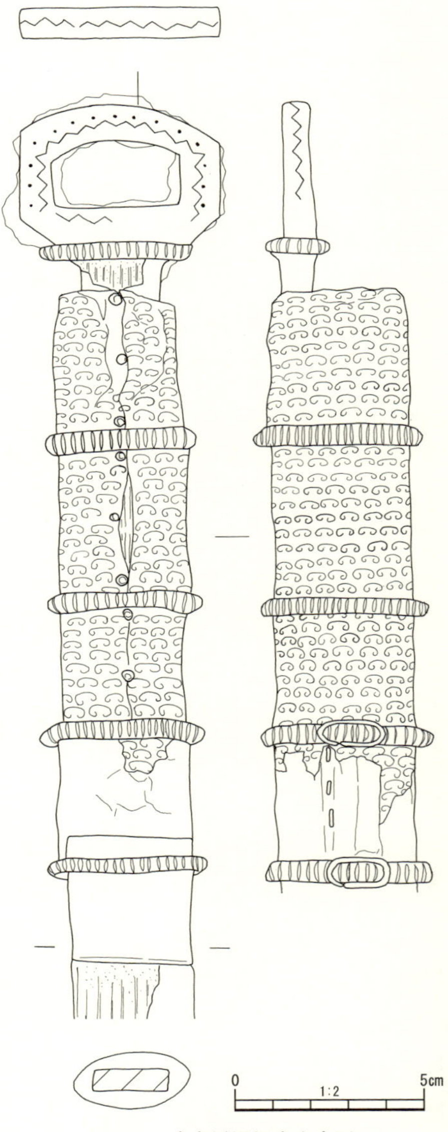

図 8-2 咸安馬甲塚出土大刀

は金銅製であったと判断した（梅本 2012）。しかし，朝鮮半島で出土する素環B群大刀は，鍍金の痕跡が一切確認できない資料が大半であり，本例についてももともと鍍金が施されていなかった可能性が高いと考える。

石室で，小口の形態から朝倉地方における横口式石室導入直前のものとされている（吉武編 1999）。

これらは第５章における三累１式把頭を有し，三累Ａ群大刀に属するものとみられる。いずれも新羅で製作され搬入されたものであろう。

上記２例の他に，福島県琵琶沢古墳例もこれに該当する可能性が高い。同例は，平面形が他の資料と類似した形状を呈するが，実物が現存しておらず，環の断面形などを確認することができないため，三累Ａ群と断定することはできない。琵琶沢古墳からは三累環頭大刀把頭のほか，勾玉や鉄刀，紡錘車，須恵器が出土したとされるがいずれも実物が現存せず詳細は不明で，時期についても不明である。

その他　福井県向出山１号墳（図 8-4）から出土した銀装大刀は，把間から関にかけての破片資料であるため，確実に環頭大刀とは断定できないが，打出文様をもつ銀板を把間に被せてあり注目される。打出文様はＣ字文ａ１で，これを銅製の鋲を用いて鋲Ａ１技法により固定する。文様，固定方法ともに古相の新羅大刀にみられる特徴をもつことから，新羅から搬入された大刀である可能性は高いが，高霊池山洞73号墳出土龍鳳Ⅱ群大刀のような例もあるため，加耶での製作品である可能性も残る。

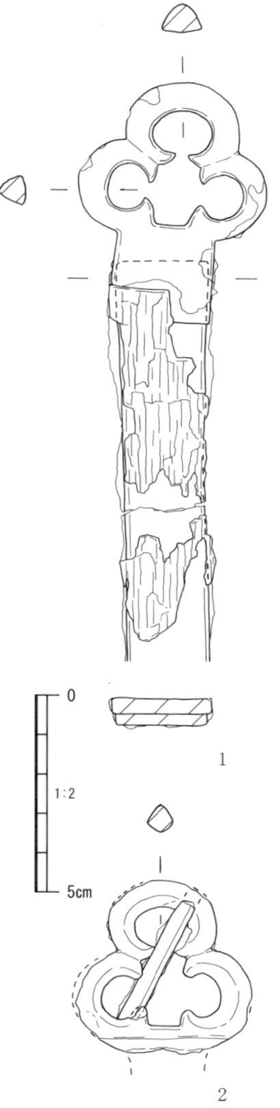

１．香川・原間６号，
２．福岡・堤蓮町１号
図 8-3　中期前半の三累環頭大刀

２．中期後半の大刀

新羅では，新羅的な大刀意匠が確立し，大刀を含む金工装飾品の地方への配布が盛んになるとともに，中央による製作工房の管理が強化さ

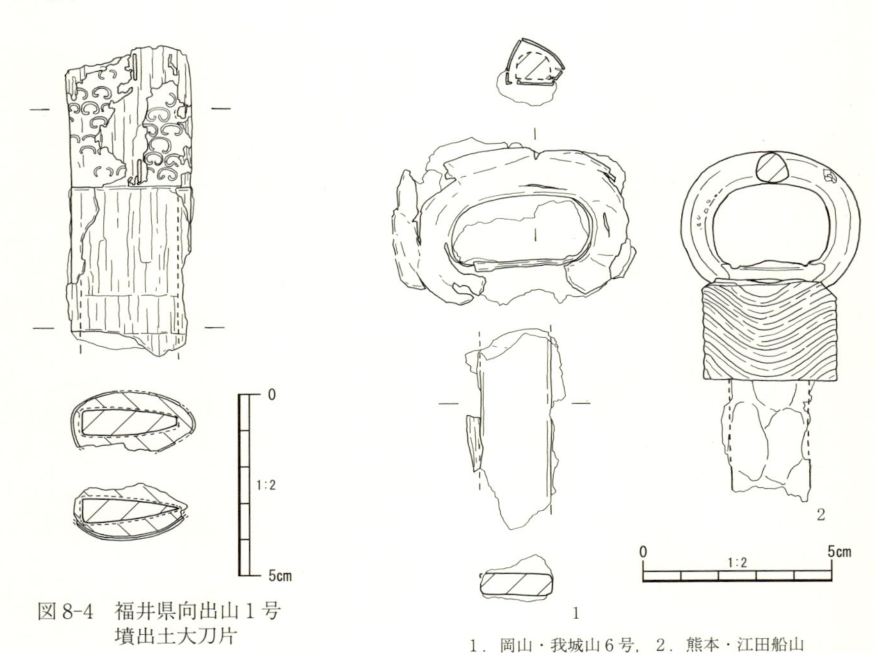

図 8-4　福井県向出山 1 号墳出土大刀片

1．岡山・我城山 6 号，2．熊本・江田船山

図 8-5　中期後半の素環頭大刀

れる。百済，加耶においても大刀の製作が増え，特に大加耶では，龍鳳文環頭大刀をはじめとする装飾付大刀の製作が大規模におこなわれるようになる。

素環頭大刀（図 8-5）　中期前半にはみられなかった鉄地銀張の素環頭大刀が現れる。岡山県我城山 6 号墳出土例，熊本県江田船山古墳出土例がある。

我城山 6 号墳例（図 8-5-1）は，鉄地銀張の素環頭大刀である。芯となる鉄はほぼ遺存しておらず，鉄部分の破裂にともない外環に被せた銀板も著しく変形しているが，元来楕円形を呈していたことは識別できる。銀板は外環と環頭部基部に被せてあり，外環の銀板は，内側面を覆う銀板をあてがった後，両平面と外側面を覆う銀板を被せ，端部を折り返して留めてあるようである。基部の銀板は茎の小口部のみやや幅広に切り出し，端部を被せてある。基部に被せた銀板と外環の内側面に被せてある銀板が一連のものであるかは，銹化のため判然としない。茎小口部と外環との境に，段差とみられる部位が認められる。茎部の目釘孔は肉眼で確認できず，把にともなう木質がわずかに確認される。平面楕円形を呈する鉄地銀装の素環頭大刀は，朝鮮半島では百済地域と加耶地域で出土しているが，基部に銀板を被せる構造や，基部と外環との境に段差をもつ点を考慮すると，素環Ⅱ群に該当する可能性が高く，百済からの搬入品とみられる。類例としては，清州新鳳洞108号墳出土例（図6-3-3）や論山茅村里５号墳出土例（図6-3-1）などが挙げられる。同古墳では，横矧板鋲留短甲片や木心鉄板張輪鐙が共伴し，ＴＫ208型式並行期の須恵器が出土している（近藤1969）

江田船山古墳例（図8-5-2）は，波状文を打ち出した銀製筒金具を有し，銀装で環頭部基部に段差を有する，素環Ⅱ群の典型例である。既に幾度も言及されているように（桃崎 2008など），百済から舶載された大刀とみてよいだろう。問題は，どの時期に舶載されたものかである。桃崎祐輔は，江田船山古墳出土遺物を古相・新相の２相に分離し，古相をＴＫ23～ＴＫ47型式並行期，新相をMT15型式並行期としたが，銀装素環頭大刀については，江田船山古墳例や論山茅村里５号墳例の波状打出文をもつ筒金具の長さが，陜川玉田28号墳例や公州水村里１号墳例に比べて短いことを根拠に，新相の遺物群に属すると評価している（桃崎 2008）。しかし，筒金具の長短を時期差と断定するには資料数があまりに少ない。むしろ現時点では，水村里１号墳例や玉田28号墳例など時期の遡る資料の存在を考慮して，古相の資料群に属する可能性のほうが高いとみるのが自然であろう。

三葉環頭大刀（図8-6）　奈良県池殿奥４号墳西棺例，福岡県久戸９号墳例の２例があり，いずれも象嵌による装飾を施した鉄製三葉環頭大刀である。

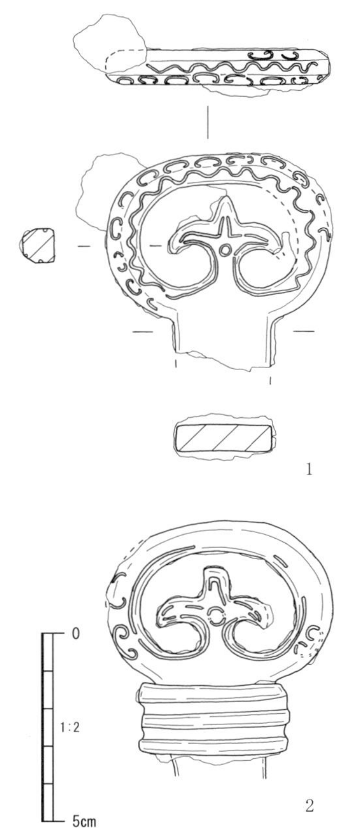

1．福岡・久戸９号，２．奈良・池殿奥４号

図8-6　中期後半の三葉環頭大刀

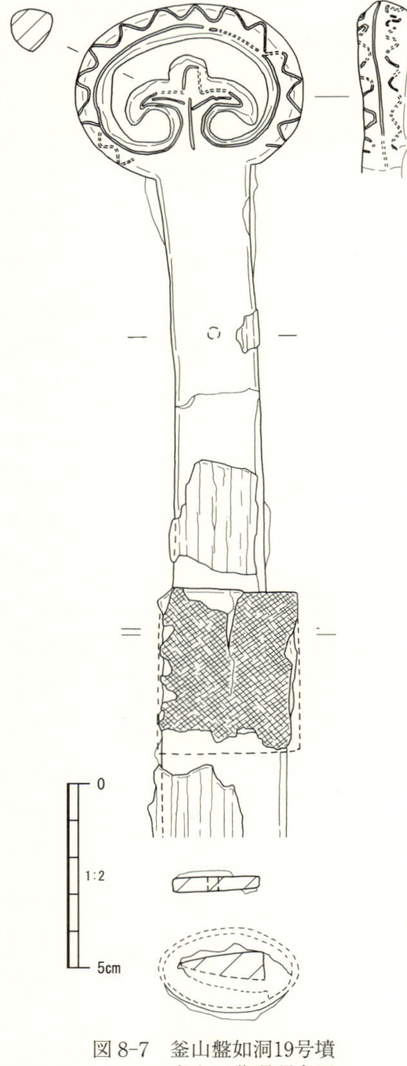

図 8-7　釜山盤如洞19号墳
出土三葉環頭大刀

池殿奥４号墳例（図 8-6-2）は，外環と中心飾の両面に銀線による象嵌文様が確認される。環内の三葉には，中央に円文が象嵌され，縁に沿って銀線が嵌め込まれる。外環にはＣ字文を，開いた側を環の内側に向けて配置する。象嵌部分以外には鉄以外の金属は用いられていないが，把頭金具に幅の狭い蛇腹状の筒金具をもつ。関付近には木鞘に塗布したものとみられる漆の痕跡が残る。

久戸９号墳例（図 8-6-1）も，池殿奥４号墳例と類似している。環内の三葉は，中心に円文が銀象嵌される。三葉の輪郭を縁取る銀線は，そのまま外環へと伸び，鋸歯文に近い波状文を描く。外環は断面六角形を呈し，両平面と側面に波状文が，側面と平面をつなぐ斜面に開いた側を環の内側に向けたＣ字文が配されている。鉄製無文の鞘口金具を有する。

古墳時代中期後半の日本列島では，象嵌による装飾技法は依然一般的でなく，これらの大刀もやはり朝鮮半島からもたらされたものと考えられるが，その詳細な系譜を明らかにするのはやや困難である。象嵌装の三葉環頭大刀は，朝鮮半島でも類例が非常に少なく，新羅圏では釜山盤如洞19号墳例（図 8-7），百済でも瑞山富長里７号墳２号土壙墓での出土例があるくらいである。文様に着目すれば，Ｃ字文は新羅の装飾付大刀において，把間に付される金属板の打出文様として一般的な文様であるが，新羅では象嵌で飾った大刀そのものが非常に珍しく，先の盤如洞19号墳例についても，百済ないし加耶から新羅へと搬入されたものである可能性が高い。

ここで，池殿奥4号墳の蛇腹状把頭金具に注目してみる。この種の筒金具の類例として，天安龍院里1号石槨墓出土龍鳳文環頭大刀（図6-8-3）の銀製筒金具が挙げられる。これらは，外環が金具に食い込まない点でも共通している。このことから，池殿奥4号墳例についても百済，あるいは加耶でつくられたものである可能性が高い。朝鮮半島では，どの地域でも5世紀中葉頃には把頭金具に外環が食い込むようになるため，池殿奥4号墳例の製作時期は，副葬時期よりやや遡る可能性がある。先に検討した福井県疋田出土素環頭大刀（図8-1-1）と同様，新羅的なC字文と百済的な象嵌技術の混淆から5世紀前半代における加耶での製作品と評価することもできるが，現在までに加耶圏域で象嵌装の三葉環頭大刀は出土していない。現時点では，これ以上の議論は難しく，具体的な製作地については保留しておき，今後の資料増加を待ちたい。

龍鳳文環頭大刀（図8-8）　京都府穀塚古墳出土例，山形県大之越古墳出土例，熊本県江田船山古墳例がある。いずれも，鉄製の環頭部に象嵌技法を用いて龍鳳を表現したものである。

穀塚古墳例（図8-8-3）は，銹化が激しく，肉眼では環内の象嵌意匠はまったく視認できないが，X線写真撮影によって，環内に象嵌で鳳凰首の意匠をあしらった龍鳳Ⅰ群大刀であることが明らかとなった（金宇大 2016b）。鳳凰首の輪郭は不明瞭であるが，象嵌が施された範囲がおおよその輪郭と判断される。二条の銀象嵌で表現された角は，頭頂部から生じてY字状に前後に伸び，後頭部側は長く垂れ下がって端部をやや巻き上げる。目は二重円文で表現し，目の後ろのやや立ち上がる表現は眉の一部とみられる。外環には4条の連続波頭文をめぐらせる。波頭文は，佩表側・佩裏側から俯瞰でそれぞれみえる2条の波が向かい合わせとなるよう配置されている。中心飾の象嵌表現は，朝鮮半島出土例を含めても龍鳳Ⅰ群大刀の中で最も精細で，象嵌装飾技術の源流である百済に系譜を求めたいところではあるが，文様表現自体は大加耶にも類例があり，その製作地を絞り込むことは現状では難しい。

大之越古墳例（図8-8-1）は，環内に単鳳の意匠をあしらった鉄製の環頭部

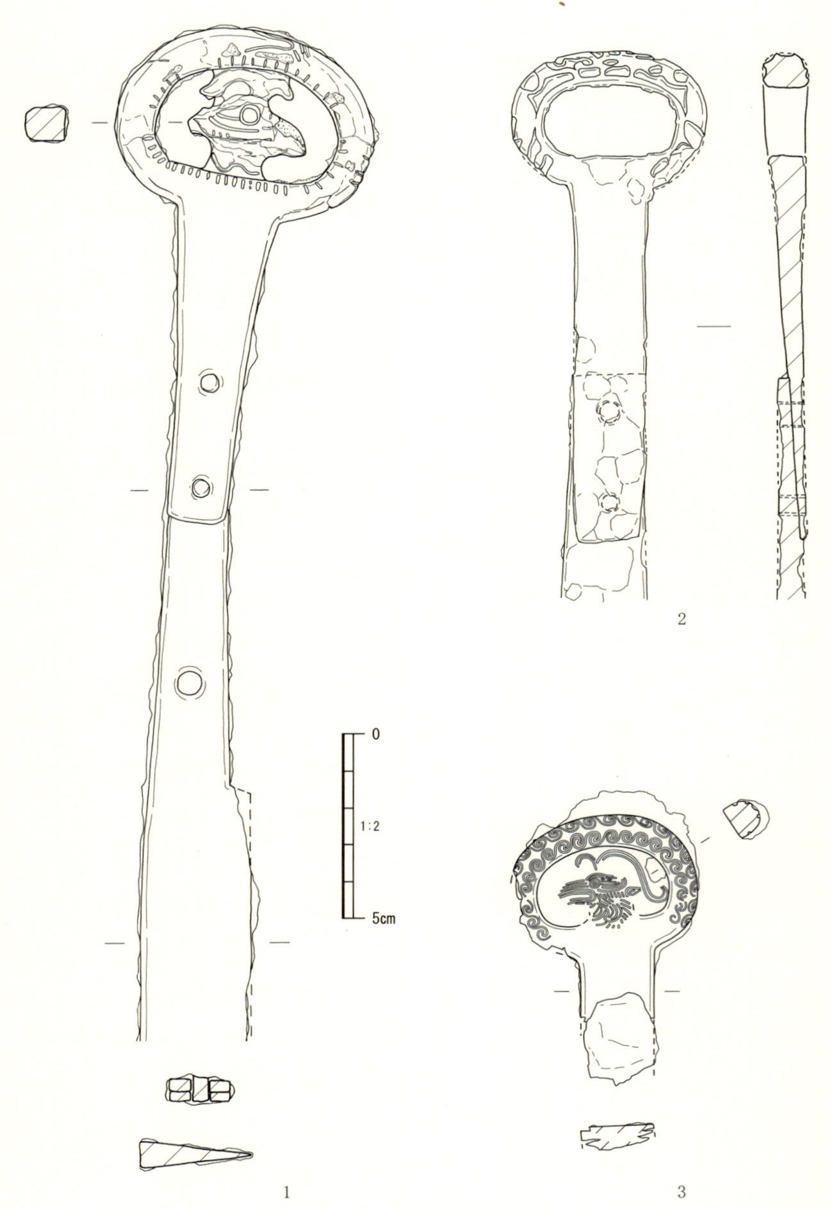

1．山形・大之越，2．熊本・江田船山，3．京都・穀塚

図 8-8　中期後半の龍鳳文環頭大刀

に銀象嵌で細部を表現した龍鳳文環頭大刀である。環内の鳳凰首は三葉文に似た形状で[8]外環と一体でつくり出されており，おおむね銀象嵌により目や耳の細部が表現されるが，嘴の上半部などに一部金線を用いた象嵌が施される。Y字状の角は別づくりで，頭部の枘穴に挿入されている（橋本 2011）。外環には，環の内縁部と外側面には刻みを表現したとみられる銀象嵌が施され，走龍文と思しき文様を表現した痕跡が確認できるが，現状では大部分が剥落しており，文様の全容は明らかでない。外環の一部と中心飾の嘴などに，わずかに金の付着が認められ，鉄の表面に多数の小孔を穿って薄い金板を押し付ける「金板圧着」の技法で固定されている。金板圧着技法は百済の大刀製作技術であり（第6章），同例も百済で製作されたものである可能性が高い。

江田船山古墳例（図8-8-2）は，鉄製素環頭大刀の外環に象嵌によって筋交型の走龍文を表現したものである。銀線を用いて龍の細かな文様を表現し，龍文のない余白部分を一段低くつくりだして，無数の小孔を穿った後，薄い金板を貼り付ける。中心飾のない環頭部基部には外環と茎の接合部付近に段差が認められる。環頭茎は外環の付け根から9.8cmと長く，刀身茎と合わせ仕口にして2鋲で固定する。江田船山古墳例は，金板圧着技法，環頭部基部の段差という百済の大刀製作技術の特徴を備えており，銀装素環頭大刀同様，百済で製作された搬入品とみられる。金板圧着技法の類例は，天安龍院里1号石槨墓出土龍鳳文環頭大刀（図6-8-3）や，同12号石槨墓例（図6-7-1）など，比較的古相の資料で多く認められる。資料数が少ないため年代的な下限がはっきりしないが，本章では暫定的に古相の資料群に含めておく。

その他（図8-9）　兵庫県宮山古墳第2主体例（図8-9-1）は，蕾状突起を中心飾とする独特の意匠を有する環頭大刀である。蕾状突起は，鉄地に薄い金板を被せた後，網目状の透かしをもつ銀板を被せたもので，公州武寧王陵出土単龍環頭大刀の亀甲繋鳳凰文の鞘口金具と共通する意匠であることが指摘されている（橋本 2013）。鉄製の外環には，銀象嵌によるS字状文様を佩裏佩表のそれぞれに六つずつ配置する。象嵌を施した部分の周囲は一段低くつくりだされており，表面を鏨で荒らして金板を圧着させる。外環の内側面には銀板を被せて

8）　三葉環頭大刀を改変してつくったものである可能性が指摘されている（橋本 2011）。

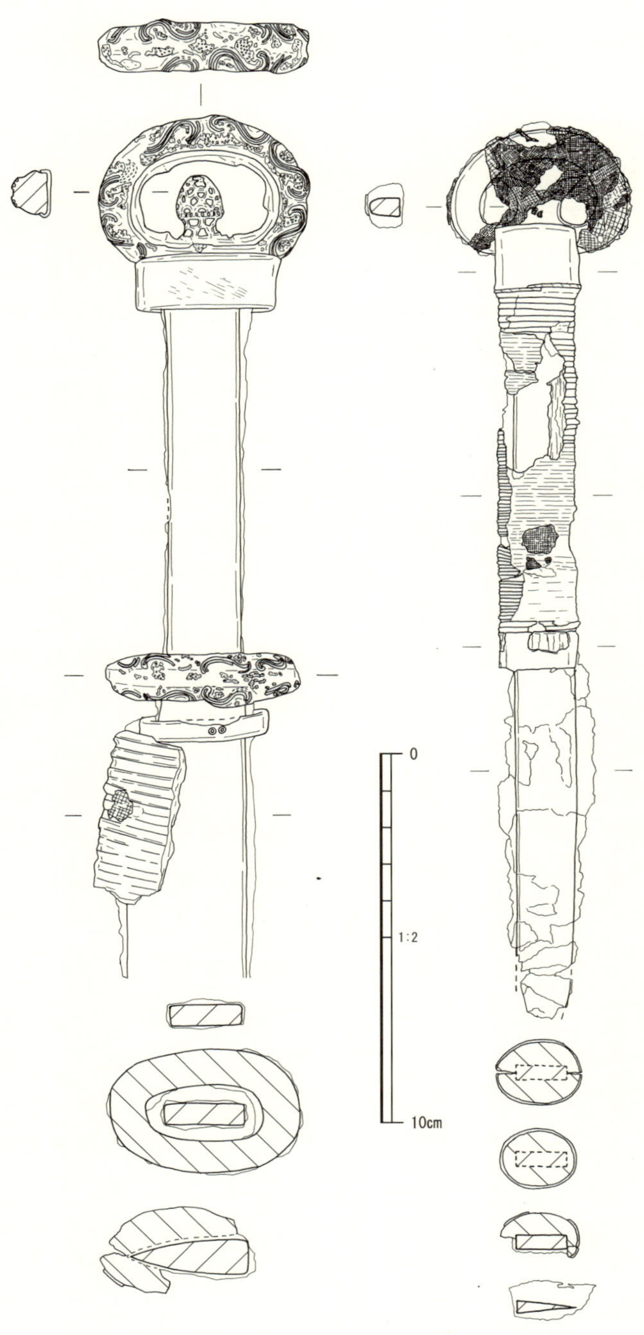

1．兵庫・宮山，2．京都・産土山

図 8-9　中期後半のその他の大刀

ある。把縁に装着されている鉄製の環にも外環と同様の意匠が施されている。把頭金具は長さ1.6cmほどの幅の狭い銀製筒金具で，外環が筒金具に食い込まない。関付近には細い銀製責金具が装着されている。関付近の刃部には蛇腹状を呈する有機物が付着しており，鞘の装飾に関連した痕跡とみられる。宮山古墳例と同様の意匠をもつ大刀は，日本列島はもちろん朝鮮半島でも知られていないが，金板圧着技法や金板の上に透かしをもつ銀板の被せなど百済の技術が認められることから，既に指摘されているように百済からの舶載品とみてよいだろう（橋本 2013）。

京都府産土山古墳例（図 8-9-2）は，双葉状の中心飾を有する二葉環頭刀子である。環頭部は楕円形を呈し，鉄製である。把間の両端には，木製の筒状装具に薄い銀板を被せた把頭装具と把縁装具が装着される。把間には，有機物製の紐が葛巻にされる。有機物材料を主体とした簡素な外装であるが，把頭・把縁装具の銀板は非常に薄く，朝鮮半島で一般的に認められるものとは様相を異にする。朝鮮半島南部以外の地域からの搬入品である可能性も視野に入れつつ，評価を保留しておく。

3．後期前半以後の大刀

前時期にはみられなかった大加耶の大刀の流入が始まり，非常に複雑な意匠をもつ龍鳳Ⅲ群大刀（第6章）が列島でも認められるようになる。

素環頭大刀（図 8-10）　鉄地銀張の素環頭大刀が2点認められるが，いずれも平面上円下方形を呈するもので，中期後半とは様相が異なる。岡山県金鶏塚古墳例，栃木県小野巣根1号墳例が該当する。

把頭のみが遺存する小野巣根1号墳例（図 8-10-2）は，

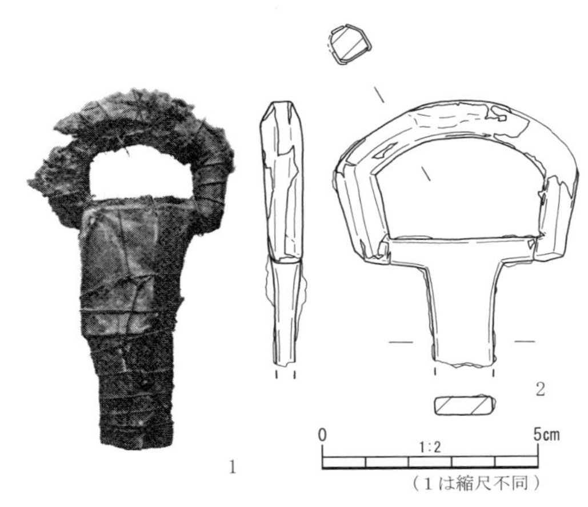

1．岡山・金鶏塚，2．栃木・小野巣根1号

図 8-10　後期前半の素環頭大刀

平面形が上円下方形で，基部に段差をもたない鉄地銀張の大刀である。基部には銀板が被せられておらず，外環のみに銀板を被せる。小野巣根1号墳例は，三鈴杏葉と共伴しており，内山敏行は共伴馬具を後期2段階に編年している（内山 1996）。このことから，小野巣根1号墳例は「素環Ⅲ群」（第6章）に該当するとみられ，大加耶からの搬入品とみられる。

金鶏塚古墳[9]例（図 8-10-1）は，鉄地銀張の素環頭大刀である。銹化が著しいが，平面形は上円下方形を呈するとみられる。刀身部は失われており，茎の半ばから環頭部のみが遺存している。銀製筒状で無地の把頭金具が装着され，外環が金具に食い込んでいる。基部には，我城山5号墳例や江田船山古墳例でみられた段差が認められない。金鶏塚古墳からは提瓶など後期以降の須恵器が出土しており，出土した埴輪も6世紀代に下るとされる（平井・宇垣 1990）小野巣根1号墳例と同じく素環Ⅲ群大刀に属する大刀とみてよいだろう。

他に，ＴＫ43型式期以降に下るとみられる素環頭大刀に，岡山県王墓山古墳出土の金銅製素環頭大刀（山本・間壁 1974）や，山口県防府天神山古墳出土の金銅製素環頭大刀（桑原 1993）がある。しかし，装飾付環頭大刀の絶対数が増えた後の非常に例外的な資料であり，素環頭大刀は基本的に姿を消す。

三葉環頭大刀（図 8-11）　出土地が明確な資料は，愛媛県東宮山古墳例，宮崎県持田26号墳例，福井県丸山塚古墳例の3例である。

東宮山古墳例（図 8-11-4）は，環頭部のみの出土である。金銅製で上円下方形を呈する扁平な三葉環頭把頭が大小2点出土しており，もとは母子大刀であったとみられる。同例は，第5章で分類した三葉4式把頭に該当し，本来は三葉Ｂ2群大刀に付くものであったとみられる。新羅からの搬入品とみてよいだろう。東宮山古墳からは，ＴＫ10型式期の須恵器蓋杯や水晶製の切子玉などが出土している。

なお，日本列島出土の三葉4式把頭としては，他に伝京都出土（図 8-11-3）とされる資料がある。出土地に関する信憑性は低いが，東宮山古墳例の存在から，新羅における大刀製作が後半に差し掛かってからは，わずかながら新羅の

9）　同古墳は，近くにある亀ヶ原大塚古墳としばしば混同され，またその名称においても揺らぎがあり「釜ヶ原古墳」出土とも紹介されている（三木 1971，本村 1981）。こうした経緯については，平井勝・宇垣匡雅の分析に詳しい（平井・宇垣 1990）。

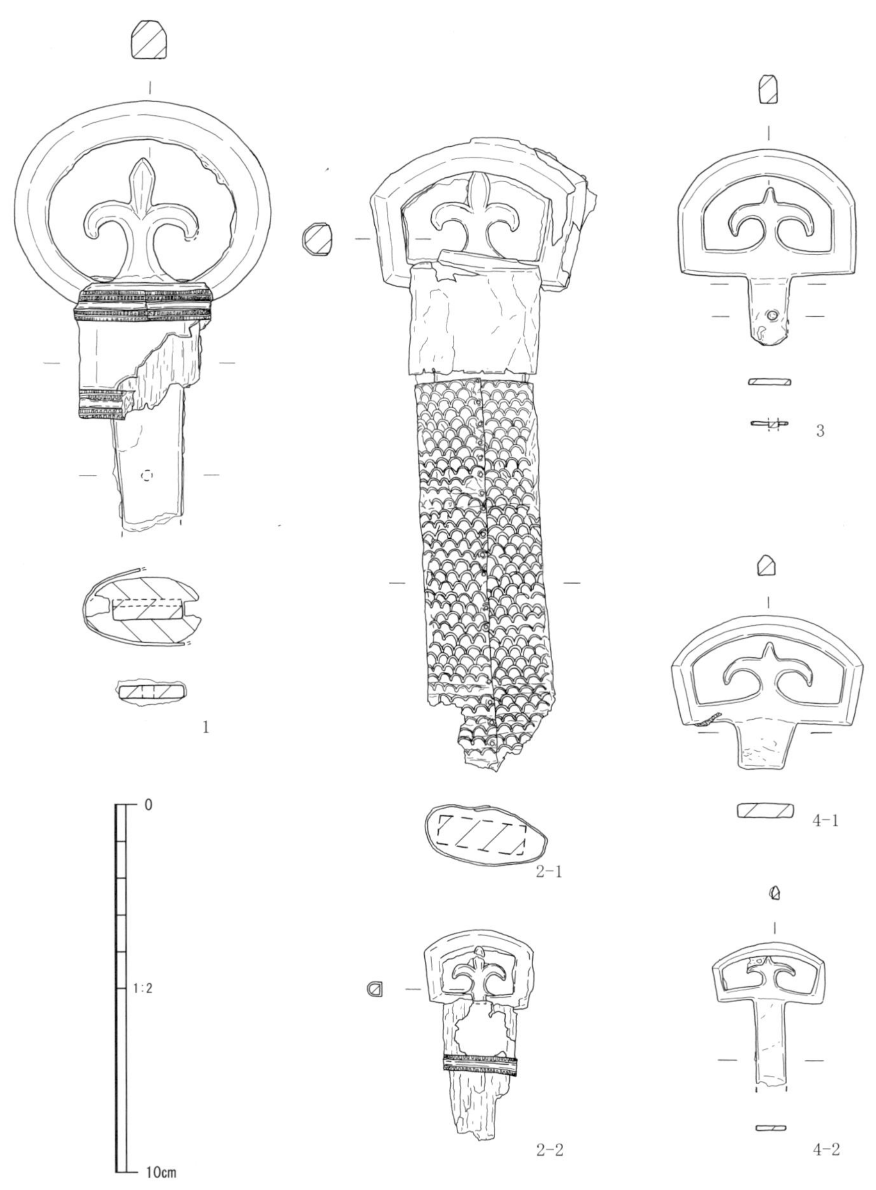

1．福井・丸山塚，２．宮崎・持田26号，３．伝 京都，４．愛媛・東宮山

図 8-11　後期前半の三葉環頭大刀

大刀も搬入されていたようである。出土遺構や共伴遺物の詳細は不明であるが，奈良県東大寺山古墳群出土とされる銀装三葉環頭大刀（穴沢・馬目・今津 1989）は新羅の三葉Ｂ１群大刀であり，典型的な新羅大刀の日本列島への搬入も皆無ではないようである。

持田26号墳[10]例（図8-11-2）は，鉄地銀張で平面上円下方形を呈する三葉環頭大刀で，銀製の把頭・鞘口金具に打出文様を施した把間板をもち，子刀を備える。一見して新羅の三葉Ｂ１群大刀のような意匠をもった大刀であるが，把間板は，佩裏側の中軸線上に打ち込まれた釘によって固定されており，打出文様もＣ字文でなく魚鱗文である。中心飾の三葉文は立体的な表現で，Ｘ線写真を観察すると，外環とは別づくりになっていることがわかる。銹のため明確ではないが，中心飾は金銅製の可能性がある。子刀も中心飾が外環と別づくりで，金銅製である。母刀には双連珠魚々子文の責金具，子刀には双連珠文の責金具がともなう。これらのうち，釘を用いた把間板の固定と別づくりの中心飾を外環に枘で差し込むという特徴は，５世紀後葉以降の大加耶でみられる製作技法（第６章）であり，本例は明らかに大加耶系の技術者が新羅の大刀を模倣製作したものである。持田26号墳からは，ほかに水晶製の切子玉や算盤玉を含む玉類や画文帯神獣鏡などが出土したとされるが，学術的におこなわれた発掘ではないため不明瞭な部分が多い（梅原 1969）。玉類の組成から古墳時代後期と考えられるが，明確な時期を窺うことができない。

福井県丸山塚古墳例（図8-11-1）は，円形素文の外環をもつ三葉環頭大刀である。環頭部は元来金銅製であったとみられるが，鍍金は中心飾の一部にごくわずかに痕跡らしき箇所を残すのみで，ほぼ剥がれてしまっている。外環内側面に鋳造後の不整形な鋳肌を残すなど，つくりはあまり丁寧とはいえない。中心飾は立体的なつくりで，外環と一体とみられるが，確実ではない。銅製の把頭金具にも現状では鍍金は確認できない。把頭金具の両端には金製の責金具を付すが，上下端に２条１単位の堤状連珠文をめぐらせたやや特異なものである。把頭金具と把頭側の責金具にはＵ字状の刳り込みがあり，外環が食い込む。朝鮮半島でも直接的に比較できる資料はないが，責金具の形態的特徴から百済あ

10）　山の神塚古墳とも呼ばれる。報告書では28号墳とされているが（梅原 1969），1961年に国指定史跡となった際に古墳番号が振り直されている（甲斐 2012）。

るいは加耶が製作地の候補となろう。

このような立体的な意匠の中心飾をもつ三葉環頭大刀は，その後も数は少ないながら一部製作が続けられ，愛知県岩津1号墳例や奈良県珠城山1号墳例，大阪府三田古墳例，島根県岡田山古墳例などにつながるものとみられる。

三累環頭大刀　日本列島では三累環頭大刀がまとまった数出土しているが，先述した中期前半に属する数例を除くと，ほぼすべてが単龍・単鳳環頭大刀出現以降，ＴＫ43型式期以後の資料である。その中で唯一，奈良県吉備塚古墳第2埋葬施設例（図8-12）は，やや時期の遡る資料である。同例は，金銅製の三累環の内部に人物像を象った中心飾をもち，双連珠菱形文の責金具と断面八角形の銀製把頭金具を装着する。筒金具には外環が食い込んでいるが，これは他の日本列島出土三累環頭大刀には認められない特徴である。把間には銀線を葛巻きにする。刀身には銀線で花や人物，青龍，白虎とみられる図像を象嵌してある（金原編 2006）。

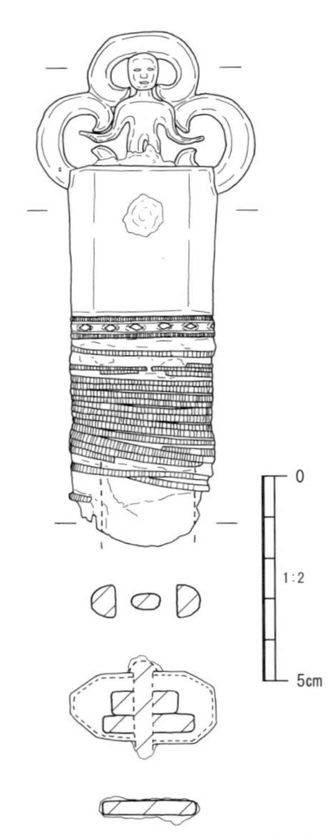

図8-12　奈良県吉備塚古墳出土三累環頭大刀

この大刀の系譜的評価は非常に困難である。三累環は新羅に特有の把頭意匠であるが，断面八角形の筒金具や双連珠菱形文を施した責金具，銀線を葛巻きにする把間装飾は百済ないし加耶で一般的な大刀装飾である[11]。また，人物像を環内にあしらったものは，朝鮮半島はおろか中国大陸にも類例がない。

龍鳳文環頭大刀（図8-13・図8-14）　滋賀県鴨稲荷山古墳例，兵庫県瓢塚古墳例，福岡県吉武Ｓ-9号墳などが知られる[12]。これらはいずれも，前章の分類

11）　大刀外装の二次的な改変の可能性も視野に入れる必要があるかもしれない。

12）　そのほかに，熱田神宮所蔵の龍鳳文環頭刀子は，保管されている箱に「和歌山県岩橋千塚出土」との但書があるが，その信憑性は低いとされる（町田 1986）。また，群馬県立博物館所蔵資料に「伝群馬県原市古墳群出土」とされる龍鳳環頭大刀（図8-14-1）があるが，把部が異様に短く，鞘の拵えも一般的な加耶式龍鳳文環頭大刀とは大きく異なる。このことから同資料は天理参考館所蔵単鳳環頭大刀のような「寄せ物」とみられる（山内 2000）。

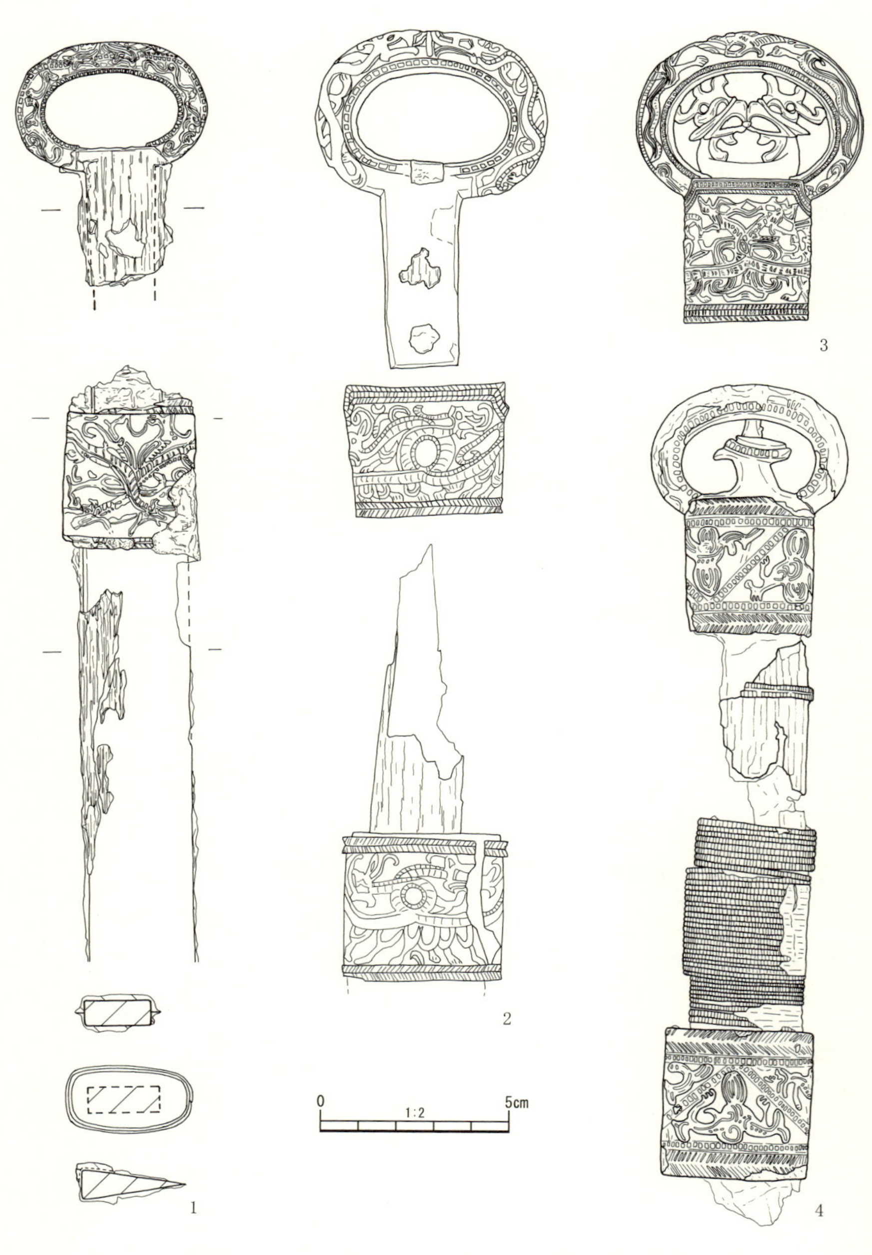

1．福岡・吉武Ｓ－９号，２．兵庫・瓢塚，３．滋賀・鴨稲荷山，４．伝大阪・仁徳陵

図 8-13　後期前半の龍鳳文環頭大刀（１）

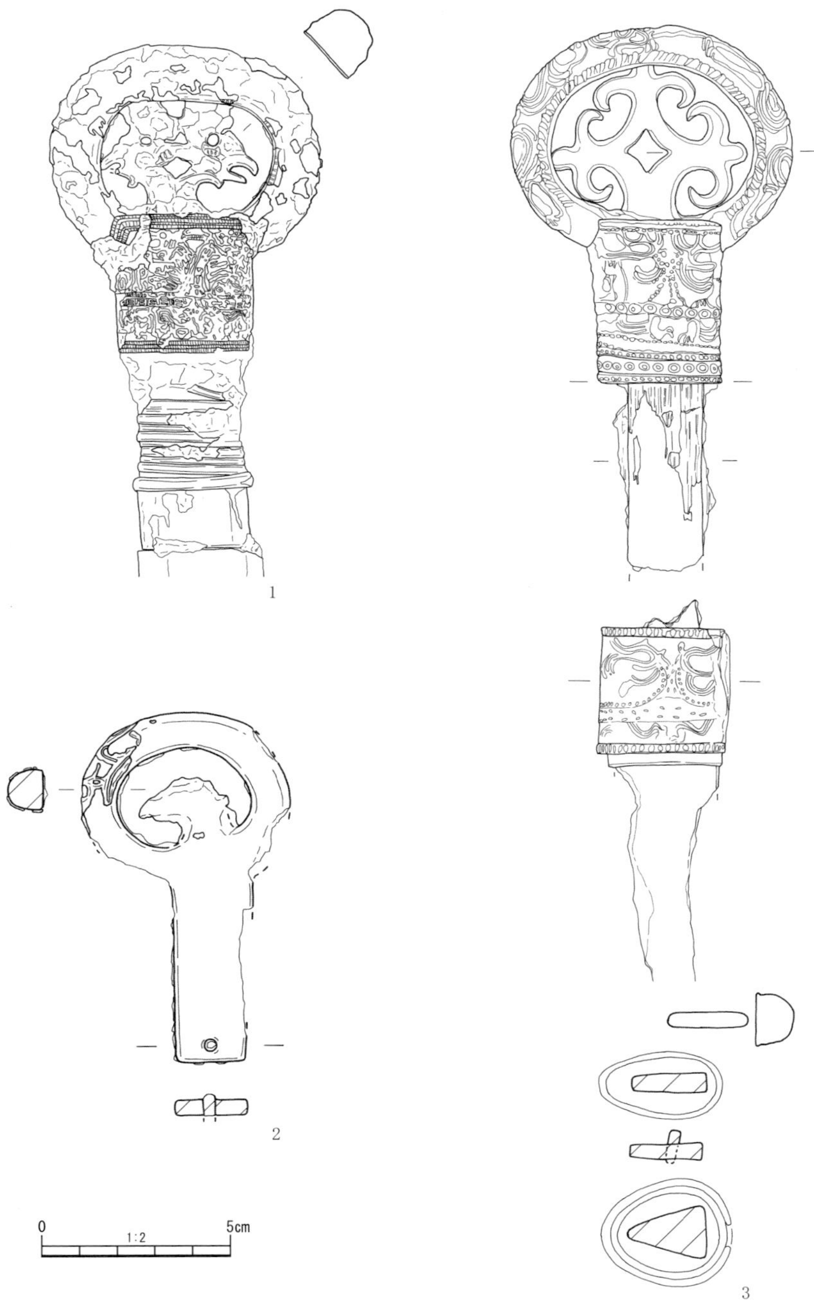

1．伝 群馬・原市古墳群，２．埼玉・稲荷塚，３．埼玉・将軍山

図 8-14　後期前半の龍鳳文環頭大刀（２）

における龍鳳Ⅲ群に属する。筒金具の龍文編年の3期以降に該当し，陜川玉田古墳群などで多く発見されている大刀とはやや異なった様相を呈する。また，詳細が明らかな資料が極めて限定されるが，中期後半にみられた鉄製の環頭部に象嵌技法で龍鳳文を表現するものもわずかに存在する。

鴨稲荷山古墳例（図8-13-3）は，龍文編年3段階の筒金具をもつ。中心飾の双鳳文は，大加耶の龍鳳文環頭大刀で一般的な退化したものでなく，公州武寧王陵や日本列島の単龍・単鳳環頭大刀に連なる写実的な鳳凰文である点で，特殊な様相を呈するといえる。外環は鉄地金張で，筋交型の走龍文を表現する。中心飾の意匠から百済との関連も想定し得るが，外環には大加耶特有の外環鋳造痕跡とされる「パーティングライン」（金跳咏 2013）が確認されることを重視し，大加耶の工人による製作品と理解しておきたい。

一方，吉武S－9号墳例（図8-13-1）は，文様の表出方法において，大加耶の一般的な龍鳳文環頭大刀とは様相を異にする。大加耶で出土する龍鳳文環頭大刀が，通常鋳造で文様を表現した外環に薄い金板を被せ，押し付けて仕上げるのに対し，吉武S－9号墳例の外環の金板は，一段低くつくり出された龍文の余白部分と龍文細部を表現した線刻部分にのみ金板が添付され，龍文の高まった部分には金板が付いていない。金板の固定方法については明確でない。文様のやや高い部分の縁に低く溝を彫りこみ，金板をその溝に押し込むことで留めていると推定されるが，外環内側面にも金板はめぐっており，確実ではない。また本例は，鞘口の龍文筒金具が通常と天地反対に装着されている。その筒金具の龍文は，2匹の龍が絡まらずにすれ違っており，高廠鳳徳里1号墳出土円頭大刀の筒金具に通じる特徴である。また，環頭部基部には凹状の段差が認められる。これらを総合すると，同資料は一般的な加耶の龍鳳文環頭大刀ではなく，百済でつくられたものである可能性が高いといえる。

兵庫県瓢塚古墳例（図8-13-2）も，外環に金属板が被せられていない点で，やや特殊である。同資料は，現状で中心飾をもたないが，環頭部の基部には四角形の枘孔が確認され，本来何らかの中心飾が挿入されていたことがわかる。しかし，一般的な加耶式龍鳳文環頭大刀が，佩裏側の茎を中心飾の挿入部と同じ幅に掘り窪めてはめ込むため，中心飾が佩裏側にやや寄るのに対し，同資料は，枘孔の位置が茎小口部の中心にくるよう深く掘り込み，中心飾を嵌め込んだあと，方形の栓を埋め込むことで凹みを解消してある。また，走龍文は，大加耶で一般的な筋交型でなく，龍が顔を突き合わせる「対向型」（穴沢・馬目 1976）であるが，上述の吉武S－9号墳例（図8-13-1）もこの対向型の文様構成である。瓢塚古墳例については，一般的な加耶の龍鳳文環頭大刀とは異なるものの環頭部基部の段差もなく，その系譜については断定が難しい。ひとまず百済ないし大加耶としておく。

埼玉県稲荷塚古墳例（図8-14-2）は，鉄製の単鳳環頭大刀の外環に透かしをもった銀板を被せたものである[13]。遺存状態があまり良くないため全体像を明らかにし難いが，外環には筋交型の走龍文が表されている。中心飾の鳳凰は，銹化にともなって細部の表現は失われており，肉眼観察では外環と一体か別づくりかの判別はつかない。外環の銀被せによる文様表出の技法などから，龍鳳Ⅲ群大刀に包含される資料と評価されよう。大加耶系の技術者による製作と推定される。

鉄地象嵌装の龍鳳文環頭大刀としては，大阪府一須賀D－8号墳例，同一須賀D－12号墳例がある。いずれも報告書が刊行されておらず，詳細な情報は不明瞭である。一須賀D－8号墳例（図8-15）は，外環の一部のみの遺存で文様の全体像は明らかでないが，銀象嵌によってかなり細部までが文様が表現されており，江田船山古墳例に近い。同D－12号墳例は，中心飾は失われているが，別づくりの中心飾を差し込んだ痕跡があり（西山 1986），大加耶との関わりが考えられる。これらの資料は，実物の確認ができないものが多く，共伴遺物から詳細な時期を知ることができる資料も限られており，現時点では評価が難しい。

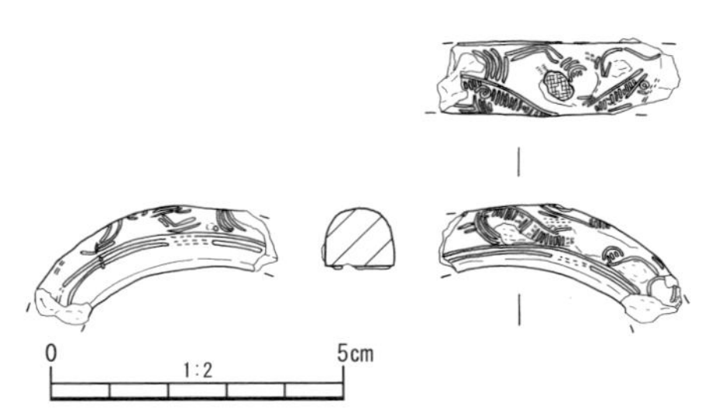

図8-15　大阪府一須賀D－8号墳龍鳳文環頭大刀

その他（図8-16）　例外的な資料として，奈良県於古墳出土の角差付環頭大

13）　同資料については，瀧瀬芳之・野中仁が，環体および中心飾を象嵌で装飾した資料として，共伴したとされる象嵌装鉄製無窓鐔とともに紹介している（瀧瀬・野中 1996）が，実物を観察したところ，少なくとも外環については銀象嵌でなく透かし銀板被せによる装飾であることが確認できた。

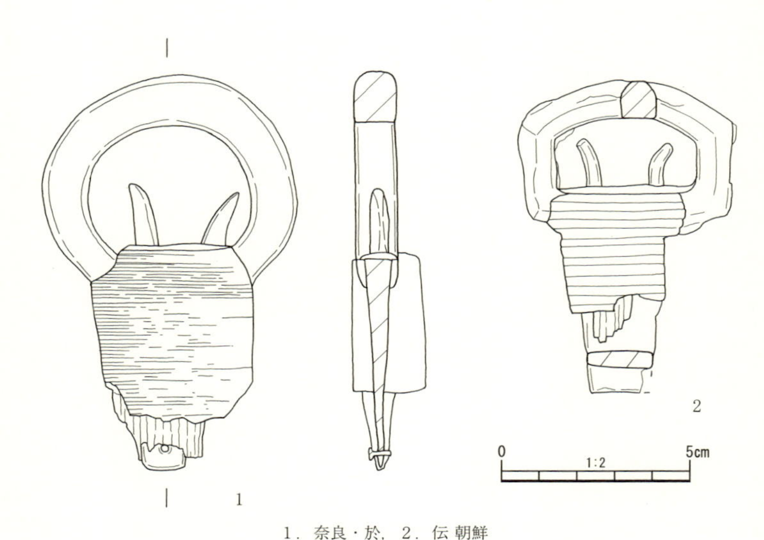

1．奈良・於，2．伝 朝鮮

図 8-16　後期前半のその他の大刀とその類例

刀（図 8-16-1）がある。同例は，円形に近い鉄製外環をもち，茎の小口部分に幅 5 mm，深さ 9 mm の枘孔を設けて，金銅製の角状金具を二つ挿入したもので，いわゆる二葉環頭大刀と近い形状を呈する。二葉環頭大刀は，日本列島内では類例が少なく，先述の京都府産土山古墳出土の環頭刀子（図 8-9-2）や長野県西羽場 1 号墳例が知られるが，これらの中心飾は，三葉環頭大刀のように，一本の突起が先端で分岐して二葉をなしており，於古墳例とは趣を異にする。朝鮮半島に目を向けると，二葉環頭大刀としては，天安龍院里129号土壙墓例や固城蓮塘里18号墳例，陜川玉田95号墳例など，百済や加耶を中心に，環頭部基部から 2 本の突起が突き出す例が散見される。しかし，いずれも突起部は外環と一体であり，別途銅製の角状金具を挿入したものは見当たらない。最も近いのは，國學院大學博物館が所蔵する神林淳雄資料に図面が残る伝朝鮮出土の資料（図 8-16-2）である。これは，上円下方形で鉄地銀張の外環に，金銅製の角状金具を挿入したものとみられ，外環の形状こそ異なるものの，中心飾の構造については唯一の類例である。朝鮮半島における二葉環頭大刀の分布と，上円下方形で鉄地銀張の外環をもつ伝朝鮮出土の類例の存在を勘案すれば，同大刀の系譜は百済・加耶地方，それも加耶に求められる可能性がある。しかし，現時点では類例があまりに乏しく，ここでの系譜判断は保留し，将来の資料増加を期待したい。

第３節　初期装飾付環頭大刀の時期別様相

ここまで，個別の資料を検討した。系譜についての評価を保留した資料もあったが，おおむね大刀がいずれの地域からもたらされたものかを把握した。

以下，上の系譜的検討を踏まえ，大刀の分布状況を参照しつつ，時期ごとの列島・半島間の交流様相について整理してみたい。

１．中期前半の様相

この時期の装飾付大刀は，主に西日本に分布し，かつ近畿地方での出土例が少ない。こうした分布状況は，大刀の授受が倭王権中枢を介することなく，地域間の直接的な交流の結果もたらされた可能性が高いことを示唆する。あるいは，原間６号墳のような場合，被葬者の出自が朝鮮半島側で，渡来に際して持参したものであったとも考えられる。

全体的な資料数は少ないものの，そのほとんどが新羅の大刀である点はやはり注目される。朝鮮半島の状況に目を向けると，この時期，すなわち新羅１期の素環Ｂ群大刀や三累Ａ群大刀は，釜山，それも福泉洞古墳群に集中している。したがって，これらの大刀は釜山の福泉洞集団を窓口にして列島へと搬入されたものである可能性が高い。

一方，百済のものとみられる大刀は１点も確認されていない。しかし，ここで想起されるのが七支刀の存在である。倭において，百済の大刀が希薄なことは，単に金工装飾品の量産・配布を百済がおこなっていなかったことに起因するとみられる。七支刀のみならず，扶安竹幕洞遺跡の倭系石製品に加え，高興野幕古墳や新安ベノルリ古墳など，当該時期における倭と百済の交渉の痕跡は，近年相次いで発見されている。当該時期の倭と百済の関係については，金工品以外の様相も踏まえて検討する必要があろう。

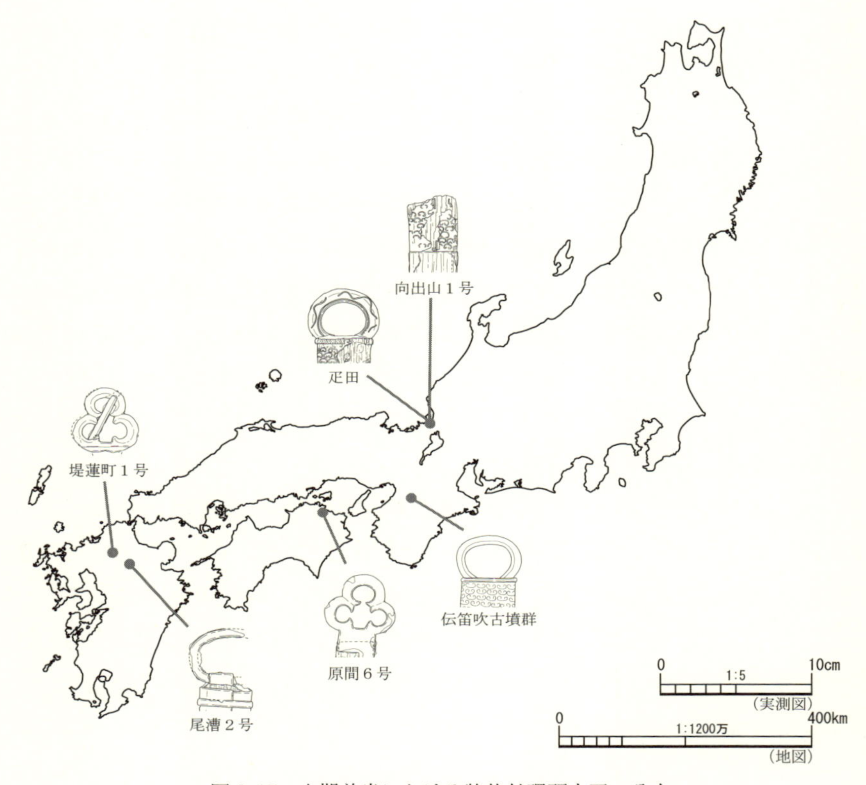

図 8-17　中期前半における装飾付環頭大刀の分布

２．中期後半の様相

中期後半になると，新羅の大刀がまったくみられなくなり，代わって百済の大刀が増える。新羅大刀が認められなくなるのは，新羅で大刀製作工房の管理が徹底され，規格化された大刀が新羅の金工威信財の一つとして確立された（第５章）のと連動しているとみられる。同時期以降，朝鮮半島においても，新羅の大刀は新羅圏域外にはほとんど流通しなくなる。また，この時期以降，釜山が新羅の直接的な影響下に入ったことも大きい。新羅と倭の関係が直接的に変化したと考えるよりは，新羅社会が成長して構造的な変化を遂げ，また新羅中央と福泉洞集団を擁する釜山地域との関係が変化したことにともなう動きと考える。

他方で，百済の大刀の急激な増加は注目に値する。中期前半の段階では，そ

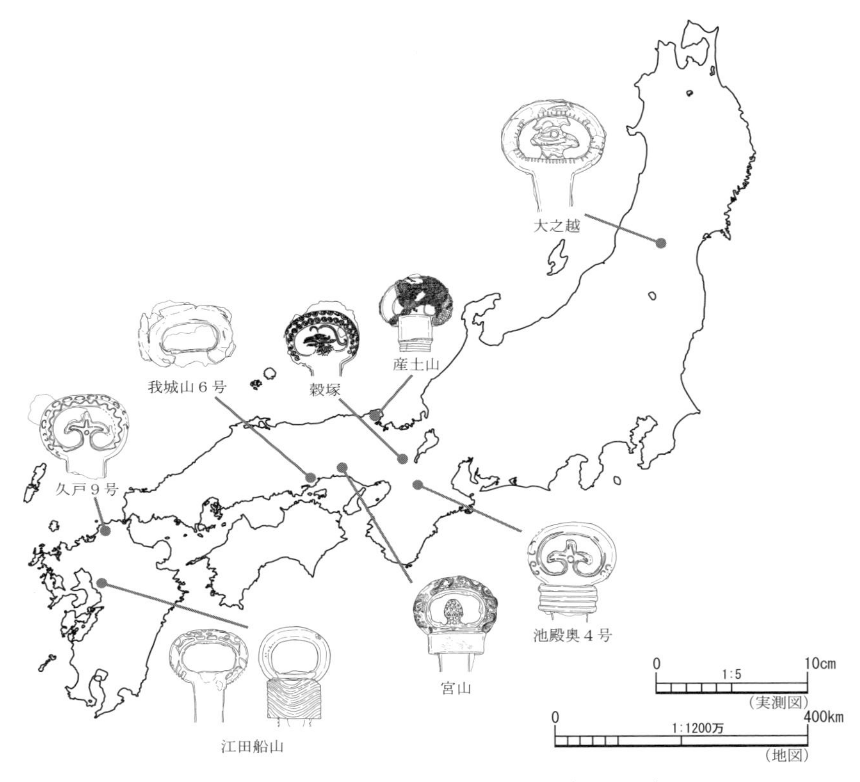

図 8-18　中期後半における装飾付環頭大刀の分布

もそもあまり金工品の生産が盛んでなかったということもあろうが，百済圏域内でもそれほど出土数の多くない装飾付環頭大刀がこれだけ日本列島で出土していることに鑑みると，倭と百済の関係は中期前半よりも密接になっているとみてよいだろう。その要因には，むしろ倭からの積極的な接近があったのではないかと考える。中期後半の早い段階で，釜山という対半島交渉の主要な窓口に，新羅勢力の台頭による状況の変化が起きた。そこで倭は，以前から関係を拡げていた百済や加耶諸国との関係強化を図り，栄山江流域勢力を介した対百済交渉がある程度軌道に乗ったと推測される。その結果，江田船山古墳の被葬者のような，百済との関係を直接担って力を有した人物が登場する。

なおこの段階では，明確な大加耶からの大刀の流入は認められない。大加耶の龍鳳文環頭大刀は，龍文１段階の大刀が最も出土量が多く（第６章），この段

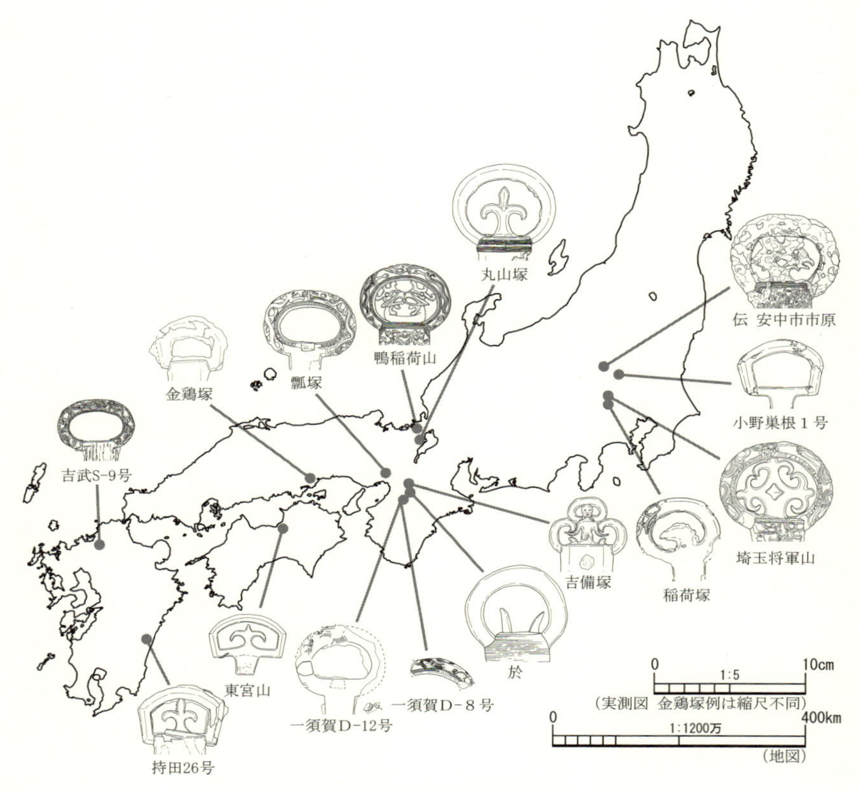

図8-19　後期以後における装飾付環頭大刀の分布

階の大刀は中期後半の終わり頃には流通していたとみられるが，日本列島では現在までに出土例はない。大加耶で本格的な大刀製作体制が整ってから，大加耶の大刀が日本列島に流入するようになるまでにはタイムラグがあるようである。

3．後期以後の様相

後期に入ると，大加耶からの装飾付大刀の流入が始まる。素環頭大刀のほか，大加耶の龍鳳文環頭大刀も少数ながら認められる。また，環頭大刀以外の大刀にも目を向けると，群馬県台所山古墳や兵庫県寺山古墳から出土した象嵌装大刀は，鳳凰文と花文を亀甲文の内部に配した文様をもち，南原月山里 MA-1

号墳出土象嵌素環頭大刀との比較から，加耶からの舶載品であると指摘されている（橋本 2013）。このように，大加耶の大刀は比較的盛んに列島へと搬入されている。一方で，前段階からの百済の大刀も引き続いてもたらされている。このことは，従来加耶の龍鳳文環頭大刀とされていた吉武Ｓ－９号墳例や瓢塚古墳例が百済製である可能性を指摘できたことで，その蓋然性がさらに高まった。反面，新羅の大刀は，その生産が大幅に縮小される時期にあたるためか，日本列島ではほとんど出土していない。持田26号墳例のような，大加耶的な技術で新羅の三葉環頭大刀を模倣した大刀が出土していることも，あるいは新羅の大刀を入手することの困難さを示唆しているのかもしれない。

この時期の日本列島では古墳時代中期以降の木装大刀の意匠を発展させたいわゆる倭装大刀が本格的に盛行する。倭装大刀の特徴的な意匠である「捩じり環」は，環頭部の半ばまで被さる木製把装具を装着した環頭大刀の外見が起源となっているとされ（橋本 2005），倭装大刀を創出する過程において，「装飾された環頭大刀」の存在が念頭に置かれていたことが窺われる。こうした倭装大刀の盛行は，翻って外来系の環頭大刀の需要を高めたと考えられる。結果，より複雑な意匠をもつ単龍・単鳳環頭大刀が希求されることとなったのであろう。

小　結

以上，古墳時代の中期から後期前半にかけての装飾付環頭大刀について，少ない資料ではあるが，系譜的整理を試みた。本章で言及した資料には，これまでほとんど注目されてこなかった資料が含まれる。それらを加えた上で時期ごとの整理をおこなった結果，古墳時代中期後半の装飾付環頭大刀がほとんど百済のものに限定されている点や，後期に入らないと大加耶の大刀が流入してこない点が明らかになったことは興味深い成果といえる。特に後者については，第４章の垂飾付耳飾の検討において言及した，古墳時代中期以前の大加耶との関係性がそれほど密接なものではなかった可能性とも符合しており，注目される。

初期装飾付環頭大刀の出土事例があまり多くない中，大刀の様相のみから日本列島と朝鮮半島諸国との関係について論じるのは些か材料不足の感は否めないが，当該時期の地域間関係を考える上で一つの視点を追加できたものと信じる。

第9章 単龍・単鳳環頭大刀製作の展開

本書の冒頭でも触れた，最も著名な朝鮮半島の装飾付大刀，公州武寧王陵出土単龍環頭大刀は，実は朝鮮半島出土資料の中では極めて例外的な意匠を有する大刀である（第6章）。確実に武寧王陵刀の類例と評価し得る大刀は，依然，朝鮮半島において一例も出土していない。ところが厄介なことに，武寧王陵刀と同種の文様をもつ大刀が日本列島で大量に出土している。

この種の大刀，単龍・単鳳環頭大刀の存在は戦前から広く認知されていたが，武寧王陵の発見が契機となって，その系譜や編年に関する研究が日本国内で一気に活発化した。現在では，単龍・単鳳環頭大刀は，百済との関係の中で日本列島へと搬入され，次第に列島内で生産されるようになったという理解が一般化している。

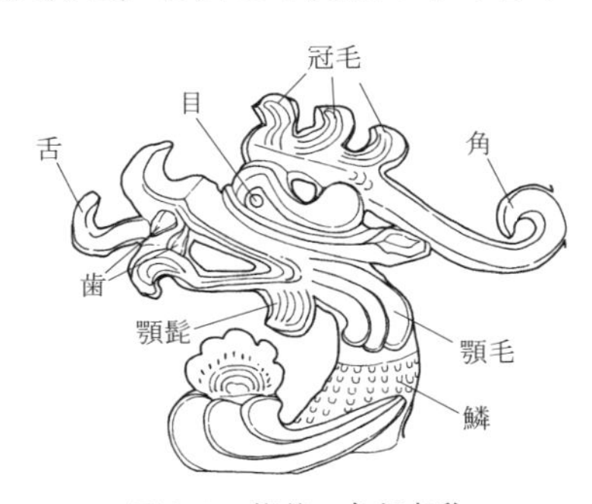

図 9-1　龍首の各部名称

しかし近年，微細な製作痕跡の検討から，単龍・単鳳環頭大刀が，一概に百済との関わりの中だけで理解されるものでない可能性が示唆された。すなわち，列島出土単龍環頭大刀に大加耶の製作工人が関与しているという指摘である（持田 2006，金跳咏 2013）。大加耶工人の関わりをめぐる議論は，単なる大刀工人の系譜問題だけに留まらない。当該時期における列島と半島各地との関係を考える上で極めて重大な問題である。

本章では，近年の製作技術研究を土台に，日本列島出土の単龍・単鳳環頭大刀を製作技法面から改めて分析する。半島製品と列島製品のさらなる峻別の可能性を探りつつ，大刀製作技術の列島伝播の実態に迫ってみたい。

第1節　単龍・単鳳環頭大刀をめぐる研究

1．研究史の検討

先に触れた研究史の流れを少し詳しく確認しておこう。

何度も述べてきた通り，装飾付大刀研究の大きな画期となったのが，武寧王陵発掘による単龍環頭大刀の発見である。武寧王陵刀発見以前は，装飾付大刀全般を総合的に扱う研究に限られており，ある特定の種類の把頭をもつ大刀のみを取り扱った研究はなされてこなかった。それが，武寧王陵刀という，型式学的に最古の特徴を備え，かつ実年代の定点を有した単龍環頭大刀が出土したことで，単龍・単鳳環頭大刀，あるいはその他の把頭をもった各種装飾付大刀それぞれに的を絞った研究がなされるようになる。そうして，装飾付大刀研究が一気に深化していくのである。

武寧王陵発見以前の注目すべき研究に，向坂鋼二による検討がある。戦前の装飾付大刀研究は，専ら環頭部の分類検討に集中していた。それに対し向坂は，大刀装具の特徴から分類を設定，把頭型式との対応関係を探った（向坂 1971）。これにより，各種装飾付大刀の大まかな年代的並行関係が整理された。

向坂の研究が発表されて数か月後の1971年７月，韓国で武寧王陵が発見される。朝鮮半島の，しかも百済の王陵から，直接比較が可能な単龍・単鳳環頭大刀の類例が出土したことを受け，東アジア的視点から日本列島出土資料の系譜や実年代を論じようとする機運がにわかに高まりをみせる（町田 1976，穴沢・馬目 1976）。こうした中で注目されるのが，龍文の退化プロセスに着目した型式学的編年アプローチの登場である。このような型式学的研究は，最初，穴沢咊光・馬目順一が朝鮮半島出土の龍鳳文環頭大刀を対象に試みたものであった

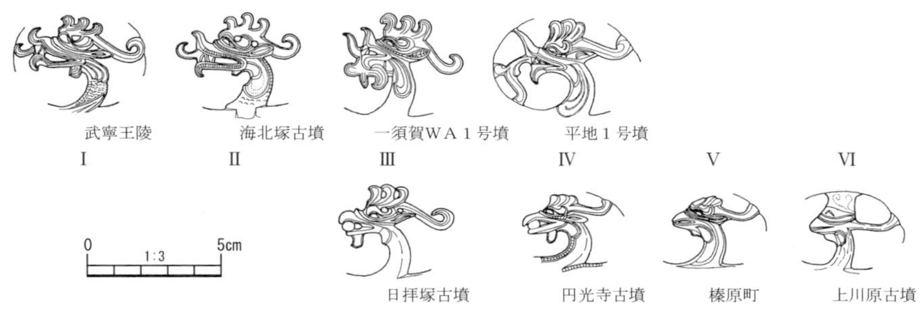

図9-2　単龍・単鳳環頭大刀の型式学的変遷

が（穴沢・馬目 1976），すぐに日本列島出土の単龍・単鳳環頭大刀研究にも応用される[1)]。そうして発表されたのが，いわゆる「新納編年」である。

新納泉は，各種環頭大刀を全般的に扱ってきたそれまでの研究に対し，対象を単龍・単鳳環頭大刀のみに絞り，中心飾の図像と外環文様の退化過程から6段階の相対編年を設定した（図9-2）。さらに，装具の様相にも言及しつつ，武寧王陵出土大刀の製作年代と大刀に共伴する須恵器から，これに実年代を付与した（新納 1982）。新納の研究は，日本列島出土単龍・単鳳環頭大刀の意匠の源流が百済の武寧王陵出土大刀にあることを型式学的視点から明言した点でも非常に重要であり，その編年は現在でも広く用いられている。

新納によって編年の枠組みが整えられた後，次なる重要な研究視点として登場したのが「系列」の概念である。「系列」とは，「環内の龍や鳳の頭と環上の紋様の類似による型式学的な前後関係にある環頭大刀の把頭の序列」（穴沢・馬目 1986）[2)] を指し，穴沢咊光・馬目順一により編年体系の中に取り入れられた。両氏は，中心飾の図像の特徴から，単龍・単鳳環頭大刀を大きく五つの系列群にわけ，15の系列を設定している（穴沢・馬目 1986）。従来の一系的な理解に対し，複数系統の存在を明らかにした点，系列の消長から列島内での量産化開始時期を特定した点など，大きな成果が上がった。

系列の概念は，その後の研究で広く受け継がれ，双龍環頭大刀や獅噛環頭大

1）日本列島出土資料に対する型式学的検討を先駆的に試みたのは新谷武夫である（新谷 1977）。
2）穴沢・馬目は，「系列」の語をより以前の論文でも用いており（穴沢・馬目 1978，穴沢・馬目・中山 1979），着想はより早い段階からあったとみられるが，明確に定義したのは1986年の論考においてである。

刀など他種の環頭大刀においても応用された（橋本 2003，小谷地 2002）ほか，単龍・単鳳環頭大刀でも系列の再設定が試みられた（大谷 2006，池田 2009，持田 2010など）。中でも大谷晃二の検討は，外環文様の詳細な分析から，穴沢・馬目の系列設定を再検討し，図像細部の表現手法と合わせて一定の資料的まとまりを抽出することに成功しており，注目される（大谷 2006）。

2000年代に入る頃から，武寧王陵刀発見以降主流であった文様の分析研究から，把頭以外の装具や製作技法へと検討の視点が広がる。外装や技法の共通性を基に大刀の種別を超えた分析が試みられ，大刀製作をめぐる諸工房の統廃合といった大きな枠組みが活発に論じられるようになる（大谷 1999・2011b，橋本 2003・2013，野垣 2006など）。一方，単龍・単鳳環頭大刀の製作技法の検討は，よりミクロな次元へと深化されていく。とりわけ緻密なのが大谷晃二の研究である。氏は，個々の資料の詳細な観察から，一部資料に同笵品（あるいは同型品）が含まれること，大まかな形状を鋳造でつくったのち，鏨による切削加工で細部を仕上げるなど，具体的な製作工程を明らかにし，「表現様式」の概念を提唱して工人の技術交流の具体的様相に論及した（大谷 2006）。

同じ頃，朝鮮半島出土資料を視野に製作技法の検討を試みた持田大輔によって，注目すべき見解が発表される。すなわち，一部の単龍・単鳳環頭大刀の環頭部製作技法が，百済よりもむしろ大加耶の龍鳳文環頭大刀と共通しているとの指摘である。重要なのは，新納編年Ⅰ式の武寧王陵例とⅡ式の大阪府海北塚古墳例が，製作技術の上では型式的に断絶する可能性が示された点にある（持田 2006）。持田の見解は，武寧王陵刀からの一系的な連続変化を前提とする新納編年の実年代観に，直接的に再考を迫り得るものである。

大加耶との技術的関係に関しては，近年興味深い論考が発表されている。金跳咏による環頭部製作技法の復原実験研究である。氏は，大加耶系龍鳳文環頭大刀の外環に残る痕跡（parting line）から，大加耶特有の外環鋳造技法が存在することを突き止め，実際に復原製作を試みることでその複雑な製作工程を推定した。金跳咏は，日本列島で出土する一部の大刀にも，parting line が確認されることを指摘し，これらが大加耶工人により製作された可能性に言及している（金跳咏 2013）。

2．研究の課題

これまでの議論では，日本列島で出土する単龍・単鳳環頭大刀は，新納Ⅱ段階以後の資料が朝鮮半島で確認されないこと，百済・加耶・新羅の要素がそれぞれ混じっていることなどから，日本列島での製品とみなす見解が有力である（持田 2006・2011，大谷 2006，橋本 2013）。しかし，この「半島製品か列島製品かの認定」に関する議論は依然不十分である。これまでの研究における系譜の認定は，限られた朝鮮半島出土資料との比較により導かれたものであり，その蓋然性をより高めるためには，半島製資料とのより徹底した比較が必要である。上述したように，大加耶の大刀製作技術の具体的様相の解明は近年ますます進んできており，日本列島出土資料の系譜に関するより積極的な検討が可能となっている。これらの研究を土台にすることで，製作技法面から半島製品と列島製品の峻別の問題により深く切り込んでいけると考える。

また，日本列島での製作が明らかな資料群を確実に抽出することによって，舶載品の導入段階から，列島での製作開始，生産拡大といったプロセスへの具体的アプローチが可能となる。半島系大刀の定着過程を明らかにできれば，古墳時代後期の社会相を復原する上で重要な手がかりとなろう。

第２節　環頭部製作技法と外装の相関性

1．環頭部製作技法の検討

前節で整理したように，単龍・単鳳環頭大刀の製作技法については，先学らにより様々なアプローチが試みられてきた。その中で注目したいのが，大加耶の龍鳳文環頭大刀製作において，独特の外環鋳造技法が用いられた可能性を再現実験により提示した金跳咏の研究である（金跳咏 2013）。環頭部本体を鋳造する方法は，様々な製作工程の中でも最も根幹となるプロセスであり，この工程に差異を認め得るとした指摘は非常に重要である。そこで本章では，環頭部の製作技法，主にその鋳造技術に着目したい。

以下，日韓の資料を対象に，環頭部製作技術を次の三つに大別する。

Ａ技法　直接加工を施したロウ原型を用いることで，外環文様や中心飾の細部表現まで鋳造段階でつくり出し，最後に鱗など一部の表現を鏨で仕上げるも

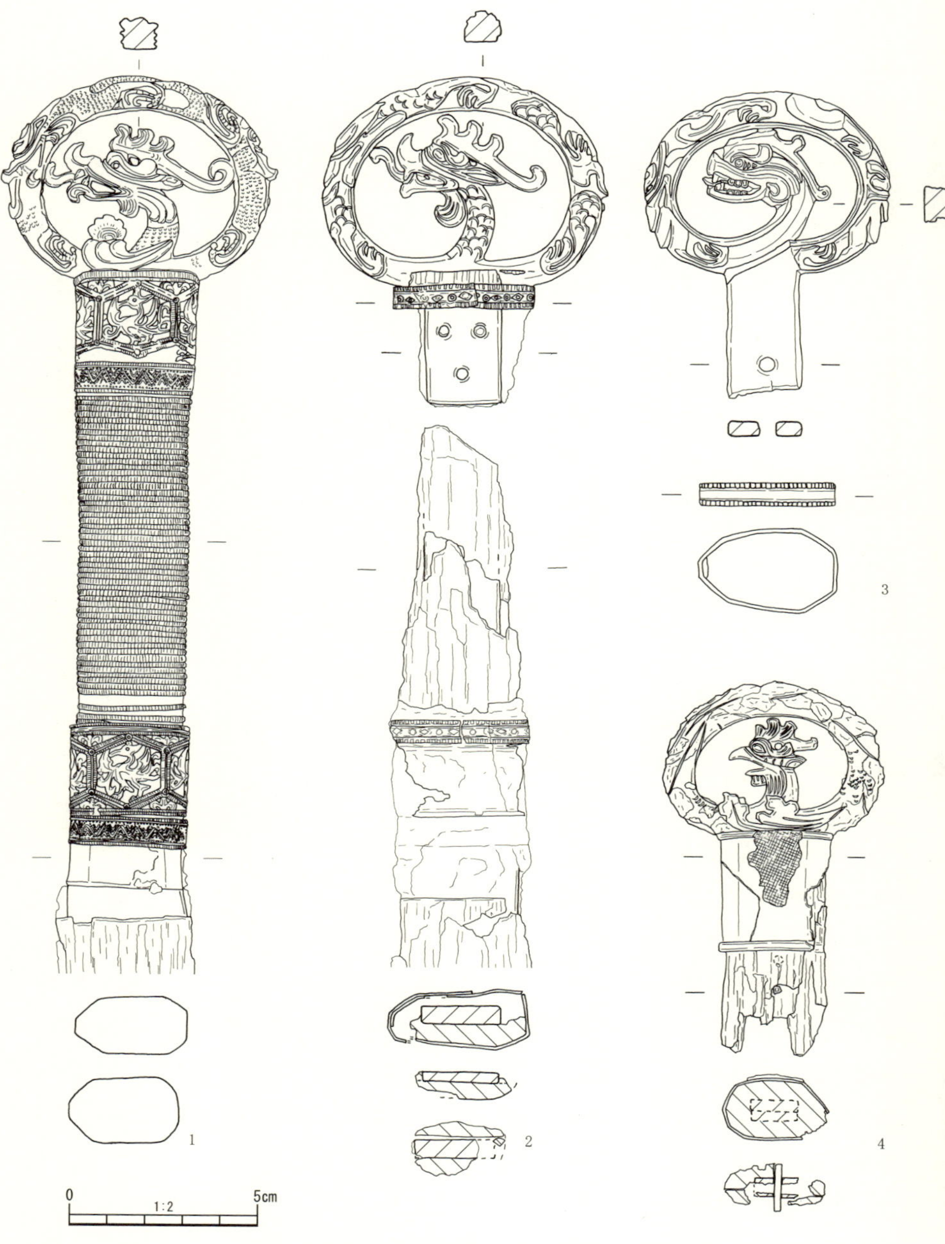

1．武寧王陵，2．北牧野２号，3．伝 彦徳，4．小泉長塚

図 9-3　A 技法大刀の諸例

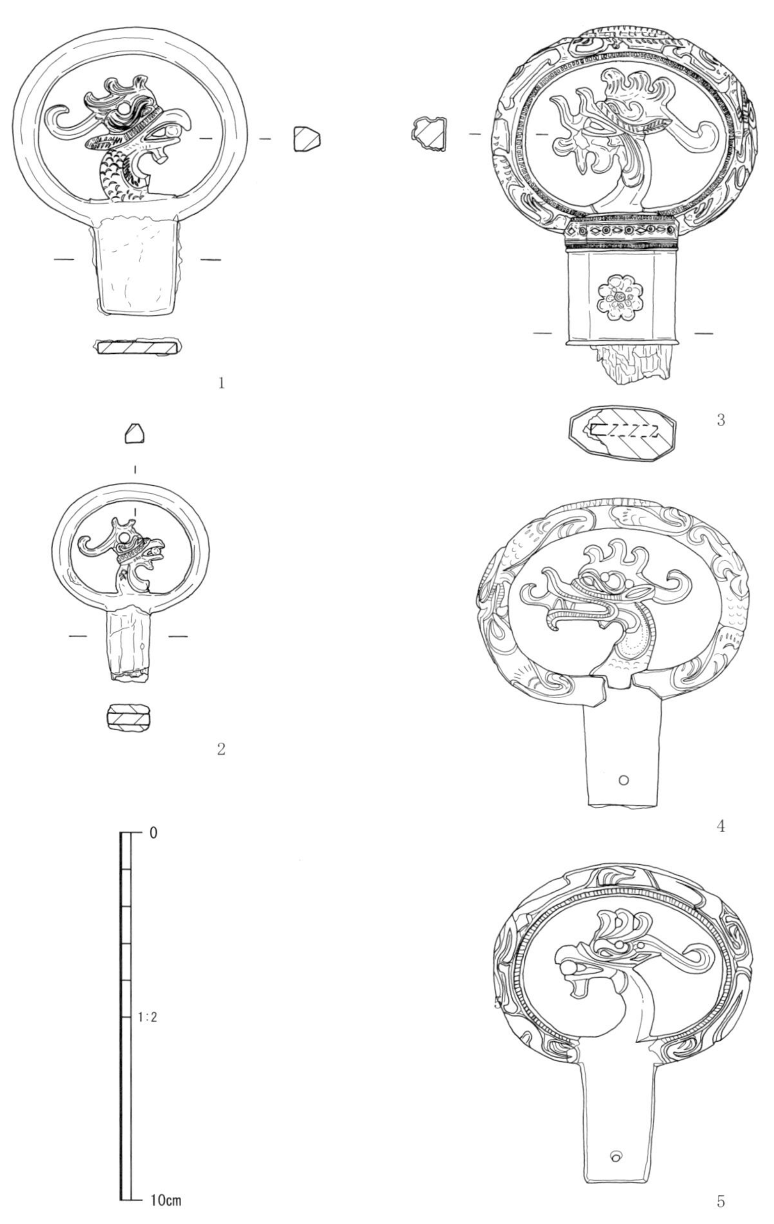

1・2．伝 善山（A），３．一須賀WA１号（B１），４．海北塚（B１），５．日拝塚（B１）

図9-4　A技法・B１技法大刀の諸例

の。外環文様は，文様部分と余白部分に高低差をつけてレリーフ状に表現し，中心飾も丸みを帯びた立体的な形状につくる。公州武寧王陵例，伝善山出土例，伝福岡県彦徳横穴出土例などがある（図 9-3・図 9-4-1・2）。

B技法　A技法同様，ロウ型によって細部表現まで鋳造段階で仕上げるものであるが，ロウ素材の塊を直接加工してロウ原型をつくるのでなく，木や金属といった素材を加工してロウ原型をつくるための一次原型をつくる工程を挟むもの。一次原型を寒天のようなもので包むようにして固め，刀子などで切り開いて中の一次原型を取り出すことでロウ原型作成用の型をつくり，そこへロウを流し込んでロウ原型をつくる。外環を銅地金張で，中心飾を鍍金で仕上げるものをＢ１技法，外環，中心飾ともに鍍金で仕上げるものをＢ２技法とする。

Ｂ１技法でつくられた外環の側面をみると，環に並行する線状の痕跡が確認される（図 9-5）。この痕跡は，ロウ型作成用型から一次原型を取り出した際の切断面がロウ原型に転写される（図 9-6）ため，環に並行した型割り線（= parting line）の痕跡が残ったものと考えられる（金跳咏 2013，鈴木 2014）[3]。Ｂ１技法で製作された例としては，伝昌寧出土例，大阪府一須賀ＷＡ１号墳例，三重県保子里１号墳例，福岡県西堂古賀崎古墳例などが挙げられる（図 9-4-3～5・図 9-7）。一方，Ｂ２技法については，明瞭に型割り線を確認できる例がなく[4]，現時点ではＡ技法と確実に峻別する基準はない。しかし，後述するがＢ１技法でつくられる大刀は，大刀を構成する各部の特徴に共通したまとまりが認められる。ここでは，型割り線が

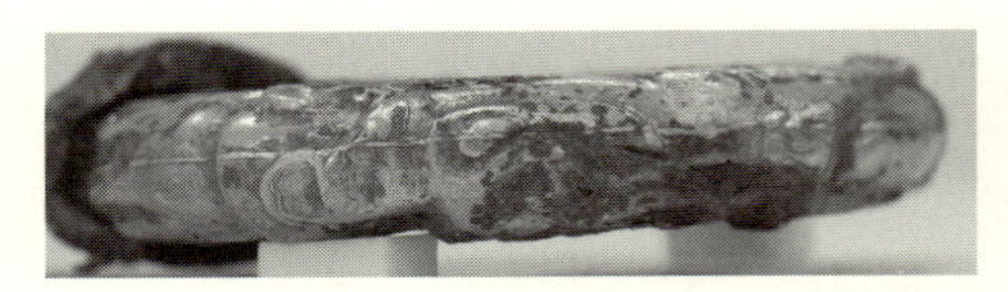

図 9-5　Ｂ１技法大刀外環に残った型割り線痕跡
（西堂古賀崎古墳例）

3）　第11回古代武器研究会でのディスカッションの壇上で，李漢祥氏から，外環にみられる線状痕跡は，鋳造工程に由来するものではなく，外環に被せた金板の端部と端部が重なった部分ではないかとの指摘をいただいた。しかし，外環の線状痕跡は，通常，部分的に見えたり見えなかったりするという在り方を示し，線状痕跡が見えない部分については，その上下で金板は連続的である。氏は，陜川玉田Ｍ３号墳出土大刀の線状痕跡の周辺に金板の切れ目が走っていることを根拠として示されたが，型割り線痕跡の凸状隆起部分に極薄の金板をヘラで押しつけていく際に，一部金板が裂けてしまったのではないかと考えている。

4）　金板を被せる場合と異なり，鍍金で仕上げる場合，鋳肌をより綿密に整える必要があるため，その過程で型割り線痕跡が見えにくくなっていると推測する。

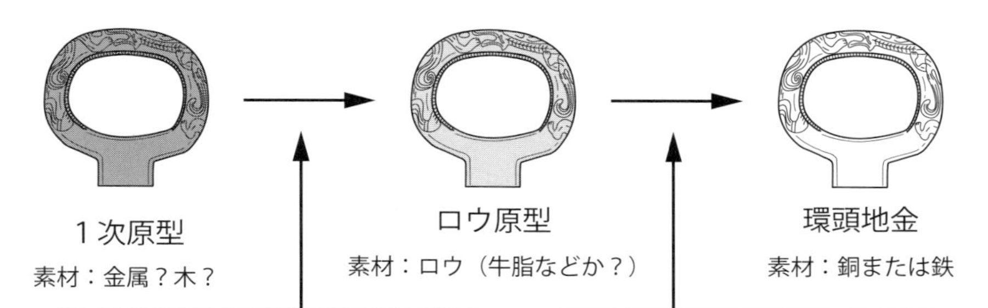

図9-6　型割り線（parting line）を生じる外環鋳造工程

みえなくても，中心飾の図像がＢ１技法に属する系列の古式のもので，明らかにロウ型鋳造でつくったものについては，Ｂ２技法による製作と想定することとする。福島県愛宕山古墳例，伝宮崎県串間市崎田出土例などがある（図9-8）。

Ｃ技法　鋳造段階である程度の大まかな形状をつくり，細部の表現を鏨による切削加工で仕上げるもの。日本列島出土資料の大部分がこの技法で製作される（図9-9・図9-10）。外環文様の表現方法により以下のように細分する。龍文周囲の余白部分を削り込んで凹状に段下げし，龍文をレリーフ状に表現するものをＣ１技法，線刻による沈線での表現を主体としつつ，部分的に段下げ状の切削加工を施してやや立体的に仕上げるものをＣ２技法，線刻表現のみで文様を表したものをＣ３技法とする。Ｃ１～Ｃ３技法の差異は，同一の製作技術系統における省力化のプロセスとみなすことが可能であり，Ｃ１技法からＣ２技法，Ｃ３技法へと変化，あるいは派生していったと想定できる。後述するが，これらは文様の退化とある程度連動しており，漸移的に変化していくものと推定される。

なお，Ｃ技法大刀の製作には，合范による鋳造を想定している。大谷晃二が指摘するように，龍王山系列や塚原系列の資料，すなわち本章分類のＣ３技法で製作された一部資料には，合范鋳造の痕跡を残す同笵品の可能性をもった資

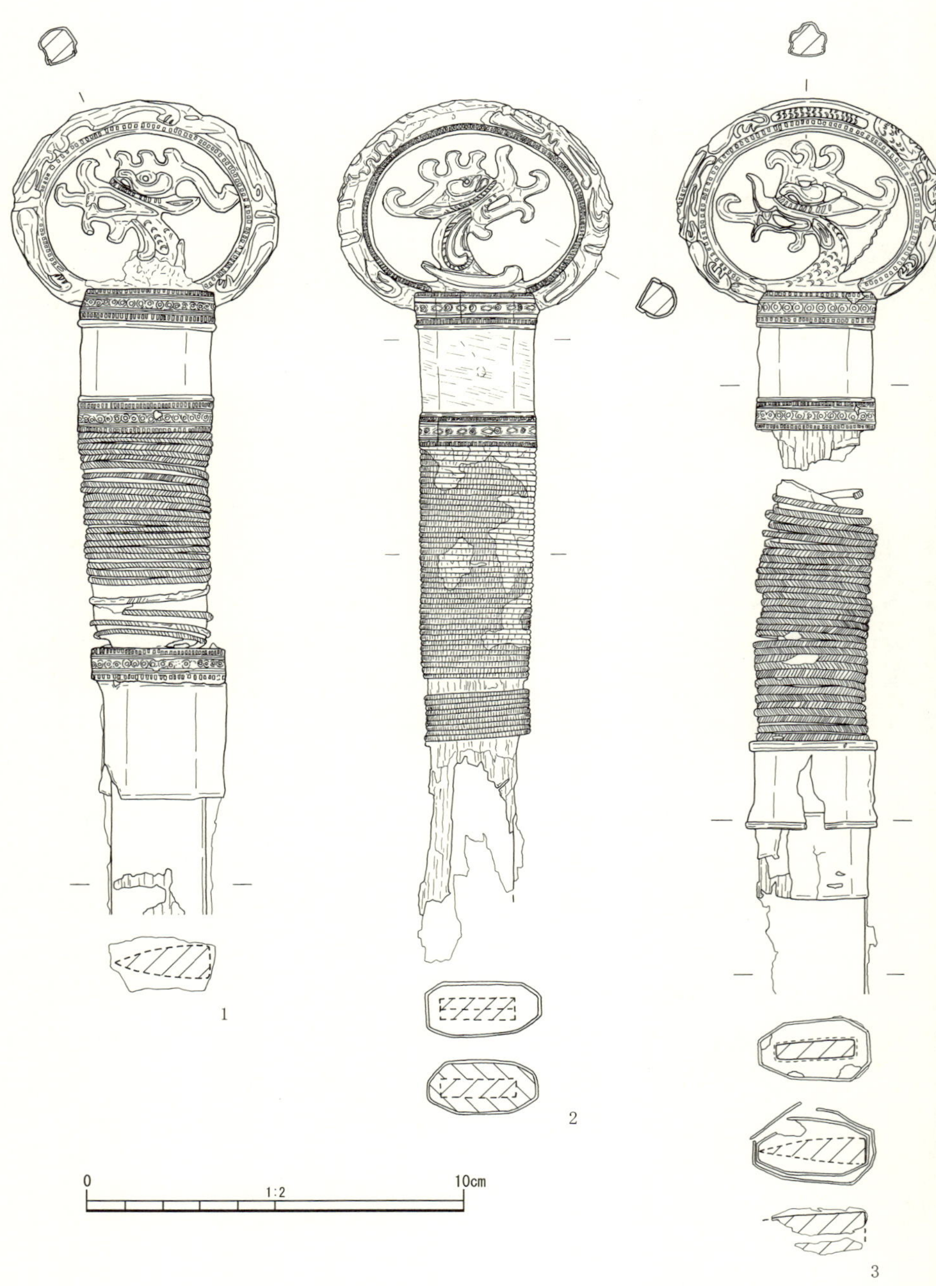

1．伝 昌寧（旧小倉コレクション），2．岩田14号，3．出土地不明（歴博所蔵）

図 9-7　B 1 技法大刀の諸例

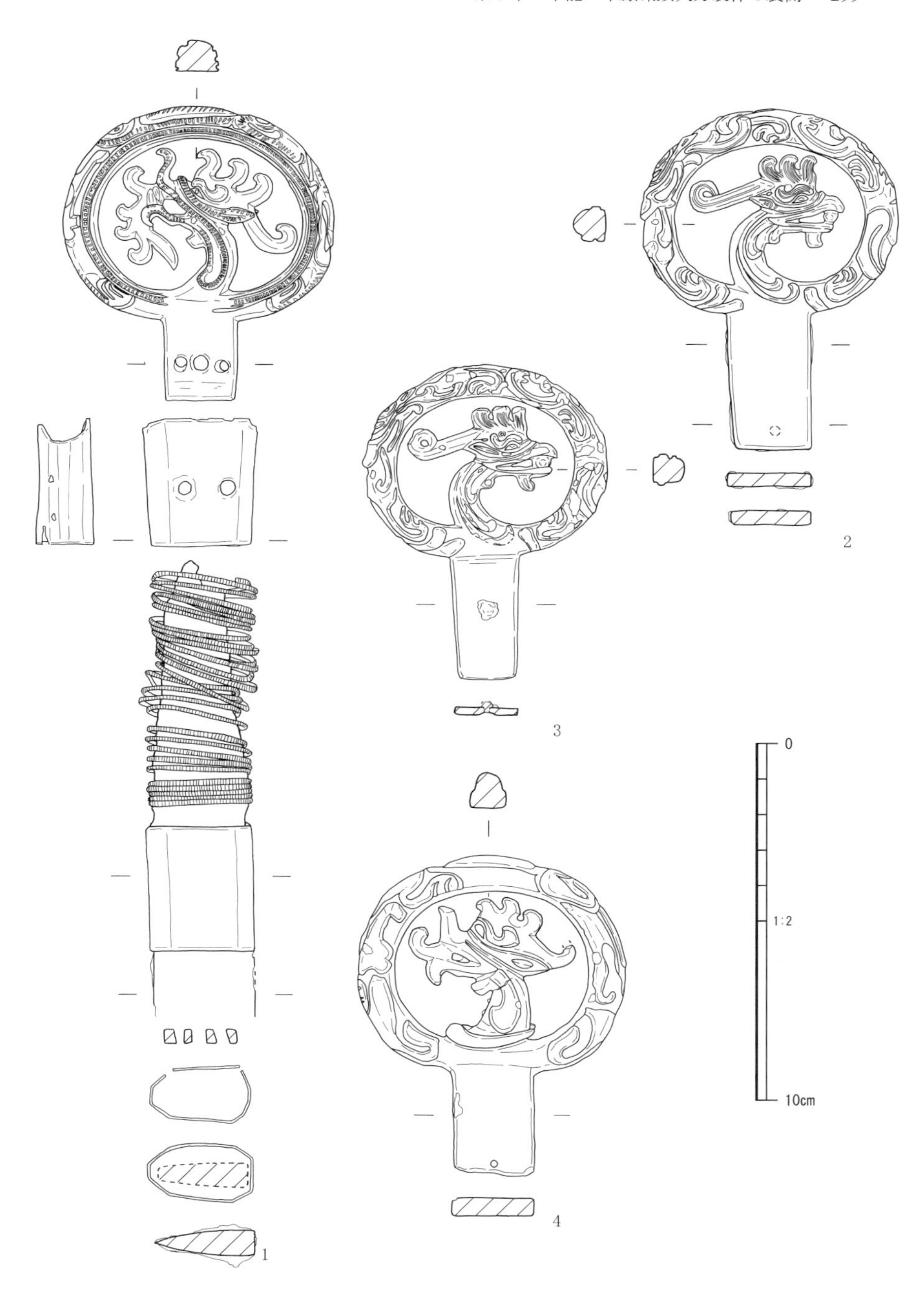

1．愛宕山，２．出土地不明（歴博所蔵），３．出土地不明（慶応大Ｋ224），４．伝 崎田

図 9-8　Ｂ２技法大刀の諸例

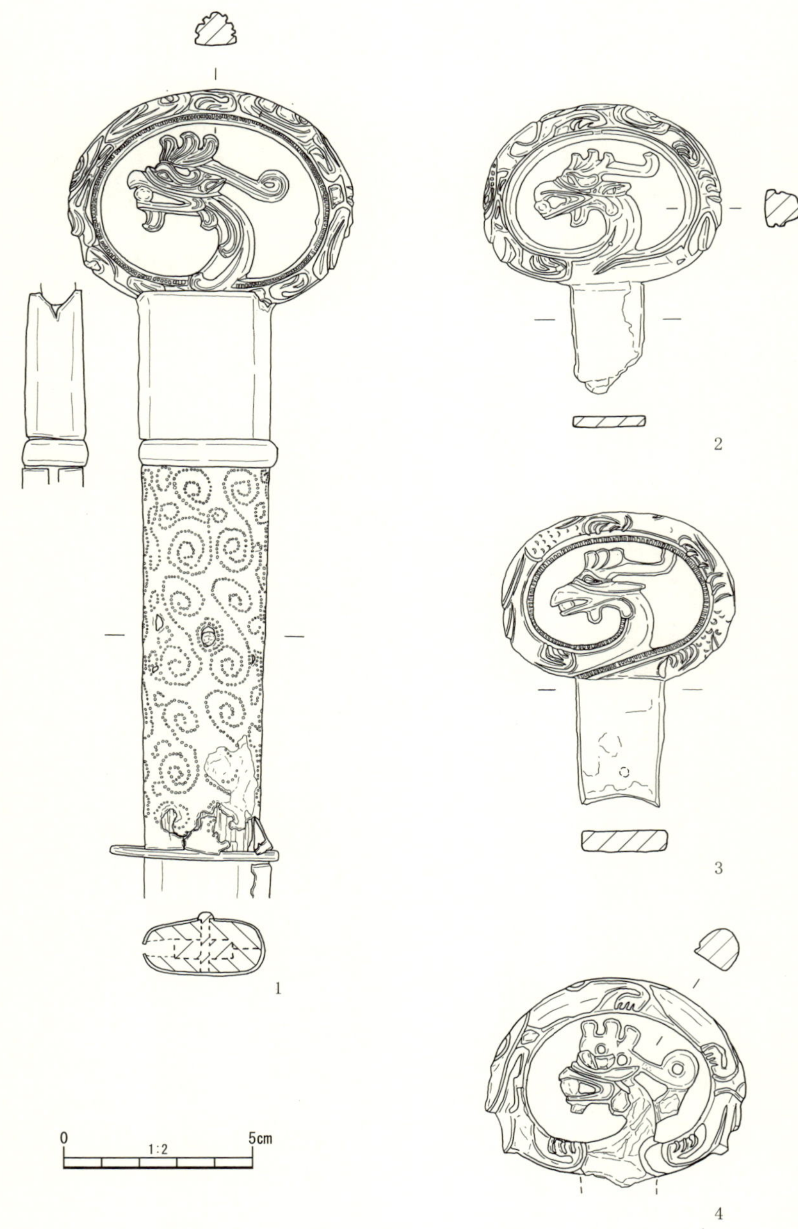

1．安坪３号（Ｃ１），２．釜屋１号（Ｃ１），３．円光寺（Ｃ２），４．上栗田（Ｃ２）

図９-９　Ｃ技法の大刀の諸例（１）

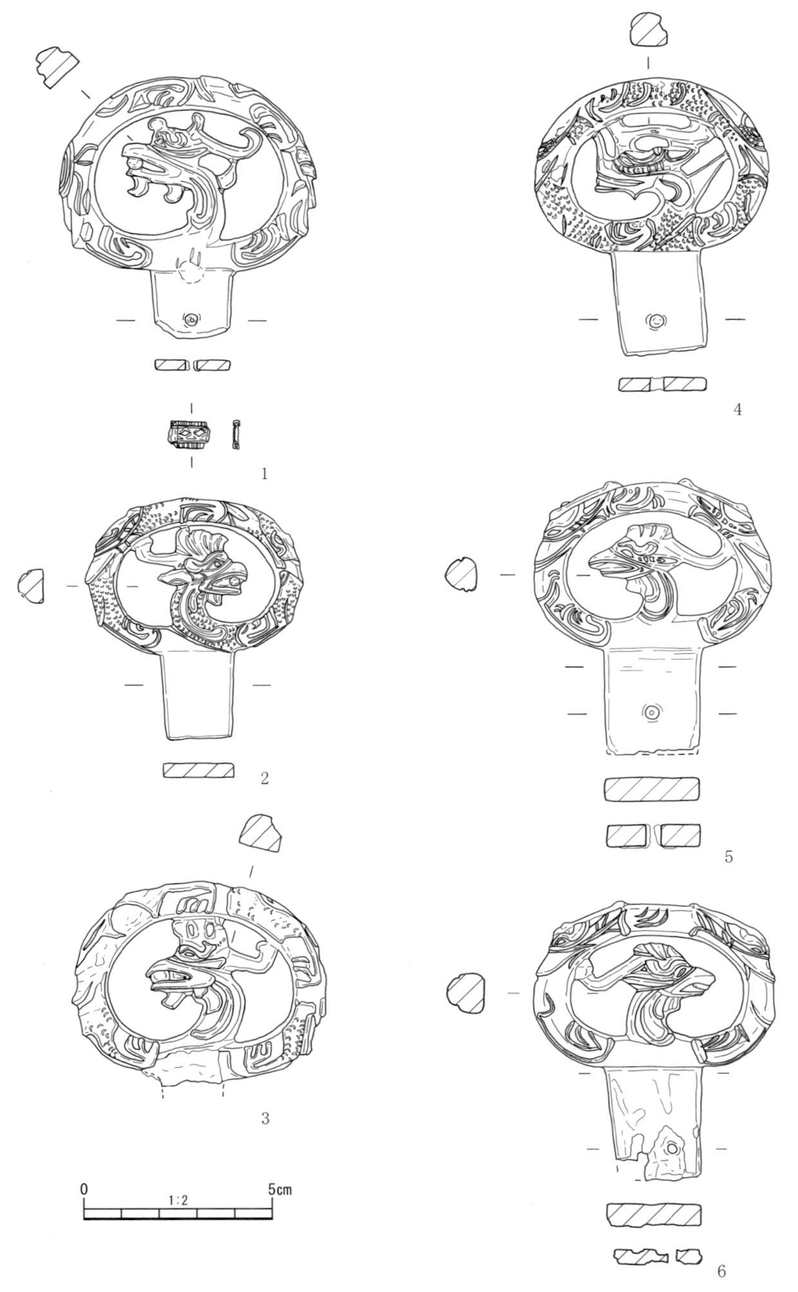

1．双六（Ｃ２），2．窟屋１号（Ｃ２），3．防府天神山（Ｃ２），
4．塚原Ｐ１号（Ｃ３），5．龍王山Ｃ３号（Ｃ３），6．安坪12号（Ｃ３）

図９-10　Ｃ技法の大刀の諸例（２）

図 9-11　C 2 技法大刀にみられる合笵製作の痕跡（山畑48号墳例）

料群が認められる（大谷 2006）。一方，C 2 技法で製作された大阪府山畑48号墳例では，中心飾の鳳凰の側面に，合笵鋳造の痕跡と思しきラインが確認され（図 9-11），少なくともC 2 技法については合范を使用していたものと考えられる。精巧な段下げ切削を施すC 1 技法の大刀については，合范を使用したとみられる資料は未だ確認していないが，広島県釜屋 1 号墳例の外環（図 9-9-2）をみると，段状に低まった凹部を鏨による切削で整形した痕跡を確認できる（図 9-12）ロウ型鋳造であれば鋳造後の鏨での段下げという工程を残す必要がないことから，ひとまず合范による製作を想定しておきたい。

先に述べたように，A技法とB技法，C技法でそれぞれつくられた製品は，完成品としての図像や文様構成に共通点が認められても，それを製作する工程が根本的に異なっている。このことは，それぞれの製作工人がまったく別の技術系統に属する可能性を示唆する。以下では，これらの製作技法の違いが，そ

図 9-12　C 1 技法による段下げ切削加工（釜屋 1 号墳例）

の他の属性とどのような相関関係にあるのかを確認したい。

２．各種属性との相関

ここでは，朝鮮半島との関連を示すと考えられる各種属性を中心に，上で分類した環頭部製作技法との相関関係を検討する。具体的には，把頭装具の外環への食い込みの有無，外環内縁の刻みの有無，双連珠系打出文様をもつ責金具の有無，同責金具の文様構成および材質，中心飾と外環の同別，外環の装飾方法である。合わせて，中心飾の系列（穴沢 1986・大谷 2006・池田 2009）と，相対的な時期的位置の参考としての新納編年（新納 1982），外環文様の形態（大谷 2006）についても同時に確認する（表 9-1）。

Ａ技法の大刀は，いずれも中心飾を外環と一鋳でつくり，鍍金を施して仕上げる。しかし，装具の特徴，中心飾の図像などは，資料ごとに特殊な様相を呈するものが多い。個々の資料の詳細については，後で詳述する。

Ｂ１技法の大刀は，外環を鍍金でなく銅地金張で仕上げ，金板を固定するためか外環内縁に刻みを施す。大部分は中心飾と外環を一体で鋳造するが，大阪府海北塚古墳例（図 9-4-4）は中心飾を別づくりにし，環頭基部に枘状に設けた凹部に上から嵌め込んで固定する。把頭金具が残るものは，すべて双連珠魚々子文ないし双連珠円・菱形文の責金具を有し，いずれもその上部が外環に食い込む。責金具の材質はいずれも銅地金張である。外環文様は，一部を除いて大半が大谷分類の喰合型Ⅲである（大谷 2006）。これら属性のうち，中心飾を別鋳にする点，外環を金板張りにする点は，大加耶系の技術との指摘があり（持田 2006），外環内縁の刻みについても，大加耶龍鳳文環頭大刀の特徴とされている（朴天秀 2009）。

Ｂ１技法の大刀は，外装の諸特徴が非常にまとまっており，Ａ技法，Ｃ技法の大刀と画然と区別される。これらは，先学らが大加耶との関係を指摘している資料群（持田 2006，大谷 2006）とほぼ重複しており，これらが大加耶の工人の作である蓋然性は極めて高い。その大部分が特定の一工房で製作されたものと推測される。一方，Ｂ２技法での製作が想定される大刀は，全体の装具が残る例が少なく，検討材料が限られる。外環内縁に刻みをもつ資料もあるが，刻みのないものが目立つ。外環文様は，喰合型Ⅲのほか，喰合型ⅡＢが採用され

表 9-1　単龍・単鳳環頭大刀の環

出土遺跡	環頭部製作技法	外環装飾	中心飾	外環内縁の刻み	外環の食い込み	双連珠
						文様
公州 武寧王陵	A	鍍金	一鋳	なし	あり	（細粒装飾）
不明 伝 善山出土	A	鍍金	一鋳	なし	—	—
不明 伝 彦徳横穴	A	鍍金	一鋳	なし	—	連珠文のみ
滋賀 北牧野２号墳	A	鍍金	一鋳	なし	あり	円・菱形文
群馬 小泉長塚古墳	A？	鍍金	一鋳	なし	なし	（なし）
大阪 海北塚古墳	B 1	銅地金張	別鋳	なし	—	—
昌寧 伝 昌寧出土	B 1	銅地金張	一鋳？	あり	あり	円文
不明 国立歴史民俗博物館所蔵 A	B 1	銅地金張	一鋳？	あり	あり	円文
不明 出土地不明	B 1	銅地金張	一鋳	あり	—	—
宮崎 伝 新田原52号墳	B 1	銅地金張	一鋳	あり	—	—
三重 保子里１号墳	B 1	銅地金張	一鋳	あり	—	—
大阪 一須賀 WA１号墳	B 1	銅地金張	一鋳	あり	あり	円・菱形文
岡山 岩田14号墳	B 1	銅地金張	一鋳	あり	あり	円・菱形文
兵庫 大藪古墳群出土	B 1	銅地金張	一鋳	あり	—	円・菱形文
福岡 西堂古賀崎古墳	B 1	銅地金張	一鋳	なし	あり	円・菱形文
福岡 日拝塚古墳	B 1	銅地金張	一鋳	あり	—	—
福島 愛宕山古墳	B 2	鍍金	一鋳	あり	あり	（なし）
不明 国立歴史民俗博物館所蔵 B	B 2	鍍金	一鋳	なし	—	—
不明 慶應義塾大学所蔵 K224	B 2	鍍金	一鋳	なし	—	—
不明 伝 崎田出土	B 2	鍍金	一鋳	なし	—	—
兵庫 御園古墳	B 2	鍍金	一鋳	なし	—	—
群馬 安坪３号墳	C 1	鍍金	一鋳	あり	あり？	（なし）
千葉 山王山古墳	C 1	鍍金	一鋳	なし	なし	菱形文
山口 円光寺古墳	C 1	鍍金	一鋳	あり	—	—
茨城 八龍神塚古墳	C 1	鍍金	一鋳	なし	なし	無文
広島 釜屋１号墳	C 1	鍍金	一鋳	なし	—	—
兵庫 窟屋１号墳	C 2	鍍金	一鋳	なし	—	—
長野 平地１号墳	C 2	鍍金	一鋳	なし	—	—
静岡 宇洞ヶ谷横穴	C 2	鍍金	一鋳	なし	なし	菱形文
長崎 双六古墳	C 2	鍍金	一鋳	なし	—	菱形文
岡山 箭田大塚古墳	C 2	鍍金	一鋳	なし	—	—
大阪 山畑48号墳	C 2	鍍金	一鋳	なし	—	—
滋賀 鏡山古墳	C 2	鍍金	一鋳	なし	—	—
山口 防府天神山古墳	C 2	鍍金	一鋳	なし	—	—
長野 上栗田古墳	C 2	鍍金	一鋳	なし	—	—
大阪 塚原Ｐ１号墳	C 3	鍍金	一鋳	なし	なし	円文（凸）
千葉 城山１号墳	C 3	鍍金	一鋳	なし	なし	菱形文
神奈川 栗原古墳	C 3	鍍金	一鋳	なし	—	—
奈良 龍王山C-３号墳	C 3	鍍金	一鋳	なし	なし	（なし）
京都 岡１号墳	C 3	鍍金	一鋳	なし	なし	（なし）
奈良 越部古墳	C 3	鍍金	一鋳	なし	—	—
群馬 安坪12号墳	C 3	鍍金	一鋳	なし	—	—
群馬 旧南橘村出土	C 3	鍍金	一鋳	なし	—	—
群馬 小泉大塚越３号墳	C 3	鍍金	一鋳	なし	なし	（なし）
静岡 東本郷３号墳	C 3	鍍金	一鋳	なし	—	—
栃木 益子天王塚古墳	C 3	鍍金	一鋳	なし	なし	（なし）
福島 上川原古墳	C 3	鍍金	一鋳	なし	なし	（なし）
山口 大里古墳	C 3	鍍金	別鋳	なし	—	—
群馬 太田市南金井出土	C 3	鍍金	一鋳	なし	—	—

頭部製作技法とその他属性の相関

文責金具 材質	外環文様	中心飾の系列	新納編年	図	備　考
金	喰合ⅠA	武寧王陵	Ⅰ式	9-3-1	唯一の確実な朝鮮半島出土例。
—	素文	善山	—	9-4-1･2	素環。母子大刀。
金銅	喰合ⅡB		—	9-3-3	
金銅	喰合ⅡA	武寧王陵	Ⅱ式	9-3-2	
（なし）	特殊？		Ⅳ式	9-3-4	
—	喰合Ⅲ	武寧王陵	Ⅱ式	9-4-4	
銅地金張	喰合ⅠA	武寧王陵	Ⅲ式？	9-7-1	小倉コレクション117。
銅地金張	喰合Ⅲ	大藪	Ⅲ式？	9-7-3	
—	筋交	御園	—	9-18-1･2	小倉コレクション310。双龍。母子大刀。
—	喰合Ⅲ	武寧王陵	Ⅲ式		
—	喰合Ⅲ	武寧王陵	Ⅲ式		
銅地金張	喰合Ⅲ	一須賀	Ⅲ式	9-4-3	
銅地金張	喰合Ⅲ	岩田	Ⅲ式	9-7-2	
銅地金張？	喰合Ⅲ	大藪	Ⅲ式		
銅地金張	喰合Ⅲ	古賀崎	Ⅲ式		
—	喰合ⅡA	日拝塚	Ⅲ式	9-4-5	
（なし）	喰合Ⅲ	一須賀	Ⅲ式	9-8-1	
—	喰合ⅡB	日拝塚	Ⅲ式	9-8-3	
—	喰合ⅡB	日拝塚	Ⅲ式	9-8-4	
—	喰合Ⅲ	古賀崎	Ⅳ式	9-8-2	
—	喰合Ⅲ	御園	—	9-18-3	双龍。
（なし）	喰合ⅡB	日拝塚	Ⅲ式	9-9-1	把・鞘装具は後の付け替え？
銅地金張	喰合ⅡB	山王山	Ⅳ式		
—	喰合ⅡB	円光寺	Ⅳ式	9-9-3	
？	喰合ⅡB	円光寺	Ⅳ式		
—	喰合ⅡB	円光寺	Ⅳ式	9-9-2	
—	喰合ⅡA	円光寺	Ⅳ式	9-10-2	
—	喰合ⅡB	山王山	Ⅳ式		
銅地金張	特殊	宇洞ヶ谷	Ⅳ式		
銅地金張	喰合ⅡB	双六	Ⅳ式	9-10-1	
—	喰合ⅡB	箭田大塚	Ⅳ式		
—	喰合ⅡB	箭田大塚	Ⅳ式		
—	喰合ⅡB	箭田大塚	Ⅳ式		
—	喰合ⅡB	箭田大塚	Ⅳ式	9-10-3	
—	喰合ⅡB	上栗田	Ⅳ式	9-9-4	
銅地金張	背中合	塚原	Ⅳ式	9-10-4	
？	背中合	栗原	Ⅳ式		
—	背中合	栗原	Ⅳ式		
（なし）	背中合	龍王山	Ⅴ式	9-10-5	
（なし）	背中合	龍王山	Ⅴ式		
—	背中合	龍王山	Ⅴ式		
—	背中合	龍王山	Ⅴ式	9-10-6	
—	背中合	龍王山	Ⅴ式		
（なし）	背中合	龍王山	Ⅴ式		
—	喰合ⅡA	東本郷	Ⅴ式		
（なし）	喰合ⅡA	東本郷	Ⅴ式		
（なし）	背中合	龍王山	Ⅵ式		
—	背中合		Ⅵ式	9-22-3	
—	無頭	皇子塚	Ⅵ式		

※　外環文様は大谷 2006に，編年は新納1982に依拠。
系列は，大谷 2006をベースに池田 2009，穴沢・馬目 1986，橋本 2003を参考に分類。

る。福島県愛宕山古墳例は，二つ穴を穿った独特の把縁金具を有するが，外環側にはU字形の刳り込みがあり，外環が把縁金具に食い込む[5)]。

C技法の大刀は，いずれも外環を鍍金で仕上げる。外環に被せた金板を固定するわけではないにもかかわらず，外環内縁に刻みを入れる意匠をもつものがいくつか認められ，B技法の大刀との関連性が窺われる。環頭部以外の装具の様相が明らかな例が少ないが，C技法の把頭金具は，双連珠文責金具をもたないものが多い。責金具を有するものは菱形文ないし無文の文様をもつ銅地金張のものがほとんどで，外環には食い込まない。

ここで，環頭部の製作技法と文様の編年的位置との関係について確認しておきたい。新納泉による6段階の編年は，穴沢咊光・馬目順一による中心飾の図像系列の提唱，大谷晃二の外環文様の検討などで，系列間の厳密な並行関係に再検討の余地があることが明らかとなっている。しかし，全体的に文様が退化していくという方向性は依然一定の妥当性を有しており，時期的な指標としてある程度参考となると考える。本章では，新納編年の段階設定を参照しつつ検討を進める。

A技法は，文様自体に特殊なものが多いため，はっきりとしたことがわからないが，最古段階とされる武寧王陵や北牧野2号墳の資料を含み，全体的に古相を示すようである。一方で，B技法とC技法各種については，時期的にかなりの偏在性が認められることがわかる。すなわち，B1技法が新納Ⅱ・Ⅲ式，B2技法がⅢ式・Ⅳ式，C1技法がⅢ・Ⅳ式，C2技法がⅣ式，C3技法がⅣ式からⅥ式にそれぞれ集中する。先に想定したように，C1～C3技法の差は，一系的な連続変化というわけではないにせよ，ある程度の時期差を反映している可能性が高い。また，B1技法とB2技法の間にも時期的な差を認めることができる。日本列島には，数点のA技法の大刀とまとまった量のB1技法の大刀が出現し，遅れてB2技法やC1技法の大刀が出現，続いてC2技法，C3技法が現れたと推定される。

5）　B2技法での製作が想定される兵庫県御園古墳の双龍環頭大刀（図9-18-3）には，金銅製の筒金具が共伴したとされる（町田 1986）。金銅製筒金具はやや新しい段階に属するようにみえるが，確実に双龍環頭大刀にともなうものではなく，評価には慎重を要する。B2技法大刀の類例増加を待って検討したい。

第３節　半島製品の抽出と列島内製作の開始時期

１．A技法大刀の特異性

A技法の大刀が，やや特殊な特徴を示すことは先に言及した通りである。日本列島内で共通した特徴をもつ資料のまとまりが認められるB，C技法とは鋳造工程が異なり，個々の文様や外装が特殊なA技法の大刀については，その製作地が列島以外のどこか，つまり朝鮮半島で製作された可能性が高いと考える。以下，A技法でつくられたとみられる大刀を個別に検討してみよう。

公州武寧王陵例（図9-3-1）の製作地については，第６章で触れたように，筆者は百済であると考える。同例は，半島での製作が確かな唯一の例ということになり，その製作技術は列島製・半島製を峻別する上で重要である。李漢祥は，蜜蝋に精巧な文様を刻んだ後これを鋳造したと推定している（李漢祥 2006d）が，本章では，ロウ型鋳造を裏付ける部位として，中心飾の龍首の耳と髭に着目したい。これらは，表裏別々に後方へ突き出しており，間に空隙が存在する（図9-13）。こうした構造は，通常の合范鋳造ではつくることができない。金跳咏が指摘するように，同大刀の外環には型割り線が確認できず（金跳咏 2013），B技法ではない別の方法で製作された可能性が高い。本章では，直接加工したロウ原型を用いるA技法での製作を想定しておきたい。

伝善山出土例A（図9-4-1）は，鴨稲荷山古墳発掘調査報告書の集成で紹介され（濱田・梅原 1923），いわゆる「有稜素環」の資料（持田 2006）の祖形として，たびたび言及されてきた。外環は金銅製の素環で，走龍文は表現されていないが，中心飾の鳳凰首はほとんど退化しておらず，鱗の表現に加え，眉や角の細部をなめくりたがねで微細に表現するなど，非常に丁寧なつくりである。注目したいのは，武寧王陵例同様，鳳凰の耳が佩裏と佩表でそれぞれ別々に

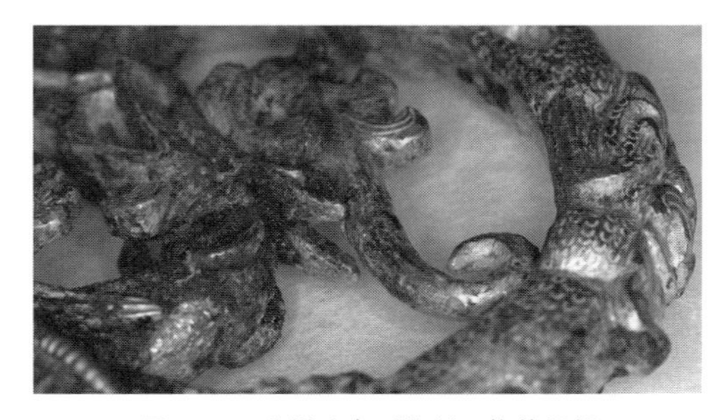

図9-13　公州武寧王陵例の龍首細部

図 9-14　伝善山出土例の鳳凰首細部

伸びる点である（図 9-14）。両面の耳が一体でなく，間に空隙をもつ構造は，合范鋳造ではつくり出すことができない。ロウ型を用いた鋳造，すなわちA技法による製作と推定できる。

この資料は，1931年に韓国の国立中央博物館に寄贈され，現在も同博物館の所蔵となっている。出土地に関する情報は博物館に収蔵された時点で失われており，出土地不明品として登録されているが，先述した集成に掲載されている図面の原図が記録された野帳が梅原考古資料に残されており[6]，詳細はわからないものの善山地方のある古墳から出土したとされていたようである。注目したいのは，伝善山例と同日に博物館に寄贈され，同じく出土地不明品として登録されている伝善山出土例Ｂ（図 9-4-2）である。この把頭は，環の径が4. 2cmと非常に小さく，先述した梅原考古資料の野帳には，伝善山出土例Ａと「大小対ヲナス」ものとして一緒に記録されており，いわゆる「母子大刀」であった可能性が高い[7]。母子大刀は，新羅の三葉環頭大刀や三累環頭大刀において特徴的な装飾意匠である（第５章）が，陜川玉田Ｍ３号墳出土鉄製素環頭大刀など，大加耶圏でもまれに認められる。百済でつくられた可能性も捨象できず，製作地は断定できないが，いずれにせよ朝鮮半島で製作されたものと判断される。

福岡県伝彦徳横穴例（図9-3-3）は，中心飾の図像が獣面に近い龍首で，他に類例が認められない特殊な意匠である。中心飾と外環は一鋳，鍍金で仕上げられ，外環文様は，文様部分を一段高くすることによって浮彫状に表現されている。中心飾の特異性に対し，外環には喰合型の走龍文があしらわれており，喰合型ⅡＢに該当する（大谷 2006）。注目すべきは，中心飾龍首の舌と牙の部分（図 9-15）で，武寧王陵刀の耳と同様，表裏が一連になっていない。外環に型

6）梅原考古資料の存在については穴沢咊光氏にご教示いただいた。

7）これらの中心飾の首部に施された鱗の表現は互いに酷似しており，同じ鏨を用いて鱗表現を施したものとみられる。このことからも，両者がセットであった蓋然性は高い。

割り線は認められず，A技法での鋳造が想定される。この把頭にともなうとみられる装具に金銅製の双連珠文責金具があるが，連珠文の間のスペースが無文となっている。日本列

図9-15　伝彦徳横穴例の龍首細部

島では，こうした双連珠文のみの責金具は後出的なものとされる（新納 1982）が，朝鮮半島では，公州宋山里4号墳出土円頭大刀など，無文の類例がある。

群馬県小泉長塚古墳の単鳳環頭大刀（図9-3-4）は，嘴を開いているが玉を噛まない特殊な鳳凰首で，武寧王陵例や伝善山例と同様，耳が表裏別々に伸びる。また，鳳凰首の付け根の部分にあしらわれた花形装飾も表裏別々につくられており，やはり単純な合范鋳造では製作が不可能である。環は金銅製であるが[8)]，鉄銹が付着しているため表面の観察が困難であり，型割り線の有無を確認することができない。極めて特殊な資料と考えられるが，装具は，責金具をもたない金銅製玉縁の筒金具を把頭と鞘口に加え把間半ばにも配したもので，C3技法以降の龍王山系列などの大刀に付随する一般的な装具である。環頭部のみが突出して特異な様相を呈しており，評価が難しい[9)]。

その他，A技法での製作が想定されるものに，滋賀県北牧野2号墳例（図9-3-2）がある。前者は，海北塚古墳例（図9-4-4）と並び，新納Ⅱ式以前に遡ると指摘される最古段階の例で（持田 2006），丸みを帯びた非常に立体的な表現が特徴である。外環の走龍文は，文様部分を凸状に浮き立たせた表現である

8)　報告書では，外環は鉄地に鍍金を施したものと判断されている（長井編 2006）が，橋本英将氏のご教示によると，ハンドヘルド蛍光X線分析計による測定の結果，通有の金銅製であったとのことである。外環表面の鉄銹は茎から回ってきたものと考えられる。

9)　後で詳述する群馬県安坪3号墳出土単鳳環頭大刀（図9-9-1）は，精巧なC1技法でつくられ，文様の退化もない古式の環頭部に，新納Ⅵ式の大刀や双龍環頭大刀でみられる点刻で唐草文や円文を打ち込んだ金銅板巻の装具が装着されている。この大刀の把頭金具は，外環を食い込ませるために側面に切り込みが入れられており，装具の付け替えがなされたものと判断される。同じ群馬県内の資料である小泉長塚古墳例についても，装具の付け替えがあった可能性はあるかもしれない。しかし，今のところ付け替えを断定する材料はなく，慎重な検討を要する。

が，龍文にあたらない凹部の表面が非常に平滑で，鏨による切削での段下げの痕跡が明瞭に認められない。Ｃ１技法で非常に丁寧に仕上げられた群馬県安坪３号墳例（図9-9-1）は，よく観察すると凹部の表面が鏨で削った後に表面を均して仕上げた痕跡を確認することができる（図9-16）。北牧野２号墳例は，鋳造段階で外環の凹凸をつくり出していたものとみられるが，側面から観察した際，外環にはオーバーハングが認められ，合范鋳造ではつくり出せない形状となっている（図9-17）。型割り線は確認できない。

北牧野２号墳例は，双連珠円・菱形文をもつ金銅製責金具が取り付けられているが，責金具自体は外環に食い込まない。しかし，縦方向の刻目をもつ金銅製の把頭金具の一部とみられる痕跡が外環より上部で確認でき，元来，把頭金具の一部が外環に食い込む構造であったと考えられる。把頭金具の一部が責金具よりも上部に突き出た類例はなく，やや特異な装具であるといえる。

このように，Ａ技法での製作が想定される資料は，そのほとんどが他の日本列島出土資料ではみられない特殊な特徴を備えている。朝鮮半島に類例が認められるわけではないため確実なことはいえないが，環頭部の製作技術の違いを考えても，これらが朝鮮半島での製作品である可能性は高いといえよう。伝彦徳横穴出土例と北牧野２号墳は百済製，伝善山出土例は加耶ないし新羅での模倣製作品とみなすのが現時点で最も蓋然性が高いと考える。

図9-16　安坪３号墳例の外環細部

図9-17　北牧野２号墳例の外環細部

２．Ｂ技法大刀の製作地

再三述べてきたが，Ｂ技

法は大加耶の龍鳳文環頭大刀で特徴的に認められる製作技術である（金跳咏 2013）。先に，Ｂ技法の大刀に大加耶的な諸特徴が集中することを指摘し，これらが大加耶工人によって製作された可能性について述べた。問題は，これらの大刀が，朝鮮半島と日本列島のいずれにおいて製作されたのかである。

まず，Ｂ１技法の大刀における例外的資料に着目したい。旧小倉コレクション117[10]の伝昌寧出土とされる大刀（図9-7-1）は，中心飾の図像がやや特異である。すなわち，通常，後方に伸びた角は，斜め下へと真っ直ぐに伸びた後に上方へ巻き上がるのに対し，本例は後方へ弧を描いて伸び，垂れ下がるようなシルエットを呈する。耳と角が癒着せず，精細な龍文を表現する一方で，外環文様は武寧王陵例と同じ喰合型ＩＡが著しく退化したものである（大谷 2006）。外環に明瞭な型割り線が観察されることを勘案すると，上のような状況は，大加耶の大刀工人が武寧王陵例のような百済の単龍環頭大刀を見よう見まねで製作した結果と解釈される。把巻きは斜交刻みを施した金線と銀線を交互に巻いたものである点が列島出土品とは区別されるほか，銅地金張の責金具に打ち出された双連珠魚々子文もやや特異な文様といえる。伝昌寧出土例は，大加耶の大刀工人が朝鮮半島で百済の単龍環頭大刀を模倣製作したものであろう。

単龍環頭大刀ではないが，東京国立博物館が所蔵する旧小倉コレクション310-１（図9-18-1）は，出土地は不明であるが，銅地金張の外環に明瞭な型割り線が残り，Ｂ１技法による製作が確かな資料である。中心飾の２匹の龍が首を絡める構図は，陜川玉田Ｍ３号墳出土双龍環頭大刀２例や，ギメ東洋美術館所蔵龍鳳文環頭大刀（朴天秀 2011）など，大加耶の中心飾に多く認められる。加えて着目すべきは，外環の走龍文である。外環の２匹の龍は，顔のつくりこそ日本列島出土の単龍・単鳳環頭大刀に通有の表現形式であるが，その構図は大加耶の龍鳳文環頭大刀で採用される筋交型（穴沢・馬目 1979）の配置になっている。ここで，旧小倉コレクション310-２（図9-18-2）に目を向けてみたい。この資料は，中心飾が310-１と同一系統の図像であるが，全体に小さくつくられている。外環は銅地金張で，型割り線が確認できる。首部分に施した鱗の表現をみると，310-１と形状や大きさが酷似しており，同じ鏨によって施文され

10）旧小倉コレクションの遺物番号は，東京国立博物館の『小倉コレクション目録』に掲載された番号である（東京国立博物館 1982）。

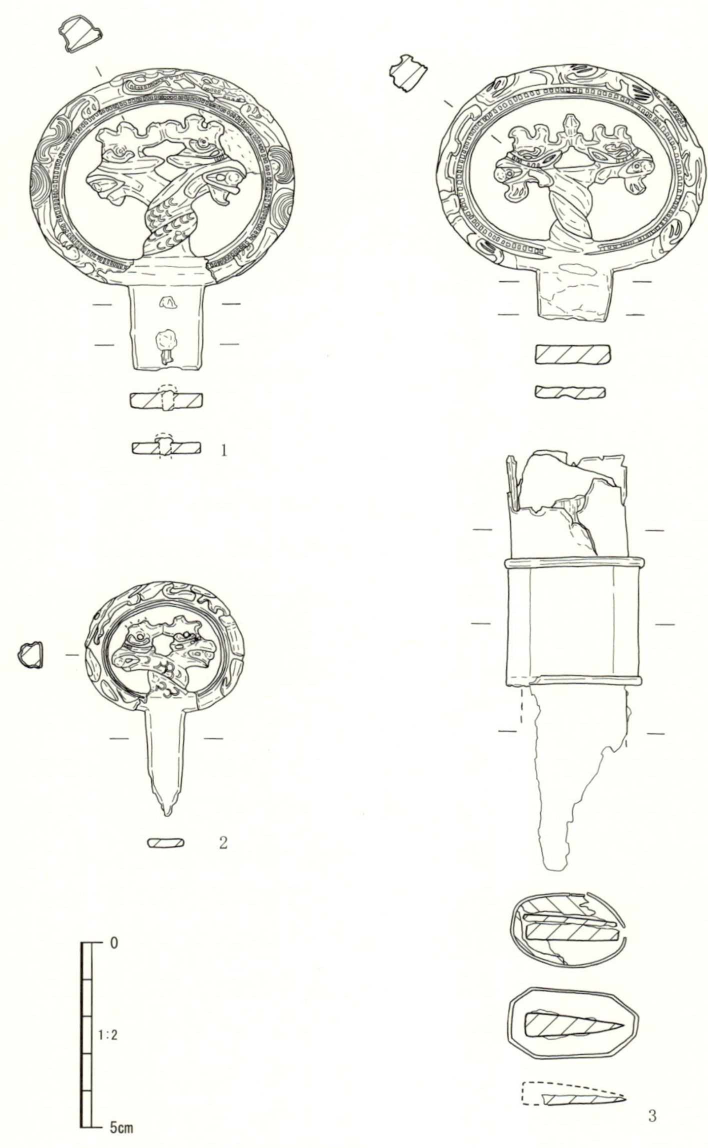

1・2．出土地不明（旧小倉コレクション），3．御園

図 9-18　B 1 技法で製作された双龍環頭大刀の諸例

たものと考えられる。これらの点から，310-１と310-２は，伝善山出土例Ａ・Ｂのように，母子大刀の関係をなすものと考えられるが，310-２は外環文様が喰合型になっている[11]。これらの把頭は，Ｂ技法でつくられる大刀群が，大加耶系工人によって製作されたものであることを裏付ける存在であると同時に，大加耶系工人集団の内部で外環文様を筋交型から喰合型へと転換させていく過程を窺わせる資料といえる。母子大刀という形態をとる点を積極的に評価すれば，朝鮮半島製である蓋然性が高いということになるが，渡来１世工人が日本列島でつくったものである可能性も残る。

国立歴史民俗博物館所蔵の単龍環頭大刀（図9-7-3）も出土地不明であるが，長野県弓矢古墳例や兵庫県大藪古墳群出土例の背びれをもつ龍の系列で最古段階と考えられる資料である。外環は銅地金張で型割り線が確認できることから，Ｂ１技法での製作とわかる。伝昌寧出土例同様，責金具が銅地金張で双連珠魚々子文が打ち出されている。ただし，外環文様は他のＢ技法大刀と同じ喰合型Ⅲであり，伝昌寧出土例と違って外環文様もほとんど退化が認められない。Ｂ技法の他の資料と比べても，最も古相の特徴を備えているといえる。

大阪府海北塚古墳例（図9-4-4）は，外環を金被せでつくるが内縁には刻みが施されておらず，一般的な大加耶龍鳳文環頭大刀と同様，別づくりの中心飾を佩裏面の環頭部基部に設けた枘孔にはめ込んで接合する。こうした特徴から，他のＢ技法大刀とは区別されるやや特殊な資料である。中心飾の図像は列島出土品では最古級とされ，外環文様は精巧な喰合型Ⅲである。

これらの資料に対し，その他のＢ１技法の大刀は，諸属性の特徴が非常に高い共通性を示す。Ｂ１技法大刀は，中心飾の系列こそ一様ではないが，外環文様はおおむね喰合型Ⅲが採用されており，様々な共通性を勘案すると，いずれも同一ないし非常に近しい関係にある工房でつくられたものと解釈できる。ここで，Ｂ２技法の大刀について検討してみたい。福島県愛宕山古墳例（図9-8-1）は，口に芝草を銜えた一須賀系列の龍首をもち，外環には喰合型Ⅲの走龍文が表される。外環文様の段差部分で鏨による切削の跡が明瞭に認められない点，龍首の耳が，微妙にではあるが，表裏でそれぞれやや突出している点

11）走龍文はかなり崩れているが，退化が進んだためというよりはサイズに規定されたためとみられる。

図 9-19　愛宕山古墳例の外環内縁の刻み

から，ロウ型鋳造による製作と推定される。外環内縁の刻みを表現した部分に注目すると，内側面の金板と表裏・外側面の金板の重なりまで精密に再現されている（図 9-19）。このことから，Ｂ２技法の工人がＢ１技法の工人と近い関係にあったことが推測される。

日拝塚系列に属する国立歴史民俗博物館所蔵単鳳環頭大刀（図 9-8-2）と，慶應義塾大学所蔵単鳳環頭大刀Ｋ224（図 9-8-3）[12] は，いずれも外環文様の段差部分にシャープさを欠き，鏨による整形の痕跡が認められないことから，ロウ型を用いた製作が想定される。非常に精巧な喰合型ⅡＢの走龍文をもち，中心飾もほとんど退化していない。一方，Ｂ１技法でつくられた福岡県日拝塚古墳例（図 9-4-5）は，上の２例に比べると，冠毛同士がくっつき始めるなど，文様はやや退化している。また，日拝塚古墳例の外環は上の２例とは異なり，喰合型ⅡＡである（大谷 2006）。こうした点を解釈すると，Ｂ２技法は，Ｂ１技法から派生し，両技法は一時的に共存していたとみられる。さらに，愛宕山古墳の筒金具の存在を考慮すると，Ｂ２技法を用いる工人がＢ１技法工人の集団からある程度独立して製作活動をおこなっていたと推測される。後述するが，喰合型ⅡＢはＣ１・Ｃ２技法における主流の外環文様構図であり，日拝塚系列から派生したＢ２技法工人がＣ技法へと工程を転換していった可能性が窺われる。

Ｂ２技法の存続期間については，伝崎田出土例（図 9-8-4）が参考になる。伝崎田出土例は，龍首の付け根に表現された雲気が表裏で別々に伸びており，

12)　これら２例は，文様の細部表現などが極めて酷似しており，冠毛の線刻の本数などからみて国立歴史民俗博物館例が若干先行する可能性があるが，時期的にはほぼ同時につくられたものとみられる。一方で，これらの実測図を重ねてみると，環の形状が一致せず，慶應義塾大学Ｋ224の方が若干小さい。このことは，これらが１点１点ロウ原型から製作されていることの証拠の一つといえる。

図 9-20　伝崎田出土例の龍首細部

間に空隙が認められる（図 9-20）。中心飾は古賀崎系列に連なり，喰合型Ⅲの走龍文を有することからＢ２技法での製作と推定される。走龍文はかなり退化が進んでおり，新納Ⅳ式まで下るとみられる。Ｂ２技法はある程度新しい段階まで残存するようである。

Ｂ１技法大刀にみられる共通的諸特徴を有した大刀が，これまでに朝鮮半島で確認されていないこと，伝昌寧出土例（図 9-7-1）のような，大加耶工人の作でありつつ，Ｂ１技法大刀の諸特徴から外れた特徴をもつ大刀が存在すること，後述する当該時期の大加耶をめぐる情勢を考慮すると，Ｂ１技法大刀の大部分は，持田が指摘するように，大加耶で製作されたとみるより，日本列島の工房で渡来１世の工人集団によって製作された可能性が高い（持田 2006）。海北塚古墳例と国立歴史民俗博物館所蔵例については，製作地を特定できないが，いずれも崩れのない喰合型Ⅲの走龍文を有する点を考慮すると，他のＢ技法大刀同様，列島内工房での製作品である可能性はある。Ｂ２技法大刀は，そのような渡来工人集団の内部でＢ１技法から派生した製作技法であり，渡来工人の第２世代への転換期に発生するものとみられる。つまり，Ｂ２技法の出現から，完全な意味での列島内生産が開始されたとみなすことができる。

３．Ｃ技法大刀出現の意義

Ｂ技法に遅れて，Ｃ技法大刀が出現する。先述したように，Ｃ技法は，これまでのＡ技法，Ｂ技法とも異なる工程による製作技法である。ここで，Ｃ技法にみられる特徴を改めて検討してみよう。

まず，把頭の筒金具に注目したい。朝鮮半島の環頭大刀は，早い時期（新羅でいえば慶州皇南大塚南墳被葬者の治世よりも前の時期）の大刀を除いて（第５章），把頭金具が外環に食い込むのが一般的である。これは，朝鮮半島の各地，具体的には新羅，百済，そして大加耶のいずれの地域においても共通して認められる特徴である。一方，日本列島で出土する単龍・単鳳環頭大刀を通観すると，外環に把頭が食い込むものと食い込まないものがあり，食い込むものが古相であることが指摘されてきた（橋本 2003，齋藤 2014など）。改めて属性相関表をみると，B技法の把頭金具がいずれも外環に食い込んでいるのに対し，C技法の把頭金具は，ほとんどが外環に食い込まない。こうした状況は，日本列島独特の様相といえる。またその文様も，B１技法で採用される双連珠魚々子文や双連珠円・菱形文と異なり，外環に食い込まないC技法の責金具には双連珠菱形文が採用される。

このように，B技法の一群とC技法大刀の間にも，技術的な面を含む諸属性に大きな断絶があることがわかる。A・B技法大刀との差異，C技法大刀内での特徴的まとまりを考慮すると，C技法の大刀についても，すべて列島内で製作されたものと解釈できる。つまり，A技法大刀とB１技法大刀の一部が半島製，B１技法大刀の大部分とB２技法，C技法の大刀は列島製ということになる。

C技法の出現を考えるにあたり，先に少し触れた群馬県安坪３号墳例（図9-9-1）に改めて注目したい。同例は，極めて精巧なC１技法により仕上げられた資料で，非常に丁寧な段下げ切削加工を施してあり（図9-16），C１技法でつくられた大刀の中でも最も古い資料の一つといえる。中心飾は日拝塚系列に属するが，日拝塚古墳例よりも文様の退化が進んでおらず，中心飾の細部に線刻表現を施す点などから，B２技法大刀の国立歴史民俗博物館所蔵刀（図9-8-2）や慶應塾大学所蔵刀K224（図9-8-3）に近い。外環文様が喰合型ⅡBである点も共通する。残りが良いため，安坪３号墳例の方が文様も一見しっかり表現しているようにみえるが，走龍文の爪の表現などをみると，安坪３号墳例の方が若干後出的な要素を有している。そのように考えると，C１技法の成立は，B２技法で日拝塚系列の資料をつくっていた工人集団と深い関係があると解釈できる。すなわち，B２技法の工人集団が製作方法をC１技法へとシフトさせ，C技法での把頭製作を普及させた可能性が考えられる。

B２技法からC技法へと製作方法が変化した契機について，一つの可能性として，より多くの把頭を製作するために鋳造段階での失敗を減らす目的があったのではないかと推測する。国立歴史民俗博物館所蔵刀と慶應塾大学所蔵刀K

図 9-21　Ｂ２技法大刀にみられる巣の痕跡
（慶應義塾大学所蔵出土地不明Ｋ224）

224，兵庫県御園古墳例（図 9-18-3）の表面を観察すると，鋳造の際に生じた巣とみられる窪みが多く確認できる（図 9-21）。工人第２世代へのロウ型鋳造技術の伝達が不十分であったためか，文様細部の正確な認識とは裏腹に，鋳造技術そのものはあまり高くなかったようである。合笵鋳造でつくった外環に文様を彫り込むという，手間はかかるが確実な方法に変化していったのは，ロウ型による鋳造技術に習熟しきっていない工人が製作に参与した結果と考えられる。その背景については，Ｃ技法以降の資料が急増することを考慮すると，単龍・単鳳環頭大刀の量産を急いだ倭の中枢による働きかけで，急速に工房が拡大されたためと解釈することも可能かもしれない。

Ｃ技法が出現すると，これと連動するように，外環に食い込まない双連珠菱形文責金具など外装面でも変化が認められるようになる。このことは渡来１世工人集団の工房から完全に独立した製作工房が確立したことを示唆する。Ｃ技法での生産体制が確立すると，製作工程はますます省略化の一途をたどり，Ｃ２技法でつくられる含玉系の諸系列から，Ｃ３技法と背中合型走龍文を採用する龍王山系列が創出されることで，量産体制は完全に整う[13)]。龍王山系列は，やや先行して出現する塚原系列とともに，量産される中で文様を著しく退化させ，最末期にはほとんど文様の判読が不可能になる。また，最末期になると，双龍環頭大刀と関連するとみられる特異な龍・鳳凰首をもつ大刀が出現する。山口県大里古墳例（図 9-22-3）は，肉眼ではわからないが，Ｘ線写真をみると中心飾を別づくりにして，外環部基部に枘状に設けた孔に後から鋳接いだ痕跡

13)　千葉県金鈴塚古墳出土の単龍環頭大刀の評価に関連して大谷晃二が指摘しているように，列島製作段階に至った後になってから舶載される大刀も存在したと考えられる（大谷 2015）。

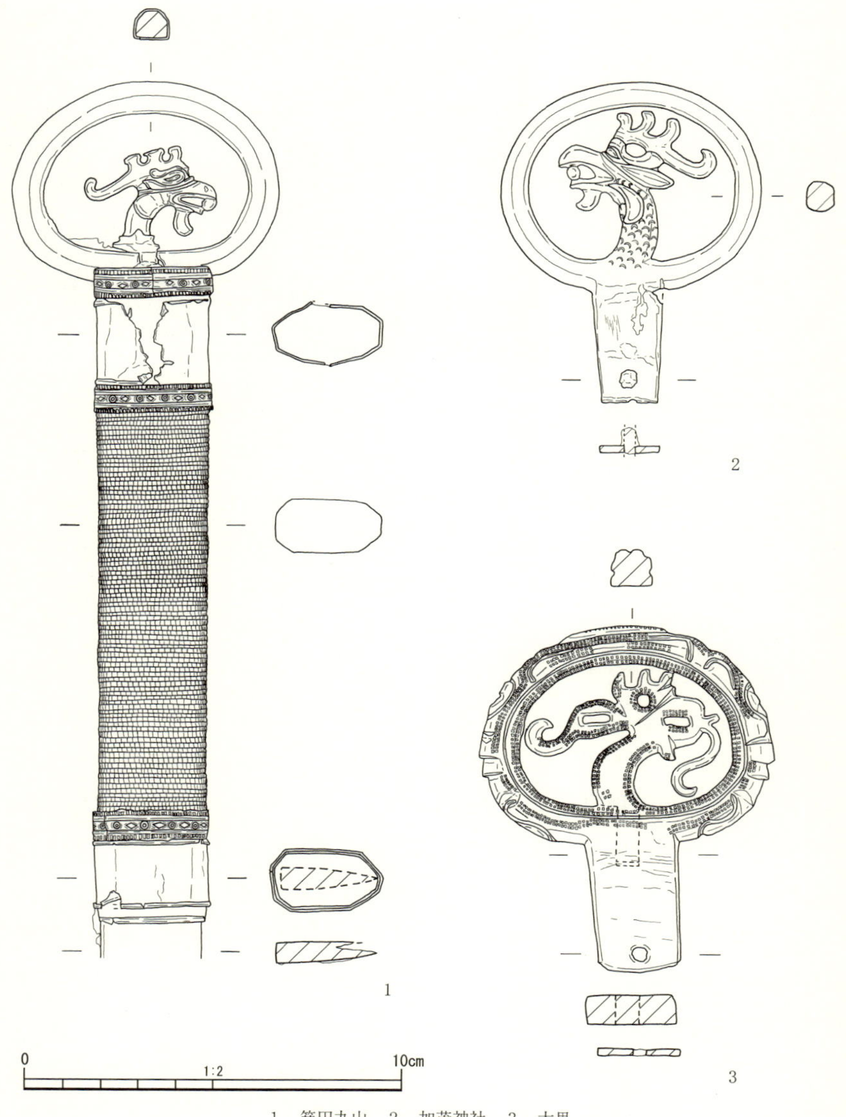

1．箕田丸山，2．加茂神社，3．大里

図 9-22　特殊な意匠をもつ例

が確認される。こうした資料は，単龍・単鳳環頭大刀をつくっていた工房が双龍環頭大刀製作へとシフトしていった過程を窺わせる。

４．実年代

ここで，単龍・単鳳環頭大刀製作をめぐる実年代について考えてみたい。

新納泉は，１式に相当する武寧王陵出土大刀の製作年代を副葬年代である523年を大きく遡らない520年頃としたうえで，双龍環頭大刀，頭椎大刀の編年と合わせた10段階の編年に，箕谷２号墳出土大刀の年代を加味して，10年ずつの時期幅を与えた。結果，単龍・単鳳環頭大刀については，Ⅱ式の製作が530年頃，最も新しいⅥ式が570年頃の製作とされた。新納の年代観は，その後様々な批判が加えられているものの，一つの枠組みをつくったという点において，極めて重要である。

新納の年代観において問題となるのは，Ⅰ式の製作年代＝520年頃という定点に対し，Ⅱ式以降のほとんどが須恵器陶邑編年のＴＫ43型式並行期以降に副葬されている点である。新納は，所有から副葬までの保有期間を考慮に入れ，単龍・単鳳環頭大刀の盛行時期を６世紀中葉から末頃までとして，副葬が開始されるのがＴＫ43以降と考えた（新納 1982）。しかし先に述べたように，近年の研究で新納Ⅰ式とⅡ式，すなわち武寧王陵出土大刀と海北塚古墳出土大刀との間に技術的な断絶があることが指摘されており（持田 2006），本章の検討からも，Ａ技法でつくられる武寧王陵出土大刀の年代を日本列島出土のＢ技法やＣ技法大刀に直接結び付けることは困難であることがわかった。本章では，陶邑窯跡資料を通観して６～７世紀代における須恵器の様式観を再検討した佐藤隆の研究（佐藤 2003・2007など）を参考に，大刀の製作年代について改めて検討してみる。

佐藤隆によれば，ＴＫ43-Ⅰ号窯（田辺昭三報告のＴＫ43号窯）とＭＴ85号窯の出土須恵器は，それぞれの個体差の幅が大きく重なり合うため明確に時期的な先後を決めることはできず，その両方とも佐藤編年の陶邑Ⅲ新段階に包括されるという。ＴＫ43-Ⅰ号窯資料は，その中でもやや新相寄りにまとまっている。氏は，これらの陶邑編年を暦年代の手がかりが多い飛鳥地域の関連資料と比較，588年に造営が開始された飛鳥寺下層出土の杯Ｈ・同蓋が陶邑Ⅲ新段階の範疇で捉えられること，592年に完成した飛鳥寺西回廊基壇出土の杯Ｈが次段階の陶邑Ⅳ古段階の範疇に位置付けられることなどから，陶邑Ⅲ新段階の下限を600年前後とした（佐藤 2003）。さらに氏は，大阪府今城塚古墳を継体陵に比定するなどの根拠に基づいて陶邑Ⅲ古段階を６世紀第２四半期に当てつつ，陶邑Ⅲ中段階を６世紀中葉としている（佐藤 2007）。陶邑Ⅲ新段階の開始については，中段階との重複期間を考えるとおおよそ560年頃を境にすると考えられるが，新相にまとまるＴＫ43−Ⅰ号窯の資料は，おおむね６世紀第４四半期を中心とするものとみてよさそうである。

「ＴＫ43型式期」の実年代を概ね575年前後とすると，これまでにＴＫ43型式期以前の明確な副葬事例は確認されていないことから，日本列島で新納Ⅱ式以降の単龍・単鳳環頭大刀が製作され流通するのは，この575年を大きく遡らない頃と考えられる。単龍・単鳳環頭大刀は７世紀代を前後する頃には量産体制が整えられており，その製作は７世紀前葉以降まで続く。

第４節　単龍・単鳳環頭大刀製作の展開

以上，環頭部の製作技法の分析を軸に，単龍・単鳳環頭大刀を検討した。本節では，ここまでの分析を基に，日本列島における単龍・単鳳環頭大刀の受容，製作開始，量産化の流れを整理し，各画期の背景について若干の考察を試みたい。

龍鳳文環頭大刀の中で，日本列島で出土する単龍・単鳳環頭大刀に類するものの初現は，公州武寧王陵の大刀である。その製作年代は520年頃とみられる（新納 1982）。第６章でも言及したように，武寧王陵刀に先行する例として，天安龍院里１号石槨墓出土の単鳳環頭大刀を想定し，型式学的に連続するものとみなす見解がある（李漢祥 2012，金洛中 2014，李鉉相 2014）。しかし，年代的に大きな開きがあることに加え，外環内側面にバリとみられる直線的な痕跡（図9-23）が確認されることから，同大刀は合范鋳造で製作された可能性が高いとする指摘があること（金跳咏 2014），外環の装飾技法が全体的に大きく異なることなど，技術的にみても両資料には大きな差異が認められる。また，龍院里１号石槨墓例の筋交型走龍文は，喰合型へと直接比較するには差が大きい。現

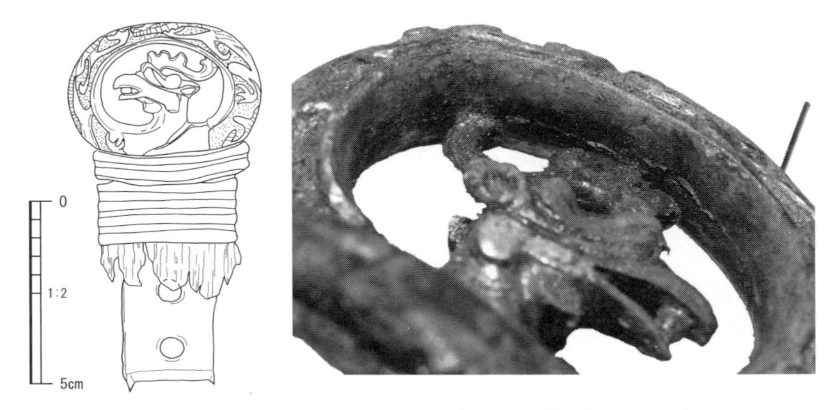

図9-23　公州龍院里1号石槨墓例実測図と外環内側面の細部

時点の資料状況では，両者を比較するのは無理が大きく，その関係性については不明であるとせざるを得ない。両者を埋める資料が今後発見されることを期待したい。

武寧王陵の大刀がどのようなインパクトによって出現したのかは不明であるが，その後，これに類する資料が朝鮮半島で一定数流通していたとみられる。伝彦徳横穴出土例や伝善山出土例などがこれにあたり，百済系のA技法でつくられていたが，大加耶系の工人がB技法で模倣製作した伝昌寧出土例なども少数流通していた。

6世紀後葉にさしかかり，日本列島でB技法により製作された大刀の流通がはじまる。ここで注目したいのが，B技法大刀の系譜を求め得る大加耶をめぐる情勢である。大加耶は，531年の金官加耶滅亡の後，新羅との争いに突入し，562年，新羅の侵攻によりついに滅亡してしまう。こうした国際情勢は，日本列島で出土するB技法大刀の大部分が，大加耶からの舶載品でない可能性を裏付ける。このような危機的状況にあって，日本列島に装飾付大刀を供給し続けることができたとは考え難く，むしろ大加耶の衰退・滅亡を契機に，流出した大刀工人を倭が受け入れたことで，列島にB技法の工房が成立したと考えるのが自然であろう。ここでは，日本列島で単龍・単鳳環頭大刀製作が始まった直接的契機を，大加耶の衰退・滅亡に求めたい。

ここで，単龍・単鳳環頭大刀の製作開始期における新羅的技術の影響について考えてみたい。持田大輔は，福岡県箕田丸山古墳で出土した大刀（図9-22-1）が「銀貼有稜素環」をもつ点について，同様の資料が新羅系の三葉環頭大刀に多くみられるとして，これを新羅系技術者からの影響と考えた（持田2006・2010）。たしかに，新羅の三葉環頭大刀には，鉄地銀張有稜素環の外環をもつ資料が多く含まれる。しかし，一方の大加耶でも，外環が鉄地銀張で稜をもつ素環頭大刀がまとまった量出土している[14]。別鋳の中心飾をもつ箕田丸山古墳例は，大加耶の製作技術の範疇で捉えることが可能であろう[15]。また，持田は千葉県山王山古墳例や栃木県益子天王塚古墳例の鞘部銀板に打ち出されたC字文様を新羅の把間金属板の打出文様と関連付けて，新羅的要素と認識している。しかし，新羅の把間板の文様は，ごく早い資料を除いて，C字文を上下互い違いに配するものが一般的（第5章）で，日本列島出土例のC字文方向が一方向である点で異なる。新羅的な資料から意匠的影響を受けた可能性はあるが，新羅系技術者との関係を積極的に認める材料としては弱い。したがって，現時点では，日本列島出土の単龍・単鳳環頭大刀には新羅的要素は明確に確認できないとせざるを得ない。日本列島での単龍・単鳳環頭大刀製作は，百済的な意匠の影響の下，大加耶の技術者によって確立されたとしておきたい。

大加耶が衰退・滅亡したことを契機に，倭の中枢が百済的な単龍・単鳳環頭大刀を製作すべく，大加耶の大刀工人を受け入れる。そうして大加耶系渡来1世工人らの工房が整えられ，B1技法による単龍環頭大刀が日本列島で製作されるようになると，半島系意匠をもつ単龍・単鳳環頭大刀は急速に列島に普及する。一方，突如整えられた半島系環頭大刀工房のインパクトは，伝統的な倭装大刀工房に強い影響を与えた。双連珠文責金具などを意匠に取り入れたいわ

14） 第6章で「素環Ⅲ群」とした資料群である。

15） なお，箕田丸山古墳大刀を積極的に古式の資料と評価し，舶載品とみなす見解がある（齊藤2014）。同資料については，耳や冠毛を別々につくり出した伝善山出土例よりも図像の上で古相であるとは考え難いこと，伝善山例の類例とされる江藤正澄氏旧蔵資料（持田2006）にともなう双連珠魚々子文責金具を，B技法の伝昌寧出土例や国立歴史民俗博物館所蔵例の存在から後出的要素とみなすことはできないことから，含玉系単鳳環頭大刀の最古資料と評価するのは困難であると考える。ただし，これに類する群馬県加茂神社境内古墳例（図9-22-2）は，把頭茎の先端を切断した後に打ち延ばすという処理が施されており，これが他の日本列島出土資料に類例がみられないことから舶載品の可能性が指摘されている（大谷2006）。これを半島製とみなすのであれば，箕田丸山古墳例についても半島製ということはあり得るが，日本列島で製作された可能性も否定できず，製作地については現時点では不明としておきたい。

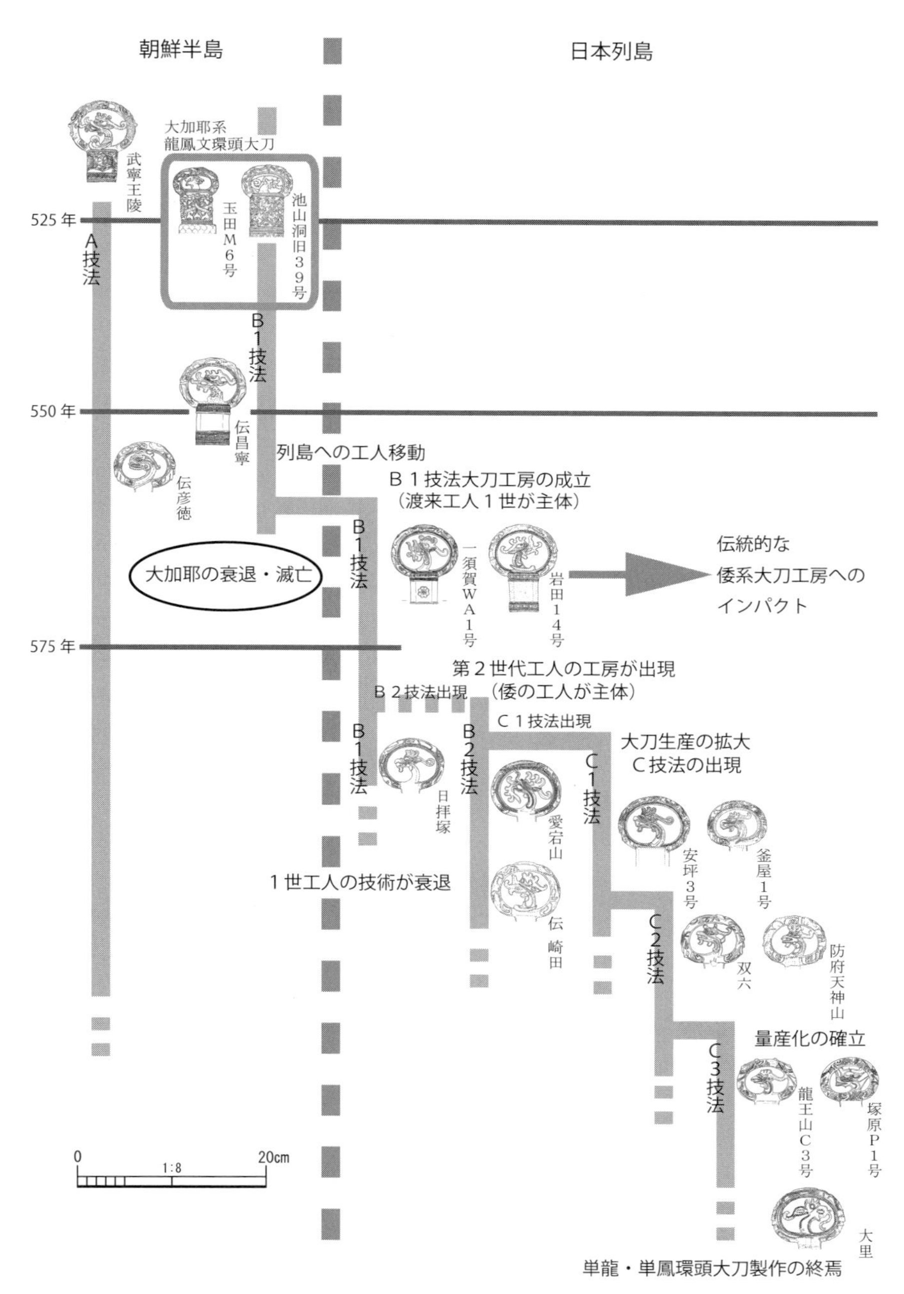

図9-24　単龍・単鳳環頭大刀製作の展開

ゆる「折衷系」大刀（橋本 2006）の出現には，新しい半島系大刀工房の早急な拡大が背景にあると考えられる。

倭の中枢勢力は，単龍・単鳳環頭大刀製作工房のさらなる拡張を図った。その結果，ロウ型を用いる鋳造技術の伝達が十分になされないまま工房が拡大され，確実な量産のための方法として，合范の使用と切削加工を主体としたＣ技法という新たな工程が創出される。当初Ｃ１技法による丁寧な製作をおこなっていた工房では，量産化の必要にともなう省力化のプロセスで，線彫主体のＣ２技法へと移行し，Ｃ３技法・背中合型走龍文でつくられる龍王山系列などの製品群の創出により，完全な量産体制が実現される。

その後，単龍・単鳳環頭大刀の図像退化はますます進み，鍛造による工程が主体の双龍環頭大刀が主流となっていく中で，ついにその製作は終焉を迎えることとなる（図 9-24）。

小　結

以上，単龍・単鳳環頭大刀を対象に，主に環頭部の製作方法に着目した検討をおこなった。従来指摘されてきた大加耶との技術的・意匠的関連性を再確認し，渡来１世工人による列島内製作品群を認定して，日本列島での製作が定着・拡大していく過程の描出を試みた。

倭の単龍・単鳳環頭大刀工房は，大加耶の衰退・滅亡という国際的情勢を背景に成立した。比較的短期間のうちに工房は整備・拡大され，単龍・単鳳環頭大刀の流通が急速に広まっていく。そのインパクトは伝統的な倭装大刀を製作する大刀工房にも影響を及ぼし，折衷的な意匠をもつ大刀の出現を促すなどの変化をもたらした。

ところで，大加耶の大刀製作工人を積極的に受け入れ，新たな工房を新設して単龍・単鳳環頭大刀の生産事業を急速に進めた倭の事情とはいかなるものであったのだろうか。単龍・単鳳環頭大刀の本格的な製作開始を皮切りに，様々な装飾付大刀の生産・流通が盛行し始め，その一方で各種金工服飾品が姿を消していく。単龍・単鳳環頭大刀の導入は，列島社会に訪れた制度的変革を反映する一つの現象とみなすことができるのである。しかし，その背景を読み解くには，古墳時代後期社会に対する総合的な考察が必要となる。本章における分析結果を考察の糸口として，対外的な関係を前提とした社会解釈の再構築に今後取り組んでいきたい。

Column 2
製作方法を推定する

考古学研究において遺物の実見観察，「資料調査」が肝要であることは既に述べたが，とりわけ重要な観察ポイントが「製作方法」である。モノに残された製作に関わる痕跡を見極めて，それがどのような方法で，どのような製作工程を経てつくられたのかを推定するのである。モノに残された痕跡とは，例えば，土器の内面や破断面に認められる粘土紐の接合部分の痕跡（図 B-1）などである。考古学研究者は，こうした痕跡から，どれくらいの大きさの粘土紐をいくつ積んで土器をつくったのか，といったことを推測していく。

しかし，そういった製作痕跡は，土器によってよく見えたり見えなかったりする。それは，その土器をつくった古代の人の「性格」に起因する。つまり，作り手が几帳面な性格だった場合，仕上げの際に内面の接合痕をきれいに消してしまい，痕跡が残らない。逆に，大雑把な性格の持ち主がつくった土器は，接合痕を消す作業を適当に終えてしまうため，接合痕が残ったままになるのである。もちろん，製作にかかわる痕跡は残っていれば残っているほどありがた

図 B-1　土器の内面に残る粘土紐痕跡
（福岡県曲り田遺跡）

い。一般的にいわれている血液型性格診断（その当否はともかくとして）に例えれば，「A型」的な人がつくった土器は考古学的観察に向かない。考古学的な情報を多くもたらしてくれるのは「O型」的な人の作品である。おそらく当時の人たちは，細部まできれいに仕上げた「A型」土器をありがたがったであろう。しかし，考古学的には適当な性格の人が適当につくった「O型」土器がより重宝されるのである。

このように，考古学研究者はモノに残された痕跡を懸命に探し出し，製作方法の復原を試みている。ただし気を付けないといけないのは「考古学者はものづくりの専門家ではない」ということである。研究者が痕跡から製作過程を推定して一つの結論を導き出したとしても，研究者自身は日常的にものづくりをしている人間ではないので，それが本当に合っているのかどうかはわからない。特に，本書で対象としている金工品などの金属製品は，製作技術の復原がより困難である。金属の加工は非常に専門的で，それをつくったことのない人間には，推定した製作方法が本当に可能なのかどうか，その方法が実際のところ簡単なのか難しいのか，といったことを感覚的に判断できないのである。例えば，三重県明和町の坂本1号墳から出土した頭椎大刀の復原品が製作（図B-2）された際，倒卵形の金銅製把頭を復原するため半球状の部品を二つつくって接合する必要が生じた。当初，同じ形の球面をもつ二つの部品は，木製の型に銅板をあてがって叩打しないとつくれないだろうと想定されていた。ところが，実際に金工職人に製作を依頼したところ，木型を使わず金槌1本で容易く半球状

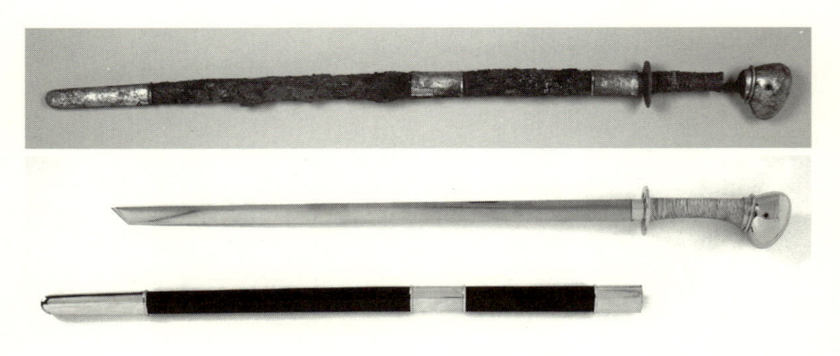

図B-2　三重県坂本1号墳出土頭椎大刀
上．実物，下．復原品

部品を完成させてしまったのである。研究者がモノの観察のみによって推定復原した製作技法は，必ずしも正しいとは限らない。

工芸文化研究所の鈴木勉氏は，古代の技術の復原にはこうした「観察推定法」のみでは不十分で，推定した方法で実際につくってみて，できあがった復原品を実物と対照しつつ本当にそのつくり方が合っているのかを検証する「検証ループ法」を実行しないといけないと説く（鈴木2006ほか）。自身で緻密な製作実験を繰り返しつつ，観察推定の危うさを指摘する氏の主張は，遺物研究の方法論に対する重大な問題提起である。製作実験という研究方法は，もっと恒常的に取り組まれるべきであろう。

とはいえ，実際のところ一研究者があらゆる製作技法の推定において常に製作実験を実施するのは，現実的には難しいところでもある。しかし少なくとも，自らの観察結果に基づく推定があくまで「観察推定法」の枠内であるということは心に留めておくべきだろう。製作技法の推定には，慎重な態度で臨まなくてならない。それに立脚して技術交流や社会発展を議論するのであれば，なおさらである。

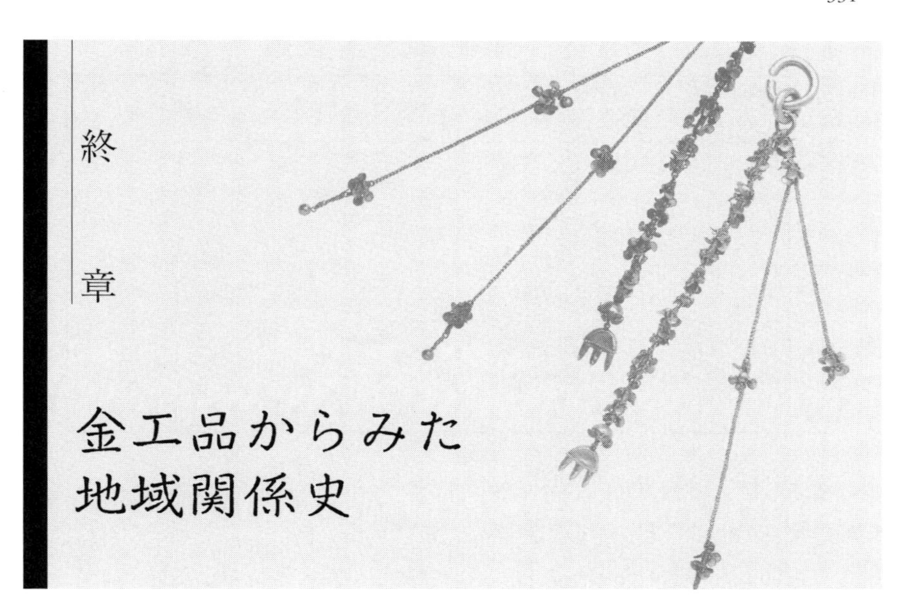

終章

金工品からみた地域関係史

ここまで，垂飾付耳飾と装飾付大刀という二つの金工品の様相を地域ごとに検討し，製品の流通状況のほか，意匠面の影響関係，製作技法の伝播などから，章ごとに地域間交流関係に言及してきた。本章では，それらの検討結果を総合して，日本列島と朝鮮半島各地との交流関係が５，６世紀を通じてどのような変遷をたどってきたのか，全体的な流れを改めて描出してみたい。

第１節　統合編年区分の設定

まずは，各章で設定した編年案の並行関係を確認し，各地域での動向を同じ基準で論じるための年代軸を提示しておく。

各編年の並行関係を整理したのが表10-1である。朝鮮半島出土例の並行関係に関しては，それぞれで検討した実年代を参考に設定した。ここで日本列島の陶邑須恵器編年を基準とした古墳時代中期以降の時期変遷[1]との並行関係に

1）　第４章と第８章とでそれぞれ別途に区分した古墳時代中期の年代区分について言及しておくと，帯金式甲冑の出現（古谷1996）を古墳時代中期開始の指標とし，初頭から前葉いっぱいまでを中期前半，中葉と後葉を包括して中期後半としてある。

表 10-1　これまでの編年の統合案

<table>
<tr><th rowspan="2">編年区分</th><th colspan="2">垂飾付耳飾</th><th colspan="2">装飾付大刀</th><th rowspan="2">古墳時代時期区分</th><th rowspan="2">歴史的事件</th></tr>
<tr><th>新羅</th><th>大加耶</th><th>新羅</th><th>百済・大加耶</th></tr>
<tr><td>Ⅰ期</td><td>1期</td><td></td><td>1期</td><td>1期</td><td>中期前葉
（〜TK73）</td><td rowspan="5">・百済，熊津遷都（475）
・新羅，州郡制の実施（505）
・百済，泗沘遷都（538）
・大加耶，滅亡（562）</td></tr>
<tr><td>Ⅱ期</td><td>2期
3期</td><td>1期</td><td>2期（前）</td><td>2期（前）</td><td>中期中葉
（TK216〜TK208）</td></tr>
<tr><td>Ⅲ期</td><td>4期</td><td>2期</td><td>2期（後）</td><td>2期（後）</td><td>中期後葉
（TK23〜TK47）</td></tr>
<tr><td>Ⅳ期</td><td>5期</td><td>3期</td><td>3期</td><td>3期</td><td>後期前葉
（MT15〜TK10）</td></tr>
<tr><td>Ⅴ期</td><td></td><td></td><td></td><td></td><td>後期中葉以降
（MT85〜）</td></tr>
</table>

ついて少し触れておこう。

朝鮮半島出土資料と日本の須恵器型式の暦年代を整合しようと試みた研究に，白井克也による一連の作業がある。白井は朝鮮半島各地域の土器編年に，馬具の鐙の編年と日本の短甲編年を合わせ，それぞれの共伴関係から日韓の交差編年をおこなった。その結果，一定の基準で新羅・百済・大加耶と日本におけるそれぞれの相対編年に整合的な並行関係を設定することに成功している。さらに白井は，朝鮮三国時代の文献史料や金石文の記述に依拠して馬具の変遷に歴史的解釈を加え，鐙編年に実年代を付与，須恵器編年にも年代を割り振った。白井によると，ＴＫ73型式（本書での古墳時代中期前葉）が420年ごろから435年頃，ＴＫ216〜ＴＫ208型式（中期中葉）が435年〜475年，ＴＫ23〜ＴＫ47型式（中期後葉）が475年〜515年頃，ＭＴ15型式が515年以後となる（白井2003b）。白井の年代整理は，本書の年代観と齟齬をきたすものではなく，妥当な理解であると考える。また第９章では，佐藤隆の須恵器編年研究を参考に，ＴＫ10型式新段階（ＭＴ85型式）がおおよそ560年頃に開始すると考え，単鳳環頭大刀においてＣ３技法が出現するＴＫ209型式期前後を６世紀末頃以降と理解した。

さて，各章の分析においてそれぞれ設定した編年分期の画期は，共通した地域間情勢の変化を背景として想定している場合が少なくない。そこで，各章の編年分期を総合し，次のような統合編年区分を設ける（表10-1）。Ⅰ期は新羅の耳飾編年１期から２期前半，新羅・百済・加耶の装飾付大刀編年１期を包括する。古墳時代中期前葉（ＴＫ73型式期以前）に該当し，実年代は５世紀前葉頃である。Ⅱ期には，新羅耳飾編年２期後半から３期，大加耶耳飾編年の１期，装飾付大刀編年の２期前半が含まれる。古墳時代中期中葉（ＴＫ216～ＴＫ208型式期）にあたり，５世紀中葉頃の実年代が与えられる。Ⅲ期は，新羅耳飾編年４期，大加耶耳飾編年２期，装飾付大刀編年２期後半とおおよそ並行し，古墳時代中期後葉（ＴＫ23～ＴＫ47型式期），５世紀後葉から末にあたる。Ⅳ期は，新羅耳飾編年５期，大加耶耳飾編年３期，装飾付大刀編年３期に並行し，古墳時代後期前葉（ＭＴ15～ＴＫ10型式期）に該当する。実年代は，６世紀初頭から前葉である。さらに，古墳時代後期中葉以降（ＭＴ85型式期以後）をⅤ期とする。

以下，この統合編年区分に則って，時期別に各地域間でなされた地域間交渉の様相を通覧してみよう。

第２節　古代朝鮮諸国と倭の相互交渉

１．朝鮮半島南部における金工品流通の本格化

Ⅰ期は，新羅や百済で金工品の製作・流通が本格化する時期である。

Ⅰ期以前にも金工品の出土は確認される。最も古い時期のものとして，金海大成洞88号墳出土の晋式帯金具をはじめとする金銅製品（図10-1-1～4）や，後続する91号墳出土の金銅製鈴や容器類（図10-1-5～10）が挙げられる（宋源永ほか2015）。これらはいずれも三燕など主に中国東北部から持ち込まれたものと考えられる。慶州月城路カ13号墳からも，形態的に次段階の資料につながる最古相の大刀や耳飾などが出土（図10-2）しているが，おそらく高句麗からの搬入品，あるいは高句麗工人が新羅で製作したものであろうと推測した（第１章）。369年に日本列島に移入されたとみられる百済の七支刀[2]には，金属を線状に加工する技術やそれを象嵌する技術が既に用いられているが，百済の出土金工品に４世紀代にまで時期が遡ると積極的に認め得る資料はほとんどなく[3]，そ

---

2)　「泰■四年」を東晋の「泰和四年」とみて，369年とする説（福山1951，榧本1952）が有力である（新藏2005ほか）。この年代は，復原研究を通じた技術的な視点からも追認されている（鈴木・河内2006）。

3)　韓国の百済考古学界では，出土する中国陶磁器を中国の記年墓から出土している陶磁器と対比し，類似した形態の陶磁器を出土した墓に記された実年代をそのまま援用して，百済の古墳築造年代に適用することが多い。ところが，中国陶磁器に依拠した実年代観は，多くの場合において，

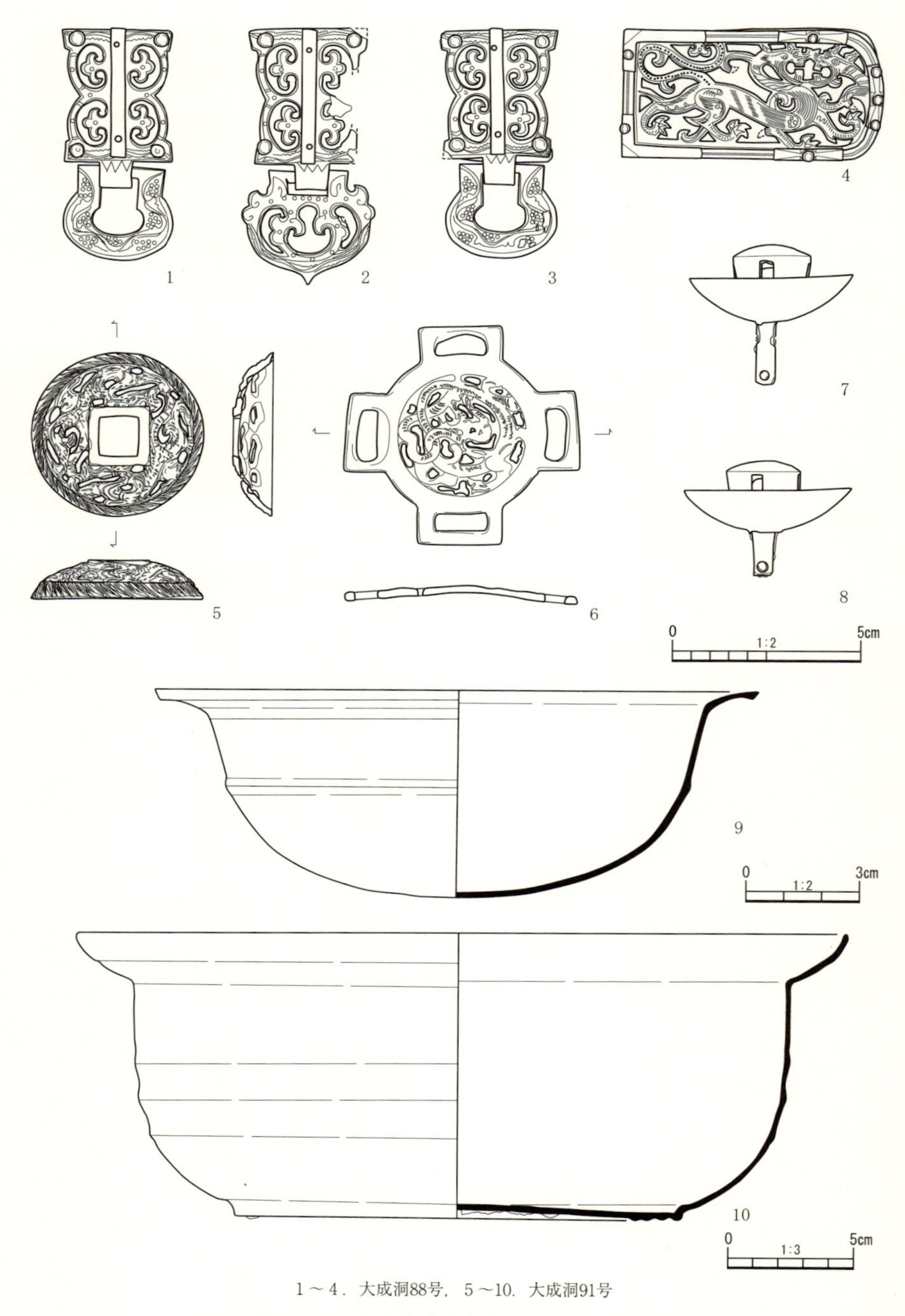

1～4．大成洞88号，5～10．大成洞91号

図 10-1　金海大成洞古墳群出土金銅製品

の実態は不透明である。

新羅では，比較的簡素な装飾意匠の耳飾や，装飾付素環頭大刀などの定型化していない大刀が一定数つくられ，圏域内に流通し始める。しかし，この段階ではまだ新羅の地方への影響力が十分でなかったためか，金工品配布を通じた地方統治システムは確立されていなかった。そのため，政治的アイテムとしての金工品の価値が明確でなく，中央勢力による工房管理もさほど厳しくなかったとみられる。結果，新羅の工人の一部が加耶地方へと渡り，咸安馬甲塚出土金銀装象嵌素環頭大刀や池山洞73号墳出土龍鳳文環頭大刀といった百済的要素が混淆した大刀がつくられた。

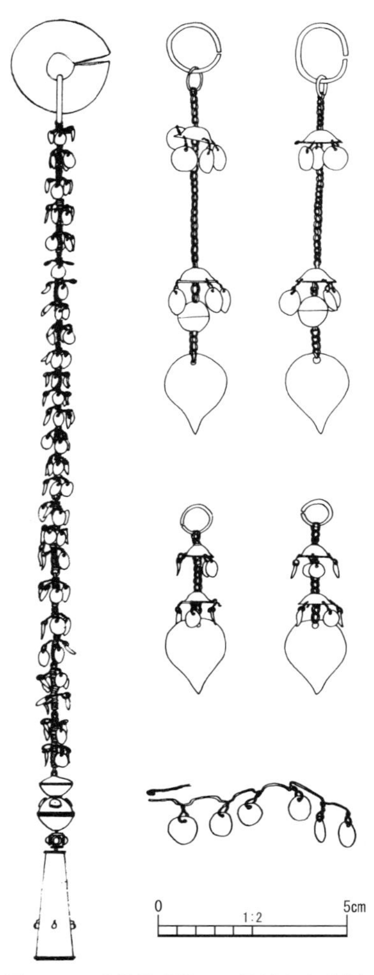

図 10-2　慶州月城路カ13号墳出土金製装飾品

一方，百済でも金製耳飾や象嵌素環頭大刀がつくられ流通していた。とりわけ装飾付環頭大刀には，鋳造によって立体的文様をもつ環体をつくり出し，金板を圧着させて装飾するなど，複雑な金工装飾技術が既に認められる。先述した七支刀の存在から，中でも象嵌技術に関しては，この段階で既に百済に特徴的な技術として発達していたことがわかる。その技術は，百済が独自に創出したものとは考え難く，おそらく東晋など中国大陸のいずれかの地域から伝わったものと考えられるが，資料が十分でなく，その源流については不分明である。

この時期既に，倭にも金工品が少数ながら流入している。福岡県堤蓮町１号

新羅・加耶考古学や日本考古学の年代観よりも古い年代が想定され，解釈を加える上で深刻な齟齬を生じる原因となっている。

墳では，漢城期百済の金製垂飾付耳飾（図4-2-1）と新羅初期の三累環頭大刀（図8-3-2）とが共伴する。このことは，堤蓮町1号墳の被葬者が，ある特定の一地域との交渉に従事した集団でなく，高田貫太が指摘するような，「半島とのコネクション」を「多元的」に有する人物であったことを示唆する（高田2014）。堤蓮町1号墳の埋葬施設は竪穴系横口式石槨であった可能性が高いことを勘案すると，半島から渡来した人物が北部九州に定着しつつ半島各地との窓口として活動したものと想定される。

こうした状況は，対岸の釜山福泉洞古墳群においても認められる。福泉洞1号墳では，新羅の出字形立飾付金銅冠と百済のものとみられる垂飾付耳飾，倭系の鹿角装鉄剣など，多様な系譜の副葬品が認められる（図10-3）。高田貫太は，福泉洞21・22号墳段階以後の東莱地域の集団が，諸地域社会との多元的交渉活動を軸に，新羅社会の間接支配を受けつつもある程度の自律性を保った集団であったと評価している（高田2012・2014）。この時期に日本列島に搬入された金工品が，主に新羅1期の装飾付大刀である点を考慮すると，この時期における倭の対半島交渉に，新羅をはじめとする半島各地との交渉の窓口を担った釜山勢力の存在は非常に大きな位置を占めていた。

2．政治的アイテムとしての金工品生産

Ⅱ期を迎えると，新羅圏域で流通する大刀の意匠が一新され，三葉A群大刀と三累B群大刀という「新羅的」な特徴的意匠をもつ大刀が出現し，新羅からの周辺への技術伝播がみられなくなる。新羅の内的な社会発展の過程で金工品を媒介とした間接統治体制が確立し，中央勢力による金工品製作の管理が始まったことが窺われる（第5章）。これにより，金工品そのものの価値が変容し始める。すなわち，新羅中枢によって各地に配布される金工品が，単に材質の稀少性に由来した価値だけでなく，政治的な意味を包含した「象徴物」としての価値を獲得したと考えられるのである。

この時期から大加耶での耳飾製作が始まることは，こうした新羅での金工品配布体制の変化と無関係ではないと考える。つまり，金工品の配布という地方統治形態の普及が，隣接地域である大加耶に影響を及ぼしたことで，大加耶は圏域内に配布するための独自の金工品創出を志向し始めたのではないかとみら

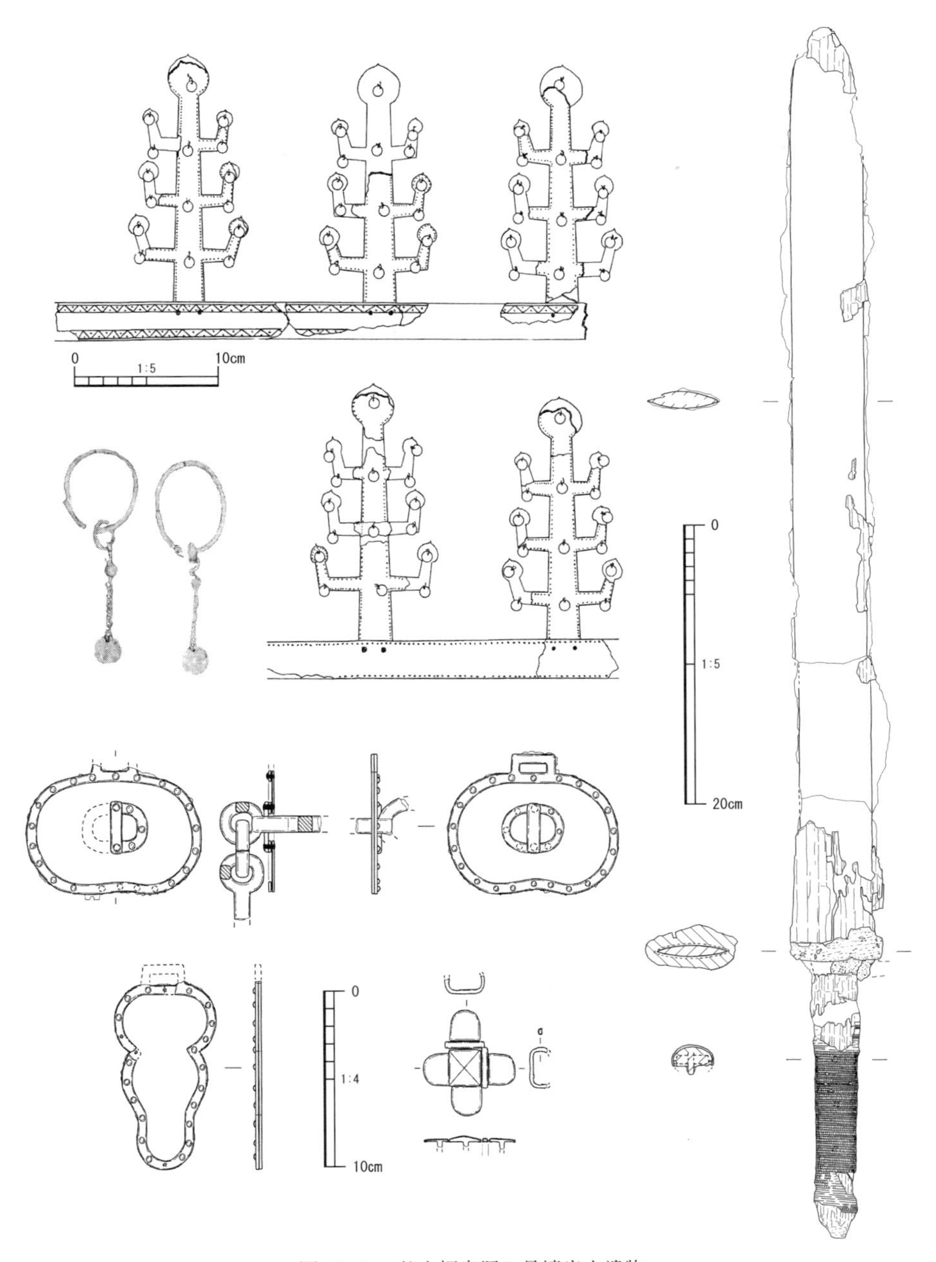

図 10- 3　釜山福泉洞 1 号墳出土遺物

れる。

ただし，こうした大加耶の動向は，基本的に百済との関係を深める中で実現される。大加耶では，前段階にみられる装飾付大刀や出現期の耳飾に，部分的な新羅的技術の影響が看取されるが，おそらくはⅠ期に新羅から流出した工人の一部が工房に取り込まれたことに起因するとみられ，あくまで製作を主導していたのは百済系の技術者であった（第3章・第6章）。製品の流通に加え，技術的な交流が認められるという点から，大加耶と百済の深い関係が確認される。

なお，新羅と大加耶の関係も決して敵対的というわけではなかったようである。このことは，少数ながら新羅の耳飾が大加耶に持ち込まれていることからも推測されるが（第3章），胡籙金具の分析を進めた土屋隆史により，新羅系技術工人の大加耶への流入が一定数あったことが指摘されており注目される。氏は，大加耶圏で流通する胡籙金具のうち「双方中円形Ⅱa群」に属するものは，その技術的源流を新羅に求められるものの，分布の中心が大加耶であることから，新羅系の技術工人が大加耶において製作したものと推定している（土屋2015）。氏の見解に従うならば，同じ「金工品」から新羅と大加耶の友好的関係を積極的に評価できるということになる。

Ⅱ期の後半になると，新羅で円筒形系統耳飾が出現し，細粒装飾技法が取り入れられる。こうした新しい技術の源流は，やはり百済であったと考えられる。現時点における細粒装飾技法の最も早い事例が公州水村里Ⅱ-8号墳出土垂飾付耳飾（図3-12-2・図4-13）である点，慶州金冠塚出土M字形垂下飾付耳飾に糸状ⅱ類連結金具の使用が認められる（図1-15）点などが，その根拠といえよう。慶州金冠塚出土のものと同型式の銀製帯金具が公州宋山里4号墳にも副葬されている（図10-4）ことも，この時期の両地域の良好な関係を示す資料の一つであろう。

日本列島に目を向けると，新羅系の装飾付大刀が搬入されなくなり，代わって百済の大刀が散見されるようになる。倭の，主に釜山勢力を窓口としていた半島交渉の在り方が新羅勢力の伸長にともなって大きく変容し，これに代わる交渉窓口を模索する中で百済への接近が進められたものと考えた（第8章）。また，日本列島ではこの時期から長鎖式耳飾の製作が始まる。その技術の源流は百済の可能性も残るものの，大加耶が第一候補であると考えた（第4章）。この

図 10-4　公州宋山里 4 号墳出土新羅系銀製帯金具

時期は，大加耶でも甲冑類をはじめとする数多くの倭系遺物が出土しており，倭と両地域との関係はいずれも良好であった。

以上を総合すると，Ⅱ期においては，新羅と百済，さらに大加耶は，それぞれ近しい関係にあったことがわかる。その要因として考えられるのが，南下を目論む高句麗の存在である。新羅は，高句麗南征以来，5世紀前半代にかけて高句麗の影響下に置かれていた。このことは，慶州瑞鳳塚で出土した，長寿王39（451）年に該当するとされる延寿元年銘銀盒杅などからも窺われる（森2011）。しかしⅡ期以降，新羅は高句麗勢力下からの脱却を図り（井上2000），羅済同盟を締結するなど周辺との関係強化の動きをみせる（第1章）。新羅が，百済のみならず，隣接する大加耶とも良好な関係を維持していることからは，脱高句麗を本格的に推進する新羅の意図が垣間見える。

一方の百済や大加耶にとっても高句麗の存在は脅威であった。特に475年に漢城を高句麗によって攻め落とされることになる百済は，この段階で高句麗との対立をかなり深めていたとみられ，そのことが大加耶や新羅との関係深化に直結したものと考えられる。倭は，そうした朝鮮半島情勢を背景に，百済や大加耶に接近し，有事の際の協力を担保に鉄素材や先進技術を導入したと推測される。

3．金工品生産の隆盛と大加耶の伸長

Ⅲ期になると，朝鮮半島情勢に大きな変化が訪れる。すなわち，百済の熊津遷都である。475年，百済は高句麗の侵攻を受ける。この戦いで百済の蓋鹵王は戦死，首都の漢城を陥落され，熊津（公州）への遷都を余儀なくされる。この事件で，百済は国家存亡を左右する大打撃を被るが，その一方で，大加耶は流出した百済の工人集団を受け入れることで（第6章），その勢力を大きく伸長

させる。

新羅では，間接統治を目的とした地方への金工装飾品配布が最盛期を迎え，大刀や耳飾をはじめとする各種金工品が地方へと大量に配布される。ただし，新羅圏域内でこれほどの新羅式金工品が流通している一方で，圏域外へと搬出されるのはわずかである。このことは，生産量をさらに増した金工装飾品を，新羅中央が引き続き厳格に管理していたことを示唆する。

一方，大加耶では，一時的に国力を衰退させた百済から流出してきた工人を受け入れ，金工品製作体制を強化，龍鳳文環頭大刀の本格的生産・配布を開始する。このように新たな装飾付大刀が大加耶で創出されたのは，新羅の金工品配布を介した地方統治方式の普及が強く影響を与えたためであろう。中でも新羅と領域を角逐する昌寧地域では，新羅式金工品の出土が目立ち，洛東江に接した境界地域での主導権争いが激化していたことが窺われる（第２章）。大加耶の昌寧地域での影響力維持は，大加耶における金工品製作体制強化の大きな動機の一つであったと考えられる。このことを裏付けるように，次のⅤ段階には，山梔子形系統耳飾や装飾付大刀など，大加耶系の金工品が新羅系金工品に混じって出土するようになる。

ただし，大加耶と新羅の関係そのものは，Ⅲ期に引き続き比較的良好であった。慶州飾履塚には大加耶系龍鳳文環頭大刀が副葬されており，こうした大加耶の大刀の模倣製作品とみられる大刀が慶州天馬塚にも認められる（図5-16）。一方の大加耶でも，陜川玉田Ｍ３号墳からは複数の新羅系円筒形ｃ類耳飾（図3-5-4・5）が出土しており，他の大加耶系耳飾にも新羅系耳飾の意匠が目立つようになる。両地域における器物の授受を通した関係維持が資料の様相から窺われるのである。

同様の関係は，新羅と百済との間でも認められる。熊津期百済の耳飾は，花笠形中間飾や心葉形Ⅱ類垂下飾など，漢城期の耳飾から様相を大きく変え，新羅的な意匠が取り入れられている。一方の新羅でも，この段階からとりわけデザイン面で保守的であった装飾付大刀に，伝統的な環頭大刀とは異なる銀装圭頭大刀が新たに加わる（第７章）。これらの新出大刀には，把部の螺旋状銀線巻きなど従来新羅になかった装飾がみられ，慶州チョクセムＢ１号墳出土三葉Ｂ１群大刀などで認められるように，一部意匠は伝統的な大刀にも導入されている（図 10-5）。こうした事実は，漢城陥落の後も新羅と百済の関係が継続されていたことを窺わせる。文献史料によると，熊津遷都後の混乱の中，479年に即位した百済の東城王は，国内情勢を平定する過程で493年に新羅の伊飡比智の娘と婚姻関係を結び，新羅との同盟関係を確立させるなど，新羅との関係を強化したとされる。こうした関係の在り方は，出土金工品の状況とひとまず整合的である。

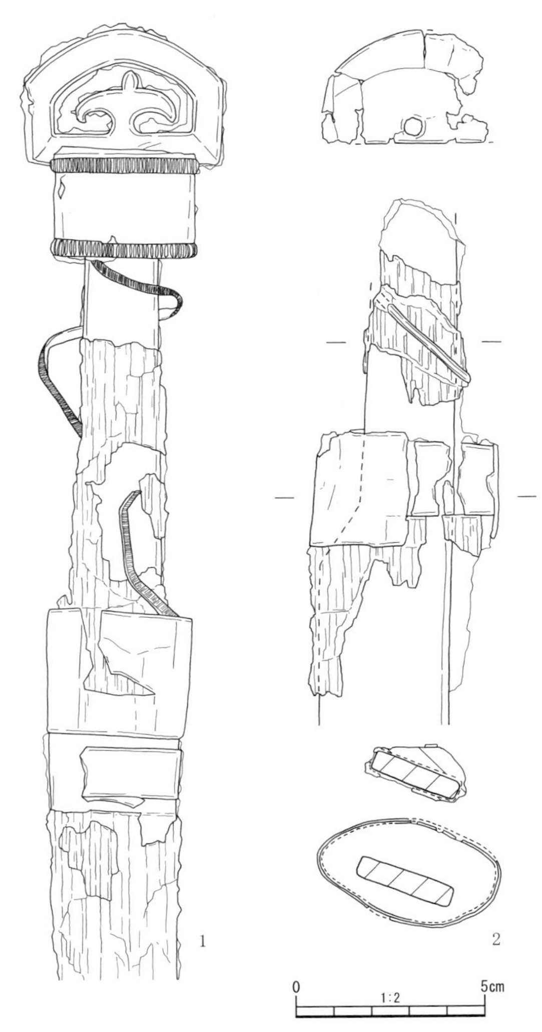

1．チョクセム地区Ｂ１号，２．大里里２号Ｂ－１石槨

図 10-5　螺旋状把巻きを施した新羅の大刀

この時期の倭では，一部を除いて金製の長鎖式耳飾がつくられなくなり，ほぼ銀製ないし金銅製に限られるようになる。舶載されたとみられる耳飾は，北部九州における新羅との直接交渉で流入した簡素な耳飾のほか，江田船山古墳の花瓣形系統耳飾など百済との関係を示すものが少数確認されるのみで，大加耶系の耳飾はこの段階でも依然確認されない。大刀の様相をみても，百済からの舶載品と考えられる象嵌装の環頭大刀類や素環Ⅱ群大刀が認められる一方，当該時期に属する大加耶の龍鳳Ⅲ群大刀や素環Ⅲ群大刀は出土していない。大刀と耳飾という側面においては，

大加耶との関係は一時的に稀薄にみえるが，後述するように，この時期の倭と大加耶との関係は多方面から窺うことができる。両地域間の関係は，より総合的な側面から検討する必要があろう。

4．製作技術の成熟と金工品価値の変容

Ⅳ期以降になると，新羅における金工品製作は徐々にその規模を縮小させていく。505年に新羅で州郡制が施行され，従来の間接統治体制が地方官を派遣しての直接統治へと転換したことをその契機と推測した（第１章・第５章）。この時期以降，新羅圏域では金工品の墳墓への副葬が全体的にみられなくなり，出土事例が著しく減少する。しかし，昌寧など一部地域では，Ⅳ期以降においても新羅の金工品の多量な出土が確認できる。このことから，新羅の直接統治への転換が実際には漸次的に進められ，領域の境界にあたる地域においては，金工品の配布が継続されていたと推察できる。

百済では，公州武寧王陵の豪奢な副葬品に，当該時期における金工技術の高さを認めることができる。Ⅳ期の百済では，出土金工品の発見件数は減少しているが，陜川玉田M11号墳に副葬された百済系垂飾付耳飾（図3-4-9）から，百済において非常に高い技術水準での金工品製作が継続されていたことが推定可能である。日本列島においても，滋賀県鴨稲荷山古墳例（図4-2-3）や熊本県大坊古墳例（図4-2-4）など熊津期の耳飾の搬入が認められるほか，福岡県吉武Ｓ－９号墳例（図8-13-1）のように百済製とみられる装飾付大刀もいくつか確認できる。

一方，大加耶ではこの時期に金工品生産の最盛期を迎える。山梔子形系統耳飾の出現にともない，垂飾付耳飾製作に鏤金技法による細粒装飾が導入される。この時期も，大加耶の金工品には新羅からの影響が引き続き認められる。昌寧や陜川で出土する山梔子形系統耳飾には，小環連接立方体などの新羅的な意匠が部分的に取り入れられており，新羅の模倣品とみられる馬具類（第２章）も確認される。陜川玉田Ｍ６号墳では，新羅製品を模倣した出字形金銅冠に加え，新羅からの搬入品であろう出字形金銅冠も出土（図10-6）している（咸舜燮2013）。一方で，新羅では慶州壺杅塚（図10-7）で大加耶系龍鳳Ⅲ群大刀が発見されており，両地域の関係が続いていたことを窺わせる。

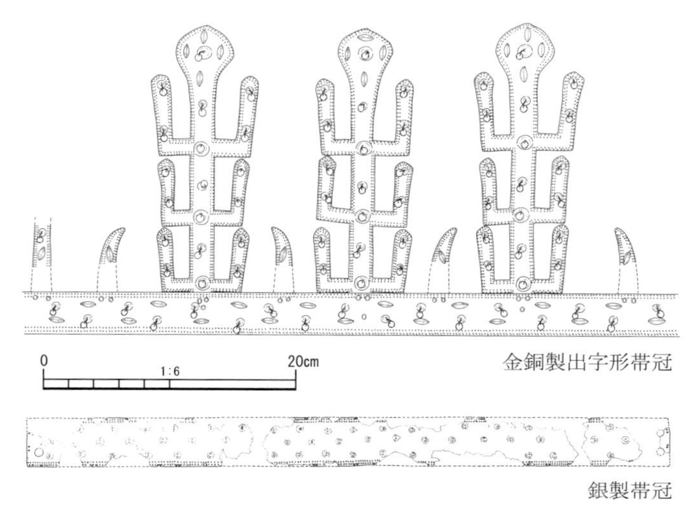

図 10-6　陝川玉田M 6 号墳出土冠

この段階を迎えて，大加耶系金工品の倭への流入が活発化する。すなわち，山梔子形系統耳飾をはじめとする大加耶系耳飾や装飾付環頭大刀が，列島各地で出土するようになる。先のⅢ期の分析では，大刀と耳飾からは大加耶と倭との関係が明確にみえづらいことを述べたが，Ⅳ期以降には，これら金工品の様相からも両地域間の関係性が読み取れるようになる。Ⅲ期に比べてその交流が緊密化したことが指摘できよう。

他方，愛媛県東宮山古墳出土三葉環頭把頭（図 8-11-4）の存在から，倭と新羅の間にも何らかの交流があったことがわかる。新羅系金工装飾品の出土は日本列島ではあまり確認できないが，しかし，宮崎県持田26号墳の新羅系三葉環頭大刀の模倣製作品（図 8-11-2）や，大阪府郡川西車塚古墳の銀製円筒形 c 類垂飾付耳飾（図 4-1-2）などの存在は，新羅的金工装飾品に対する価値意識が倭においてもある程度認識されていた可能性を示唆する。

このように，Ⅳ期の倭では多様な系譜をもつ半島系文物の増加が確認される。その様相からは，大加耶を主要な交渉相手に加えつつ，百済や新羅も含めた多角的な半島交渉が展開されたことが読み取れる。

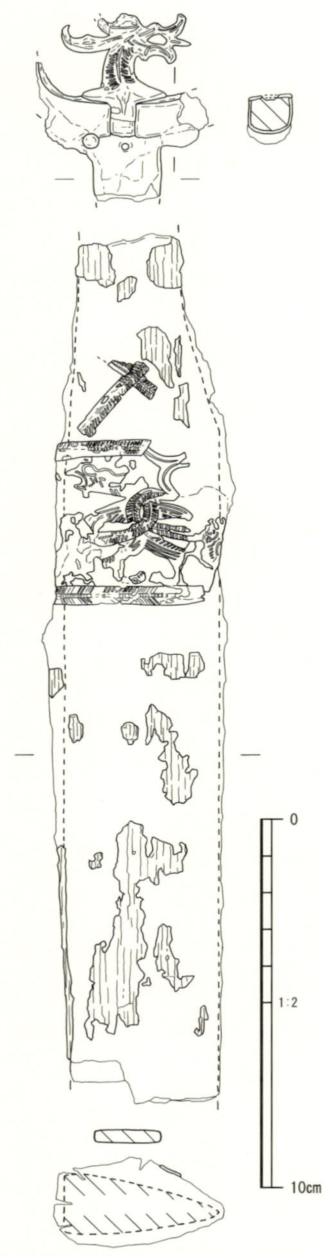

図 10-7　慶州壺杅塚出土大加耶系龍鳳文環頭大刀

5．従来的な金工品の終焉と新たな展開

Ⅴ期になると，新羅や百済における副葬品の墳墓への埋納が希薄になることも相まって，朝鮮半島における金工品生産の状況が非常に不明瞭になる。新羅では，前段階に地方統治体制の変化があったことで，金工品の生産は明らかに縮小しているとみられるが，慶州皇龍寺木塔址出土太環耳飾（図 10-8）の存在などに鑑みると，金工品の製作そのものは７世紀代まで継続されていたようである。百済でも薬研車形中間飾をもつ耳飾など金工装飾品の生産自体は続いていたが，一方で舎利装厳具など仏教的な金工品がつくられるようになり，その性格が宗教的なものへと変容し始めていることを窺える。皇龍寺木塔址出土耳飾の存在から，新羅においても金工品の性格が同様に変化していったことが推測される。

依然として威信財的な金工品の製作を続けていた大加耶は，山梔子形系統耳飾などの金工品を，圏域内での配布のほか，主に倭との交渉で用いていた。ところが大加耶は，長く良好な関係を保っていた新羅の侵攻を受け，562年に滅亡してしまう。大加耶のあった地域はその後新羅の支配下に置かれるが，その滅亡を前後して大加耶の金工品製作工人の一部が倭に渡来する。倭では，朝鮮半島各地での金工服飾品の性格変化を受け，各種金工服飾品の製作を縮小するが，一方で新たに発生した装飾付大刀による身分表徴システムを確立するため，大加耶工人を積極的に受け入れる。従来の伝統的な倭装大刀工房に加え，単龍・単鳳環頭大刀を製作する「半島系大刀工房」が設立されたことで，古墳時代後期後半における「装飾付大刀文化」が開化し，倭独自の発展を遂げていく。

図 10-8　慶州皇龍寺木塔址出土太環耳飾

第3節　今後の論点——次なる課題へ向けて

以上，5,6世紀代における列島・半島各地の関係変化過程を通観した。金工品の，それも耳飾と大刀という限られた器物に反映された様相ではあるが，列島・半島それぞれの集団の交渉が，互いの利害関係に基づいて合理的になされてきたことは明白である。

最後に，日本列島，すなわち倭を中心とする視点から，本書での検討の結果派生するいくつかの論点を整理し，今後取り組むべき課題を示しておきたい。

1．5世紀前半における倭と半島諸国との関わり

5世紀前半代は，朝鮮半島の各地でも金工品の生産がまだそれほど軌道に乗っていなかったこともあり，日本列島ではあまり金工品自体が出土しない。そんな中，しばしば認められるのが，堤蓮町1号墳や尾漕2号墳などで出土している新羅系の装飾付大刀であった。

第5章での分析で，釜山地域に出土例が集中し，製作地の見解が定まっていない三累A類大刀や素環B類大刀をやはり新羅系であると考えた（第5章）。しかしその製作地はともかく，I期におけるこれらの環頭大刀が，新羅の中枢勢力の意思でもたらされたものか，地域間の直接的交渉，すなわち釜山勢力の主

導で流通したものかは，より詳細な検討が必要である。ただ，この時期において，倭と新羅との関係が間接的であれ垣間見られることには注意しておくべきであろう。

これと関連して，奈良県新沢千塚126号墳副葬品の特異性はもっと注目されるべきである。高田貫太は，同墳で出土した装身具セットを高句麗・新羅系の枠で捉えられるとし，さらにこれらが着装された状態で出土したことから，積極的に被葬者を新羅系渡来人と評価，「新羅王権の交渉目的を代弁し，交渉を有利に展開させるように動いた「質」のような被葬者像を想定」している（高田2014）。被葬者の評価については慎重な検討を要するが，新羅の金冠に多数垂下された硬玉製勾玉[4]の存在と合わせても，当該時期の新羅との関係は，かなり深いものであった可能性を考慮してみなくてはならない。

最近，釜山蓮山洞Ｍ３号墳から襟付短甲の破片が出土し，学界の注目を集めた。一方で，高興野幕古墳や新安ペノルリ古墳など，全羅南道の沿海部でも倭系帯金式甲冑副葬古墳の発見が相次いでいるが，橋本達也は，襟付短甲という大阪府百舌鳥・古市古墳群に出土例が集中する特殊な短甲の存在は，通常の帯金式甲冑の出土とは評価が異なるとして，倭の中枢勢力と福泉洞・蓮山洞集団との緊密な関係を指摘する（橋本2015）。氏は，福泉洞・蓮山洞古墳群において，多数の帯金式甲冑が出土していることから，釜山集団の自立性を強調しているが，先の新沢千塚126号墳の存在などを勘案するならば，倭の中枢が釜山集団を重視したのは，釜山勢力自体もさることながら，やはり背後の新羅との関係が見据えられていた可能性が高い。

2．５世紀後半における大加耶との関係

本書では，日本列島で出土する垂飾付耳飾のうち，「長鎖式耳飾」を金製のものも含めて大部分が倭で製作されたものと考えた（第４章）。これらの垂飾付

4）現在，東アジアにおける硬玉の産地は，日本の新潟県糸魚川とミャンマーでしか知られておらず，朝鮮半島内での確実な産地は確認されていない。早乙女雅博・早川泰弘は，梁山夫婦塚出土硬玉製勾玉に蛍光Ｘ線分析を実施し，それらが日本列島産の原石からつくられた可能性が高いとした（早乙女・早川1998）。これにより新羅の金冠にともなう多量の硬玉が，いずれも日本列島からもたらされたものである可能性が示唆された。しかし，韓国出土の硬玉が日本のものとは成分が異なるとする研究もある（崔恩珠1986）。今後さらなる成分分析研究の蓄積が待たれる。

耳飾は従来，5世紀後半における倭と大加耶の交渉を示すものとされてきた。しかし，これらが大加耶との関わりの中で捉えられないということになると，当該時期における交渉の在り方を少なからず見直す必要が生じる。

当該時期において，大加耶と倭の間に交流関係があったことは確かである。例えば，大加耶1期の垂飾付耳飾が出土した陜川玉田28号墳からは，倭系の横矧板鋲留短甲が出土している。また，山清生草M13号墳では，龍鳳Ⅲ群大刀に倭系の木製装具とみられる有突起型把装具（岩本2006）を装着した鉄剣（図10-9）が共伴（趙榮濟ほか2009）する。

一方，大加耶の「金工品」が倭に流入していないわけではない。上述した土屋隆史の検討では，大加耶で製作・流通した双方中円形Ⅱa群の胡籙金具が5世紀後半の日本列島において認められることから，5世紀中葉以降，大加耶と倭との間で盛んな交流があったと想定している（土屋2012・2015）。また，古墳時代中期後葉の代表的な装飾馬具であるf字形鏡板付轡や剣菱形杏葉の初期のものについて，諫早直人は，百済の資料が不足しているため慎重な立場を取りつつも，現時点での最有力製作地候補として大加耶を想定している（諫早2012・2013）。

このように両地域の関係は様々な点から窺われる。しかし，各種金工品の系譜認定については，本書の検討結果も含めて，より検証を深めなくてはならない。両地域間の交渉実態の解明には，より多角的なアプローチを重ねる必要がある。

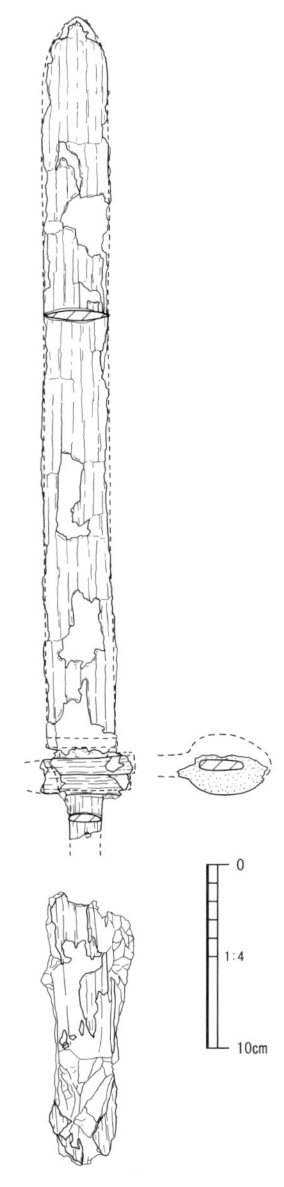

図10-9　山清生草M13号墳出土鉄剣

3．6世紀後半における「舶載品」の系譜

第9章では，日本列島における単龍・単鳳環頭大刀製作の隆盛の契機を，大加耶が滅亡したことで工人が流入し，大刀製作工房が整備されたためと考えた。となれば必然的に，その他の金工品の製作に大加耶系の工人が関わっている可能性を検証していかなくてはならない。例えば，宮崎県持田56号墳や，Ｂ１技法単龍環頭大刀（第９章）をもつ大阪府海北塚古墳では，初期の心葉形鏡板轡・杏葉が出土しており，朝鮮半島からの「舶載品」と評価されている。従来，これらの装飾馬具は，帯状鉤金具が付属することから「新羅系」とみなされてきた（千賀2003）が，朝鮮半島での資料状況から近年これらを「新羅馬具の影響を受けた大加耶製品」とみる見解が提出されており注目される（内山2012，諫早2013）。

古墳時代後期中葉から後葉，ＭＴ85～ＴＫ43型式期について，内山敏行は「朝鮮半島系の副葬品が最も濃密に認められる舶載品集中期」であるとして「舶載品ラッシュ」（内山2003）と呼んでいる。この時に朝鮮半島から搬入された装飾付大刀や装飾馬具のうち，単龍・単鳳環頭大刀や心葉形鏡板轡・杏葉などは，次第に倭で定着し，倭製品として量産普及されていったと考えられている（内山2012）。このうち単龍・単鳳環頭大刀については，本書の検討において，その大部分が大加耶滅亡にともなう渡来工人によって倭で製作されたものと理解した。となると，先の心葉形鏡板轡・杏葉を含む各種装飾馬具についても，大加耶との関わりを積極的に考慮しつつ，系譜や製作地について議論する必要があろう（諫早2013）。

その他，この時期に搬入された様々な「朝鮮半島系遺物」それぞれに対しても，半島出土資料を視野に，さらに詳細な系譜検討を加える余地がある。それを実施することで，いわゆる「舶載品ラッシュ」の実態についてより深く掘り下げることが可能となる。

おわりに

以上，金工品という一器物，特に垂飾付耳飾と装飾付大刀という二つの器種を主な手がかりに，古墳・三国時代における地域間交渉の一端解明を試みてき

た。繰り返すが，当該時期における各地域間の交渉は，朝鮮半島内での緊迫した国際情勢を背景に，それぞれの勢力が利害関係の均衡を図り合う中でおこなわれてきた。したがって，倭への先進的な文物・技術の流入の契機を考える上では，半島における国際的動向に対する考慮が必須であり，また，日本列島内での内的な社会発展が先進文化の導入をその要因の一つとする以上，倭の発展史を構築するにあたっても半島情勢がもたらす影響を常に視野に入れておく必要がある。そうした問題点を改めて示すことができた点に，本書の意義があったと考えたい。

今回，検討作業の大部分を型式学的方法による編年や系統整理といった基礎研究に費やしたため，限られた器種の分析であるにも関わらず，踏み込み切れない部分を多く残すこととなった。それでも，従来よりもミクロな視点からの比較検討を貫く中で，いくつかの新しい事実を炙り出せたのではないかと思う。

本書での検討結果はあくまで「通過点」である。他器種の金工品はもちろん，土器などの性格を異にする遺物，埋葬施設などの遺構，集落の動向など，「交流」というテーマへのアプローチ方法は無数にある。今回は，その切り口のうちの一つを，途中まで切り開いてみたに過ぎない。今後も様々な角度から検討を重ね，「交流」の全体像解明に少しでも近付けるよう，研究を継続していきたい。

参考文献

日本語（あいうえお順）

東潮1988「高句麗文物に関する編年学的一考察」『橿原考古学研究所論集』第10，橿原考古学研究所，pp.271-306

穴沢咊光1972「慶州古新羅古墳の編年」『古代学』第18巻第2号，古代学協会，pp.67-86

穴沢咊光2007「慶州路西洞「ディヴィット塚」の発掘―「梅原考古資料」による研究―」『伊藤秋男先生古希記念考古学論文集』伊藤秋男先生古希記念考古学論文集刊行会，pp.15-39

穴沢咊光2011「装飾付大刀研究最近の進歩」『考古学ジャーナル』No.616，ニュー・サイエンス社，p.1

穴沢咊光・新谷武夫1988「山口県秋芳町・里古墳出土の単鳳環頭大刀」『古文化談叢』第20集（上），九州古文化研究会，pp.39-46

穴沢咊光・馬目順一1973「羅州潘南面古墳群―「梅原考古資料」による谷井済一氏発掘遺物の研究―」『古代学研究』第70号，古代学研究会，pp.15-30

穴沢咊光・馬目順一1975「昌寧校洞古墳群―「梅原考古資料」を中心とした谷井済一氏発掘資料の研究―」『考古学雑誌』第60巻第4号，日本考古学会，pp.23-75

穴沢咊光・馬目順一1976「龍凰文環頭大刀試論―韓国出土例を中心として―」『百済研究』第7輯，忠南大学校百済研究所，pp.1-35

穴沢咊光・馬目順一1978「東北地方出土の環頭大刀の諸問題」『福島考古』第19号，福島県考古学会，pp.63-82

穴沢咊光・馬目順一1979「日本・朝鮮における鱗状紋装飾の大刀」『物質文化』33，物質文化研究会，pp.1-22

穴沢咊光・馬目順一1980「蟹目釘付鞘尾装具をもつ飾大刀とその系統について」『福島考古』第21号，福島県考古学会，pp.13-22

穴沢咊光・馬目順一1983「三累環刀試論―伝・常陸岩井出土の竜紋三累環把頭を中心にして―」『藤沢一夫先生古稀記念 古文化論叢』古代を考える会，pp.293-328

穴沢咊光・馬目順一1984「三国時代の環頭大刀」『考古学ジャーナル』No.236，ニュー・サイエンス社，pp.16-20

穴沢咊光・馬目順一1986「単龍・単鳳環頭大刀の編年と系列―福島県伊達郡保原町愛宕山古墳出土の単龍環頭大刀に寄せて―」『福島考古』第27号，福島県考古学会，pp.1-22

穴沢咊光・馬目順一1987「古新羅墳丘墓出土の環頭大刀」『朝鮮学報』第122輯，朝鮮学会，pp.168-190

穴沢咊光・馬目順一1993「陜川玉田出土の環頭大刀群の諸問題」『古文化談叢』第30集（上），九州古文化研究会，pp.367-385

穴沢咊光・馬目順一2007「慶州瑞鳳塚の調査―梅原考古資料と小泉顕夫の回想にもとづく発掘状況の再現と考察―」『天馬考古学論叢』石心鄭永和教授停年退任紀念，石心鄭永和教授停年退任紀念論叢刊行委員会，pp.615-670

穴沢咊光・馬目順一・今津節生1989「会津大塚山古墳出土の鉄製三葉環頭大刀について」『福島考古』第30号，福島県考古学会，pp.41-61

穴沢咊光・馬目順一・中山清隆1979「相模出土の環頭大刀の諸問題」『神奈川考古』第6号，神奈川考古同人会，pp.59-77

荒木隆宏（編）2013『伝左山古墳出土品図録』玉名市立歴史博物館こころピア資料集成第8集，

玉名市立歴史博物館こころピア
有井宏子1993「日本出土垂飾付耳飾の系譜について」『古墳時代における朝鮮系文物の伝播』第34回埋蔵文化財研究集会発表要旨，埋蔵文化財研究会・関西世話人会，pp.229-237
有井宏子2002「日本出土垂飾付耳飾の系譜」『究班』Ⅱ，埋蔵文化財研究会25周年記念論文集，25周年記念論文集編集委員会，pp.281-286
有馬義人2001「宮崎県出土の環頭大刀集成」『宮崎考古』第17号，宮崎考古学会，pp.45-55
有光教一1935『慶州皇南里第八十二号墳第八十三号墳調査報告』昭和6年度古蹟調査報告，第1冊，朝鮮総督府
有光教一・藤井和夫2000a「慶州皇吾里第16号墳発掘調査報告」『朝鮮古蹟研究会遺稿Ⅰ』ユネスコ東アジア文化研究センター・財団法人東洋文庫，pp.5-122
有光教一・藤井和夫2000b「慶州路西里215番地古墳発掘調査報告」『朝鮮古蹟研究会遺稿Ⅰ』ユネスコ東アジア文化研究センター・財団法人東洋文庫，pp.123-149
有光教一・藤井和夫（編）2002『朝鮮古蹟研究会遺稿Ⅱ　公州宋山里第29号墳　高霊主山第39号墳　発掘調査報告 1933．1939』ユネスコ東アジア文化研究センター・財団法人東洋文庫
李殷昌1972「武具」『韓国の考古学』河出書房新社，pp.229-237
池田征弘2009「金銅装単鳳環頭大刀について」『窟屋1号墳』兵庫県文化財調査報告，第353冊，兵庫県教育委員会，pp.53-56
池田征弘（編）2009『窟屋1号墳』兵庫県文化財調査報告，第353冊，兵庫県教育委員会
井口喜晴（編）2004『特別陳列 大和の神々と美術 七支刀と石上神宮の神宝』奈良国立博物館
諫早直人2008「日韓出土馬具の製作年代」『日・韓交流の考古学』嶺南考古学会・九州考古学会，pp.175-192
諫早直人2012『東北アジアにおける騎馬文化の考古学的研究』雄山閣
諫早直人2013「馬具の舶載と模倣」『技術と交流の考古学』同成社，pp.348-359
諫早直人2014「新羅における初期金工品の生産と流通に関する一試論」『日韓古代文化の形成と発展過程に関する共同研究』中間成果発表会資料集，独立行政法人国立文化財機構奈良文化財研究所，pp.47-58
石村智2004「威信財システムからの脱却」『文化の多様性と比較考古学』考古学研究会50周年記念論文集，考古学研究会，pp.279-288
石本淳子1990「日韓の垂飾付耳飾についての一考察—古墳時代の日韓関係考察のために—」『今里幾次先生古稀記念 播磨考古学論叢』今里幾次先生古稀記念論文集刊行会，pp.339-361
伊勢野久好1996「白山町川口の環頭大刀」『三重県史研究』第12号，三重県生活文化部学事課，pp.97-104
井上直樹2000「高句麗の対北魏外交と朝鮮半島情勢」『朝鮮史研究会論文集』第38集，朝鮮史研究会，pp.175-204
井上義光・仲富美子（編）1988『野山遺跡群Ⅰ』奈良県史跡名勝天然記念物調査報告，第56冊，奈良県教育委員会
伊藤秋男1972「耳飾の型式学的研究に基づく韓国古新羅時代古墳の編年に関する一試案」『朝鮮学報』第64輯，朝鮮学会，pp.15-73
伊藤秋男1978「武寧王陵発見の金製耳飾について（補遺）—新資料5例の追加と素環式耳飾に関する疑問に答えて—」『人類学研究所紀要』第7号，南山大学人類学研究所，pp.17-31
李漢祥（小林孝秀 訳）2006e「伽耶の装飾付大刀の変遷と画期」『古代武器研究』第7号，古代武器研究会，pp.58-69
茨城県史編さん原始古代史部会1974『茨城県史料』考古資料編，古墳時代，茨城県

李鉉相（中山清隆 訳）2014「百済漢城期装飾大刀の製作技法の検討―水村里と龍院里例を中心に―」『文化財と技術』第6号，工芸文化研究所，pp.50–61
李勲（諫早直人 訳）2008「瑞山富長里墳丘墓と装飾大刀」『古代武器研究』第9号，古代武器研究会，pp.26–38
今田治代1999「熊本県竜北町物見櫓古墳出土の金製垂飾付耳飾」『考古学雑誌』第84巻第2号日本考古学会，pp.80–87
今西龍1920「慶尚北道善山郡，達城郡，高霊郡，星州郡，金泉郡，慶尚南道咸安郡，昌寧郡調査報告」『大正6年度古蹟調査報告』朝鮮総督府，pp.23–521
入澤雪絵（編）2005『長根遺跡群X 安坪古墳群』群馬県多野郡吉井町教育委員会
岩本崇2006「古墳出土鉄剣の外装とその変遷」『考古学雑誌』第90巻第4号，日本考古学会，pp.1–35
上田三平1916「若狭国遠敷郡瓜生村西塚古墳」『考古学雑誌』第7巻第4号，考古学会，pp.40–45
内山敏行1996「古墳時代の轡と杏葉の変遷」『'96 特別展 黄金に魅せられた倭人たち』島根県立八雲立つ風土記の丘，pp.42–47
内山敏行2003「古墳時代後期の諸段階と甲冑・馬具」『《シンポジウム》後期古墳の諸段階 発表要旨資料』東北・関東前方後円墳研究会，pp.43–58
内山敏行2012「装飾付武器・馬具の受容と展開」『馬越長火塚古墳群』豊橋市埋蔵文化財調査報告書第120集，豊橋市教育委員会教育部美術博物館，pp.313–324
宇野愼敏1988「日本出土垂飾付耳飾とその背景」『巽三郎先生古稀記念論集 求真能道』巽三郎先生古稀記念論集刊行会，pp.151–170
宇野愼敏1996「日本出土装身具から見た日韓交流」『4・5世紀の日韓考古学』嶺南考古学会・九州考古学会，第2回合同考古学大会，嶺南考古学会・九州考古学会，pp.143–164
宇野愼敏1999「初期垂飾付耳飾の製作技法とその系譜」『日本考古学』第7号，日本考古学協会，pp.43–57
宇野愼敏2004「山梔子形垂飾付耳飾とその背景」『福岡大学考古学論集―小田富士雄先生退職記念―』小田富士雄先生退職記念事業会，pp.411–422
梅原末治1916「備中国箭田村大塚調査報告」『史林』第1巻第4号，史学研究会，pp.143–149
梅原末治1917「塚原の群集墳と福井の海北塚」『考古学雑誌』第8巻第2号，pp.1–14
梅原末治1924「豊後国速見郡北石垣村の石室古墳」『考古学雑誌』第14巻第4号，考古学会，pp.38–45
梅原末治1931『慶州金鈴塚飾履塚発掘調査報告』大正13年度古蹟調査報告，第1冊，朝鮮総督府
梅原末治1937「摂津福井の海北塚古墳」『近畿地方古墳墓の調査』2，pp.56–67
梅原末治1940「竹野村産土山古墳の調査（上）」『京都府史跡名勝天然記念物調査報告』第20冊，京都府，pp.81–95
梅原末治1955「竹野郡竹野産土山古墳の調査（下）」『京都府文化財調査報告』第21冊，京都府教育委員会，pp.81–96
梅原末治1969『持田古墳群』宮崎県教育委員会
梅本康広2012「葛城・伝笛吹古墳群付近出土の装飾大刀―新羅式環頭大刀の展開―」『龍谷大学考古学論集Ⅱ―網干善教先生追悼論文集―』龍谷大学考古学論集刊行会，pp.217–254
大賀克彦2002「古墳時代の時期区分」『小羽山古墳群』清水町教育委員会，pp.1–20
大崎康文（編）2003『北牧野古墳群』斧研川荒廃砂防事業に伴う埋蔵文化財発掘調査報告書，滋賀県教育委員会・財団法人滋賀県文化財保護協会

大谷晃二1999「上塩冶築山古墳出土大刀の時期と系譜」『上塩冶築山古墳の研究』島根県古代センター調査研究報告書４，島根県教育委員会・島根県古代文化センター，pp.134–148
大谷晃二2006「龍鳳文環頭大刀研究の覚え書き」『財団法人大阪府文化財センター・日本民家集落博物館・大阪府立弥生文化博物館・大阪府立近つ飛鳥博物館　2004年度共同研究成果報告書』財団法人大阪府文化財センター，pp.145–164
大谷晃二2010「福島県須賀川市上川原古墳出土の単鳳環頭大刀」『福島考古』第51号，福島県考古学会，pp.47–62
大谷晃二2011a「飾り大刀から見た金鈴塚の大刀」（『特別展 復元 金鈴塚の大刀 甦る東国古墳文化の至宝』関連講座発表資料）
大谷晃二2011b「金鈴塚古墳の金銀装大刀はどこで作られたか？」『金鈴塚古墳展―甦る東国古墳文化の至宝―』木更津市郷土博物館金のすず，pp.18–23
大谷晃二2015「金鈴塚古墳出土大刀の研究（１）単竜環頭大刀」『金鈴塚古墳研究』第３号，木更津市郷土博物館金のすず，pp.１–13
大谷晃二（編）1996『96特別展 黄金に魅せられた倭人たち』島根県立八雲立つ風土記の丘資料館
大谷晃二・松尾充晶2004「島根県 装飾付大刀と馬具出土古墳・横穴墓一覧（改訂版）」『島根県考古学会誌』第20・21集合併号，島根県考古学会，pp.545–572
大谷純仁ほか1971『掛川市宇洞ヶ谷横穴墳発掘調査報告』静岡県文化財調査報告書，第10集，静岡県教育委員会
大谷輝彦（編）2005『宮山古墳』姫路市埋蔵文化財センター開館記念特別展図録，姫路市埋蔵文化財センター
大野嶺夫・大野左千夫1977「背見山古墳発掘調査概報」『古代学研究』第85号，古代学研究会，pp.32–34
大場磐雄・亀井正道1951「上総国姉ヶ崎二子塚発掘調査概報」『考古学雑誌』第37巻第３号，日本考古学会，pp.34–46
岡内三真1973「慶州発見の新羅初期金冠」『考古学ジャーナル』No.78，ニュー・サイエンス社，pp.14–15
岡部裕俊・大谷晃二2015「西堂古賀崎古墳に関する新知見―墳丘・石室実測図の発見と単竜環頭大刀の詳細観察の成果―」『糸島市立伊都国歴史博物館紀要』第10号，pp.１–14
岡本一秀2008「伝瓢塚出土環頭の由来」『研究紀要』第１号，兵庫県立考古博物館，pp.45–53
岡本健一（編）1997『将軍山古墳』史跡埼玉古墳群整備事業報告書―史跡等活用特別事業，埼玉県教育委員会
小川敬吉1927『梁山夫婦塚と其遺物』古蹟調査特別報告，第５冊，朝鮮総督府
尾崎誠2005「銀錯貼金環頭大刀の科学的調査」『宮山古墳』姫路市埋蔵文化財センター開館記念特別展図録，姫路市埋蔵文化財センター，pp.30–31
小田富士雄・下原幸裕・山口裕平2004「福岡県京都郡における二古墳の調査―箕田丸山古墳及び庄屋塚古墳―」『長崎県・景華園遺跡の研究　福岡県京都郡における二古墳の調査　佐賀県・東十郎古墳群の研究』福岡大学考古学研究室調査報告，第３冊，pp.75–148
小野山節・都出比呂志・黒川富美子（編）1968『京都大学文学部博物館考古学資料目録』第２部，日本歴史時代，京都大学文学部
甲斐貴充2012「宮崎県持田古墳群出土三葉環頭大刀について」『宮崎県立西都原考古博物館研究紀要』第８号，宮崎県立西都原考古博物館，pp.35–42
片桐孝浩（編）2002『原間遺跡Ⅱ』四国横断自動車道建設に伴う埋蔵文化財発掘調査報告，第42

冊，香川県教育委員会・財団法人香川県埋蔵文化財調査センター・日本道路公団・香川県土木部31
香取正彦・井尾敏雄・井伏圭介1986『金工の伝統技法』理工学社
金原正明（編）2006『吉備塚古墳の調査』奈良教育大学
鎌木義昌・亀田修一1986「八幡大塚２号墳」『岡山県史』第18巻，考古資料，岡山県，pp.271–273
神賀朋子1997「垂飾付耳飾を出土する古墳と被葬者」『滋賀史学会誌』第10号，滋賀史学会，pp.５–40
榧本杜人1952「石上神宮の七支刀とその銘文」『朝鮮学報』第３輯，朝鮮学会，pp.63–81
軽部慈恩1936「公州における百済古墳（八・完)」『考古学雑誌』第26巻第４号，考古学会，pp.13–25
川江秀孝1992「飾大刀」『静岡県史』資料編３，考古 三，静岡県，pp.570–602
河上邦彦（編）1977『平群・三里古墳』奈良県史跡名勝天然記念物調査報告，第33冊，奈良県教育委員会
河上邦彦・松本百合子1993『龍王山古墳群』奈良県史跡名勝天然記念物調査報告，第68冊，奈良県教育委員会
川崎利夫2001「山形県内古墳出土の鉄刀・鉄劍について」『さあべい』第18号，さあべい同人会，pp.１–20
川述昭人・伊崎俊秋1981「長畑遺跡発掘調査報告」『郷土史誌・かわら』第16集，香春町教育委員会，pp.32–45
川畑純2015『武具が語る古代史――古墳時代社会の構造転換』プリミエ・コレクション60，京都大学学術出版会
川村俊彦1999「疋田出土銀装環頭大刀について」『越前愛発関調査概報Ⅱ』敦賀市教育委員会・愛発関調査委員会，pp.27–30
神林淳雄1939「金銅装大刀と金銅製柄頭―特に原史時代金銅製柄頭群の形式分類について―」『考古学雑誌』第29巻第４号，考古学会，pp.11–29
神林淳雄1940「鉄装大刀と鉄製柄頭」『考古学雑誌』第30巻第３号，考古学会，pp.23–35
神林淳雄1943「環頭柄頭雑攷―環頭大刀とその文化―」『考古学雑誌』第33巻第12号，pp.36–47
神原英朗（編）1976『岩田古墳群 他 野山第２・５号墳・三蔵畑遺跡』岡山県営山陽新住宅市街地開発事業用地内埋蔵文化財発掘調査概報（６），山陽団地埋蔵文化財調査事務所
菊水町史編纂委員会（編）2007『菊水町史』江田船山古墳編，和水町
菊地芳朗2003「装飾付大刀からみた古墳時代後期の東北・関東」『後期古墳の諸段階』第８回東北・関東前方後円墳研究会大会発表要旨資料，東北・関東前方後円墳研究会，pp.19–28
菊地芳朗2010『古墳時代史の展開と東北社会』大阪大学出版会
菊地芳朗2014『古墳時代環頭大刀集成』大阪大学大学院文学研究科
喜田貞吉1920「本邦古代耳飾考」『民族と歴史』第４巻第６号，民族と歴史編集所，pp.１–13
喜谷美宣1985『加古川市カンス塚古墳発掘調査概要』加古川市教育委員会
金宇大2016a「江口治郎コレクションの龍鳳文環頭大刀」『和泉市久保惣記念美術館紀要』20，和泉市久保惣記念美術館，pp.53–42
金宇大2016b「穀塚古墳出土環頭大刀に施された象嵌文様」『京都大学総合博物館ニュースレター』No.38，京都大学総合博物館，pp.２–３
金斗喆（平郡達哉 訳）2006「三国・古墳時代の年代観」『日韓古墳時代の年代観』国立歴史民俗博物館

金斗喆（平郡達哉 訳）2007「三国・古墳時代の年代観（Ⅱ）」『日韓古墳・三国時代の年代観（Ⅱ）』韓国国立釜山大学校博物館・日本国国立歴史民俗博物館，pp.218-239
金跳咏（小谷地肇・鈴木勉・金宇大 訳）2013「大加耶龍鳳文環頭大刀の外環製作方法と復元実験」『文化財と技術』第5号，工芸文化研究所，pp.43-53
金龍星（村松洋介 訳）2007「新羅古墳の年代観―皇南大塚南墳を中心として―」『日韓古墳・三国時代の年代観（Ⅱ）』韓国国立釜山大学校博物館・日本国国立歴史民俗博物館，pp.26-43
京都大学総合博物館1997『王者の武装―5世紀の金工技術―』
慶星大学校博物館（柳本照男ほか 訳）2001『金海大成洞古墳群Ⅰ（日本語版）』大阪朝鮮考古学研究会
黒田晃（編）2001『剣崎長瀞西遺跡Ⅰ 浄水場建設に伴う発掘調査報告，第1集』高崎市文化財調査報告書，第179集，高崎市教育委員会
桑原邦彦1993「山口県防府市天神山古墳出土の遺物について」『古文化談叢』第30集（中）九州古文化研究会，pp.885-897
小泉顯夫・野守健1931『慶尚北道達城郡達西面古墳調査報告』大正12年度古蹟調査報告，第1冊，朝鮮総督府
小出義治ほか（編）1980『上総 山王山古墳発掘調査報告』市原市教育委員会
向坂鋼二1971「飾大刀について」『掛川市宇洞ヶ谷横穴墳発掘調査報告』静岡県文化財調査報告書，第10集，静岡県教育委員会，pp.39-47
国立歴史民俗博物館2012『古墳関連資料』国立歴史民俗博物館資料図録8，財団法人歴史民族博物館振興会
小島俊次1955『星塚古墳』奈良県史跡名勝天然記念物調査抄報，第7輯，奈良県記念物調査報告発行会
小林行雄1966「倭の五王の時代」『日本書紀研究』第2冊，塙書房，pp.130-162
小林行雄1986「古墳時代の大刀」『研究紀要 '86』財団法人埼玉県埋蔵文化財調査事業団，pp.1-19
小林行雄2002「円山陵墓参考地・入道塚陵墓参考地調査報告」『書陵部紀要』第53号，宮内庁書陵部，pp.1-12
後藤守一1921「九州北部に於ける古墳の二三（其の一）」『考古学雑誌』第20巻第4号，考古学会，pp.9-28
後藤守一1928『原史時代の武器と武装』考古学講座，第22号，国史講習会
小谷地肇2000「獅噛式環頭大刀の分類」『青森県考古学』第12号，青森県考古学会，pp.1-28
許斐麻衣2007「九州の装飾付大刀集成」『福岡大学考古資料集成』1，福岡大学考古学研究室研究調査報告第6冊，福岡大学人文学部考古学研究室，pp.47-72
近藤義郎1969「備前邑久町我城山6号墳」『古代吉備』第6集，古代吉備研究会，pp.257-262
斎藤忠1935「大邱府附近に於ける古墳の調査」『昭和13年度古蹟調査報告』朝鮮古蹟研究会，pp.47-62
斎藤忠1937「皇吾里第14号墳」『昭和9年度古蹟調査報告』第1冊，朝鮮総督府，pp.47-97
斎藤忠ほか1960『三昧塚古墳―茨城県行方郡玉造町所在―』茨城県教育委員会
齊藤大輔2012「九州出土大刀からみた対外交渉」『沖ノ島祭祀と九州諸勢力の対外交渉』第15回九州前方後円墳研究会 北九州大会資料集，第15回 九州前方後円墳研究会 北九州大会実行委員会，pp.283-331
齊藤大輔2014「北部九州における装飾武器の特質とその背景」『古墳時代の地域間交流2』第17回 九州前方後円墳研究会 大分大会実行委員会，pp.141-158

斎藤優1970「丸山塚古墳」『若狭上中町の古墳』上中町教育委員会，pp.36–61
早乙女雅博・東野治之1990「朝鮮半島出土の有銘環頭大刀」『MUSEUM』No.467，東京国立博物館，pp. 4 –11
早乙女雅博・早川泰弘1997「日韓硬玉製勾玉の自然科学的分析」『朝鮮学報』第162輯，朝鮮学会，pp.21–42
酒井仁夫（編）1979『久戸古墳群』宗像町文化財調査報告書，第 2 集，宗像町教育委員会
酒井泰子1993「日本における垂飾付耳飾の受容について」『古墳時代における朝鮮系文物の伝播』第34回埋蔵文化財研究集会発表要旨，埋蔵文化財研究会・関西世話人会，pp.239–249
佐々木洋治ほか（編）1979『大之越古墳発掘調査報告書』山形県埋蔵文化財調査報告書，第18集，山形県教育委員会
佐田茂（編）1984『セスドノ古墳』田川市文化財調査報告書，第 3 集，田川市教育委員会
定森秀夫2015『朝鮮三国時代陶質土器の研究』六一書房
佐藤小吉1920「島根山古墳」『奈良県史蹟勝地調査会報告書』第 7 回，奈良県，pp.26–27
佐藤隆2003「難波地域の新資料からみた 7 世紀の須恵器編年―陶邑窯跡編年の再構築に向けて―」『大阪歴史博物館 研究紀要』第 2 号，大阪市文化財協会，pp. 3 –30
佐藤隆2007「 6 世紀における須恵器大型化の諸様相―陶邑窯跡編年の再構築に向けて・その 3 ―」『大阪歴史博物館 研究紀要』第 6 号，大阪市文化財協会，pp.25–48
沢田むつ代2008「古墳出土の鉄刀・鉄剣の柄巻きと鞘巻き―織物などの種類と仕様―」『MUSEUM』第617号，東京国立博物館，pp. 5 –35
沢田むつ代2015「古墳出土の鉄刀と鉄剣の柄巻きと鞘巻きの種類と仕様の事例」『文化財と技術』第 7 号，工芸文化研究所，pp.111–142
三木ますみ1996「朝鮮半島出土の垂飾付耳飾」『筑波大学先史学・考古学研究』第 7 号，筑波大学先史学・考古学研究編集委員会，pp. 1 –34
島田寅次郎1939「石器と土器・古墳と副葬品」『史蹟名勝天然紀念物調査報告書』第13輯，史蹟之部，福岡県，pp. 1 –63
下江健太2001「方頭大刀の編年」『定東塚・西塚古墳』岡山大学考古学研究室，pp.307–329
下垣仁志2010「威信財批判序説」『立命館大学考古学論集』Ⅴ，立命館大学考古学論集刊行会，pp.97–124
下山恵子・吉澤則男（編）2002『史跡古市古墳群 峯ヶ塚古墳後円部発掘調査報告書』羽曳野市埋蔵文化財調査報告書48，羽曳野市教育委員会
白井克也2003a「馬具と短甲による日韓交差編年―日韓古墳編年の併行関係と歴年代―」『土曜考古』第27号，土曜考古学研究会，pp.85–114
白井克也2003b「日本における高霊地域加耶土器の出土傾向―日韓古墳編年の並行関係と暦年代―」『熊本古墳研究』創刊号，熊本古墳研究会，pp.81–102
白井克也2003c「新羅土器の形式・分布変化と年代観―日韓古墳編年の並行関係と暦年代―」『朝鮮古代研究』第 4 号，朝鮮古代研究刊行会，pp. 1 –42
白井久美子2013「上総地域の古墳からみた祇園大塚山古墳」『祇園大塚山古墳と 5 世紀という時代』六一書房，pp. 3 –24
白石太一郎2006「須恵器の暦年代」『年代のものさし―陶邑の須恵器―』大阪府立近つ飛鳥博物館，pp.66–73
白石太一郎・前園実知雄1974『馬見丘陵における古墳の調査』奈良県史跡名勝天然記念物調査報告，第29冊，奈良県教育委員会
新蔵正道2005「七支刀銘文の再考察」『日本書紀研究』第26冊，横田健一先生米寿記念，塙書房，

p.173-192
新谷武夫1977「環状柄頭研究序説」『考古論集―慶祝松崎寿和先生六十三歳論文集―』広島大学考古学研究室，pp.271-312
新谷武夫2012「安芸・備後の装飾大刀」『芸備』第41集，芸備友の会，pp.1-18
末永雅雄1941『日本上代の武器』弘文堂書房
末永雅雄1981『増補 日本上代の武器』木耳社
末永雅雄・薗田香融・森浩一1967『岩橋千塚』関西大学文学部考古学研究紀要，第2冊，関西大学文学部考古学研究室
杉山秀宏2009「単龍環頭柄頭の終末例―太田市南金井出土例より―」『群馬県立歴史博物館紀要』第30号，群馬県立歴史博物館，pp.1-7
鈴木一有2009「鳥居松遺跡出土円頭大刀の系譜」『鳥居松遺跡5次 円頭大刀編』浜松市文化振興財団，pp.33-52
鈴木勉2004『ものづくりと日本文化』橿原考古学研究所附属博物館選書（1），奈良県立橿原考古学研究所附属博物館
鈴木勉2014「朝鮮半島三国時代の彫金技術 その13 鉄地金銀貼り，Parting Line」『文化財と技術』第6号，工芸文化研究所，pp.145-146
鈴木勉・河内國平2006『復元七支刀―古代東アジアの鉄・象嵌・文字―』雄山閣
関野貞ほか1916『朝鮮古蹟図譜』第3冊，朝鮮総督府
瀬戸谷晧（編）1994『徹底討論大藪古墳群 兵庫北部における大型群集墳の研究』養父町教育委員会
高倉敏明（編）1980『福島県伊達郡保原町土橋古墳群発掘調査報告書』保原町教育委員会
高田貫太1998「垂飾付耳飾をめぐる地域間交渉」『古文化談叢』第41集，九州古文化研究会，pp.55-75
高田貫太2003「垂飾付耳飾からみた地域間交渉―九州地域を中心に―」『熊本古墳研究』創刊号，熊本古墳研究会，pp.45-63
高田貫太2006「垂飾付耳飾からみた朝鮮半島の対倭交渉」『財団法人大阪府文化財センター・日本民家集落博物館・大阪府立弥生文化博物館・大阪府立近つ飛鳥博物館　2004年度共同研究成果報告書』財団法人大阪府文化財センター，pp.165-173
高田貫太2012「日本列島出土の朝鮮半島系資料からみた新羅と倭―5世紀前半代を中心に―」『新羅と倭の交流』慶北大学校博物館・日本国立歴史民俗博物館共同主催国際学術大会，慶北大学校博物館，pp.123-142
高田貫太2013「祇園大塚山古墳出土の垂飾付耳飾―5，6世紀における東日本地域と朝鮮半島の交渉―」『祇園大塚山古墳と5世紀という時代』六一書房，pp.85-106
高田貫太2014『古墳時代の日朝関係―新羅・百済・大加耶と倭の交渉史―』吉川弘文館
高橋克壽2007『金工技術から見た倭王権と古代東アジア』平成16年～18年度科学研究費補助金（基盤研究（C））成果報告書，真陽社
高橋克壽・永江寿夫（編）2015『若狭向山1号墳』福井県若狭町
高橋健自1911『鏡と劔と玉』冨山房
高橋健自1919「日本人の耳飾」『風俗研究』第18，風俗研究会，pp.1-3
高橋健自1920「日本人の耳飾その二」『風俗研究』第21，風俗研究会，pp.12-13
瀧瀬芳之1984「円頭・圭頭・方頭大刀について」『日本古代文化研究』創刊号，pHALANX―古墳文化研究会，pp.5-40
瀧瀬芳之1986「円頭大刀・圭頭大刀の編年と佩用者の性格」『考古学ジャーナル』No.266，ニュー・

サイエンス社，pp. 9 -15
瀧瀬芳之1991「大刀の佩用について」『埼玉考古学論集―設立10周年記念論文集―』財団法人埼玉県埋蔵文化財調査事業団，pp.739-778
瀧瀬芳之・野中仁1996「埼玉県内出土象嵌遺物の研究―埼玉県の象嵌装大刀―」『研究紀要』第12号，財団法人埼玉県埋蔵文化財調査事業団，pp.37-94
田添夏喜1967「熊本県玉名郡大坊古墳調査報告」『熊本史学』第32号，熊本史学会，pp.48-56
伊達宗泰（編）1981『新沢千塚古墳群』奈良県史跡名勝天然記念物調査報告，第39冊，奈良県教育委員会
田中史生2005『倭国と渡来人 交錯する「内」と「外」』歴史文化ライブラリー199，吉川弘文館
田中聡一（編）2006『双六古墳』壱岐市文化財調査報告書，第 7 集，長崎県壱岐市教育委員会
田中俊明1992『大加耶連盟の興亡と「任那」加耶琴だけが残った』吉川弘文館
田辺昭三（編）1966『陶邑古窯址群Ⅰ』研究論集，第10号，平安学園考古学クラブ
田辺昭三1981『須恵器大成』角川書店
谷畑美帆1993「日本及び朝鮮半島出土の垂飾付耳飾について」『考古学研究』第40巻第 1 号，考古学研究会，pp.86-107
谷畑美穂1995「中間飾を伴う垂飾付耳飾について―佐賀県龍王崎 1 号墳出土例を中心にして―」『九州考古学』第70号，九州考古学会，pp.12-18
千賀久2004「日本出土の「非新羅系」馬装具の系譜」『国立歴史民俗博物館研究報告』第110集，国立歴史民俗博物館，pp.283-307
土屋隆史2012「日朝における胡籙金具の展開」『考古学研究』第59巻第 1 号，考古学研究会，pp.39-59
土屋隆史2015「百済・大加耶における胡籙金具の展開」『古代武器研究』vol.11，古代武器研究会，pp.39-59
都出比呂志2005『前方後円墳と社会』塙書房
都出比呂志2011『古代国家はいつ成立したか』岩波新書1325，岩波書店
常川秀夫（編）1988『小野巣根古墳群 4 号墳発掘調査報告書』岩舟町教育委員会
寺沢薫2000『王権誕生』日本の歴史，第02巻，講談社
東京国立博物館1967『引渡し韓国文化財図録』
東京国立博物館1982『寄贈小倉コレクション目録』
徳江秀夫1992「上野地域における装飾付大刀の基礎調査」『研究紀要』10，財団法人群馬県埋蔵文化財調査事業所，pp.161-196
徳田誠志2008「米国ボストン美術館所蔵伝仁徳天皇陵出土品について」『王権と武器と信仰』同成社，pp.313-323
徳田誠志2011「米国ボストン美術館所蔵所謂「伝仁徳天皇陵出土品」の調査」『書陵部紀要』第62号，宮内庁書陵部，pp. 1 -17
豊島直博2009「三燕の鉄製武器」『北方騎馬民族のかがやき―三燕文化の考古新発見―』飛鳥資料館図録，第51冊，独立行政法人国立文化財機構奈良文化財研究所・飛鳥資料館，pp.46-54
豊島直博2013「環付足金具をもつ鉄刀の編年」『考古学研究』第60巻第 3 号，考古学研究会，pp.77-96
豊島直博2014「方頭大刀の生産と古代国家」『考古学雑誌』第98巻第 3 号，日本考古学会，pp. 1 -29
鳥居龍蔵1924『下伊那の先史及原始時代』古今書院
中川猛・野村知子・三輪悠代（編）2016『国指定重要文化財 宮山古墳出土品』姫路市教育委員

会
中越正子・川本耕三2005「垂飾付耳飾の自然科学的調査」『宮山古墳』姫路市埋蔵文化財センター開館記念特別展図録，姫路市埋蔵文化財センター，p.29
中村潤子1988「耳飾りをつけた貴人—垂飾にみる意匠と製作技術の二様相—」『考古学と技術』同志社大学考古学シリーズV，同志社大学考古学シリーズ刊行会，pp.273-283
中山平次郎・玉泉大梁・島田寅次郎1930「日拝塚」『福岡県名勝天然紀念物調査報告書』第5輯，福岡県，pp.15-21
長井正欣（編）2006『小泉長塚遺跡』群馬県佐波郡玉村町教育委員会・玉村町遺跡調査会
奈良県立橿原考古学研究所1990『斑鳩 藤ノ木古墳，第一次調査報告書』斑鳩町・斑鳩町教育委員会
奈良県立橿原考古学研究所1995『斑鳩 藤ノ木古墳，第二・三次調査報告書』斑鳩町・斑鳩町教育委員会
新納泉1982「単龍・単鳳環頭大刀の編年」『史林』第65巻第4号，史学研究会，pp.110-141
新納泉1984「関東地方における前方後円墳の終末年代」『日本古代文化研究』創刊号，pHALANX—古墳文化研究会—，pp.41-47
新納泉1987「戊辰年銘大刀と装飾付大刀の編年」『考古学研究』第34巻第3号，考古学研究会，pp.47-64
新納泉2002「古墳時代の社会統合」『日本の時代史 2 倭国と東アジア』吉川弘文館，pp.136-167
西嶋定生2000『古代東アジア世界と日本』岩波現代文庫，学術25，岩波書店
西山要一1986「古墳時代の象嵌—刀装具について—」『考古学雑誌』第72巻第1号，日本考古学会，pp.1-30
西山要一1999「東アジアの古代象嵌銘文大刀」『文化財学報』第17集，光森正士先生追悼記念論集，奈良大学文学部文化財学科，pp.37-85
野垣好史2006「装飾付大刀変遷の諸段階」『物質文化』82，物質文化研究会，pp.1-24
野上丈助1983「日本出土の垂飾付耳飾について」『藤澤一夫先生古稀記念古文化論叢』古代を考える会，pp237-292
野間重孝（編）1977『下北方地下式横穴第5号緊急発掘調査報告書』宮崎市文化財調査報告書，第3集，宮崎市教育委員会
朴天秀2004「大伽耶と倭」『国立歴史民俗博物館研究報告』第110集，国立歴史民俗博物館，pp.461-480
朴天秀2007『加耶と倭　韓半島と日本列島の考古学』講談社選書メチエ398，講談社
橋本達也2015「甲冑からみた蓮山洞古墳群と倭王権の交渉」『友情の考古学』故孫明助先生追慕論文集，ジンインジン，pp.641-656
橋本英将2003「外装からみる装飾大刀」『鉄器文化の方向性を探る 刀剣研究をケーススタディとして』第9回鉄器文化研究集会，鉄器文化研究会，pp.131-144
橋本英将2005「心合寺山古墳出土鉄製三葉環頭大刀の構造と意義」『史跡 心合寺山古墳整備事業報告書』八尾市教育委員会，pp.144-149
橋本英将2006「「折衷系」装飾大刀考」『古代武器研究』第7号，古代武器研究会，pp.50-57
橋本英将2011「大之越古墳出土の環頭大刀について」『出羽国成立以前の山形 山形と東北大学所蔵重要考古資料』山形県立博物館，pp.71-72
橋本英将2013「装飾大刀」『古墳時代の考古学 4 副葬品の型式と編年』同成社，pp.95-110
橋本博文1993「亀甲繋鳳凰文象嵌大刀再考」『翔古論聚—久保哲三先生追悼論文集—』久保哲三先生追悼論文集刊行会，pp.221-256

八賀晋（編）1982『京都国立博物館蔵 富雄丸山古墳 西宮山古墳 出土遺物』京都国立博物館
初村武寛2015「日本列島における導入期小札甲の構造と副葬の背景」『研究紀要』第19集，由良大和古代文化研究協会，pp. 1 -36
馬場是一郎・小川敬吉（編）1927『梁山夫婦塚と其遺物』朝鮮総督府
濱田耕作1932『慶州の金冠塚』財団法人慶州古蹟保存会
濱田耕作・梅原末治1922「慶尚北道慶尚南道古墳調査報告書」『大正７年度古蹟調査報告』第１冊，朝鮮総督府
濱田耕作・梅原末治1923『近江国高島郡水尾町鴨の古墳』京都帝国大学文学部考古学研究報告，第８冊，京都帝国大学
濱田耕作・梅原末治1924『慶州金冠塚と其遺寶』古蹟調査特別報告，第３冊，朝鮮総督府
咸舜燮（金宇大 訳）2013「新羅樹枝形帯冠の展開過程研究」『文化財と技術』第５号，工芸文化研究所，pp.78-137
原口正三1973「塚原古墳群」『高槻市史』第６巻，考古編，高槻市史編さん委員会，pp.73-80
原田淑人1922「慶尚北道慶州郡内東面普門里古墳及慶山郡清道郡金泉郡尚州郡並慶尚南道梁山郡東莱郡諸遺蹟調査報告書」『大正７年度古蹟調査報告』第１冊，朝鮮総督府
樋口隆康1961「網野岡の三古墳」『京都府文化財調査報告』第22冊，京都府教育委員会，pp.85-111
樋口隆康・西谷真治・小野山節1985『増補 大谷古墳』同朋社出版
久野邦雄・菅谷文則1968「花山６号墳」『岩橋千塚』和歌山市教育委員会，pp.122-146
菱田哲郎2011「後期・終末期の実年代」『古墳時代の考古学　1　古墳時代史の枠組み』同成社，pp.222-230
菱田哲郎2013「古墳時代の社会と豪族」『岩波講座 日本歴史，第１巻 原始・古代Ⅰ』岩波書店，pp.203-234
飛高憲雄・力武卓治1981『福岡市博多区下月隈天神森遺跡』福岡市埋蔵文化財調査報告書，第76集，福岡市教育委員会
平井勝・宇垣匡雅1990「岡山県長船町亀ヶ原所在の前方後円墳―亀ヶ原大塚古墳と金鶏塚古墳―」『古代吉備』第12集，古代吉備研究会，pp.46-59
福井市1990『福井市史』資料編１，考古
福島県1963『福島県史』第６巻，資料編Ⅰ，考古資料
福山敏男1951「石上神宮の七支刀」『美術研究』第158号，吉川弘文館，pp. 8 -38
藤田亮策1931「朝鮮及び内地発見の耳飾に就いて」『日本文化叢考』刀江書院，pp.404-496
藤田亮策1941『白神壽吉氏蒐集考古品図録』朝鮮考古学会
藤田亮策1944『杉原長太郎氏蒐集品図録』朝鮮考古学会
藤田亮策1948「朝鮮及び日本発見の耳飾について」『朝鮮考古学研究』高桐書院，pp.404-496
古谷毅1996「古墳時代甲冑研究の方法と課題」『考古学雑誌』第81巻第４号，日本考古学会，pp.58-85
文化財管理局（永島暉臣慎 訳）1974『武寧王陵』学生社
文化財管理局1975『天馬塚発掘調査報告書』社団法人韓国文化財普及協会
細川晋太郎2014「日韓資料の比較を通じた金官加耶出土倭系遺物の検討」『金官加耶の国際交流と外来系遺物』仁済大学校加耶文化研究所，pp.337-362
堀田啓一1967「冠・垂飾耳飾の出土した古墳と大和政権」『古代学研究』第49号，古代学研究会，pp.11-24
町田章1970「古代帯金具考」『考古学雑誌』第56巻第１号，日本考古学会，pp.33-60

町田章1976「環刀の系譜」『研究論集Ⅲ』奈良国立文化財研究所学報，第28冊，奈良国立文化財研究所，pp.77-110

町田章1986「環頭大刀二三事」『山本清先生喜寿記念論集，山陰考古学の諸問題』山本清先生喜寿記念論集刊行会，pp.277-300

町田章1987「岡田山１号墳の儀仗大刀についての検討」『出雲岡田山古墳』島根県教育委員会，pp.84-98

町田章1997「加耶の環頭大刀と王権」『加耶諸国の王剣』仁済大学校加耶文化研究所，pp.123-147

松岡文一1957「伊予金子山古墳」『古代学研究』第17号，古代学研究会，pp.５-11

松尾充晶2001「装飾付大刀の評価と諸問題」『かわらけ谷横穴墓群の研究』島根県古代文化センター調査研究報告書10，島根県教育委員会・島根県埋蔵文化財調査センター，pp.77-92

松尾充晶2003「装飾付大刀」『考古資料大観』第７巻鉄·金銅製品，小学館，pp.173-179

松木武彦2007『日本列島の戦争と初期国家形成』東京大学出版会

松本正信・加藤史郎1970『宮山古墳発掘調査概報』姫路市文化財調査報告Ⅰ，姫路市文化財保護協会

松本正信・加藤史郎1973『宮山古墳第２次発掘調査概報』姫路市文化財調査報告Ⅳ，姫路市文化財保護協会

馬目順一1980「慶州飾履塚古新羅墓の研究―非新羅系遺物の系統と年代―」『古代探叢―滝口宏先生古稀記念考古学論集―』滝口宏先生古稀記念考古学論集編集委員会，pp.645-684

丸子亘ほか1978『城山第１号前方後円墳』千葉県香取郡小見川町教育委員会

三木文雄1971「妻鳥陵墓参考地東宮山古墳の遺物と遺構」『書陵部紀要』第23号，宮内庁書陵部，pp.１-32

宮塚義人・三浦京子（編）1993『小泉大塚越遺跡』玉村町埋蔵文化財調査報告書，第10集，玉村町教育委員会

村井嵓雄1966「千葉県木更津市大塚山古墳出土遺物の研究」『MUSEUM』No.189，東京国立博物館，pp.２-17

村井嵓雄1967「伝佐山古墳出土金製耳飾」『MUSEUM』No.196，東京国立博物館，pp.32-34

村上隆1997「５世紀に作られた帯金具の製作技術を探る―金銅装技法を中心に―」『京都大学総合博物館春季企画展展示図録，王者の武装―５世紀の金工技術―』京都大学総合博物館，pp.56-63

持田大輔2005「韓半島と倭国における装飾環頭大刀の展開」『益子天王塚の時代』早稲田大学文学学術院考古学研究室，pp.28-30

持田大輔2006「龍鳳文環頭大刀の日本列島内製作開始時期と系譜」『早稲田大学大学院文学研究科紀要』vol.52，第４分冊，早稲田大学大学院文学研究科，pp.139-148

持田大輔2010「含玉系単龍鳳文環頭大刀の検討―日本列島および朝鮮半島出土例より―」『比較考古学の新地平』同成社，pp.413-422

持田大輔2011「古墳時代後期・終末期の装飾付環頭大刀」『考古学ジャーナル』No.616，ニュー・サイエンス社，pp.７-12

持田大輔2014「日韓装飾付大刀の比較研究」『考古学からみた日韓交流―発表要旨集―』奈良県立橿原考古学研究所・大韓民国国立文化財研究所交換研修10周年記念研究集会，奈良県立橿原考古学研究所，pp.51-58

持田大輔・中條英樹2009「益子天王塚古墳出土遺物の調査（２）―環頭大刀・馬具―」『會津八一記念博物館研究紀要』第10号，會津八一記念博物館，pp.67-89

本村豪章1981「古墳時代の基礎研究稿—資料篇（Ⅰ）—」『東京国立博物館紀要』第16号，東京国立博物館，pp 9 -197
本村充保（編）1997『奈良県吉野郡大淀町越部古墳（越部１・２号墳発掘調査報告書）』奈良県文化財調査報告書，第82集，奈良県立橿原考古学研究所
桃崎祐輔2008「江田船山古墳遺物群の年代をめぐる予察」『王権と武器と信仰』同成社，pp.287-312
森公章2011「東アジア史の中の古墳時代」『古墳時代の考古学　1　古墳時代史の枠組み』同成社，pp.45-55
森浩一（編）1978『大阪府史』第１巻，古代編Ⅰ，大阪府
森浩一・網干善教・伊達宗泰1977『新沢千塚126号墳』奈良県教育委員会
森下章司・高橋克壽・吉井秀夫1995「鴨稲荷山古墳出土遺物の調査」『琵琶湖周辺の６世紀を探る』京都大学文学部考古学研究室，pp.49-72
矢島浩（編）1998『長根遺跡群発掘調査報告書Ⅴ—県営畑地帯総合土地改良事業長根台地地区発掘調査—』群馬県多野郡吉井町教育委員会
安井良三1967「我が国発見の金・銀製垂飾付耳飾—装身具のセット関係についての試論—」『史想』第13号，京都教育大学考古学研究会，pp.32-36
山内紀嗣2000「不審な単鳳鐶頭大刀」『天理参考館報』第13号，天理大学出版部，pp.67-70
山本雅靖・間壁忠彦1974「王墓山古墳（赤井西古墳群１号）」『倉敷考古館研究集報』第10号，財団法人倉敷考古館，pp.187-198
行時桂子（編）2006『尾漕２号墳』日田市埋蔵文化財調査報告書，第69集，日田市教育委員会
行橋市歴史資料館2006『匠の技—京都平野の名品展—』平成18年度特別展，行橋市教育委員会
吉井秀夫1991「朝鮮半島錦江下流域の三国時代墓制」『史林』第74巻第１号，史学研究会，pp.63-101
吉井秀夫2004「考古資料からみた朝鮮諸国と倭」『国立歴史民俗博物館研究報告』第110集，国立歴史民俗博物館，pp.503-518
吉武孝礼（編）1999『堤蓮町遺跡』甘木市文化財調査報告書，第47集，甘木市教育委員会
横山邦継（編）2003『吉武遺跡群ⅩⅤ—西区金武古墳群吉武Ｓ群３～28号墳等調査報告—』飯盛・吉武圃場整備事業関係調査報告書　9，福岡市埋蔵文化財調査報告書，第775集，福岡市教育委員会
吉村茂三郎1936「名勝鏡山と其附近の古墳に就て」『佐賀県史跡名勝天然紀念物調査報告』第５輯，佐賀県，pp.690-713
依田香桃美2001「古墳時代の垂飾付耳飾の技術復元について—保子里車塚古墳出土品・金製垂飾付耳飾の場合—」『古代文化研究』第９号，島根県古代文化センター，pp.25-84
和田晴吾2004「古墳文化論」『日本史講座Ⅰ　東アジアにおける国家の形成』東京大学出版会，pp.167-200
和田晴吾2009「古墳時代の年代決定法をめぐって」『日韓における古墳・三国時代の年代観（Ⅲ）』釜山大学校博物館・国立歴史民俗博物館，pp.49-79

ハングル（ㄱㄴㄷ順）

カンジョンウォンほか2013『公州水村里古墳群Ⅰ』遺蹟調査報告，99冊，忠清南道歴史文化研究院・公州市
慶南考古学研究所2000『道項里・末山里遺蹟』慶南考古学研究所・咸安郡
啓明大学校博物館1995『高霊本館洞古墳群』啓明大学校博物館遺蹟調査報告，第４輯

高霊郡1979『大伽耶古墳発掘調査報告書』
国立慶州博物館1987『菊隠李養璿蒐集文化財』通川文化社
国立慶州博物館1995『冷水里古墳』
国立慶州博物館2001『新羅黄金』シティーパートナー
国立慶州博物館2011『慶州普門洞合葬墳』国立慶州博物館学術調査報告，第24冊，国立博物館文化財団
国立慶州博物館・慶州市1990『慶州市月城路古墳群—下水道工事にともなう収拾発掘調査報告—』
国立公州博物館2011『武寧王陵を格物する』
国立金海博物館2014『比期伐の支配者 その記憶を辿る』国立金海博物館・昌寧郡・ウリ文化財研究
国立羅州文化財研究所2006『羅州伏岩里三号墳』
国立大邱博物館2007『特別展 韓国の刀』通川文化社
国立扶餘博物館2008『百済の息吹 黄金色の芸術魂 金属工芸』チャームゾーン企画株式会社
国立中央博物館1999『百済』通天文化社
国立中央博物館2010『黄金の国新羅の王陵 皇南大塚』
国立晋州博物館2010『国立晋州博物館』通川文化社
国立春川博物館2008『権力の象徴，冠—慶州から江原まで—』
シンチャンス・チビョンモク（編）2000『蔚山早日里古墳群発掘調査報告書』学術調査報告，第9輯，国立昌原文化財研究所
権彜九ほか1991『慶山林堂地域古墳群Ⅰ—造永1A地域—』学術調査報告，第12冊，嶺南大学校博物館
権彜九ほか1998『慶山林堂地域古墳群Ⅲ—造永1B地域—』学術調査報告，第22冊，嶺南大学校博物館・韓国土地公社
クォンジュヨン・イソンリム（編）2006『昌寧松峴洞古墳群—2～5号墳試掘調査および6・7号墳発掘調査—』昌寧郡・慶南文化財研究院
権香阿2002「三国時代耳飾の鏤金技法に関する研究」『韓国工芸論叢』Vol. 5，No. 1，韓国造形デザイン学会，pp. 7-35
権香阿2004a「三国時代細鐶耳飾の製作技法研究」『文化伝統論集』特別号，2輯，慶星大学校附設韓国学研究所，pp. 1-29
権香阿2004b「三国時代太鐶耳飾の製作技法研究」『韓国工芸論叢』Vol. 7，No. 2，韓国造形デザイン学会，pp.173-196
クォンヘインほか2012『義城大里里二号墳Ⅱ—B封土・周辺遺構・A-5号—』学術調査報告，第185集，慶尚北道文化財研究院
具滋奉1987『三葉環頭大刀の一考察』嶺南大学校大学院碩士学位論文
具滋奉1995「環頭大刀の分類と名称についての考察」『嶺南考古学』第17号，嶺南考古学会，pp.69-95
具滋奉1998「三葉環頭大刀について」『科技考古研究』第4号，亜洲大学校博物館，pp.69-96
具滋奉2001「Ⅲ-1号墳出土方頭大刀について」『昌寧桂城新羅高塚群』慶南考古学研究所遺蹟発掘調査報告書，慶南考古学研究所・昌寧郡，pp.452-463
具滋奉2004『三国時代の環頭大刀研究』嶺南大学校大学院博士学位論文
金邱軍ほか2004『大邱不老洞古墳群発掘調査報告書—91・93号墳—』学術調査報告，第44冊，慶尚北道文化財研究院

金吉植・南宮丞・李浩炯1991『天安花城里百済墓』国立公州博物館
金吉植2006「「武寧王陵の環頭大刀」に対する討論」『武寧王陵発掘35周年記念新報告書発刊のための武寧王陵学術大会』国立公州博物館，pp.127-130
金洛中2007「6世紀栄山江流域の装飾大刀と倭」『栄山江流域古代文化の成立と発展』国立羅州文化財研究所，pp.123-209
金洛中2012「圭頭大刀を通してみた百済・栄山江流域勢力・倭の関係」『三国時代国家の成長と物質文化Ⅰ』韓国学中央研究院，pp.153-175
金洛中2014「加耶系環頭大刀と百済」『百済文化』第50輯，公州大学校百済文化研究所，pp.231-260
金跳咏2014「三国時代龍鳳文環頭大刀の系譜と技術伝播」『中央考古研究』第14号，中央文化財研究院，pp.89-127
金度憲2000「晋州中安洞出土遺物」『伽倻考古学論叢』3，伽倻文化研究所，pp.223-250
キムドンスク・ハンジニョン2008『達城竹谷里古墳群』学術調査報告，第116冊，慶尚北道文化財研究院
金度憲ほか2012『安東雲山～造塔間道路4車路拡・舗装工事区間内遺蹟』東洋大学校博物館遺蹟調査報告，第16冊，東洋大学校博物館・慶尚北道
金東鎬1971『東莱福泉洞第1号古墳発掘調査報告』1970年度古蹟調査報告，東亜大学校博物館
金東鎬1984「東莱福泉洞古墳発掘調査報告」『上老大島　附：東莱福泉洞古墳・固城東外洞貝塚』古蹟調査報告，第8冊，東亜大学校博物館，pp.271-360
キムポサンほか2012『慶州チョクセム地区新羅古墳Ⅱ―C地区発掘調査報告書―』学術研究叢書76，国立慶州文化財研究所・慶州市
キムポサンほか2013『慶州チョクセム地区新羅古墳Ⅲ―B1号発掘調査報告書―』学術研究叢書83，国立慶州文化財研究所・慶州市
キムソンテほか2012『烏山水清洞百済墳墓群―烏山細橋宅地開発地区内文化遺蹟（4，5地点）発掘調査報告書―』学術調査報告，第139冊，京畿文化財団・京畿文化財研究院・韓国土地住宅公社
金承玉ほか2010『上雲里Ⅰ―カ・ナ・タ地区墳丘墓―』全北大学校博物館叢書52，全北大学校博物館・韓国道路公社
キムヨンオク・ユソンヘ（編）2004『朝鮮中央歴史博物館』朝鮮文化保存社
金龍星1998「墳墓の編年」『新羅の高塚と地域集団―大邱・慶山の例―』春秋閣，pp.93-174
金龍星2009「壺杅塚と銀鈴塚の構造と被葬者」『新羅王都の高塚とその周辺』学研文化社，pp.146-171
金龍殷・李賢泰（編）2009『博物館代表遺物特別展』慶熙大学校開校60周年記念，慶熙大学校中央博物館
金元龍1955「一三八号墳調査報告」『慶州路西里 双床塚・馬塚・一三八号墳調査報告』国立博物館古蹟調査報告，第2冊，乙酉文化社，pp.27-63
金元龍1969「皇吾里第一号墳」『慶州皇吾里第一・三三号・皇南里第一五一号古墳発掘調査報告』文化財管理局古蹟調査報告，第2冊，文化公報部，pp.3-34
金元龍・林永珍1986『石村洞3号墳東側古墳群整理調査報告』ソウル大学校考古人類學叢刊，第12冊，ソウル大学校博物館
キムウニョンほか（編）2015『加耶と馬韓・百済 1500年ぶりの出会い』福泉博物館
金載烈2007『慶山地域古墳の装身具研究』嶺南大学校大学院碩士学位論文
金載烈2011「造永洞高塚群EⅢ-2号の装身具」『押督国の王‘干’，永遠不滅を夢見る』慶山市

立博物館，pp.150–157
金載烈・朴世殷2010「慶山北四里１号墳帯装飾の年代と製作地」『継往開来』第９号，嶺南大学校博物館，pp.65–87
金載元1948『壺杅塚と銀鈴塚』国立博物館古蹟調査報告，第１冊，乙酉文化社
金載元・尹武炳1962『義城塔里古墳』国立博物館古蹟調査報告，第３冊，乙酉文化社
金正完ほか1987『陜川磻溪堤古墳群』陜川ダム水没地区発掘調査報告 1　国立晋州博物館遺跡調査報告書，第２冊，慶尚南道・国立晋州博物館
金正完ほか1990『固城栗垈里２号墳』国立晋州博物館遺蹟調査報告書，第４冊，国立晋州博物館・固城郡
金廷鶴ほか1980「味鄒王陵地区第７区域古墳発掘調査報告」『慶州地区古墳発掘調査報告書』第２輯，文化財管理局・慶州史蹟管理事務所，pp.９–130
金廷鶴・鄭澄元1975「味鄒王陵地区第５区域古墳発掘調査報告」『慶州地区古墳発掘調査報告書』第１輯，文化財管理局・慶州史蹟管理事務所，pp.153–262
金鍾徹ほか2006『星州星山洞古墳群』啓明大学校行素博物館遺蹟調査報告，第13輯，啓明大学校行素博物館
キムジンギョン（編）2012『宋山里古墳群基礎資料集』国立公州博物館研究叢書，第25冊，国立公州博物館
キムジンギョン（編）2014『宋山里１～３号墳再報告書』日帝強占期資料調査報告 12輯，国立公州博物館
金宅圭・李殷昌1975『皇南洞古墳発掘調査概報』古蹟調査報告，第１冊，嶺南大学校博物館
金昌鎬1990「韓半島出土の有銘龍文環頭大刀」『伽耶通信』第19・20合輯，伽耶通信編輯部，pp.９–18
キムヒョクチュン・チョギョンファ（編）2014『比斯伐の支配者 その記憶を探る』国立金海博物館・昌寧郡・ウリ文化財研究院
キムホサンほか2010『慶州士方里古墳群―慶州士方里996-１番地遺蹟―』新羅文化遺産研究院調査研究叢書，第30冊，新羅文化遺産研究院
羅建柱・尹淨賢2011『天安柳里・獨井里・道林里遺蹟』忠清文化財研究院
盧重国ほか（編）1998『加耶文化図録』慶尚北道
大加耶博物館2004『大加耶の遺蹟と遺物』
大加耶博物館2015『高霊池山洞大加耶古墳群』
東神大学校文化博物館2014『海南萬義塚１号墳』
柳眞娥2011「慶州皇吾洞34号出土装飾具類の報告」『慶北大学校博物館年報』第８号，慶北大学校博物館，pp.71–99
柳昌煥（編）2004『国立慶尚大学校博物館20周年記念 発掘遺跡と遺物の図録』慶尚大学校博物館
文化財管理局 文化財研究所1985『皇南大塚Ⅰ（北墳）発掘調査報告書』
文化財管理局 文化財研究所1994a『皇南大塚Ⅱ（南墳）発掘調査報告書』
文化財管理局 文化財研究所1994b『順興邑内里古墳群発掘調査報告書』
パクガンミン・キムジンギョン2010『蔚山下三亭古墳群Ⅱ―蔚山圏広域上水道（大谷ダム）事業編入敷地内４次発掘調査―』学術調査報告書，第227冊，韓国文化財保護財団・韓国水資源公社
朴光烈ほか2015『新寧–永川１国道拡張工事区間内 永川華南里新羅墓群Ⅲ』聖林文化財研究院学術調査報告，第98冊，聖林文化財研究院

朴敬道2002「百済の装飾付大刀」『日本所在百済文化財調査報告書Ⅲ―近畿地方―』国立公州博物館研究叢書，第14冊，国立公州博物館，pp.147-163
朴敬道2007「三国時代百済・新羅・伽耶の装飾大刀」『韓国の刀剣』国立大邱博物館，pp.136-147
朴普鉉1987「樹枝形立華飾冠の系統」『嶺南考古学』第4号，嶺南考古学会，pp.13-33
朴普鉉1995『威勢品からみた古新羅社会の構造』慶北大学校大学院博士学位論文
朴升圭ほか2004『高霊池山洞古墳群Ⅰ』嶺南文化財研究院
朴淳發・李相吉1994『固城蓮塘里古墳群』慶南大学校博物館叢書 5，慶南大学校博物館
朴日薫1964「皇南里破壊古墳発掘調査報告」『皇吾里四・五号古墳 皇南里破壊古墳 発掘調査報告』国立博物館古蹟調査報告，第5冊，国立博物館，pp.29-54
朴日薫1969「皇南里第一五一号墳」『慶州皇吾里第一･第三三号皇南里第一五一号古墳発掘調査報告』文化財管理局古墳調査報告，第二冊，文化公報部，pp.115-145
パクジョンファほか2006『義城大里里3号墳』慶北大学校博物館学術叢書 33，慶北大学校博物館
朴仲換・鄭相基（編）2006『武寧王陵出土遺物分析報告書（Ⅱ）』国立公州博物館研究叢書，第18冊，国立公州博物館
朴仲換ほか（編）2005『武寧王陵―出土遺物分析報告書（Ⅰ）―』国立公州博物館研究叢書，第17冊，国立公州博物館
朴仲換ほか（編）2007『武寧王陵出土遺物分析報告書（Ⅲ）』国立公州博物館研究叢書，第19冊，国立公州博物館
朴志明・宋桂鉉（編）1990『釜山杜邱洞林石遺蹟』釜山直轄市立博物館調査報告書，第4冊，釜山直轄市立博物館
パクジニル・シムスヨン（編）2014『慶州瑞鳳塚Ⅰ（遺物篇）』日帝強占期資料調査報告，13輯，国立中央博物館
朴天秀2009「5～6世紀における大伽耶の発展とその歴史的意義」『高霊池山洞44号墳―大伽耶王陵―』慶北大学校博物館･慶北大学校考古人類学科，pp.577-641
朴天秀2010『加耶土器―加耶の歴史と文化―』ジンインジン
朴天秀2011『国内外所蔵の大加耶文物』慶北大学校出版部
朴天秀ほか2009『高霊池山洞44号墳―大伽耶王陵―』慶北大学校博物館学術叢書37，慶北大学校考古人類学科考古学叢書 1，慶北大学校博物館・慶北大学校考古人類学科・高霊郡大伽耶博物館
パクヒョンジュ（編）2002『大邱佳川洞古墳群Ⅰ』嶺南文化財研究院学術調査報告，第44冊，嶺南文化財研究院
パクホングク2014『新羅の黄金についての小考―慶州および近隣地域で採取した砂金を中心に―』威徳大学校博物館叢書，第5冊，威徳大学校博物館
ペウンギョンほか2015『蔚山常安洞古墳群Ⅱ―蔚山農所下水処理場建立敷地発掘調査報告書―』蔚山発展研究院文化財センター学術研究叢書，第82輯，蔚山発展研究院文化財センター
百済文化開発研究院1992『百済彫刻・工芸図録』百済遺物図録，第3輯
三星美術文化財団1984『湖巖美術館名品図録』
徐聲勳・成洛俊1988『羅州潘南古墳群綜合調査報告書』公州博物館学術叢書，第13冊，国立光州博物館・全羅南道・羅州郡
徐賢珠2006『栄山江流域の三国時代土器研究』ソウル大学校大学院博士学位論文
徐賢珠2007「伏岩里古墳群出土土器の様相と性格」『栄山江流域古墳文化の成立と発展』国立羅

州文化財研究所，pp.211-241
宋源永ほか2015『金海大成洞古墳群—85～91号墳—』博物館学術叢書，第15冊，金海市大成洞古墳博物館
宋義政1987「194. 円頭大刀装飾」『菊隠李養璿蒐集文化財』国立慶州博物館，p.314
宋義政・尹炯元2000『法泉里Ⅰ』古蹟調査報告，第31冊，国立中央博物館
申大坤1998「装飾刀子考」『古代研究』第6輯，古代研究会，pp. 5 -32
新羅大学校博物館2004『山清中村里古墳群』新羅大学校博物館遺蹟調査報告，第7輯
辛勇旻2000『昌寧桂城古墳羣（上)』湖巖美術館遺蹟発掘調査報告，第6冊，三星文化財団，湖巖美術館
辛勇旻ほか2006「金海伽耶の森造成敷地内文化遺蹟発掘調査報告書」『金海伽耶の森造成敷地内金海茂溪里共同住宅建設敷地内 遺蹟発掘調査報告書』東亜細亜文化財研究院発掘調査報告書，第8輯，東亜細亜文化財研究院
辛勇旻ほか2008『咸安道項里6号墳』東亜細亜文化財研究院発掘調査報告書，第22輯，東亜細亜文化財研究院・咸安郡
沈奉謹1991『梁山金鳥塚・夫婦塚』古蹟調査報告，第19冊，東亜大学校博物館
沈奉謹ほか1992『昌寧校洞古墳群』古蹟調査報告，第21冊，東亜大学校博物館
沈奉謹（編）2005『固城松鶴洞古墳群第1号墳発掘調査報告書』古蹟調査報告書，第37冊，東亜大学校博物館
沈載龍（編）2013『東アジア交易の架橋！大成洞古墳群』大成洞古墳博物館10周年記念特別展示会，博物館学術叢書，第12冊，大成洞古墳博物館
沈鉉澈2013「昌寧校洞12号墳の構造と性格」『野外考古学』第18号，韓国文化財調査研究機関協会，pp.103-130
ヤンドヨンほか1999『時至の文化遺跡Ⅶ—古墳群6—』嶺南大学校学術調査報告，第32冊，嶺南大学校博物館・大邱広域市都市開発公社
厳永植・黄龍渾1974『慶州仁旺洞（19・20号）古墳発掘調査報告』慶熙大学校博物館叢書，第1冊，慶熙大学校博物館
呉在鎮ほか2005『慶州徳泉里古墳群』発掘調査報告，第73冊，中央文化財研究院・慶州市
尹根一・金洛中・趙美順2001『羅州新村里9号墳』国立文化財研究所
尹根一ほか1995『清原米川里古墳群』国立文化財研究所
尹根一ほか2001『羅州伏岩里3号墳』国立文化財研究所
尹徳香・郭長根1989『斗洛里』全北大学校学術叢書2，全羅北道南原郡・全北大学校博物館
尹世英1974「古新羅・伽倻古墳の編年に関して—古墳出土冠帽を中心に—」『白山学報』第17号，白山学会，pp.41-112
尹世英1975「味鄒王陵地区第9区域（A号破壊古墳）発掘調査報告」『慶州地区古墳発掘調査報告書』第1輯，文化財管理局・慶州史蹟管理事務所，pp.67-151
尹世英1984「新羅耳飾の型式学的一考察——耳飾の構造および型式分類を中心に」『文理大論集』第2輯，高麗大学校文理大学，pp.173-186
禹炳喆2014「三国時代装飾大刀の特性と系譜」『武器・武具と農工具・漁具—韓日三国・古墳時代資料—』「韓日交渉の考古学—三国時代—」研究会，pp.83-102
禹枝南（編）2001『昌寧桂城新羅高塚群』慶南考古学研究所・昌寧郡
李瓊子1999「大伽耶系古墳出土耳飾の副葬様相についての一考察」『嶺南考古学』第24号，嶺南考古学会，pp.57-102
李南奭2000『龍院里古墳群』公州大学校博物館学術叢書00-03，公州大学校博物館・天安温泉開

発・高麗開発
李南奭ほか2003『塩倉里古墳群』公州大学校博物館学術叢書03-01，公州大学校博物館・大田地方国土管理庁
李東熙ほか2010『順天雲坪里遺蹟Ⅱ』順天大学校博物館学術資料叢書，第66冊，順天市・順天大学校博物館
イミニョン・チェギュジョン（編）2010『慶州士方里古墳群―慶州士方里996-1番地遺蹟―』新羅文化遺産研究院調査研究叢書，第30冊，新羅文化遺産研究院
李白圭・李在煥・金東淑2002『義城召文国都邑地古墳群発掘調査研究報告書Ⅰ　鶴尾里古墳』慶北大学校博物館・義城郡
諫早直人2009「大伽耶圏馬具生産の展開とその特質―高霊池山洞古墳群を中心に―」『高霊池山洞44号墳――大伽耶王陵』慶北大学校博物館・慶北大学校考古人類学科，pp.545-576
イサンミ・チョンサンギ・シンソヨン（編）2006『漢城から熊津へ』国立公州博物館・忠清南道歴史文化研究院
李盛周ほか2011『江陵草堂洞古墳群』江陵原州大学校博物館
イセジュ・キムヒョンスン・イヒジョン（編）2005『開館10周年記念 発掘遺物特別展』大邱韓医大学校博物館
李承信2008『加耶環頭大刀研究』弘益大学校大学院碩士学位論文
李午憙1996「古代製鉄の象嵌技法および材質についての科学的研究」『湖巌美術館研究論文集』1号，湖巌美術館，pp.133-199
李恩碩ほか（編）2011『昌寧松峴洞古墳群Ⅰ―6・7号墳発掘調査報告―』国立加耶文化財研究所・昌寧郡
李恩英2008『加耶時代耳飾の研究―陜川玉田古墳出土耳飾を中心に―』弘益大学校文学碩士学位論文
李殷昌1978「慶州仁旺洞古墳発掘調査」『韓国考古学年報』5，ソウル大学校博物館，pp.21-49
李殷昌1980「味鄒王陵地区第4地域古墳群（皇南洞味鄒王陵前地域A地区古墳発掘調査報告）」『慶州地区古墳発掘調査報告書』第2輯，文化財管理局・慶州史蹟管理事務所，pp.131-340
李殷昌・梁道榮・張正男1991『慶山北四里古墳群』学術調査報告，第10冊，嶺南大学校博物館
李殷昌ほか1991『昌寧桂城里古墳群―桂南1・4号墳―』学術調査報告，第9冊，嶺南大学校博物館
李仁淑1977「古新羅期装身具についての一考察」『歴史学報』第62輯，歴史学会，pp.35-73
李仁淑1988「伽倻時代装身具様式考―冠類と耳飾・頸飾を中心に―」『韓国学論集』第14輯，漢陽大学校出版部，pp.25-64
李仁淑1992「新羅と加耶の装身具」『韓国古代史論叢』第3輯，韓国古代社会研究所，pp.61-136
イジェファン・パクキョンエ（編）2003『慶北大学校博物館所蔵遺物図録』慶北大学校博物館
李柱憲（編）2001『咸安道項里古墳群Ⅳ』学術調査報告，第13輯，国立昌原文化財研究所
イチャンヒョンほか2007『江陵柄山洞古墳群Ⅱ―江陵柄山洞329番地自動車整備施設敷地内遺跡―』江原文化財研究所学術叢書，70冊，江原文化財研究所
李漢祥1995a「5～6世紀新羅の辺境支配方式―装身具の分析を中心に―」『韓国史論』33，ソウル大学校人文大学国史学科，pp.1-78
李漢祥1995b「大加耶系耳飾の分類と編年」『古代研究』第4輯，古代研究会，pp.21-46
李漢祥1997「装飾大刀の下賜に反映された5～6世紀新羅の地方支配」『軍史』35，国防部軍史編纂委員会，pp.1-37
李漢祥1998「5～6世紀新羅太環耳飾の分類と編年」『古代研究』6，古代研究会，pp.33-60

李漢祥1999「三国時代耳飾と帯金具の分類と編年」『三国時代装身具と社会相』第３回釜山広域市立博物館福泉分館学術発表大会，釜山広域市立博物館福泉分館，pp.25-67
李漢祥2000a「大加耶圏装身具の編年と分布」『韓国古代史研究』18，書景文化社，pp.97-126
李漢祥2000b「百済耳飾についての基礎的研究―編年・製作技法・分布―」『湖西考古学』第３輯，湖西考古学会，pp.23-45
李漢祥2002「６世紀代新羅太環耳飾の製作技法と編年」『慶州文化研究』第５輯，慶州大学校文化財研究所，pp.１-30
李漢祥2004a『黄金の国 新羅』金英社
李漢祥2004b「大加耶の装身具」『大加耶の遺蹟と遺物』大加耶博物館，pp.251-271
李漢祥2004c「三国時代環頭大刀の製作と所有方式」『韓国古代史研究』36，韓国古代史学会，pp.257-285
李漢祥2006a「装飾大刀からみた百済と加耶の交流」『百済研究』第43輯，忠南大学校百済研究所，pp.61-83
李漢祥2006b「漢城百済装飾大刀の製作技法」『漢城から熊津へ』国立公州博物館，pp.166-170
李漢祥2006c「耳飾からみた大加耶と倭の交流」『石軒鄭澄元教授停年退任記念論叢』石軒鄭澄元教授停年退任記念論叢刊行委員会，pp.661-675
李漢祥2006d「武寧王の環頭大刀」『武寧王陵出土遺物分析報告書（Ⅱ）』国立公州博物館，pp.10-49
李漢祥2008「韓国古代耳飾の鑑定のための着眼点―製作地と年代を中心に―」『服飾』第58巻５号，韓国服飾学会，pp.35-50
李漢祥2009「装身具からみた５～６世紀昌寧地域の政治的動向」『韓国古代史の中の昌寧』昌寧郡・慶北大学校嶺南文化研究院，pp.153-189
李漢祥2010a「大加耶の成長と龍鳳紋大刀文化」『新羅史学報』18，新羅史学会，pp.319-353
李漢祥2010b「義城地域金工威勢品の製作技法と年代」『韓国古代史の中の召文国』慶尚北道義城郡・慶北大学校嶺南文化研究院，pp.91-122
李漢祥2011『東アジア古代金属製装身具文化』三江文化財研究院学術叢書 1，図書出版考古
李漢祥2012「百済大刀の環頭走龍紋検討」『考古学探究』第12号，考古学探究会，pp.21-39
李漢祥2013「陜川玉田Ｍ３号墳龍鳳紋大刀の環部製作工程」『考古学探究』第14号，考古学探究会，pp.15-33
李炫姃2013「蔚山地域原三国～三国時代の馬具の登場と変遷」『蔚山鉄文化』蔚山博物館，pp.530-555
李炫姃2014「馬具からみた昌寧地域の馬事文化」『比斯伐の支配者 その記憶を探る』国立金海博物館・昌寧郡・ウリ文化財研究院，pp.172-181
李炫姃・柳眞娥2011「馬具と耳飾を通してみた昌寧地域における金工品製作の可能性」『慶北大学校考古人類学科30周年紀念考古学論叢』慶北大学校考古人類学科30周年紀念考古学論叢刊行委員会，pp.963-994
李勳ほか2007『公州水村里遺蹟』遺蹟調査報告，第40冊，忠清南道歴史文化研究院・公州市
李勳ほか2008『瑞山富長里遺蹟』遺蹟調査報告，第55冊，忠清南道歴史文化研究院・孝昌綜合建設（株）
李熙濬1995「土器からみた大伽耶の圏域とその変遷」『加耶史研究―大加耶の政治と文化―』春秋閣，pp.365-444
李熙濬2002「４～５世紀における新羅古墳被葬者の服飾品着装定型」『韓国考古学報』47輯，韓国考古学会，pp.63-92

李熙濬2005「4～5世紀における昌寧地域政治体の邑落構成と動向」『嶺南考古学』第37号，嶺南考古学会，pp.5-42
李熙濬2007『新羅考古学研究』社会評論
李熙濬ほか2003『大邱花園城山里1号墳』慶北大学校博物館学術叢書 29，慶北大学校博物館
イムセグォン（編）1998『安東太華洞古墳群』安東大学校博物館叢書 12，安藤大学校博物館・安東市
任鶴鐘・蒋尚勳（編）2001『徳山－本浦間地方道路工事区間内発掘調査　昌原茶戸里遺蹟』国立博物館古蹟調査報告，第三十二冊，国立中央博物館・慶尚南道
林孝澤・郭東哲2005『釜山盤如洞遺蹟』東義大学校博物館学術叢書 11，釜山広域市・東義大学校博物館
張正男1995『慶州皇南洞106-3番地古墳群発掘調査報告書』学術研究叢書 12，国立慶州文化財研究所
張正男ほか2002『慶州仁旺洞古墳群発掘調査報告書』学術研究叢書 29，国立慶州文化財研究所
全徳在1990「新羅主君制の成立背景研究」『韓国史論』22，ソウル大学校国史学科
全北文化財研究院2012『南原月山里古墳群―M4・M5・M6号墳―』遺蹟調査報告，第65冊
全榮来1983『南原，月山里古墳群発掘調査報告』円光大学校，馬韓百済文化研究所
チョンスヒほか2012『高句麗 韓半島を抱く』福泉博物館
鄭永和ほか1994『慶山林堂地域古墳群Ⅱ―造永EⅢ-8号墳外―』学術調査報告，第19冊，嶺南大学校博物館・韓国土地開発公社慶北支社
鄭永和ほか1999『慶山林堂地域古墳群Ⅳ―造永CⅠ・Ⅱ号墳―』学術調査報告，第25冊，嶺南大学校博物館
鄭永和ほか2000『慶山林堂地域古墳群Ⅴ―造永EⅠ号墳―』学術調査報告，第35冊，嶺南大学校博物館
鄭永和ほか2002『慶山林堂地域古墳群Ⅵ―林堂2号墳―』学術調査報告，第42冊，嶺南大学校博物館
鄭永和ほか2003『慶山林堂地域古墳群Ⅶ―林堂5・6号墳―』学術調査報告，第44冊，嶺南大学校博物館
鄭永和ほか2005『慶山林堂地域古墳群Ⅷ―林堂7号墳―』学術調査報告，第48冊，嶺南大学校博物館
鄭仁盛・朴天秀2012『日本所在嶺南地域文化財 考古』慶尚北道・慶北大学校博物館
チョンインテほか（編）2012『昌寧松峴洞古墳群Ⅱ―15～17号墳発掘調査報告―』学術調査報告，第51輯，国立加耶文化財研究所・昌寧郡
チョンインテほか（編）2013『昌寧校洞古墳群―駐車場造成敷地内遺蹟発掘調査報告―』学術調査報告，第57輯，国立加耶文化財研究所・昌寧郡
鄭澄元1977「A地区古墳発掘調査報告」『昌寧桂城古墳群発掘調査報告』慶尚南道，pp.15-136
鄭澄元ほか1986『咸陽白川里1号墳』釜山大学校博物館遺蹟調査報告，第10輯，釜山大学校博物館
鄭澄元・申敬澈（編）1983『東萊福泉洞古墳群Ⅰ』釜山大学校博物館遺蹟調査報告，第5輯，釜山大学校博物館
鄭澄元・安在晧（編）1990『東萊福泉洞古墳群Ⅱ』釜山大学校博物館遺蹟調査報告，第14輯，釜山大学校博物館
チョンチャンヒほか2004『大邱汶山浄水場建設敷地内 達城汶山里古墳群Ⅰ地区―大型封土墳1～4号―』学術調査報告，第38冊，慶尚北道文化財研究院

チョンホテほか2013『蔚山早日里古墳群Ⅱ』蔚山大学校博物館学術研究叢書，第18輯，蔚山大学校博物館
趙榮濟1988『陜川玉田古墳群Ⅰ』慶尚大学校博物館調査報告，第３輯，慶尚南道・慶尚大学校博物館
趙榮濟1992「新羅と加耶の武器・武具―龍鳳文大刀と三累環頭大刀―」『韓国古代史論叢』第３集，韓国古代社会研究所，pp.137-178
趙榮濟1996「玉田古墳の編年研究」『嶺南考古学』18号，嶺南考古学会，pp.41-73
趙榮濟1997「編年と性格」『陜川玉田古墳群Ⅵ―23・28号墳―』慶尚大学校博物館調査報告，第16輯，慶尚大学校博物館，pp.176-178
趙榮濟2007『玉田古墳群と多羅国』慧眼
趙榮濟ほか1992『陜川玉田古墳群Ⅲ―Ｍ１・Ｍ２号墳―』慶尚大学校博物館調査報告，第７輯，慶尚大学校博物館
趙榮濟ほか1993『陜川玉田古墳群Ⅳ―Ｍ４・Ｍ６・Ｍ７号墳―』慶尚大学校博物館調査報告，第８輯，慶尚大学校博物館
趙榮濟ほか2009『山清生草M12・M13号墳』慶尚大学校博物館研究叢書，第31輯，慶尚大学校博物館・山清郡
趙榮濟・柳昌煥2003『陜川玉田古墳群Ｘ―88～102号墳―』慶尚大学校博物館研究叢書，第26輯，慶尚大学校博物館
趙榮濟・柳昌煥・李瓊子1995『陜川玉田古墳群Ｖ―M10・M11・M18号墳―』慶尚大学校博物館研究叢書，第13輯，慶尚大学校博物館
趙榮濟・柳昌煥・李瓊子1997『陜川玉田古墳群Ⅵ―23・28号墳―』慶尚大学校博物館研究叢書，第16輯，慶尚大学校博物館
趙榮濟・柳昌煥・李瓊子1998『陜川玉田古墳群Ⅶ―12・20・24号墳―』慶尚大学校博物館研究叢書，第19輯，慶尚大学校博物館
趙榮濟・柳昌煥・河承哲1999『陜川玉田古墳群Ⅷ―５・７・35号墳―』慶尚大学校博物館研究叢書，第21輯，慶尚大学校博物館
趙榮濟・柳昌煥・河承哲2000『陜川玉田古墳群Ⅸ―67-Ａ・Ｂ，73～76号墳―』慶尚大学校博物館研究叢書，第23輯，慶尚大学校博物館
趙榮濟・朴升圭1990『陜川玉田古墳群Ⅱ―Ｍ３号墳―』慶尚大学校博物館調査報告，第６輯，慶尚大学校博物館
曺永鉉2012『高霊池山洞第73～75号墳』大東文化財研究院学術調査報告，第36輯，高霊郡大加耶博物館・大東文化財研究院
周炅美1997「三国時代耳飾の製作技法」『古代研究』第５輯，古代研究会，pp.105-140
朱甫暾1998『新羅地方統治体制の整備過程と村落』新書院
池健吉1977「慶州仁旺洞新羅石槨墳と出土遺物」『韓国考古学報』２輯，韓国考古学会，pp.42-57
池健吉・趙由典1981『安溪里古墳群発掘調査報告書』文化財研究所
池炳穆・李柱憲2002『咸安馬甲塚』学術調査報告，第15輯，国立昌原文化財研究所・咸安郡
池炳穆・趙相美・呉智娜（編）1998『陵山里 扶餘陵山里公設運動場新築予定敷地――百済古墳１・２次緊急発掘調査報告書』国立扶餘文化財研究所学術研究叢書，第18輯，国立扶餘文化財研究所・扶餘郡
チヒョンビョンほか2007『江陵草堂洞遺跡Ⅲ―江陵草堂洞84-２，249-３，394-１，386-２，278住宅新築敷地内遺跡―』江原文化財研究所学術叢書，66冊，江原文化財研究所・江陵市

秦弘燮1965「慶州皇吾里古墳整理調査概要」『美術史学研究』第6巻第8号，韓国美術史学会，pp.108-110
秦弘燮1967「慶州皇吾里古墳発掘調査概要」『美術史学研究』第8巻第8号，韓国美術史学会，pp.325-326
秦弘燮1969「皇吾里第三十三号墳」『慶州皇吾里第一・三三号・皇南里第一五一号古墳発掘調査報告』文化財管理局古蹟調査報告，第2冊，文化公報部，pp.35-113
秦弘燮・金和英1976「慶州仁旺洞第149号古墳発掘調査報告」『慶州地区古墳発掘調査報告書』第1輯，社団法人韓国文化財普及協会，pp.393-415
高田貫太2005『日本列島5・6世紀の韓半島系遺物からみた韓日交渉』慶北大学校大学院博士学位論文
車勇杰・趙詳紀・呉允淑1995『清州新鳳洞古墳群』調査報告，第44冊，忠北大学校博物館・清州市
崔基殷2014「製作技術を通してみた武寧王陵出土装飾刀の製作地検討」『百済学報』第12号，百済学会，pp.35-68
崔夢龍1978『羅州大安里5号百済石室墳発掘調査報告』羅州郡庁
崔完奎・李永徳2001『益山笠店里百済古墳群―1998年度調査―』遺蹟調査報告，第50冊，円光大学校，馬韓百済文化研究所・益山市
崔恩珠1986「韓国曲玉の研究」『崇実史学』第4輯，崇田大学校史学会，pp.1-150
崔秉鉉1981「古新羅積石木槨墳の変遷と編年」『韓国考古学報』10・11輯，韓国考古学研究会，pp.137-228
崔秉鉉1992『新羅古墳研究』一志社
崔鐘圭1983「中期古墳の性格についての若干の考察」『釜大史学』第7輯，釜山大学校史学会，pp.1-45
崔鍾圭1992「済羅耶の文物交流―百済金工Ⅱ―」『百済研究』第23輯，忠南大学校百済研究所，pp.65-80
崔鍾圭ほか2001『昌寧桂城新羅高塚群』慶南考古学研究所
韓国美術史学会1973「考古美術ニュース」『考古美術』第119号，韓国美術史学会，pp22-29
河承哲2009「4～6世紀代の昌寧地域における陶質土器の変遷」『慶南研究』第1号，慶南発展研究院歴史文化センター，pp.107-148
ハジノ・パクサンウン・チャンウンジョン（編）2006『高霊池山洞古墳群Ⅱ』嶺南文化財研究員学術調査報告，第108冊，財団法人嶺南文化財研究院
陝川博物館2005『黄江，玉田，そして多羅国』陝川博物館開館図録
韓国国際交流財団1997『日本所蔵韓国文化財③』
韓国文化財調査研究機関協会2009『史蹟第490号，江陵草堂洞遺蹟』重要遺跡総合報告書Ⅰ，韓国文化財調査研究機関協会
漢城百済博物館2013『百済，馬韓と一つになる』2013年夏の特別展
韓永熙・李相洙1990「昌寧校洞11号墳出土の有銘円頭大刀」『考古学誌』第2輯，韓国考古美術研究所，pp.85-97
湖巌美術館1997『湖巌美術館 所蔵 金東鉉蒐集文化財』三星文化財団
ホンボシク・パクジョンウク2014『蓮山洞M3号墳―蓮山洞高塚古墳群2次調査―』釜山博物館学術研究叢書，第41輯，釜山博物館・釜山広域市蓮堤区
洪思俊・金正基1964「皇吾里四・五号古墳発掘調査報告」『皇吾里四・五号古墳，皇南里破壊古墳，発掘調査報告』国立博物館古蹟調査報告，第5冊，国立博物館，pp.1-271

洪志潤・南珍珠（編）1998a『尚州新興里古墳群（Ⅳ）―「ラ」地区―』学術調査報告，第７冊，韓国文化財保護財団・釜山地方国土管理庁
洪志潤・南珍珠（編）1998b『尚州新興里古墳群（Ⅴ）―「ラ」地区図面・写真―』学術調査報告，第７冊，韓国文化財保護財団・釜山地方国土管理庁

図版出典

（括弧名は調査実施時の所蔵・保管機関）

口　絵

口絵地図：諫早2012の地図を改変再トレースの上作成
口絵１：国立中央博物館2010より引用
口絵２：筆者撮影
口絵３：筆者撮影（国立慶州博物館）
口絵４：筆者撮影（啓明大学校行素博物館）
口絵５：筆者撮影（慶北大学校博物館）
口絵６：筆者撮影（慶北大学校博物館）
口絵７：筆者撮影（慶北大学校博物館）
口絵８：筆者撮影（釜山大学校博物館）
口絵９：国立慶州博物館2001より引用
口絵10：筆者撮影（国立慶州博物館）
口絵11：筆者撮影（慶北大学校博物館）
口絵12：筆者撮影（京都大学総合博物館）
口絵13：筆者撮影（国立大邱博物館）
口絵14：筆者撮影（国立大邱博物館）
口絵15：国立大邱博物館2007より引用
口絵16：筆者撮影（国立慶州博物館）
口絵17：筆者撮影（ソウル大学校博物館）
口絵18：筆者撮影（慶北大学校博物館）
口絵19：筆者撮影（国立大邱博物館）
口絵20：筆者撮影
口絵21：国立晋州博物館2010より引用
口絵22：国立慶州博物館2001より引用
口絵23：筆者撮影（国立金海博物館）
口絵24：キムジンギョン（編）2014より引用
口絵25：筆者撮影
口絵26：筆者撮影
口絵27：イサンミ・チョンサンギ・シンソヨン（編）2006より引用
口絵28：国立慶州博物館2001より引用
口絵29：キムウニョンほか（編）2015より引用
口絵30：筆者撮影（国立公州博物館）
口絵31：筆者撮影（国立公州博物館）
口絵32：筆者撮影（国立公州博物館）
口絵33：筆者撮影（国立公州博物館）
口絵34：筆者撮影（京畿文化財研究院）
口絵35：筆者撮影（国立公州博物館）
口絵36：国立大邱博物館2007より引用
口絵37：筆者撮影（国立公州博物館）

口絵38：筆者撮影（国立公州博物館）
口絵39：筆者撮影（国立公州博物館）
口絵40：筆者撮影（国立慶州博物館）
口絵41：筆者撮影（国立公州博物館）
口絵42：筆者撮影（国立公州博物館）
口絵43：筆者撮影（国立公州博物館）
口絵44：筆者撮影（慶尚大学校博物館）
口絵45：筆者撮影（国立金海博物館）
口絵46：筆者撮影
口絵47：筆者撮影
口絵48：筆者撮影（慶尚大学校博物館）
口絵49：筆者撮影（慶尚大学校博物館）
口絵50：国立慶州博物館2001より引用
口絵51：大加耶博物館2015より引用
口絵52：筆者撮影（慶尚大学校博物館）
口絵53：筆者撮影（慶尚大学校博物館）
口絵54：筆者撮影（大加耶博物館）
口絵55：筆者撮影（慶尚大学校博物館）
口絵56：国立大邱博物館2007より引用
口絵57：柳昌煥（編）2004より引用
口絵58：国立大邱博物館2007より引用
口絵59：筆者撮影（慶尚大学校博物館）
口絵60：朴天秀2011より引用
口絵61：高橋・永江（編）2015より引用
口絵62：筆者撮影
口絵63：筆者撮影（高松市歴史資料館）
口絵64：朴天秀2011より引用
口絵65：筆者撮影（香春町教育委員会）
口絵66：東京国立博物館提供
口絵67：筆者撮影（奈良県立橿原考古学研究所附属博物館）
口絵68：筆者撮影（八女市教育委員会）
口絵69：筆者撮影（宮内庁書陵部）
口絵70：筆者撮影（姫路市教育委員会）
口絵71：筆者撮影（姫路市教育委員会）
口絵72：筆者撮影（姫路市教育委員会）
口絵73：筆者撮影（若狭町歴史文化館）
口絵74：筆者撮影（若狭町歴史文化館）
口絵75：筆者撮影（香川県埋蔵文化財センター）
口絵76：筆者撮影（姫路市教育委員会）
口絵77：筆者撮影（山形県立博物館）
口絵78：筆者撮影（赤磐市山陽郷土資料館）
口絵79：筆者撮影（高崎市教育委員会）
口絵80：筆者撮影（伊達市保原歴史文化資料館）

序　章

図 0-1 ：筆者撮影（国立公州博物館）

第 1 章

図 1-1 ：筆者作成

図 1-2 ：筆者作成

図 1-3 ：1は国立慶州博物館2001より引用　2は筆者撮影（国立慶州文化財研究所）　3は国立慶州博物館2001より引用　4は筆者撮影（国立慶州博物館）　5は金龍殷・李賢泰（編）2009より引用　6は筆者撮影（安東大学校博物館）　7は筆者撮影（国立大邱博物館）　8は筆者撮影（国立慶州博物館）　9は国立慶州博物館2001より引用　10は筆者撮影（国立大邱博物館）　11は国立慶州博物館2001より引用

図 1-4 ：1は筆者撮影（釜山大学校博物館）　2は筆者撮影（東国大学校慶州キャンパス博物館）　3は筆者撮影（国立大邱博物館）　4は国立慶州博物館2001より引用　5は国立慶州博物館2001より引用　6は筆者撮影（ソウル大学校博物館）　7は金龍殷・李賢泰（編）2009より引用　8は筆者撮影（啓明大学校行素博物館）　9は筆者撮影（慶北大学校博物館）　10は筆者撮影（国立慶州文化財研究所）　11は筆者撮影（国立大邱博物館）　12は筆者撮影（釜山大学校博物館）

図 1-5 ：1は筆者撮影（白鶴美術館）　2は筆者撮影（慶熙大学校中央博物館）　3は筆者撮影（国立慶州博物館）　4は筆者撮影（慶北大学校博物館）　5は筆者撮影（国立中央博物館）　6は筆者撮影（国立大邱博物館）　7は筆者撮影（国立金海博物館）　8は筆者撮影（国立慶州博物館）　9は国立慶州博物館2001より引用　10は筆者撮影（釜山大学校博物館）

図 1-6 ：1は国立慶州博物館2001より引用　2は筆者撮影（国立慶州博物館）　3は筆者撮影（和泉市久保惣記念美術館）　4は筆者撮影（国立大邱博物館）　5は国立慶州博物館2001より引用　6は筆者撮影（国立中央博物館）　7は筆者撮影（国立慶州文化財研究所）　8は国立慶州博物館2001より引用　9は国立慶州博物館2001より引用　10は国立慶州博物館2001より引用

図 1-7 ：1は筆者撮影（国立中央博物館）　2は筆者撮影（慶北大学校博物館）　3は筆者撮影（慶北大学校博物館）　4は国立慶州博物館2001より引用　5は筆者撮影（国立慶州博物館）　6は筆者撮影（国立慶州博物館）　7は筆者撮影（東国大学校慶州キャンパス博物館）　8は筆者撮影（京都大学総合博物館）　9は筆者撮影（国立慶州博物館）　10は筆者撮影（国立中央博物館）　11は国立慶州博物館2001より引用　12は筆者撮影（国立大邱博物館）　13は筆者撮影（国立中央博物館）　14は筆者撮影（国立中央博物館）　15は筆者撮影（国立金海博物館）

図 1-8 ：ペウンギョンほか2015より引用

図 1-9 ：筆者作成

図 1-10：筆者作成

図 1-11：1はキムヨンオク・ユソンヘ（編）2004より引用　2はチョンスヒほか2012より引用　3は筆者撮影（国立慶州博物館）

図 1-12：筆者撮影（檀国大学校石宙善紀念博物館）

図 1-13：1は筆者撮影（国立公州博物館）　2は菊水町史編纂委員会（編）2007より引用

図 1-14：1は軽部1936より引用　2は筆者撮影（国立扶餘博物館）

図 1-15：国立慶州博物館2001より引用

第 2 章

図 2-1 ：筆者作成
図 2-2 ：文化財管理局 文化財研究所1994より改変再トレースの上作成
図 2-3 ：1 は李殷昌ほか1991より再トレース　2 は沈奉謹ほか1992より再トレース　3 は穴沢・馬目1975より引用　4 は穴沢・馬目1975より改変再トレース　5 は李恩碩ほか（編）2011より再トレース　6 は穴沢・馬目1975より引用
図 2-4 ：1 は李炫姃・柳眞娥2011より再トレース　2 は李炫姃・柳眞娥2011より再トレース　3 は李炫姃・柳眞娥2011より再トレース　4 は李炫姃・柳眞娥2011より再トレース　5 は李炫姃・柳眞娥2011より再トレース　6 は李炫姃・柳眞娥2011より再トレース　7 は李炫姃・柳眞娥2011より再トレース
図 2-5 ：李炫姃・柳眞娥2011より引用の上改変
図 2-6 ：1 は筆者撮影（国立金海博物館）　2 は筆者撮影（国立金海博物館）
図 2-7 ：1 は鄭澄元1977より引用　2 は趙榮濟ほか1993より引用　3 は趙榮濟ほか1993より引用　4 は趙榮濟ほか1993より引用
図 2-8 ：筆者撮影（ウリ文化財研究所）
図 2-9 ：国立慶州博物館2001より引用
図 2-10：1 は李恩碩ほか（編）2011より再トレース　2 は筆者撮影（慶尚大学校博物館）
図 2-11：筆者撮影（国立公州博物館）
図 2-12：1 は筆者撮影（国立金海博物館）　2 は筆者撮影（慶熙大学校中央博物館）　3 は筆者撮影（白鶴美術館）　4 は筆者撮影（国立大邱博物館）
図 2-13：1 は筆者撮影（国立金海博物館）　2 は国立慶州博物館2001より引用
図 2-14：1 は筆者実測（国立金海博物館）　2 は柳眞娥2011より再トレース　3 は柳眞娥2011より再トレース　4 は李恩碩ほか（編）2011より再トレース
図 2-15：1 は国立春川博物館2008より引用　2 は金載烈2011より引用

第 3 章

図 3-1 ：筆者作成
図 3-2 ：筆者作成
図 3-3 ：1 は筆者撮影（慶尚大学校博物館）　2 は筆者撮影（慶尚大学校博物館）　3 は筆者撮影（慶尚大学校博物館）　4 は筆者撮影（慶尚大学校博物館）　5 は大加耶博物館2004より引用　6 は大加耶博物館2015より引用　7 は大加耶博物館2015より引用　8 は盧重国ほか（編）1998より引用　9 は筆者撮影（慶尚大学校博物館）　10は筆者撮影（慶尚大学校博物館）　11は筆者撮影（慶尚大学校博物館）　12は筆者撮影（慶尚大学校博物館）
図 3-4 ：1 は国立慶州博物館2001より引用　2 は国立慶州博物館2001より引用　3 は国立慶州博物館2001より引用　4 は筆者撮影（国立全州博物館）　5 は筆者撮影（慶尚大学校博物館）　6 は国立慶州博物館2001より引用　7 は盧重国ほか（編）1998より引用　8 は国立慶州博物館2001より引用　9 は国立慶州博物館2001より引用
図 3-5 ：1 は国立慶州博物館2001より引用　2 は筆者撮影（国立金海博物館）　3 は筆者撮影（国立金海博物館）　4 は筆者撮影（国立金海博物館）　5 は筆者撮影（国立金海博物館）　6 は趙榮濟・柳昌煥2003より引用　7 は筆者撮影（国立金海博物館）　8 は筆者撮影（国立金海博物館）　9 は李東熙ほか2010より引用　10は筆者撮影（国立金海博物館）　11は筆者撮影（釜山大学校博物館）　12は国立慶州博物館2001より引用　13は陜川博物

館2005より引用　14は筆者撮影（大邱韓医大学校博物館）　15は大加耶博物館2004より引用　16は高霊郡1979より引用　17は高霊郡1979より引用

図 3-6 ：筆者作成

図 3-7 ：筆者作成

図 3-8 ：1は国立慶州博物館2001より引用　2は国立慶州博物館2001より引用　3は国立慶州博物館2001より引用　4は国立慶州博物館2001より引用　5はイサンミ・チョンサンギ・シンソヨン（編）2006より引用　6はイサンミ・チョンサンギ・シンソヨン（編）2006より引用　7はイサンミ・チョンサンギ・シンソヨン（編）2006より引用　8は漢城百済博物館2013より引用　9は国立慶州博物館2001より引用　10は百済文化開発研究院1992より引用　11は国立慶州博物館2001より引用

図 3-9 ：1は国立慶州博物館2001より引用　2は国立慶州博物館2001より引用　3は筆者撮影（国立扶餘博物館）　4は軽部1936より引用　5は国立扶餘博物館2008より引用　6は筆者撮影（国立公州博物館）　7は筆者撮影（国立公州博物館）　8は筆者撮影（国立公州博物館）　9は筆者撮影（国立公州博物館）　10は筆者撮影（国立公州博物館）　11は筆者撮影（国立公州博物館）

図 3-10：1は筆者撮影（国立扶餘博物館）　2は筆者撮影（国立扶餘博物館）　3は筆者撮影（国立扶餘博物館）

図 3-11：筆者作成

図 3-12：1は筆者撮影（慶尚大学校博物館）　2はキムウニョンほか（編）2015より引用

図 3-13：1は筆者撮影（国立金海博物館）　2は筆者撮影（慶尚大学校博物館）

図 3-14：筆者撮影（慶尚大学校博物館）

図 3-15：筆者撮影（釜山大学校博物館）

第4章

図 4-1 ：1は飛高・力武1981より引用　2は野上1983より引用　3は野上1983より引用　4は野上1983より引用　5は野上1983より引用

図 4-2 ：1は筆者実測（甘木歴史資料館）　2は野上1983より引用　3は野上1983より引用　4は野上1983より引用　5は野上1983より引用　6は野上1983より引用

図 4-3 ：1は野上1983より引用　2は野上1983より引用　3は野上1983より引用　4は野上1983より引用　5は野上1983より引用　6は野上1983より引用　7は野上1983より引用　8は野上1983より引用　9は今田1999より引用　10は谷畑1995より引用

図 4-4 ：1は野上1983より引用　2は野上1983より引用

図 4-5 ：1は野上1983より引用　2は野上1983より引用　3は筆者実測（若狭町歴史文化館）　4は野上1983より引用　5は野上1983より引用　6は野上1983より引用　7は野上1983より引用　8は野上1983より引用

図 4-6 ：1は野上1983より引用　2は黒田（編）2001より引用　3は野上1983より引用　4は野上1983より引用　5は筆者実測（宮内庁書陵部）

図 4-7 ：1は野上1983より引用　2は野上1983より引用　3は野上1983より引用　4は野上1983より引用　5は野上1983より引用　6は野上1983より引用　7は筆者実測（和歌山市立博物館）

図 4-8 ：1は野上1983より引用　2は野上1983より引用　3は野上1983より引用　4は下山・吉澤（編）2002より引用

図 4-9 ：奈良県立橿原考古学研究所1995より引用

図 4-10：筆者作成
図 4-11：趙榮濟・柳昌煥・李瓊子1997より引用
図 4-12：筆者撮影（若狭町歴史文化館）
図 4-13：カンジョンウォンほか2013より引用
図 4-14：筆者作成

第 5 章

図 5-1 ：朴仲換・鄭相基（編）2006・李白圭・李在煥・金東淑2002より引用の上作成
図 5-2 ：筆者作成
図 5-3 ：筆者作成
図 5-4 ：筆者作成
図 5-5 ：筆者作成
図 5-6 ：1 は国立慶州博物館・慶州市1990より改変再トレース　2 は鄭澄元・安在晧（編）1990より改変再トレース　3 は筆者実測（釜山大学校博物館）
図 5-7 ：1 は鄭澄元・申敬澈（編）1983より改変再トレース　2 は鄭永和ほか2000より改変再トレース　3 は筆者実測（国立慶州博物館）
図 5-8 ：1 は鄭澄元・申敬澈（編）1983より改変再トレース　2 は具滋奉1989より改変再トレース　3 は筆者実測（ソウル大学校博物館）
図 5-9 ：1 は筆者実測（慶北大学校博物館）　2 は文化財管理局 文化財研究所1994より改変再トレース　3 は筆者実測（慶南大学校博物館）
図 5-10：1 は筆者実測（慶熙大学校中央博物館）　2 は筆者実測（国立金海博物館）　3 は筆者実測（蔚山大学校博物館）　4 は筆者実測（蔚山大学校博物館）
図 5-11：1 は筆者実測（福泉博物館）　2 は筆者実測（国立大邱博物館）　3 は文化財管理局 文化財研究所1994より改変再トレース
図 5-12：1 は筆者実測（東亜大学校博物館）　2 は筆者実測（蔚山博物館）　3 は筆者実測（国立大邱博物館）　4 は筆者実測（嶺南大学校博物館）　5 は梅原1931より改変再トレース　6 は筆者実測（嶺南大学校博物館）
図 5-13：筆者作成
図 5-14：筆者作成
図 5-15：筆者作成
図 5-16：文化財管理局1975より改変再トレース

第 6 章

図 6-1 ：1 は金吉植・南宮丞・李浩炯1991より改変再トレース　2 は李午憙1996より改変再トレース　3 は筆者実測（京畿文化財研究院）　4 は筆者実測（慶尚大学校博物館）
図 6-2 ：1 は筆者実測（慶尚大学校博物館）　2 は筆者実測（清州大学校博物館）
図 6-3 ：1 は筆者実測（国立扶餘博物館）　2 は筆者実測（慶尚大学校博物館）　3 は筆者実測（国立清州博物館）
図 6-4 ：1 は金正完ほか1987より改変再トレース　2 は筆者実測（釜山大学校博物館）　3 は筆者実測（慶尚大学校博物館）
図 6-5 ：1 は筆者実測（慶尚大学校博物館）　2 は筆者実測（国立扶餘博物館）
図 6-6 ：1 は筆者実測（国立光州博物館）　2 は尹根一ほか2001より改変再トレース　3 は高霊郡1979より改変再トレース　4 は筆者実測（慶尚大学校博物館）

図 6-7 ：1 は筆者実測（国立公州博物館） 2 は趙榮濟ほか1993より改変再トレース 3 は筆者実測（啓明大学校行素博物館） 4 は筆者実測（慶尚大学校博物館）
図 6-8 ：1 は朴升圭ほか2004より改変再トレース 2 は国立慶州博物館2001より実見の上写真トレース 3 は李南奭2000より改変再トレース 4 は筆者実測（大加耶博物館）
図 6-9 ：1 は趙榮濟ほか2009より改変再トレース 2 は末永1981より改変再トレース 3 は趙榮濟ほか1993より改変再トレース 4 は穴沢・馬目1976より改変再トレース
図 6-10：朴仲換・鄭相基（編）2006より改変再トレース
図 6-11：筆者作成
図 6-12：筆者作成
図 6-13：筆者作成
図 6-14：筆者作成
図 6-15：筆者撮影（国立公州博物館）
図 6-16：1 は筆者撮影（国立清州博物館） 2 は筆者撮影（慶尚大学校博物館） 3 は筆者撮影（慶尚大学校博物館） 4 は筆者撮影（釜山大学校博物館） 5 は筆者撮影（慶尚大学校博物館） 6 は筆者撮影（福岡市埋蔵文化財センター）
図 6-17：町田章1997を基に趙榮濟・朴升圭1990より引用の上作成

第 7 章

図 7-1 ：筆者作成
図 7-2 ：1 は鈴木2009より改変再トレース 2 は鈴木2009より改変再トレース 3 は穴沢・馬目1975より改変再トレース 4 は小川1927より改変再トレース 5 は筆者実測（慶尚北道文化財研究院）
図 7-3 ：1 は筆者実測（国立公州博物館） 2 は鈴木2009より改変再トレース 3 は鈴木2009より改変再トレース 4 は鈴木2009より改変再トレース 5 は湖巖美術館1997より改変再トレース
図 7-4 ：1 は国立慶州博物館1987より改変再トレース 2 は鄭永和ほか2003より改変再トレース 3 は穴沢・馬目1975より改変再トレース 4 は鈴木2009より改変再トレース 5 は筆者実測（国立金海博物館）
図 7-5 ：1 は穴沢・馬目1973より改変再トレース 2 は文化財管理局1974より改変再トレース 3 は申大坤1998より改変再トレース 4 は文化財管理局1974より改変再トレース 5 は文化財管理局1974より改変再トレース
図 7-6 ：1 は梅原1931より改変再トレース 2 は小川1927より改変再トレース 3 は崔夢龍1978より改変再トレース 4 は筆者実測（国立光州博物館） 5 は沈奉謹（編）2005より改変再トレース
図 7-7 ：1 は尹根一ほか2001より改変再トレース 2 は尹根一ほか2001より改変再トレース
図 7-8 ：筆者作成
図 7-9 ：筆者作成
図 7-10：筆者実測（忠清文化財研究院）
図 7-11：1 は筆者撮影（慶尚大学校博物館） 2 は筆者撮影（慶尚北道文化財研究院）

第 8 章

図 8-1 ：1 は筆者実測（敦賀市教育委員会） 2 は梅本2012より改変再トレース 3 は筆者実測（日田市埋蔵文化財センター）

図 8-2 ：池炳穆・李柱憲2002より改変再トレース
図 8-3 ：１は筆者実測（香川県埋蔵文化財センター） ２は筆者実測（甘木歴史資料館）
図 8-4 ：筆者実測（敦賀郷土博物館）
図 8-5 ：１は筆者実測（瀬戸内市教育委員会） ２は菊水町史編纂委員会2007より改変再トレース
図 8-6 ：１は筆者実測（宗像市教育委員会） ２は井上・仲（編）1988より写真トレース
図 8-7 ：林孝澤・郭東哲2005より改変再トレース
図 8-8 ：１は筆者実測（山形県立博物館） ２は菊水町史編纂委員会2007より改変再トレース ３は筆者実測（京都大学総合博物館）
図 8-9 ：１は筆者実測（姫路市教育委員会） ２は筆者実測（京都大学総合博物館）
図 8-10：１は三木1971より引用 ２は筆者実測（栃木市教育委員会）
図 8-11：１は筆者実測（若狭町歴史文化館） ２は筆者実測（宮崎県立西都原考古博物館） ３は筆者実測（京都大学総合博物館） ４は筆者実測（宮内庁書陵部）
図 8-12：筆者実測（奈良教育大学）
図 8-13：１は筆者実測（福岡市埋蔵文化財センター） ２は町田1986より改変再トレース ３は森下・高橋・吉井1995より再トレース ４は朴天秀2011より写真トレース
図 8-14：１は筆者実測（群馬県立歴史博物館） ２は筆者実測（東京国立博物館） ３は岡本（編）1997より改変再トレース
図 8-15：筆者実測（大阪府立近つ飛鳥博物館）
図 8-16：１は白石・前園1974より改変再トレース ２は國學院大學所蔵神林淳雄資料をトレース
図 8-17：筆者作成
図 8-18：筆者作成
図 8-19：筆者作成

第９章

図 9-1 ：朴仲換・鄭相基（編）2006より再トレースの上改変
図 9-2 ：新納1982より引用の上改変
図 9-3 ：１は朴仲換・鄭相基（編）2006より改変再トレース ２は筆者実測（滋賀県立安土城考古博物館） ３は筆者実測（九州国立博物館） ４は筆者実測（玉村町教育委員会）
図 9-4 ：１は筆者実測（国立金海博物館） ２は筆者実測（国立金海博物館） ３は筆者実測（大阪府立近つ飛鳥博物館） ４は新納1982より再トレース ５は新納1982より再トレース
図 9-5 ：筆者撮影（伊都国歴史博物館）
図 9-6 ：金跳咏2013を基に筆者作成
図 9-7 ：１は筆者実測（東京国立博物館） ２は筆者実測（赤磐市山陽郷土資料館） ３は筆者実測（国立歴史民俗博物館）
図 9-8 ：１は筆者実測（伊達市保原歴史文化資料館） ２は筆者実測（国立歴史民俗博物館） ３は筆者実測（慶應義塾大学文学部民族学考古学研究室） ４は筆者実測（個人蔵）
図 9-9 ：１は筆者実測（高崎市教育委員会） ２は筆者実測（個人蔵） ３は筆者実測（萩博物館） ４は筆者実測（個人蔵）
図 9-10：１は筆者実測（壱岐市立一支国博物館） ２は筆者実測（兵庫県立考古博物館） ３は筆者実測（防府天満宮歴史館） ４は筆者実測（高槻市立今城塚古代歴史館） ５は筆者実測（奈良県立橿原考古学研究所附属博物館） ６は筆者実測（高崎市吉井郷土資料

館）

図 9–11：筆者撮影（東大阪市立郷土博物館）

図 9–12：筆者撮影（個人蔵）

図 9–13：筆者撮影（国立公州博物館）

図 9–14：筆者撮影（国立金海博物館）

図 9–15：筆者撮影（九州国立博物館）

図 9–16：筆者撮影（高崎市教育委員会）

図 9–17：筆者撮影（滋賀県立安土城考古博物館）

図 9–18：1は筆者実測（東京国立博物館）　2は筆者実測（東京国立博物館）　3は筆者実測（尼崎市教育委員会）

図 9–19：筆者撮影（伊達市保原歴史文化資料館）

図 9–20：筆者撮影（個人蔵）

図 9–21：筆者撮影（慶應義塾大学文学部民族学考古学研究室）

図 9–22：1は筆者実測（九州国立博物館）　2は筆者実測（桐生市教育委員会）　3は筆者実測（美祢市立秋吉台科学博物館）

図 9–23：李南奭2000より改変再トレースおよび筆者撮影（国立公州博物館）

図 9–24：筆者作成

第10章

図 10–1：1は宋源永ほか2015より引用　2は宋源永ほか2015より引用　3は宋源永ほか2015より引用　4は宋源永ほか2015より引用　5は宋源永ほか2015より引用　6は宋源永ほか2015より引用　7は宋源永ほか2015より引用　8は宋源永ほか2015より引用　9は宋源永ほか2015より再トレース　10は宋源永ほか2015より再トレース

図 10–2：国立慶州博物館・慶州市1990より引用

図 10–3：諫早2014より引用　刀剣は筆者実測（国立金海博物館）

図 10–4：キムジンギョン（編）2012より引用

図 10–5：1はキムポサンほか2013より改変再トレース　2は筆者実測（慶尚北道文化財研究院）

図 10–6：咸舜燮2013を基に趙榮濟ほか1993より引用の上作成

図 10–7：筆者実測（国立中央博物館）

図 10–8：国立慶州博物館2001より引用

図 10–9：趙榮濟ほか2009より改変再トレース

表の出典

表 1-1：筆者作成

【皇吾洞14号１槨】斎藤1937；図版第19左上，【皇吾洞14号２槨】斎藤1937；図版第19中央，【皇南大塚南墳 A】文化財管理局 文化財研究所1994a；図版186-１，【皇南大塚南墳 B】文化財管理局 文化財研究所1994a；図版194-３，【皇南大塚南墳 C】文化財管理局 文化財研究所1994a；図版193-３，【仁旺洞19号 C 槨】金龍殷・李賢泰（編）2009；p.28の20左，【太華洞９号】イムセグォン（編）1998；p.173写真53-③，【皇南洞出土】国立慶州博物館2001；p.101の107，【仁旺洞19号 F 槨】金龍殷・李賢泰（編）2009；p.28の21，【早日里42-２号石槨】ジョンホテほか2013；図版115-765，【皇南大塚南墳 D】文化財管理局 文化財研究所1994a；図版194-４左，【皇南大塚北墳 A】文化財管理局 文化財研究所1985；図版88-４，【皇吾洞16号６槨 A】有光・藤井2000a；p.93図版第51，【伽耶の森１号石槨】辛勇旻ほか2006：p.92，【仁旺洞 A-２号】国立慶州博物館2001；p.74の45，【皇南大塚南墳 E】文化財管理局 文化財研究所1994a；図版193-１，【皇南大塚南墳 F】文化財管理局 文化財研究所1994a；図版193-２，【仁旺洞19号 E 槨】金龍殷・李賢泰（編）2009；p.29の22，【皇南洞破壊古墳２槨】朴日薫1964；図版42-２，【内唐洞51号２槨】小泉・野守1931；図版第77-３，【出土地不明 A】小倉コレクション，東京国立博物館1982；p.60の155，【瑞鳳塚 A】パクジニル・シムスヨン（編）2014；図版20-９，【皇南大塚北墳 B】文化財管理局 文化財研究所1985；図版90-２，【皇南大塚北墳 C】文化財管理局 文化財研究所1985；図版90-１，【出土地不明 B】和泉市久保惣記念美術館所蔵，鄭仁盛・朴天秀2012；p.164-237，【出土地不明 C】国立中央博物館所蔵，八馬理寄贈品，【皇南大塚北墳 D】文化財管理局 文化財研究所1985；図版88-５，【皇南大塚北墳 E】文化財管理局 文化財研究所1985；図版88-２，【皇南大塚北墳 F】文化財管理局 文化財研究所1985；図版89-１，【皇吾洞16号６槨 B】有光・藤井2000a；p.93図版第51，【金冠塚 A】濱田・梅原1924；図版第33-１，【皇吾洞出土 A】国立慶州博物館2001；p.77の54，【出土地不明 D】白鶴美術館所蔵，鄭仁盛・朴天秀2012；p.183の258右，【皇南大塚北墳 G】文化財管理局 文化財研究所1985；図版90-３，【皇南大塚北墳 H】文化財管理局 文化財研究所1985；図版90-７左，【皇南大塚北墳 I】文化財管理局 文化財研究所1985；図版90-７右，【皇南大塚北墳 J】文化財管理局 文化財研究所1985；図版91-３，【金冠塚 B】濱田・梅原1924；図版第33-４，【月城路カ27号】国立慶州博物館・慶州市1990；図版103-③，【瑞鳳塚 B】パクジニル・シムスヨン（編）2014；図版19-５，【皇南大塚北墳 K】文化財管理局 文化財研究所1985；図版88-３，【皇南大塚北墳 L】文化財管理局 文化財研究所1985；図版89-１，【皇吾洞出土 B】国立慶州博物館2001；p.81の70，【瑞鳳塚 C】パクジニル・シムスヨン（編）2014；図版20-10，【出土地不明 E】白鶴美術館所蔵，鄭仁盛・朴天秀2012；p.179の252，【金鈴塚 A】梅原1931；図版第63-（１）左，【味鄒王陵地区５-２号】金廷鶴・鄭澄元1975；図版７-⑦，【金冠塚 C】濱田・梅原1924；図版第33-１，【金冠塚 D】濱田・梅原1924；図版第33-２，【金鈴塚 B】梅原1931；図版第63-（１）右，【内唐洞55号】小泉・野守1931；図版第95-（２）４，【皇吾里出土 C】国立慶州博物館2001；p.81の70，【慶州出土 A】国立慶州博物館2001；p.80の65，【瑞鳳塚 D】パクジニル・シムスヨン（編）2014；図版19-７，【瑞鳳塚 E】パクジニル・シムスヨン（編）2014；図版19-６，【皇吾洞33号西槨-主槨】秦弘燮1969；p.99の62，【皇吾洞100番地６号】国立慶州博物館2001；p.83の72，【天馬塚】文化財管理局1975；図版10-１，【仁旺洞 A-１号主槨】李殷昌1978；巻末図版の14，【皇南洞

151号積石木槨】朴日薫1969；p.142の31，【味鄒王陵地区９−A 号１槨】尹世英1975；p.102図17，【慶州出土 B】京都大学総合博物館所蔵，韓国国際交流財団1997；p.256の11，【出土地不明 F】大英博物館所蔵。遺物番号1938, 0524. 243·244，【出土地不明 G】国立慶州博物館2001；p.83の74，【仁旺洞20号】金龍殷・李賢泰（編）2009；pp.26−27，【校洞12号】キムヒョクチュン・チョギョンファ（編）2014；p.48，【邑内里５号】文化財管理局 文化財研究所1994b；図版16−①〜③，【出土地不明 H】小倉コレクション。東京国立博物館1982；p.54の113，【皇吾洞100番地７号】国立慶州博物館2001；p.83の73，【皇南洞151号横穴式石室 A】朴日薫1969；p.137の14，【皇南洞151号横穴式石室 B】朴日薫1969；p.137の15，【金鳥塚 A】沈奉謹1991；p.176図版12−２，【夫婦塚】沈奉謹1991；図版30−３・４，【出土地不明 I】国立慶州博物館2001；p.82の71，【普門洞合葬墳横穴式石室】国立慶州博物館2011；p.88写真76，【出土地不明 J】杉原長太郎蒐集品。藤田1944；図版第６−１，【普門洞合葬墳積石木槨】国立慶州博物館2011；p.44写真８，【路西洞215番地古墳】有光・藤井2000b；図版第７上，【桂城 A 地区１号】鄭澄元1977；図版12−①，【出土地不明 K】湖巖美術館所蔵。国立慶州博物館2001；p.90の81，【出土地不明 L】湖林美術館所蔵。国立慶州博物館2001；p.91の82，【出土地不明 M】小倉コレクション。東京国立博物館1982；p.59の149，【金鳥塚 B】沈奉謹1991；p.176図版12−１，【桂城Ⅱ−１号】辛勇旻2000；p.96図版21，【皇吾洞52号】国立慶州博物館2001；p.71の37，【出土地不明 N】湖巖美術館所蔵，三星美術文化財団1984；p.152の148，【出土地不明 O】国立中央博物館所蔵，八馬理寄贈品，【仁旺洞149号】秦弘燮・金和英1976；p.410図版15，【味鄒王陵地区出土】国立慶州博物館2001；p.81の67，【金尺里古墳】国立慶州博物館2001；p.119の160，【金鈴塚 C】梅原1931；図版63−(２)．

表 1-2：筆者作成

【味鄒王陵地区出土 A】国立慶州博物館2001；p.105の122，【塔里古墳Ⅱ槨】金載元・尹武炳1962；図版33−A 左，【仁旺洞19号 K 槨】厳永植・黄龍渾1974；p.139の119，【出土地不明 A】名護屋城博物館所蔵。鄭仁盛・朴天秀2012；p.199の272，【出土地不明 B】白鶴美術館所蔵。鄭仁盛・朴天秀2012；p.179の253，【皇吾洞33号東槨−主槨】秦弘燮1969；p.92の21，【皇吾洞34号１槨】柳眞娥2011；p.75図３，【皇吾洞34号２槨】柳眞娥2011；p.78図４上，【飛山洞37号２槨】小泉・野守1931；図版第26−(１)，【味鄒王陵地区出土 B】国立慶州博物館2001；p.104の116，【出土地不明 C】国立慶州博物館2001；p.105の119，【金冠塚 A】濱田・梅原1924；図版第33−６，【金冠塚 B】濱田・梅原1924；図版第65−１，【金冠塚 C】濱田・梅原1924；図版第65−２，【金冠塚 D】濱田・梅原1924；図版第33−３，【飾履塚】梅原1931；図版162右・左，【桂城Ⅲ−１号】崔鍾圭ほか2001；図版92−１・２，【天馬塚】文化財管理局1975；図版11−１，【皇吾洞16号４槨】有光・藤井2000a；図版第34上段右，【皇南洞 D−１号】国立慶州博物館2001；p.103の114，【北四里１号】李殷昌ほか1991b; 図版10−⑤，【新池洞北丘陵７号】斎藤1935；図版第57（上）の左，【校洞６号】キムヒョクチュン・チョギョンファ（編）2014；p.51下，【飛山洞34号１槨】小泉・野守1931；図版第139下，【出土地不明 D】白神壽吉蒐集品。藤田1941；第14−１，【月城路カ５−１号】国立慶州博物館・慶州市1990；図版22−⑧・⑨，【出土地不明 E】小倉コレクション，東京国立博物館1982；p.60の152，【慶州出土】国立慶州博物館2001；p.105の120，【校洞７号】キムヒョクチュン・チョギョンファ（編）2014；p.50上，【味鄒王陵前地域 A−３号１槨】李殷昌1980；図版11−①右，【味鄒王陵前地域 D−１号１槨】金宅圭・李殷昌1975；図版第116−②，【松峴洞７号】李恩碩ほか（編）2011；図版138−208，【出土地不明 F】高麗博物館所蔵，鄭仁盛・朴天秀2012；p.168の241，【出土地不明 G】国立中央博物館所蔵，八馬理寄贈品，【銀鈴塚】金載元1948；図版第48−(２)，【普門洞古墳】原田1922；図版第12−第22，【デービッド塚】国立慶州博物館2001；p.95の85，【出土地不明 H】大英博物館所蔵，遺物番号1938, 0524. 242,a-b，【出土地不明 I】白鶴美術館所蔵，鄭仁盛・朴天秀2012；p.180の254，【松峴洞C号石槨】チョンインテほか（編）2012；図版159-387，【出土地不明 J】国立慶州博物館2001；p.105の121，【味鄒王陵地区7-5号】金廷鶴ほか1980；図版25-③.

表1-3：筆者作成

【皇南大塚北墳】文化財管理局 文化財研究所1985；図版89-3，【皇南洞82号東塚】有光1935；図版第11，【皇南洞16号2槨】有光・藤井2000a；図版第18下段左，【塔里出土】国立慶州博物館2001；p.108の127，【下三亭1号積石木槨墓】パクガンミン・キムジンギョン2010；図版89-35，【飛山洞65号】国立慶州博物館2001；p.113の143，【佳川洞出土】国立慶州博物館2001；p.108の132，【出土地不明 A】東京国立博物館所蔵，鄭仁盛・朴天秀2012；p.69の107，【林堂6A号】鄭永和ほか2003；図版205-①，【出土地不明 B】和泉市久保惣記念美術館所蔵。鄭仁盛・朴天秀2012；p.165-238，【皇南洞破壊古墳2槨】朴日薫1964；図版42-1，【出土地不明 C】国立慶州博物館2001；p.101の109，【慶州出土】国立慶州博物館2001；p.108の128.

表1-4：筆者作成

【出土地不明 A】国立中央博物館所蔵，八馬理寄贈品，【金鈴塚】梅原1931；図版63-（2），【味鄒王陵地区9-A号3槨】尹世英1975；p.133図108，【瑞鳳塚】パクジニル・シムスヨン（編）2014；図版20-13，【チョクセム地区C8号石槨】キムポサンほか2012；図版64の271-1・2，【林堂2号北副槨】鄭永和ほか2002；図版110-1，【慶州出土】国立慶州博物館2001；p.108の130，【達城郡玄風面出土】国立慶州博物館2001；p.108の131，【出土地不明 B】白神壽吉蒐集品，藤田1941；第14-2，【新興里28号】洪志潤・南珍珠（編）1998；写真65-②，【夫婦塚】沈奉謹1991；図版30-5・6，【出土地不明 C】湖林博物館所蔵，国立慶州博物館2001；p.110の134，【路西里138号】金元龍1955；図版第28-a右，【皇南大塚北墳】文化財管理局 文化財研究所1985；図版91-1，【皇吾洞4号】洪思俊・金正基1964；図版20-2，【味鄒王陵前地域C-11号】金宅圭・李殷昌1975；図版第100-③右.

表1-5：筆者作成

【皇南大塚南墳】文化財管理局 文化財研究所1994a；図版194-5，【出土地不明】名護屋城博物館所蔵，鄭仁盛・朴天秀2012；p.198の271，【皇南洞110号墳】金宅圭・李殷昌1975；図版第16-①，【造永洞EⅡ-1号】国立慶州博物館2001；p.96の89，【チョクセム地区C1号木槨】キムポサンほか2012；図版11の36-2，【不老洞91号3槨】金邱軍ほか2004；写真38-⑭.

表1-6：筆者作成

【出土地不明 A】国立中央博物館所蔵，遺物番号新収14376，【伝 南韓出土 A】濱田・梅原1924；第24図-11，【城山里1号主槨】李熙濬ほか2003；写真25-①・②，【出土地不明 B】湖林博物館所蔵，国立慶州博物館2001；p.112の140，【皇南洞106-3番地古墳】張正男1995；図版5-3，【皇吾洞34号3槨】柳眞娥2011；p.83図7，【伝 南韓出土 B】濱田・梅原1924；第24図-18，【伝 南韓出土 C】濱田・梅原1924；第24図-19，【伝 南韓出土 D】藤田1948；図版第17右下，【出土地不明 C】小倉コレクション，東京国立博物館1982；p.60の153，【出土地不明 D】大英博物館所蔵。遺物番号1938, 0524. 245.a-b，【青令里77番地出土】国立慶州博物館2001；p.113の142.

表 1-7：筆者作成

【天馬塚】文化財管理局1975；図版10-2，【鶏林路14号 A】国立慶州博物館2010；p.18写真 6，【皇吾洞100番地 2 号】国立慶州博物館2001；p.115の147，【出土地不明 A】国立慶州博物館2001；p.114の146，【出土地不明 B】国立中央博物館所蔵，遺物番号本館13488，【壺杅塚】金載元1948；図版第23-（1），【出土地不明 C】高麗博物館所蔵，鄭仁盛・朴天秀2012；p.168の240，【出土地不明 D】大英博物館所蔵，遺物番号1938, 0524. 238，【皇南洞151号横穴式石室】朴日薫1969；p.137の16，【鶏林路14号 B】国立慶州博物館2010；p.18写真 5，【味鄒王陵前地域 A-3 号 2 槨】李殷昌1980；図版27-①下，【味鄒王陵前地域 C-1 号】金宅圭・李殷昌1975；図版第41-①，【柏栗寺付近所在古墳出土】京都大学総合博物館所蔵，韓国国際交流財団1997；p.256の12，【出土地不明 E】国立中央博物館所蔵，遺物番号新収14374，【出土地不明 F】小倉コレクション，東京国立博物館1982；p.60の154，【伝 南韓出土 A】濱田・梅原1924；第24図-24，【伝 南韓出土 B】濱田・梅原1924；第24図-25，【皇吾洞16号 1 槨】有光・藤井2000a；図版第6 上段左.

表 1-8：筆者作成

【仁旺洞668-2 番地10号積石木槨】張正男ほか2002；図版85-3，【皇南洞110号】金宅圭・李殷昌1975；図版第16-②中の右，【林堂 7 B 号 7 号甕棺】鄭永和ほか2005；図版301-19，【仁旺洞19号 C 槨】金龍般・李賢泰（編）2009；p.28の20右，【皇南大塚南墳 A】文化財管理局 文化財研究所1994a；図版193-5，【皇南大塚南墳 B】文化財管理局 文化財研究所1994a；図版193-6，【出土地不明 A】白鶴美術館所蔵，鄭仁盛・朴天秀2012；p.182の257，【士方里10号】イミニョン・チェギュジョン（編）2010；図版42-①，【皇南大塚南墳 C】文化財管理局 文化財研究所1994a；図版193-4，【林堂 7 C 号主槨】鄭永和ほか2005；図版275-59，【松峴洞 3 号 A】クォンジュヨン・イソンリム（編）2006；p.180写真121-③，【早日里 3 号】国立昌原文化財研究所2000；写真33-71，【星山洞58号】金鍾徹ほか2006；図版141-5，【チョクセム地区 C 1 号木槨】キムポサンほか2012；図版11の36-1，【皇南大塚南墳 D】文化財管理局 文化財研究所1994a；図版194-1 左，【柄山洞40号】イチャンヒョンほか2007；写真117-⑤，【草堂洞 A-2 号】チヒョンビョンほか2007；写真40-②，【草堂洞 B-16号】李盛周ほか2011；写真70-②，【瑞鳳塚 A】パクジニル・シムスヨン（編）2014；図版20-12，【瑞鳳塚 B】パクジニル・シムスヨン（編）2014；図版20-11，【林堂 5 B 2 号】鄭永和ほか2003；図版119-①，【校洞89号】キムヒョクチュン・チョギョンファ（編）2014；p.51上，【出土地不明 B】白鶴美術館所蔵，鄭仁盛・朴天秀2012；p.181の255，【皇吾洞 1 号】金元龍1969；p.23の11，【星山洞 1 号】濱田・梅原1922；図版第11-第18図，【雲坪里 M 2 号】李東熙ほか2010；写真52-39

【金鈴塚 A】梅原1931；図版第63-（3）上，【金鈴塚 B】梅原1931；図版第63-（3）下，【出土地不明 C】白鶴美術館所蔵，鄭仁盛・朴天秀2012；p.177の251，【鶏林路47号】国立慶州博物館2001；p.99の101，【明倫洞出土】国立慶州博物館2001；p.99の102，【草堂洞 A-8 号】李盛周ほか2011；写真54-④，【校洞 7 号】キムヒョクチュン・チョギョンファ（編）2014；p.50左下，【味鄒王陵地区 7-7 号】金廷鶴ほか1980；図版33-③，【皇吾洞16号 2 槨】有光・藤井2000a；図版第18下段左，【仁旺洞668-2 番地 1 号甕棺】張正男ほか2002；図版21-7，【邑内里14号 A】文化財管理局 文化財研究所1994b；p.111図版26-①，【校洞 1 号】沈奉謹ほか1992；図版31-3，【松峴洞 3 号 B】クォンジュヨン・イソンリム（編）2006；p.180写真121-②，【造永洞 C Ⅰ-1 号主槨】鄭永和ほか1999；図版72-③，【皇南洞破壊古墳 4 槨】朴日薫1964；図版48-1，【大成洞87号】宋源永ほか2015；図版55-167・168，【皇南大塚南墳 E】文化財管理局 文化財研究所1994a；図版194-4 右，【邑内里14号 B】文化財管理局 文化財研究所1994b；p.111図版26-③，

【大里里３号】パクジョンファほか2006；写真27-14,【佳川洞39号石槨】パクヒョンジュ（編）2002；写真106－⑦,【出土地不明 D】小倉コレクション，東京国立博物館1982；p.59の151.

表 1-9：筆者作成

【皇南大塚北墳 A】文化財管理局 文化財研究所1985；図版90－４,【出土地不明 A】杉原長太郎蒐集品，藤田1944；図版第６－３,【皇南大塚北墳 B】文化財管理局 文化財研究所1985；図版90－５,【皇南大塚北墳 C】文化財管理局 文化財研究所1985；図版90－６,【伝 慶州出土】国立慶州博物館2001；p.233の302,【塔里古墳Ⅱ槨】金載元・尹武炳1962；図版33-A 右,【桂南里１号主槨】李殷昌ほか1991a；図版16-⑤,【瞻城路１号】国立慶州博物館2001；p.118の152,【内面里出土】国立慶州博物館2001；p.118の153,【出土地不明 B】国立慶州博物館2001；p.118の154,【新池洞北丘陵２号】斎藤1935；図版第57（上）の右,【天馬塚】文化財管理局1975；図版10－２.

表 2-1：李炫姃・柳眞娥2011を改変

【校洞１号】沈奉謹ほか1992,【校洞３号】沈奉謹ほか1992,【校洞31号】濱田・梅原1922,【校洞89号】穴沢・馬目1975,【校洞駐車場造成敷地内古墳】チョンインテほか（編）2013,【校洞５号】穴沢・馬目1975,【校洞６号】穴沢・馬目1975,【校洞７号】穴沢・馬目1975,【校洞10号】穴沢・馬目1975,【校洞11号】穴沢・馬目1975,【校洞12号】穴沢・馬目1975,【松峴洞３号】クォンジュヨン・イソンリム（編）2006,【松峴洞６号】李恩碩ほか（編）2011,【松峴洞７号】李恩碩ほか（編）2011,【松峴洞15号】チョンインテほか（編）2012,【松峴洞 C 号石槨】チョンインテほか（編）2012,【桂南里１号】李殷昌ほか1991,【桂南里４号】李殷昌ほか1991,【桂城 A－１号１棺】鄭澄元1977,【桂城 A－１号２棺】鄭澄元1977,【桂城Ⅱ－１号】辛勇旻2000,【桂城Ⅲ－１号】崔鍾圭ほか2001.

表 3-1：筆者作成

【玉田28号墳】趙榮濟・柳昌煥・李瓊子1997,【玉田Ｍ２号墳（右)】趙榮濟ほか1992；図面84-①,【玉田Ｍ２号墳（左)】趙榮濟ほか1992；図面84-②,【玉田95号墳】趙榮濟・柳昌煥2003,【玉田12号墳】趙榮濟・柳昌煥・李瓊子1998,【玉田72号墳】趙榮濟ほか1992,【玉田82号墳】趙榮濟ほか1992,【玉田24号墳】趙榮濟・柳昌煥・李瓊子1998,【池山洞44号墳６号石槨】朴天秀ほか2009,【玉田Ｍ４号墳 A】趙榮濟ほか1993；写真41の90-①・②,【玉田Ｍ４号墳 B】趙榮濟ほか1993；写真41の90-①・②,【池山洞45号墳１号石室】高霊郡1979,【池山洞45号墳２号石室】高霊郡1979.

表 3-2：筆者作成

【伝 居昌】国立慶州博物館2001；p.279の356,【池山洞44号墳11号石槨】朴天秀ほか2009,【中安洞出土】金度憲2000,【鳳捿里出土】国立慶州博物館2001；p.282の364,【池山洞主山39号墳】有光・藤井（編）2002,【玉田Ｍ４号墳 A】趙榮濟ほか1993；写真41の89-①・②,【玉田Ｍ４号墳 B】趙榮濟ほか1993；写真41の90-①・②,【玉田Ｍ６号墳】趙榮濟ほか1993,【校洞31号墳】濱田・梅原1922,【校洞古墳群出土】穴沢・馬目1975；第54図－１,【桂城Ａ地区１号墳】鄭澄元1977.

表 3-3：筆者作成

【池山洞Ⅰ-40号石槨墓】ハジノ・パクサンウン・チャンウンジョン（編）2006,【月山里Ｍ６

号墳】全北文化財研究院2012,【玉田91号墳】趙榮濟・柳昌煥2003,【茶戸里 B15号墳】任鶴鐘・蔣尚勳（編）2001,【雲坪里 M 2 号墳】李東熙ほか2010,【月山里 M 5 号墳主槨】全北文化財研究院2012,【栗垈里 3 号墳】金正完ほか1990.

表 3-4：筆者作成

【玉田75号墳】趙榮濟・柳昌煥・河承哲2000,【玉田35号墳】趙榮濟・柳昌煥・河承哲1999,【池山洞45号墳 1 号石室】高霊郡1979,【本館洞36号墳】啓明大学校博物館1995,【校村里タ10号石槨墓】イセジュ・キムヒョンスン・イヒジョン（編）2005.

表 3-5：筆者作成

【玉田28号墳】趙榮濟・柳昌煥・李瓊子1997,【玉田70号墳】趙榮濟1988,【磻溪堤カ A 号墳】金正完ほか1987,【玉田20号墳】趙榮濟・柳昌煥・李瓊子1998,【玉田 M 3 号墳 A】趙榮濟・朴升圭1990；図版54-⑦,【白川里 I－3 号墳】鄭澄元ほか1986,【玉田 M 3 号墳 B】趙榮濟・朴升圭1990；図版54-⑧,【玉田 M 3 号墳 C】趙榮濟・朴升圭1990；図版54-⑥,【玉田 M 3 号墳 D】趙榮濟・朴升圭1990；図版54-⑨,【玉田 M11号墳】趙榮濟・柳昌煥・李瓊子1995.

表 3-6：筆者作成

【池山洞44号墳出土位置不明】朴天秀ほか2009,【池山洞45号墳 2 号石槨】高霊郡1979,【池山洞45号墳 7 号石槨】高霊郡1979,【池山洞45号墳11号石槨】高霊郡1979.

表 3-7：筆者作成

【石村洞 4 号墳付近】国立慶州博物館2001,【水村里Ⅱ－1 号土壙墓】李勲ほか2007,【水村里Ⅱ－4 号石室墳】李勲ほか2007,【水村里Ⅱ－8 石槨墓】カンジョンウォンほか2013,【龍院里 9 号石槨墓】李南奭2000,【龍院里37号土壙墓】李南奭2000,【龍院里129号土壙墓】李南奭2000,【主城里 2 号石槨墓】国立中央博物館1999；p.48の86,【鳳徳里 1 号墳】漢城百済博物館2013；p.68-052上,【法泉里 1 号墳】宋義政・尹炯元2000,【新鳳洞54号墳】車勇杰・趙詳紀・呉允淑1995,【新鳳洞出土】百済文化開発研究院1992,【富長里 4 号墳 5 号土壙墓】李勲ほか2008,【富長里 5 号墳 1 号土壙墓】李勲ほか2008,【富長里 6 号墳 6 号土壙墓】李勲ほか2008,【芳松里】国立扶餘博物館2008；p.104左,【笠店里86-1 号墳】国立慶州博物館2001；p.256の322,【笠店里98-12号墳】崔完奎・李永徳2001；写真83,【宋山里 6 号墳】有光・藤井（編）2002；p. 9 の第 7 図,【武寧王陵（王）】文化財管理局1974；図版 4,【武寧王陵（王妃）A】文化財管理局1974；図版 6 上,【武寧王陵（王妃）B】文化財管理局1974；図版 6 下,【武寧王陵（王妃）C】文化財管理局1974；図版55-3,【舟尾里 3 号墳】軽部1936；口絵,【校村里出土 A】国立慶州博物館2001；p.256の323左,【校村里出土 B】国立慶州博物館2001；p.256の323右,【万義塚 1 号墳】東神大学校文化博物館2014,【東南里出土】国立慶州博物館2001；p.257の327,【塩倉里甕棺墓】国立慶州博物館2001；p.257の326,【官北里出土】国立慶州博物館2001；p.257の325,【陵山里運動場敷地32号石槨墓】池炳穆・趙相美・呉智娜（編）1998,【陵山里運動場敷地49号石槨墓】池炳穆・趙相美・呉智娜（編）1998.

表 4-1：筆者作成

【新沢千塚126号墳】森・網干・伊達1977,【下月隈天神森 1 号墳】飛高・力武1981,【長畑 1 号墳】川述・伊崎1981,【陣内古墳】島田1939,【郡川西車塚古墳】野上1983,【堤蓮町 1 号墳】吉武（編）1999,【女木丸山古墳】野上1983,【江田船山古墳 A】菊水町史編纂委員会2007；

pp.26-27, 【大坊古墳 A】田添1967；第３図-11, 【鴨稲荷山古墳】森下・高橋・吉井1995, 【八幡大塚２号墳】鎌木・亀田1986, 【伝佐山古墳】荒木（編）2013, 【大坊古墳 B】田添1967；第３図-12, 【物見櫓古墳】今田1999, 【玉島古墳】吉村1936, 【立山山８号墳】野上1983, 【日拝塚古墳 A】中山・玉泉・島田1930, 【日拝塚古墳 B】野上1983, 【一須賀 B７号墳】野上1983, 【島根山古墳】佐藤1920, 【割塚古墳】野上1983, 【保子里１号墳】野上1983, 【龍王崎１号墳】谷畑1995, 【下北方５号地下式横穴墓】野間（編）1977, 【江田船山古墳 B】菊水町史編纂委員会2007；pp.22-23, 【島田塚古墳】後藤1921, 【セスドノ古墳】佐田（編）1984, 【金子山古墳】松岡1957, 【津頭西古墳】野上1983, 【宮山古墳第２主体】中川・野村・三輪（編）2016, 【宮山古墳第３主体】中川・野村・三輪（編）2016, 【カンス塚古墳】喜谷1985, 【国府遺跡】野上1983, 【峯ヶ塚古墳】下山・吉澤（編）2002, 【新沢千塚109号墳】伊達（編）1981, 【新沢千塚古墳群】野上1983, 【藤ノ木古墳】奈良県立橿原考古学研究所1995, 【花山６号墳】久野・菅谷1968, 【大谷古墳】樋口・西谷・小野山1985, 【丸ヶ谷 A３号墳】野上1983, 【西塚古墳】上田1916, 【天神山７号墳】福井市1990, 【向山１号墳】高橋・永江（編）2015, 【畦地１号墳】野上1983, 【祇園大塚山古墳】高田2013, 【姉崎二子塚古墳】大場・亀井1951, 【三昧塚古墳】斎藤ほか1960, 【剣崎長瀞西10号墳】黒田（編）2001, 【星塚古墳】小島1955, 【西宮山古墳】八賀（編）1982, 【背見山古墳】大野嶺・大野左1977.

表4-2：筆者作成（出典は表4-1と同じ）

表5-1：筆者作成

【月城路カ13号墳 A】国立慶州博物館・慶州市1990；図面78-①, 【月城路カ13号墳 B】国立慶州博物館・慶州市1990；図面78-②, 【月城路カ13号墳 C】国立慶州博物館・慶州市1990；図面78-⑧, 【林堂古墳群出土】国立大邱博物館2007；p.55の095, 【福泉洞21・22号墳 A】鄭澄元・安在晧（編）1990；図面57-３, 【福泉洞10・11号墳】鄭澄元・申敬澈（編）1983；図版76-④・⑦, 【福泉洞21・22号墳 B】鄭澄元・安在晧（編）1990；図面57-４, 【校洞64番地所在古墳】岡内1973, 【林堂７B号墳主槨】鄭永和ほか2005, 【造永洞 E Ⅰ-１号墳】鄭永和ほか2000.

表5-2：筆者作成

【福泉洞10・11号墳】鄭澄元・申敬澈（編）1983；図版75-①・②, 【国立中央博物館所蔵 A】具滋奉1987；図面９-⑥, 【国立中央博物館所蔵 B】具滋奉1987；図面９-⑤, 【皇吾洞１号墳】ソウル大学校博物館所蔵, 【味鄒王陵地区出土】国立大邱博物館2007；p.61の106, 【皇南大塚南墳主槨 A】文化財管理局 文化財研究所1994a；図面55-②, 【皇南大塚南墳主槨 B】文化財管理局 文化財研究所1994a；図面58-②, 【皇南大塚南墳主槨 D】文化財管理局 文化財研究所1994a；図面58-⑦, 【皇南大塚南墳主槨 E】文化財管理局 文化財研究所1994a；図面58-③, 【皇南大塚南墳主槨 F】文化財管理局 文化財研究所1994a；図面58-⑥, 【皇南大塚南墳主槨 G】文化財管理局 文化財研究所1994a；図面58-④, 【皇南大塚南墳主槨 C】文化財管理局 文化財研究所1994a；図面58-①, 【皇南大塚北墳】文化財管理局 文化財研究所1985；図版91-１, 【桂城里出土 A】具滋奉1987；図面７-⑤, 【校洞駐車場造成敷地内古墳】チョンインテほか（編）2013, 【星山洞１号墳】濱田・梅原1922, 【徳泉里４号墳】呉在鎭ほか2005, 【造永洞 E Ⅱ-１号墳】国立大邱博物館2007；p.69の108, 【松峴洞７号墳】李恩碩ほか（編）2011。【飛山洞37号墳第１石槨】小泉・野守1931, 【新池洞北７号墳】斎藤1935, 【林堂６A号墳】鄭永和ほか2003, 【北四里１号墳】李殷昌・梁道榮・張正男1991, 【仁旺洞19号墳 G槨】厳永植・黄龍渾1974, 【造塔里 C号墳】金度憲ほか2012, 【慶北大学校博物館所蔵】具滋奉1987；図面10-③,

【校洞７号墳】穴沢・馬目1975,【鶴尾里古墳１号横穴式石室】李白圭・李在煥・金東淑2002,【桂城里出土 B】具滋奉1987；図面７-④,【早日里49-２号墳】シンチャンス・チビョンモク（編）2000；図面90の350,【林石３号墳】朴志明・宋桂鉉（編）1990,【早日里35号墳】シンチャンス・チビョンモク（編）2000,【早日里67号石槨墓】チョンホテほか2013,【早日里80号石槨墓】チョンホテほか2013,【菊隠コレクション】国立慶州博物館1987,【慶南大学校博物館所蔵】慶南大学校博物館所蔵,【造永洞ＥⅠ-２号墳】鄭永和ほか2000,【塔里古墳第Ⅱ墓槨】金載元・尹武炳1962,【造永洞ＣⅠ-１号墳】鄭永和ほか1999,【伝 高霊池山洞出土】；湖巖美術館1997；p.74-70.

表5-3：筆者作成

【福泉洞10・11号墳】鄭澄元・申敬澈（編）1983；図版75-③・④,【汶山里Ｍ１号墳】チョンチャンヒほか2004,【皇南大塚南墳主槨 C】文化財管理局 文化財研究所1994a；図面55-①,【皇南大塚南墳主槨 F】文化財管理局 文化財研究所1994a；図面57-⑥,【皇南大塚南墳主槨 G】文化財管理局 文化財研究所1994a；図面57-⑤,【皇南大塚南墳主槨 H】文化財管理局 文化財研究所1994a；図面57-⑦,【皇南大塚南墳主槨 I】文化財管理局 文化財研究所1994a；図面57-⑧,【皇南大塚南墳主槨 A】文化財管理局 文化財研究所1994a；図面56-①,【皇南大塚南墳主槨 B】文化財管理局 文化財研究所1994a；図面56-②,【皇南大塚南墳主槨 D】文化財管理局 文化財研究所1994a；図面57-①,【皇南大塚南墳主槨 E】文化財管理局 文化財研究所1994a；図面57-②,【金冠塚 A】濱田・梅原1924；図版第84-１,【金冠塚 B】濱田・梅原1924；図版第84-２,【金冠塚 C】濱田・梅原1924；図版第84-４,【金鈴塚 A】梅原1931；図版第102左,【金鈴塚 B】梅原1931；図版第102右,【飛山洞37号墳第１石槨】小泉・野守1931；図版第20下,【普門洞合葬墳積石木槨】国立慶州博物館2011；図面９-20.

表6-1：筆者作成
表6-2：筆者作成
表6-3：筆者作成

表7-1：筆者作成

【宋山里４号墳】キムジンギョン（編）2012,【校洞11号墳】穴沢・馬目1975,【金冠塚 A】濱田・梅原1924；図版第85-４,【武寧王陵（王妃）A】文化財管理局1974；図版82の中央,【新村里９号乙棺】穴沢・馬目1973；図版Ⅲの５,【伝 蓮山洞】東京国立博物館1982；p.55の122,【武寧王陵（王)】申大坤1998,【武寧王陵（王妃）B】文化財管理局1974；図版82の左,【武寧王陵（王妃）C】文化財管理局1974；図版82の右,【伝 朝鮮（神林淳雄資料)】鈴木2009,【金冠塚 B】濱田・梅原1924；図版第86-３,【出土地不明 A】東京国立博物館1982；p.82の313,【伝 高霊】湖巖美術館1997,【金鈴塚】梅原1931；図版第102の右,【夫婦塚 A】小川1927；図版第22,【夫婦塚 B】小川1927；図版第23,【林堂６Ａ号墳】鄭永和ほか2003,【華南里23-２号石槨墓】朴光烈ほか2015,【大里里２号墳 B-１主槨】クォンヘインほか2012,【校洞７号墳】穴沢・馬目1975,【宋山里６号墳】キムジンギョン（編）2012,【出土地不明 B】国立慶州博物館1987,【伏岩里３号墳５号石室】尹根一ほか2001,【伏岩里３号墳７号石室 A】尹根一ほか2001；原色写真20-３,【伏岩里３号墳７号石室 B】尹根一ほか2001；写真307-⑥,【大安里５号墳】崔夢龍1978,【チョクセム地区Ｂ３号墳】国立慶州文化財研究所所蔵,【桂城Ⅲ地区１号墳】崔鍾圭ほか2001,【松鶴洞ⅠＣ号墳】沈奉謹（編）2005.

表 9–1：筆者作成

【武寧王陵】文化財管理局1974,【伝 善山出土】濱田・梅原1923,【伝 彦徳横穴】行橋市歴史資料館2006,【北牧野 2 号墳】大崎 編2003,【小泉長塚古墳】長井（編）2006,【海北塚古墳】梅原1917,【伝 昌寧出土】穴沢・馬目1976,【国立歴史民俗博物館所蔵 A】国立歴史民俗博物館2012,【出土地不明】東京国立博物館1982,【伝 新田原52号墳】有馬2001,【保子里 1 号墳】濱田・梅原1923,【一須賀 WA 1 号墳】新納1982,【岩田14号墳】神原（編）1976,【大藪古墳群出土】瀬戸谷（編）1994,【西堂古賀崎古墳】岡部・大谷2015,【日拝塚古墳】中山・玉泉・島田1930,【愛宕山古墳】高倉（編）1980,【国立歴史民俗博物館所蔵 B】国立歴史民俗博物館2012,【慶應義塾大学所蔵 K224】新納1982,【伝 崎田出土】有馬2001,【御園古墳】町田1986,【安坪 3 号墳】矢島（編）1998,【山王山古墳】小出ほか編1980,【円光寺古墳】新納1982,【八龍神塚古墳】茨城県史編さん原始古代史部会1974,【釜屋 1 号墳】新谷2012,【窟屋 1 号墳】池田（編）2009,【平地 1 号墳】鳥居1924,【宇洞ヶ谷横穴】大谷ほか1971,【双六古墳】田中（編）2006,【箭田大塚古墳】新谷1977,【山畑48号墳】大谷2006,【鏡山古墳】小野山・都出・黒川（編）1968,【防府天神山古墳】桑原1993,【上栗田古墳】鳥居1924,【塚原 P 1 号墳】原口1973,【城山 1 号墳】丸子ほか1978,【栗原古墳】穴沢・馬目・中山1979,【龍王山 C–3 号墳】河上・松本1993,【岡 1 号墳】樋口1961,【越部古墳】本村（編）1997,【安坪12号墳】入澤（編）2005,【旧南橘村出土】穴沢・馬目1986,【小泉大塚越 3 号墳】宮塚・三浦（編）1993,【東本郷 3 号墳】川江1992,【益子天皇塚古墳】持田・中條2009,【上川原古墳】大谷2010,【大里古墳】穴沢・新谷1988,【太田市南金井出土】杉山2009.

表 10–1：筆者作成

あとがき

筆者の生まれは韓国でも北朝鮮でもなく，兵庫県姫路市である。在日韓国人の３世として生を受けた。名前は「金」だったが，正直なところ韓国にはさほど関心がなく，「アニョハセヨ」と「キムチ」以外の韓国語を知ったのは大学に入った後である。

名前が「キム」なのに韓国語がわからないというのも格好がつかない，という消極的な理由で，2005年３月から約１年間，ソウルへ語学留学に行った。ところが，韓国生活を始めて１か月もたたないうちに，島根県が「竹島の日」を制定，韓国中に反日の渦が巻き起こった。次から次へと発見される「新しい文献史料」で，やれ韓国のものだ，いや日本のものだと不毛な議論が交わされるのを目の当たりにした。着地点のみえない一方的な主張の応酬に，ただただ違和感が募った。

帰国して学部を卒業，大学院に進学し，さて修士論文をどうしようかと考えていた頃，研究室の先輩で，韓国留学を経験された諫早直人氏（現 奈良文化財研究所）に，語学留学中しきりに竹島はどちらの領土かと問われて辟易したことを話した。その際の先輩の返答が「土器が見つかっていないから何とも言えない」であった。なるほど，と思った。あくまで「モノ」に準拠するのが考古学の方法である。国境の恣意性，文化圏の重なり。数年来つかえていた違和感が霧散した気がした。このやり取りが，考古学の立場から日韓の関係史・交流史にアプローチするという研究テーマを明確にしたきっかけだったように思う。

さて，高い研究目標を掲げたはいいものの，筆者は生来怠惰な性質で，しかも何かと要領が悪い。それが，こうして曲がりなりにも１冊の本を上梓できるまで研究を続けてこられたのは，ひとえに筆者が考古学を通じて出会った多くの方々のおかげである。大学在学中は，研究室の先輩方や同期，後輩たちに恵まれ，毎晩遅くまで共に研究に励みながら，常に刺激をもらい続けてきた。学部生時代から長くお世話になった元興寺文化財研究所でのアルバイトでは，金属遺物の扱い方，観察のポイント，図化の技術を一から教えていただいた。慶北大学校考古人類学科への留学中も，研究室で机を並べた学友たちが公私両面で筆者を支えてくれた。留学中の資料調査で韓国内を回っている時も，各地の機関，研究者から快いご協力をいただいた。韓国で参加した金海大成洞古墳群の第7次調査では，大成洞古墳博物館の学芸士の方々を始め，多くの人にご支援いただき，貴重な発掘経験を得た。帰国後，奈良文化財研究所に奉職することになった後は，第一線の研究者に囲まれながら，古墳時代のみに傾倒してきた自らの研究を客観視し，さらなる学究展開の可能性に気付くことができた。

これまで続けてきた研究の一つの区切りとしてまとめた本書は，筆者がこれまで受けてきた大きな学恩に報いるには余りに不十分である。今後さらなる精進を重ねることで恩返しを続けていきたい。

本書は，2016年3月に京都大学大学院文学研究科に提出した博士論文『古墳・三国時代における朝鮮諸国および倭の相互交渉』を骨子とし，内容に加除修正を加えたものである。各章を構成する論文の初出は以下の通りである。

序　章　新稿

第1章　「新羅 垂飾附耳飾의 系統과 変遷」『韓国考古学報』第89輯　韓国考古学会　pp.48-93　2013年　に加筆補訂。

第2章　新稿

第3章　新稿

第4章　新稿

第5章　「装飾付環頭大刀の技術系譜と伝播―朝鮮半島東南部出土資料を中心に―」『古文化談叢』第66集　九州古文化研究会　pp.87-127　2011年を基にした新稿。

第6章　「製作技法을 中心으로 본 百済・加耶의 装飾大刀」『嶺南考古学』59輯　嶺南考古学会　pp.75-109　2011年　に加筆補訂。

第7章　「韓半島 出土 円頭・圭頭大刀의 系譜」『義城大里里二号墳Ⅱ-B封土・周辺遺構・A-5号―』学術調査報告 第185集　財団法人慶尚文化財研究院　pp.184-203　2012年　に加筆補訂。

第8章　新稿

第９章　「単龍・単鳳環頭大刀製作の展開」『古代武器研究』vol.11　古代武器研究会　pp.83-102　2015年　に加筆補訂。
終　章　新稿

また，本書の内容は以下の助成金による研究成果を含んでいる。
2010年度韓国国際交流財団韓国専攻大学院生奨学制度
「金工技術을 통해 본 古代韓日交流의 考古学的 研究」
2010年度松下幸之助記念財団国際スカラシップ
「古代東アジア世界における朝鮮諸国と倭の相互交渉研究」（助成番号：10-015）
平成25～26年度日本学術振興会特別研究員奨励費
「古代東アジアにおける朝鮮諸国および倭の相互交渉研究」（課題番号：25・3104）
平成27年度～平成30年度
日本学術振興会科学研究費（若手研究（Ｂ））
「金工品の流通と製作技術伝播からみた古代東アジアにおける地域間交流研究」（課題番号：20748058）

なお，本書の出版にあたり，京都大学の「平成28年度卓越した課程博士論文の出版助成制度」による助成を受けた。
博士論文を作成するに際し，研究室の教員であった泉拓良先生（現・京都大学総合生存学館教授），上原真人先生（現・京都大学名誉教授），吉井秀夫先生（現・京都大学文学研究科教授）には，多大なご指導を賜った。特に，博士論文審査の主査である吉井先生には，研究費の申請や各種調査の手続きなど，あらゆる面からご助力いただいた。論文審査の口頭試問の際には，村上由美子先生（現・京都大学総合博物館准教授），吉川真司先生（現・京都大学文学科教授）にも貴重なご意見，ご指摘を頂戴した。心より感謝申し上げたい。
2011年からの慶北大学校考古人類学科への留学中は，指導教官の朴天秀先生（現・慶北大学校教授）を始め，李白圭先生（現・慶北大学校名誉教授），李熙濬先生（現・慶北大学校教授），李盛周先生（現・慶北大学校教授），史学科の朱甫暾先生（現・慶北大学校教授）に懇切丁寧なご指導をいただいた。また，学部生時代からご指導ご助言をいただいてきた阪口英毅氏（現・京都大学文学研究科助教）を始め，研究室の諸先輩方からは，叱咤激励とともに非常に有用なアドバイスを受けた。心から謝意を表する。

本書出版の準備にあたっては，同シリーズにて高著を刊行されている川畑純氏（現・文化庁），内記理氏（現・京都大学文化財総合研究センター助教）に諸々の相談をさせていただいた。編集を担当いただいた國方栄二氏には，出版までご迷惑をかけっぱなしであったが，氏の粘り強いサポートのおかげで，なんとか出版に漕ぎ着けることができた。本書のデザインを担当いただいた森華氏，韓国語要旨の校正をお願いした金跳咏氏（現総合研究大学院大学文化科学研究科博士課程）にもずいぶんと無理を聞いていただいた。厚くお礼を申し上げたい。

他にも，京都大学考古学研究室の同期や後輩，慶北大学校考古人類学科の学友諸兄姉，奈良文化財研究所の諸先輩方，元興寺文化財研究所の方々，その他資料の熟覧をはじめとする調査の過程などでお世話になったたくさんの研究者・諸機関から，たいへん有益なご教示と惜しまぬご支援をいただいた。本来であれば，個々の機関名・ご芳名を挙げて感謝申し上げるべきところであるが，紙幅の関係で割愛させていただくことをお許し願うばかりである。

最後に，考古学という不確かな道に進み，好き放題し続けている放蕩息子を辛抱強く支え，応援し続けてくれている父と母，祖母に，感謝の意を伝えたい。

索　引

【あ行】
飛鳥寺（奈良）　319-320
畦地1号墳（長野）　151
愛宕山古墳（福島）　297, 306, 313
安坪3号墳（群馬）　309-310, 316
穴沢咊光　55, 81, 161, 198, 214, 226, 259, 290-291, 306, 308
姉崎二子塚古墳（千葉）　151
綾杉文　219, 228, 240, 250
鮎貝コレクション　197
有井宏子　144
合わせ仕口　262, 271
池殿奥4号墳（奈良）　268-269
諫早直人　37, 229, 248, 347
威信財　4, 64, 67, 69, 71, 88-89, 98, 121, 149, 151, 153, 193, 235, 255, 258, 284, 344
一須賀D-8号墳（大阪）　281
一須賀D-12号墳（大阪）　281
一須賀WA1号墳（大阪）　296
伊藤秋男　16
稲荷塚古墳（埼玉）　281
今城塚古墳（大阪）　320
岩津1号墳（愛知）　277
於古墳（奈良）　281-282
宇垣匡雅　274
内山敏行　348
宇野愼敏　124, 134
産土山古墳（京都）　273, 282
梅原考古資料　77, 162, 263, 308
梅原末治　124, 160
梅本康広　162, 260
江田船山古墳（熊本）　61-62, 130, 142, 147, 152, 217, 222-223, 259, 267, 271, 274, 281, 285, 341
襟付短甲　346
凹状痕跡　222, 225
王墓山古墳（岡山）　274
大里古墳（山口）　317
大谷晃二　252, 292, 306, 317
大藪古墳群（兵庫）　313
岡田山古墳（島根）　277
岡田山1 号墳（島根）　237
小倉コレクション　85, 197, 199, 243-244, 311
尾漕2号墳（大分）　261, 345
小野巣根1号墳（栃木）　273
帯金式甲冑　261, 331, 346
母子大刀　168, 274, 308, 313

【か行】
海北塚古墳（大阪）　261, 303, 309, 313, 319, 348
我城山5号墳（岡山）　274
我城山6号墳（岡山）　266
価値体系　4, 87, 89, 149, 153, 255
蟹目釘　168, 240
釜屋1号墳（広島）　302
神賀朋子　124
鴨稲荷山古墳（滋賀）　130, 152, 200, 280, 342
加茂神社境内古墳（群馬）　322
カンス塚古墳（兵庫）　142
間接統治　64, 71, 89, 153, 191-194, 336, 340, 342
神林淳雄　160, 282
祇園大塚山古墳（千葉）　142, 147-148, 151
菊地芳朗　232-233, 236, 252
技術伝播　8, 10, 120-121, 226-227, 229, 336
喜田貞吉　124
北牧野2号墳（滋賀）　306, 309-310
吉備塚古墳（奈良）　277
金アマルガム　80, 225
金官加耶　5-6, 321
金鶏塚古墳（岡山）　274
金板圧着技法　222-223, 225, 259, 271, 273, 335
金鈴塚古墳（千葉）　317
草花形冠　69
百済製作説　197, 199
久戸9号墳（福岡）　259, 268
彦徳横穴（福岡）　296, 308, 310, 321
小泉長塚古墳（群馬）　309
広開土王碑　5
硬玉製勾玉　346
高句麗南征　58, 64, 339
向坂鋼二　290
郡川西車塚古墳（大阪）　128, 343
後藤守一　160
穀塚古墳（京都）　218, 259, 269

小林行雄　124
胡籙　219, 338, 347

【さ行】

早乙女雅博　346
崎田（宮崎）　297, 314
佐藤隆　319, 332
三木ますみ　17, 93
三国史記　197
山王山古墳（千葉）　322
七支刀　196, 218, 283, 333, 335
実年代　54, 75, 110, 187, 319, 332
下北方5号地下式横穴墓（宮崎）　146
下月隈天神森1号墳（福岡）　128, 152
斜交筒状金具　187, 253
州郡制　63, 192, 194, 342
出字形冠　69, 87, 342, 336
舎利荘厳具　344
小環連接球体　21, 62, 134-135
小環連接立方体　79, 342
将軍山古墳（埼玉）　218
白井克也　37, 146, 247, 332
白神コレクション　204
新谷武夫　291
陣内古墳（福岡）　128
末永雅雄　160
鈴木一有　232, 237
製作年代　15, 18, 56, 78, 94, 146, 162, 249, 291, 319-320
専門工人　71, 81
装飾馬具　70, 75, 82, 229, 347, 348
属性　17-18, 25, 27, 29, 38, 53, 94, 98-99, 104, 108, 110, 136, 143, 161-163, 165, 168-169, 180, 184, 193, 201, 221, 303, 316

【た行】

大加耶滅亡　134, 153, 321, 344, 348
台所山古墳（群馬）　286
大之越古墳（山形）　221, 259, 269
大坊古墳（熊本）　131, 134, 152, 342
高田貫太　6-7, 125, 126, 144, 147, 228, 259, 336, 346
高橋健自　124, 160, 232, 235
瀧瀬芳之　232, 235-236, ,281
立山山8号墳（福岡）　134
脱高句麗　65, 339
珠城山1号墳（奈良）　277
千賀久　228
地方官　64, 192, 342
地方製作説　68-71
中央製作説　68, 70-71
中原高句麗碑　58, 64
長鎖式耳飾　132, 136, 141-142, 145-147, 149, 151-153, 338, 341, 346
津頭西古墳（香川）　142
土屋隆史　338, 347
堤蓮町1号墳（福岡）　130, 149, 259, 264, 335, 345
寺山古墳（兵庫）　286
天神山7号墳（福井）　144, 147
伝佐山古墳（熊本）　134, 147, 152
伝世　249
東大寺山古墳（奈良）　261
東大寺山古墳群（奈良）　276
同笵品　292, 297
豊島直博　233, 236
渡来（1世）工人　147, 151, 313, 315, 317, 322, 324, 348
鳥居松遺跡（静岡）　232, 237

【な行】

長畑1号墳（福岡）　128, 152
中村潤子　130
南朝製作説　199
新沢千塚古墳群（奈良）　148
新沢千塚109号墳（奈良）　146
新沢千塚126号墳（奈良）　128, 130, 132, 149, 346
新納泉　197, 291, 306, 319
西塚古墳（福井）　148, 151
西堂古賀崎古墳（福岡）　296
西羽場1号墳（長野）　282
日本書紀　5
西宮山古墳（兵庫）　135
野上丈助　124
野中仁　281

【は行】

舶載品　146-147, 151, 233, 259-260, 273, 287, 293, 321-322, 341, 348
舶載品ラッシュ　348
橋本達也　346
橋本英将　259, 309
八馬理　37

濱田耕作　124, 160
早川泰弘　346
搬入品　5, 58, 107, 110, 116-117, 119, 130, 132, 134, 146, 152, 173, 184, 188, 209, 215, 228, 258, 267, 271, 273-274, 333, 342
東宮山古墳（愛媛）　274, 343
疋田（福井）　263, 269
瓢塚古墳（兵庫）　280-281, 287
日拝塚古墳（福岡）　314
平井勝　274
琵琶沢古墳（福島）　265
笛吹古墳群（奈良）　162, 260, 263
藤田亮策　16, 124
藤ノ木古墳（奈良）　144, 237
仏教　75, 344
分布　84, 188-189, 198, 218-221, 226, 250-251, 282-283
防府天神山古墳（山口）　274
保子里１号墳（三重）　296
星塚古墳（奈良）　135

【ま行】

益子天王塚古墳（栃木）　322
麻線溝１号墓（集安）　51
町田章　197, 198, 214, 226, 232
松尾充晶　258
馬目順一　81, 161, 198, 214, 226, 259, 290-291, 306
丸山塚古墳（福井）　276
御園古墳（兵庫）　306
三田古墳（大阪）　277
箕田丸山古墳（福岡）　322
峯ヶ塚古墳（大阪）　142-143
任那日本府　5
宮山古墳（兵庫）　146-147, 149, 221-222, 258, 259, 271
向出山１号墳（福井）　265
向山１号墳（福井）　147
女木丸山古墳（香川）　130, 149
持田大輔　198, 292, 322
持田26号墳（宮崎）　276, 287, 343
持田56号墳（宮崎）　348
物見櫓古墳（熊本）　134, 152
模倣製作　69-70, 87, 89, 136, 192, 254, 276, 310-311, 321, 340, 343
桃崎祐輔　267

【や行】

山畑48号墳（大阪）　302
八幡大塚２号墳（岡山）　131, 152
熊津遷都　55, 198, 226, 229, 247, 251, 339, 341
弓矢古墳（長野）　313
吉井秀夫　56, 247
吉武Ｓ－９号墳（福岡）　222, 280-281, 287, 342
寄せ物　35, 277

【ら行】

羅済同盟　64, 339
螺旋巻き　191, 228, 245, 251, 254
龍王崎１号墳（佐賀）　135
量産　186, 191, 255, 283, 291, 317, 320, 324, 348
鹿角装鉄剣　189, 336

【わ行】

倭装大刀　257-258, 287, 322, 324
原間６号墳（香川）　259, 264, 283
割塚古墳（奈良）　134, 152

【ㄱ】

伽耶の森造成敷地内遺跡１号石槨墓（金海）　36
佳川洞５号墳（大邱）　70
佳川洞２地区９号墳（大邱）　70
蓋鹵王　339
鶏林路14号墳（慶州）　188
桂南里１号墳（昌寧）　51, 73, 75
桂城Ａ地区１号墳（昌寧）　78
桂城Ⅲ地区１号墳（昌寧）　42, 78, 87, 233, 236, 246
具滋奉　161-162, 209. 233, 236
校洞古墳群（昌寧）　74, 77, 83
校洞１号墳（昌寧）　74-75
校洞７号墳（昌寧）　74-75
校洞10号墳（昌寧）　77, 82, 83, 200
校洞11号墳（昌寧）　74-77, 82-84, 88, 232, 240, 247, 250-251, 253
校洞12号墳（昌寧）　76, 78, 85-86
校洞13号墳（昌寧）　81-82
校洞31号墳（昌寧）　79
校洞89号墳（昌寧）　50, 74-75, 82
校洞64番地所在古墳（慶州）　130
校村里（公州）　114
金冠塚（慶州）　55-56, 62-63, 74, 76, 187-188, 190-192, 240, 243-244, 247-248, 251, 253,

254
金鈴塚（慶州）　37, 53, 183, 187, 190-191, 245, 248, 254
金鳥塚（梁山）　37, 56
金洛中　199, 209, 227, 234, 237, 252
金跳咏　199, 292-293, 307
金載烈　70

【ㄴ】

奈勿王　55-56
冷水里古墳（迎日）　183
路西里138号墳（慶州）　22
訥祇王　55-56, 110, 187
陵山里運動場敷地32号石槨墓（扶餘）　132

【ㄷ】

茶戸里B15号墓（昌原）　118
大里里２号墳B－１号石槨（義城）　19, 237, 245, 251
大成洞古墳群（金海）　5
大成洞88号墳（金海）　333
大成洞91号墳（金海）　333
大安里５号墳（羅州）　246
道溪洞６号石槨墓（昌原）　204, 217
道林里３号石室墳（天安）　253, 254
道項里６号墳（咸安）　204, 219
道項里８号墳（咸安）　169
東南里（扶餘）　62
東城王　341
斗洛里４号墳（南原）　204

【ㄹ】

柳眞娥　70, 79-80, 83

【ㅁ】

馬甲塚（咸安）　190, 263, 335
茅村里５号墳（論山）　204, 217, 219, 267
武寧王　3, 60, 197
武寧王陵（公州）　3, 56, 60-62, 83, 112, 114, 130, 192, 195-200, 214, 225, 227, 232, 240, 246-247, 250-251, 254, 261, 271, 280, 289-292, 296, 306-309, 311, 319-320, 342
味鄒王陵第７地区７号墳（慶州）　50
味鄒王陵地区（慶州）　38, 50, 177

【ㅂ】

朴敬道　200, 234
朴天秀　6, 247
朴普鉉　69
磻溪堤カA号墳（陜川）　204
盤如洞19号墳（釜山）　190, 268-269
ペノルリ古墳（新安）　283, 346
白川里Ⅰ－３号墳（咸陽）　107, 119, 204, 219
柄山洞29号墳（江陵）　21, 135
普門洞合葬墳（慶州）　36, 183, 187, 192, 253
伏岩里３号墳５号石室（羅州）　234, 248, 252
伏岩里３号墳７号石室（羅州）　196, 248, 251-252
伏岩里３号墳96号石室（羅州）　204, 228, 254
福泉洞古墳群（釜山）　283, 336
福泉洞１号墳（釜山）　69, 116, 189, 336
福泉洞８号墳（釜山）　221
福泉洞10・11号墳（釜山）　172-173, 177, 182, 184, 221, 259
福泉洞21・22号墳（釜山）　172, 187, 336
福泉洞140号墳（釜山）　185
本館洞古墳群（高霊）　117
鳳徳里１号墳（高敞）　280
夫婦塚（梁山）　37, 56, 183, 187, 245, 248, 253, 346
富長里４号墳５号土壙墓（瑞山）　116
富長里４号墳７号土壙墓（瑞山）　204
富長里６号墳６号土壙墓（瑞山）　116, 204
富長里７号墳２号土壙墓（瑞山）　209, 268
北四里１号墳（慶山）　70, 87
飛山洞34号墳（大邱）　22,169
飛山洞37号墳（大邱）　22,164

【ㅅ】

常安洞Ⅱ区59号石槨墓（蔚山）　52, 60
上雲里遺跡（完州）　222
生草M13号墳（山清）　347
瑞鳳塚（慶州）　21, 34, 38, 53, 59, 74, 135, 339
徐賢珠　248
宋山里４号墳（公州）　55-56, 192, 240, 247, 250, 253, 309, 338
宋山里６号墳（公州）　56
松鶴洞ⅠC墳（固城）　247
松峴洞７号墳（昌寧）　74-75
水清洞14号墓（烏山）　204
水村里１号墳（公州）　197, 199, 219-210, 227, 267
水村里Ⅱ－８号墳（公州）　117, 148, 338
時至洞ⅠC41号墳（大邱）　70

時至洞Ⅱ-E24号墳（大邱）　183
飾履塚（慶州）　53, 163, 215, 340
申大坤　235
新鳳洞108号墳（清州）　204, 225, 267
新村里９号墳乙棺（羅州）　196, 204, 216, 227-228, 248
実聖王　55-56
沈炫瞰　86

【ㅇ】

野幕古墳（高興）　283, 346
蓮塘里18号墳（固城）　282
蓮山洞M３号墳（釜山）　346
栄山江流域　199, 209, 220, 227-228, 248, 285
永梧里１号墳（漆谷）　77
玉田古墳群（陜川）　69, 92-93, 100, 198, 200, 226, 280
玉田12号墳（陜川）　100
玉田23号墳（陜川）　116
玉田28号墳（陜川）　109, 146, 204, 217, 219, 225, 267, 347
玉田35号墳（陜川）　116-17, 210, 217, 221-222
玉田67-A号墳（陜川）　204, 217
玉田70号墳（陜川）　204, 217
玉田71号墳（陜川）　204
玉田89号墳（陜川）　117
玉田91号墳（陜川）　106
玉田95号墳（陜川）　282
玉田M１号墳（陜川）　209-210, 217, 227
玉田M２号墳（陜川）　102, 110-111, 117-118, 217
玉田M３号墳（陜川）　107, 109-111, 119, 198, 204, 215, 217, 224, 226-229, 254, 308, 311, 340
玉田M４号墳（陜川）　76, 210, 216, 222, 247
玉田M６号墳（陜川）　78, 120, 342
玉田M11号墳（陜川）　107, 342
龍院里１号石槨墓（天安）　197, 199, 210, 216-217, 220-222, 227, 259, 269, 271, 320
龍院里５号石槨墓（天安）　204
龍院里９号石槨墓（天安）　116
龍院里12号石槨墓（天安）　210, 217, 221, 259, 271
龍院里37号土壙墓（天安）　112, 118
龍院里129号土壙墓（天安）　282
禹炳喆　161
雲坪里M２号墳（順天）　106
月山里MA-１号墳（南原）　246, 286
月城路カ13号墳（慶州）　57, 169, 173, 188, 333
銀鈴塚（慶州）　188
邑内里５号墳（順興）　85
李瓊子　93
李養璿コレクション　34, 253, 254
李恩英　93
李殷昌　161
李仁淑　92
李漢祥　17-18, 23, 27, 69-70, 78, 93, 111, 161-162, 198-200, 296, 307
李鉉相　199, 227
李炫姃　37, 70, 75, 77
李賢泰　85
仁旺洞19号墳K槨（慶州）　59
仁旺洞20号墳（慶州）　85
仁旺洞149号墳（慶州）　37
仁旺洞156-２号墳（慶州）　58
林堂古墳群（慶山）　169, 173
林堂５B２号墳（慶山）　50
林堂６A号墳（慶山）　70, 248
笠店里86-１号墳（益山）　114, 131

【ㅈ】

全徳在　69
造永洞CⅠ-１号墳（慶山）　180
趙榮濟　111, 199, 217, 226
早日里67号墳（蔚山）　193
早日里80号墳（蔚山）　193
舟尾里３号墳（公州）　61-62
竹谷里２号墳（大邱）　183
竹幕洞遺跡（扶安）　283
中村里３号-北木槨墓（山清）　210
池山洞古墳群（高霊）　84, 91
池山洞Ⅰ-３号墳（高霊）　210, 221
池山洞32NE-１号墳（高霊）　210
池山洞主山39号墳（高霊）　199, 247
池山洞44号墳（高霊）　109, 134
池山洞45号墳（高霊）　109, 134, 192, 209
池山洞73号墳（高霊）　190, 210, 216, 221, 265, 335
智證王　63, 192

【ㅉ】

チョクセムB１号墳（慶州）　191, 255, 340
チョクセムC１号木槨墓（慶州）　44

【ㅊ】

天馬塚（慶州）　47, 51, 53, 56, 58, 60, 81, 163, 183, 188, 191-192, 215, 255, 340
草堂洞B16号墳（江陵）　87
崔基殷　197
崔秉鉉　16
崔鐘圭　68

【ㅌ】

塔里古墳第Ⅱ墓槨（義城）　51-52, 58, 180

【ㅍ】

表井里（論山）　196, 204, 219-220, 228

【ㅎ】

咸舜燮　70
華南里23-２号石槨（永川）　191, 245, 251
花城里A-１号墳（天安）　204, 217
皇南大塚南墳（慶州）　52, 54, 56, 75, 110, 130, 180, 187-188, 190, 217, 248, 254-255
皇南大塚北墳（慶州）　36, 51-52, 54, 248
皇南洞破壊古墳（慶州）　43
皇南洞155号墳（慶州）　74
皇吾洞１号墳（慶州）47, 177, 184, 186, 189
皇吾洞34号墳３槨（慶州）　61
皇吾洞14号墓（慶州）　27
皇龍寺（慶州）　344
壺杅塚（慶州）　163, 188, 215, 342

Ancient Korea and Japan as seen through Metalcraft:
A New History of Interregional Relations

The Kofun period on the Japanese archipelago (circa 3rd century - 7th century) is considered to be a transitional historical stage, when societies based on chiefdoms began to mature into societies based on statehood. Among the factors affecting the growth of the state of Wa, the central polity on the Japanese archipelago, perhaps the most important was the influx of cultural products and resources that arose through exchanges with various polities located on the Korean Peninsula. The introduction of iron materials, sophisticated cultural products, and all manner of technologies directly affected the ways in which the Wa kingship exercised regional control through the exchange of goods, and had an extremely significant impact on the intrinsic development of Kofun-period society.

This corresponded to the "Three Kingdoms period" when the Korean Peninsula was divided among the three nations of Goguryeo, Baekje, and Silla, along with the Gaya confederacy, and a state of tension prevailed, frequently punctuated by fierce inter-regional conflicts on the peninsula. In this highly charged atmosphere, the establishment of relations with the nation of Wa, across the sea, is presumed to have functioned as a sort of deterrence by which to favorably advance negotiations with neighboring polities. Examination of *toraikei* archaeological relics (i.e., relics "of foreign derivation") found on the Japanese archipelago reveals a situation marked by the coexistence of materials of extremely diverse provenance, and this is believed to be the result of attempts by various groups on the Korean Peninsula to establish relations with Wa. In other words, a prerequisite for any truly comprehensive understanding of relations between Japan and Korea in the ancient period requires an escape from the conventional dualistic perception of the "Japanese archipelago" versus the "Korean Peninsula" as discrete entities.

In an attempt to clarify the history of inter-regional relationships in a way that considers Wa and the various polities of the Korean Peninsula in parallel, my approach in this book is based on an archaeological analysis of various examples of metal craftwork that were interred as funerary goods in each region. In particular, I focus on two types of metal craft work in my analysis, namely, pendant earrings and ornamental swords.

The pendant earrings discussed in the first half of the book represent the most ubiquitous crafted metal accessory found across the Korean Peninsula. As the basis of my attempt to conduct an inter-regional comparison of these artifacts, I have undertaken a detailed regional analysis of pendant earrings excavated on the Korean Peninsula, and elucidated the respective transition phases between regions. In Silla, the production of pendant earrings began against the backdrop of techniques passed on from Goguryeo in the early part of the fifth century. Earrings in Silla were used as intermediary goods for building relations with local territories. As Silla increased its influence over its local territories, the production of such earrings was expanded and they became more sophisticated in terms of design. In Baekje, where the production of pendant earrings also started early in the fifth century, pendant earrings were relatively simple in composition. Nonetheless, the adoption of advanced techniques, such as filigree, can be discerned in some of the pieces from this region at an early stage. In Daegaya, where earring production began in the mid-fifth century, later than in Silla and Baekje, the technological traditions employed in pendant earing manufacture were initially similar to those employed in Baekje, with more distinctive earring designs arising later. The production of earrings in Silla reached its peak in the late fifth century when the kingdom achieved a range of distribution that extended to Baekje and Daegaya. The distribution of earrings from Silla throughout the alliance structures on the southern Korean Peninsula is considered to reflect Silla's efforts to establish strong relations with these neighboring polities, as well as the potential threat posed by Goguryeo to the north.

Conversely, evidence from Wa is more complex in that excavations on the Japanese archipelago have uncovered a mix of earrings with characteristic designs from all over the Korean Peninsula, suggesting the actual situation involved diverse contacts with the peninsula. However, with respect to pendant earrings featuring long chains as ornaments, which have conventionally been associated with Daegaya, the argument advanced here is that these should be evaluated as works manufactured in the Japanese archipelago by immigrant craftsmen from the Korean Peninsula. On the assumption that it recognized the value and prestige associated with the metalcraft being produced across the Korean Peninsula, I believe that Wa was also engaged in the local manufacture and distribution of metalcraft in the archipelago.

The ornamental swords that feature in the latter half of the book were blades that were originally used as weapons before being decorated with precious metals and elevated to well-crafted metalwork accessories that symbolized the prestige of their owners. In Silla, where the production of ornamental swords began in around the early fifth century, such swords were initially distributed throughout the Gaya confederacy, principally around Busan. The techniques employed in their production also propagated into the Daegaya region and other areas. However, from the middle of the fifth century, the establishment of a distinctive Silla sword design, characterized by swords with a ring pommel decorated with a trefoil or tri-circular motif, led to an increase in control over manufactories by the central polity, and consequently, an increase in the value of swords as symbols of prestige was established. In Baekje, ornamental swords distinguished by extensive use of metal inlay and other techniques were manufactured from an early stage, and these products and technologies were subsequently transferred to Daegaya. Daegaya was intermittently influenced by Silla and Baekje in this way, because its own sword production capacity did not reach a peak until sometime during the second half of the fifth century. The sudden appearance of Daegaya-style swords featuring advanced decorative elements, such as dragon-and-phoenix-motif ring pommels, is thought to have occurred in response to an influx of Baekje craftsmen to Daegaya when the capital of Baekje was relocated to Woongjin after Goguryeo's invasion of Hanseong.

Although swords with decorated ring pommels were introduced intermittently to the Wa/Japanese archipelago from various sites of the peninsula from the fifth century onwards, the Wa-based manufacture of swords with dragon-and-phoenix motifs ring pommels such as those that had appeared suddenly on the Korean Peninsula began in the latter half of the sixth century. It has been postulated that swords from Wa featuring ring pommels with dragon-and-phoenix motifs bear some relation, in terms of their design, to similar artifacts excavated from the tomb of King Muryeong in Baekje. However, in terms of the technology employed in their production, they are considered to share features with swords from Daegaya that also feature dragon-and-phoenix-motif ring pommels. I consider the appearance of peninsular-style swordsmithing in Wa as being a result of an influx of swordsmiths and craftsmen from Daegaya who came to the peninsula due to the decline and destruction of their homeland.

This archeological consideration of metal crafts suggests that, rather than the conventionally accepted hypothesis of a unidirectional propagation of culture from the peninsula to the archipelago, the actual situation involved mutually beneficial exchanges based on the interests of each regional group. That is, exchanges between Wa and the polities of the Korean Peninsula during the ancient period unfolded based on the respective intentions of each group against the backdrop of an ever-changing international milieu.

금공품으로 본 고대 한반도와 왜
—새로운 지역관계사를 향하여

고분시대의 일본열도는 수장제사회에서 '국가' 단계로 진입한 사회로 평가된다. 일본열도의 중심세력, 즉 '왜국 (倭國)' 이 국가로 성장할 수 있었던 중요한 요인 중 하나는 한반도 각지와 교류를 통한 문물과 자원의 유입이었다. 철소재나 선진 문물, 각종 기술의 도입은 물건의 수수를 매개로 한 왜왕권의 지방경영방식에 직접적으로 작용하게 됨으로써 고분시대 사회의 내적 발전에 매우 큰 영향을 끼쳤다.

당시의 한반도는 고구려, 백제, 신라의 삼국과 가야 諸國이 분립된 '삼국시대' 에 해당한다. 각 정치체 간에서 빈번히 일어난 격한 전쟁으로 인해 긴장 상태가 지속되고 있었다. 그러한 긴박한 정세 속에서 바다를 사이에 둔 왜와의 관계 구축은 인접국과의 교섭을 유리하게 진행시키는 데 매우 중요한 외교정책 중 하나였던 것으로 추측된다.. 일본열도 에서 출토된 '渡來系' 유물의 계보는 매우 다양한데 이는 한반도 각지의 집단들이 각각 왜국과 관계를 맺는 과정에서 비롯된 결과로 생각된다. 요컨대 고대 한일 관계 전체상을 객관적으로 파악하기 위해서는 '일본열도' 대 '한반도' 라는 종래의 이원론적인 인식에서 탈각할 필요가 있다.

한반도 내부의 각 세력과 왜국을 병렬적으로 비교함으로써 지역관계사의 확립을 목표로 한 이 책에서는 각 지역 무덤에 부장된 금공품의 고고학적 접근을 시도하였다. 각종 금공품 중 이 책에서 주된 분석대상으로 삼은 것은 '垂飾附耳飾' 과 '裝飾大刀' 이다.

전반부에서 다룬 '수식부이식' 은 한반도에서 유통된 가장 보편적인 금공복식품이다. 이 책에서는 한반도의 각 지역에서 출토된 수식부이식을 상세하게 분석하여 그 변천과정을 명확히 한 후 특징의 차이를 비교하였다. 신라에서는 5세기 전반에 고구려의 기술 전파를 배경으로 수식부이식의 제작이 시작된다. 이식은 지방 세력과 관계를 구축하기 위한 매개품으로 활용되었다. 지방에 대한 신라의 영향력이 커질수록 그 생산이 확대되었으며 의장도 복잡화되어 갔다. 신라와 마찬가지로 5세기 전반부터 수식부이식의 제작이 활발했던 백제에서는 비교적 심플한 구조의 이식이 만들어졌는데 鏤金技法과 같은 고도의 기술이 이른 단계부터 확인된다. 신라와 가야에 비하여 약간 늦은 5세기 중반부터 이식을 제작하기 시작한 대가야에서는 주로 백제의 이식 제작 기술을 받아들여 독자적인 이식 의장을 확립시켰다. 5세기 후반 이후가 되면 신라 이식 제작은 최성기를 맞이하며 백제와 대가야에 유통된다. 이러한 신라 이식의 유통에는 고구려의 위협에 대비하기 위한 한반도 남부지역의 연계 체제가 반영되어 있다.

한편 왜국에서 출토된 이식의 계보는 한반도 내 여러 지역에서 구할 수 있어 당시 다양하게 이루어졌던 교섭의 실태를 살펴볼 수 있다. 특히 대가야와 깊게 관련된 것으로 이해되어 온 '長鎖式耳飾' 에 대하여 이 책에서는 일본열도에 건너 온 渡來系 공인이 現地에서 만든 것으로 평가하였다. 왜국은 한반도에서 금공품이 지닌 위세품적 가치를 전제로 일본열도에서 금공품을 제작하고 배포하였을 것으로 생각된다.

후반부에서 다룬 '장식대도' 는 본래 무기였던 '대도' 의 외장에 귀금속의 장식을 더함으로써 금공복식품으로 승화시킨 것이다. 5세기 전엽부터 장식대도의 제작이 시작된 신라에서는 당초 부산을 중심으로 諸가야지역으로 대도를 유통시켰으며 제작 기술도 대가야권역으로 전파되었다. 그러나 三葉, 三累環頭大刀를 중심으로 한 신라적 대도 의장이 성립되는 5세기 중반 이후가 되면 중심 세력에 의한 제작 공방 관리가 엄격화됨으로써 위세품으로서의 장식대도가 확립되게 된다. 백제에서는 일찍부터 象嵌技術 등을 구사한 독자적인 장식대도가 제작되었으며 그 제품과 기술은 대가야로 전해졌다. 이처럼 양 지역에서 단속적인 영향을 받은 대가야에서 본격적으로 대도가 제작되기 시작한 것은 5세기 후반~말 이후였다. 이 시기에 대가야에서 갑자기 고도의 장식 요소를 지닌 용봉문환두대도가 출현하게 된 배경 중 하나로 고구려의 한성 침공으로 인해 백제의 기술자가 웅진 천도와 함께 대가야로 유출된 것으로 들 수 있다.

5세기 이후 왜국에는 한반도 각지에서 제작된 장식대도가 계속적으로 유입되지만 6세기 후반 이후에는 한반도계인 單龍, 單鳳文環頭大刀 제작이 시작된다. 의장면으로 보아 백제 무령왕릉 출토 대도와 깊은 관련을 지닌 것으로 보이는 왜국의 단룡, 단봉문환두대도는 기술적 측면으로 보아 대가야 용봉문환두대도와 공통된 특징을 확인할 수 있다. 왜국에서 한반도계 대도 공방이 출현하게 된 계기 중 하나는 대가야의 쇠퇴와 멸망에 따른 대가야 대도 공인의 도래이다.

금공품의 고고학적 검토를 통해 살펴볼 수 있는 것은 '한반도에서 일본열도로의 일방적인 문화 전파' 과 같은 종래의 인식이 아니라 각 지역 집단 사이의 상호적인 利害를 전제로 한 교류 실태이다. 고대 한반도 諸國과 왜국의 교류는 시시각각 변화되는 국제정세를 배경으로 각 집단들의 주체적인 의도에 인해 전개되어 온 것이다.

著者紹介

金　宇大（きむ・うだい）

京都大学白眉センター・文学研究科特定助教
京都大学大学院文学研究科博士課程修了，京都大学博士（文学）

主な業績
「単龍・単鳳環頭大刀製作の展開」（『古代武器研究』vol.11，2015年），「新羅 垂飾附耳飾의 系統과 變遷」（『韓國考古學報』第89輯，2013年）（「新羅における垂飾付耳飾の系統と変遷」『文化財と技術』第7号 2015年として再掲載），「製作技法을 中心으로 본 百濟・加耶의 裝飾大刀」（『嶺南考古學』第59輯，2011年）（「百済・加耶における装飾付大刀の製作技法と系譜」『文化財と技術』第5号 2013年として再掲載），「装飾付環頭大刀の技術系譜と伝播―朝鮮半島東南部出土資料を中心に―」（『古文化談叢』第66集，2011年）

（プリミエ・コレクション79）
金工品から読む古代朝鮮と倭
―新しい地域関係史へ

平成29（2017）年3月31日　初版第1刷発行

著　者　金　宇大
発行人　末原達郎
発行所　京都大学学術出版会
京都市左京区吉田近衛町69番地
京都大学吉田南構内（〒606-8315）
電　話（075）761-6182
FAX（075）761-6190
URL http://www.kyoto-up.or.jp
振　替 01000-8-64677

ISBN978-4-8140-0081-4
Printed in Japan

装　幀　森　華
印刷・製本　亜細亜印刷株式会社
定価はカバーに表示してあります